21 NEW MEDIA 世纪新媒体专业系列教材

融媒体新闻报道实务

选题、采拍、创作和发布的核心技能

News Reporting Practice in Convergence Media

红尘 / 著

中国人民大学出版社
·北京·

总 序

周锡生

当今世界充满变革与创新。在阐释当今世界变革特征的时候，“新媒体”被时常提及，尽管人们对它的定义还有不少争议。

20 多年来，随着数字技术、信息技术的飞速发展，以互联网为代表的新媒体从诞生到逐步发展壮大，深刻改变了旧有的新闻信息传播方式，系统重塑了新的媒介生态和传播格局。旧媒体时代，新闻信息的传播速度还曾与交通工具竞跑；新媒体时代，昨日甚至数小时、数十分钟之前的新闻，都可能瞬息即逝，转眼间“轻舟已过万重山”。旧媒体时代，“受众”这个词体现了公众被动接受各类新闻信息的地位；新媒体时代，媒体人已经不再是专属的职业称号，自制互动、共享交流成为普遍行为。旧媒体时代，内容占据着绝对的核心地位，其他各个环节只是附属；新媒体时代，在内容为王的观念被继续强调的同时，网络、渠道、平台和终端的作用和价值日渐凸显，服务与市场的理念正在逐步深化。可以说，当今的新媒体已经跨越了媒介形态的界限，跨越了时空的拘囿，甚至也跨越了文化的隔阂。在这种态势下，建设新媒体、发展新媒体，成为传统媒体求生存、寻突破、谋发展的必由之路。

滚滚而来的新媒体浪潮绝不仅仅是改变了传媒业本身，更深刻渗入世界的政治、经济、文化、科技等各个领域。“世界是平的”引发人们无限遐想，平的世界创造了无限的空间。放眼全球，新媒体已经成为世界政治较量的重要因素，成为各国执政者了解社情民意的重要手段，成为社会公众参政议政的重要平台，网络动员、网络聚集、网络拷问在社交媒体上成为常态，新媒体的运用和掌控能力日益成为执政水平的重要衡量标准。与此同时，以互联网产业为核心，逐步形成了包括媒体业、电信业、IT 业等在内的比较完整的新媒体产业链，产业体系也日趋完善，有力地推动了文化创意产业的发展，成为国民经济的有机组成部分，且生机盎然，潜力巨大。新媒体的文化价值也在不断迸发当中，随着平板电脑、电子阅读器的迅速普及，数字阅读、数字出版势不可当，新媒体的文化传播功能和社会建设功能日益强大，跨界文化交流与合作的作用更加突出，极大地丰富和满足了人们的精神文化生活需求。从这个层面来说，建设新媒体、发展新媒体，已经不再单单是传媒业的职责，更需要从历史发展的宏观视野与现实的综合因素层面加以考量与谋划。

在全球加速向网络化社会、数字化生存转型的过程中，我国的新媒体建设也与世界同步，与时代同行。2021 年，我国的网民数量已经超过 10 亿，手机用户规模突破了 16 亿大关，均位居世界第一位，且还处于强劲增长当中。如此庞大用户规模的背后，是我国近年来新媒体征程中一个个开拓的脚印与卓然的成效。在当今中国，我们可以看到，新媒体的作用被普遍认可，新媒体的影响被广泛重视，新媒体的理念深入人心，传统媒体加快向新兴媒体战略转型，各类新媒体机构不断涌现且各具特色。从网络、手机、平板电脑到户外大屏、流动媒体，从主流新闻网站到各类商业网站和专业网站，新技术不断涌现，新功能不断被挖掘，新产品不断推出，呈现出万马奔腾、一日千里之势。

当然，新媒体在我国发展的时间还比较短，在采编、经营、技术、市场、管理、人才等方面还处于探索的阶段，实践过程中出现了诸多困惑与迷思，存在着各种矛盾与冲突，远未成熟。尽管如此，新媒体的蓬勃生机让我们对它的未来充满信心，而这蓬勃生机则是来自创新。创新是新媒体时代永恒的主题，谁能够加强创新，谁就能把握未来。新媒体本身就是创新的产物，创新是新媒体的生命力所在。为此，必须根据党和政府提出的新要求，适应时代的新特点，着力把握受众需求的新变化，着力把握技术突破的新契机，着力把握媒体发展的新态势，进一步创新思想观念、创新体制机制、创新内容生产、创新方式手段，加快新兴媒体建设，大力发展新兴业务，从而更好地贯彻落实中央战略部署，为加强国际传播能力建设、构建先进强大的现代传播体系做出贡献，为促进社会主义文化大繁荣、大发展发挥更加显著的作用。

新媒体是推动社会进步的重要力量，同时也要看到，新媒体是一柄双刃剑，随着新媒体地位和作用的日益增强，其所应承担的责任也越来越重要。从某些意义上讲，新媒体所应承担的社会责任甚至比传统媒体还要更重一些。多年来，我一直强调的一句话就是“网络无改稿”。传统媒体的稿件签发后发现了错误，还有时间和可能予以纠正，而新媒体的稿件一旦签发，几秒钟之内就可与全球不计其数的受众见面，根本没有时间和可能对稿件进行改正。因此，新媒体的把关责任十分重大，这既是对社会公众负责，也是对新媒体本身负责。在强调和开发新媒体的“媒体功能”的同时，有必要进一步强化其“媒体责任”。

新媒体领域日新月异的发展实践，以及在此过程中出现的矛盾与问题，要求理论研究总结规律、升华认识，并从理论层面加以阐释和指引。中国人民大学新闻学院有几位多年来潜心研究新媒体的专家学者，由他们领衔撰写的这套新媒体丛书，对新媒体的理论、技术、经营管理、业务流程、最新发展动态进行了全面深入的研究，反映了国内外新媒体研究的最新成果，对新媒体的管理者、研究者、学习者及业界从业人员都具有重要的参考价值。本套丛书的出版，相信会有助于推动我国新媒体的快速健康发展。

（作者曾任新华社副社长兼常务副总编辑、新华网董事长）

目 录

第二部分 实战技巧
真实案例实操发布

第三部分　融媒体作品展示
实力呈现与效果

开篇的话

场景一　万物皆屏

1995年，波士顿查尔斯河畔，尼古拉斯·尼葛洛庞帝（Nicholas Negroponte），在麻省理工学院媒体实验室（MIT Media Lab）写下了《数字化生存》（*Being Digital*），世人公认他为“数字之父”。

更早一点，在1978年，35岁的麻省理工学院建筑学硕士尼葛洛庞帝，在初始代的黑漆漆大屏幕上画了三个相互交叉的圆圈，意思是这三个圆圈代表的计算机、出版印刷和广播电视三大产业，都将在未来的信息公路上趋于重叠和融合。

尼葛洛庞帝最早预见了传媒业将和数字技术融合，并将导致多媒体传播形式的出现，而三个圆圈的交叉处将会成为成长最快、创新最多的领域。他将交叉处称为“媒介融合”（media convergence）。

紧接着，尼葛洛庞帝在1985年创立了麻省理工学院媒体实验室。在这个激情和兴趣决定你的探索方向的地方，建筑大师贝聿铭为此设计了一栋透明的实验楼，用数字命名为E14。

从校园风景上来看，E14就像一个巨大的泛着蓝光的玻璃盒子。楼里的东西几乎都是白色的，有一种奇异的透明度。当阳光穿过半透明的玻璃墙，映射在楼里的每一个空间时，你会觉得自己好像进入了一个漂浮的外太空世界。

没错，你甚至能清晰地看到每个角落里的人在做什么。

视觉上的透明，赋予了一种智力上的远见和通透。俊雅的尼葛洛庞帝，戴着他珐琅质的黑框眼镜，在传说中充满仙气的“理工神校”，写下了未来人们的数字化生存场景。

> 20 年后，当你从视窗中向外眺望时，你也许可以看到距离 5 000 英里和 6 个时区以外的景象。
>
> 你观看的电视节目长达 1 小时，但把它传送到你家中所需的时间也许不到 1 秒钟。阅读有关巴塔哥尼亚高原的文章时，你会体验到身临其境的感觉。
>
> 你一边欣赏威廉·巴克利的作品，一边可能和作者直接对话。①

那时尼葛洛庞帝已 52 岁，在外界戏称只收疯子和天才的麻省理工学院媒体实验室的透明间，他像《星际旅行》（*Star Trek*）的剧中人一般，化为一道令人神往的比特光束，飞射进了我们现在身处的这个 5G 融媒体时代。

一切和尼葛洛庞帝这个魔法师描述的图景极度神合。20 年后的 2015 年，全球进入“媒体融合热”，媒体融合在信息传播技术的推动下已惊天动地、势不可当。

随着数字技术、互联网技术、通信技术等传播科技的飞速发展，我们看见尼葛洛庞帝所说的大众媒体时代的报纸、杂志、广播、电视与互联网、通信网的融合正如火如荼，各种媒体之间原本泾渭分明的界限已被打破，壁垒已被消融，各类新闻媒体交叉聚合在了一起，人类进入了一个增长最快、创新最多的融合传播时代。

全世界的媒介组织都吹响了魔笛，在神速朝融合迈进，而媒介融合已绝非仅仅是主流新闻媒体创建“两微两端”，创建融媒体矩阵，运作新闻客户端（News App），多开几个法人微博、微信公众号、视频号或抖音号那样简单。

媒介的变革颠覆的是原有的信息采集、新闻报道、传播渠道与沟通方式。媒介融合的实质是能够进行融合新闻（convergence journalism）的生产与传输。内容质量、呈现效果及用户体验与互动才是融合新闻的命脉所在。

我们发现，融合新闻正是在媒介融合的土壤上，在数字媒介技术的支持下，催生出的一种新的新闻报道方式，即我们每天正在使用和消费的多媒体报道（multimedia reporting）形式。

尼葛洛庞帝曾预言，当所有的媒体都数字化以后，声音、图像和数据的混合被称作“多媒体”（multimedia）。现在看来，他说得非常正确。

现在掏出你的手机，点开任何一条新闻报道，我们会感受到文字、图片、音频、视频、直播等多种媒介元素聚合在一起所带来的集成体验。

---

① 尼葛洛庞帝．数字化生存［M］．胡泳，译．北京：电子工业出版社，2021：62.

尼葛洛庞帝所处的2G时代拨号上网，3G催生了新闻网站、微博，4G催生了社交媒体、微信还有短视频。而此时的5G，利用其高速率、低时延、广连接等特点，迅速革命性地改变了我们对媒体、内容产品、传播和移动用户的深刻理解。

目前，我们绝大多数人都在使用移动端上网。围绕在我们周围的屏幕无处不在，以前是读书，现在是读屏。

5G之下，万物皆媒，万物皆屏。

我们在手机端交谈，聆听地球另一端的音乐会，把屏幕置于口袋，与之一道旅行。轻轻触屏，无线光纤便能创造轻页面、轻操作、千人千面。

人人都有麦克风，人人都是自媒体，人人都是超级记者，人人都可在线直播。不管是千禧一代还是Z世代，人人都可站在比特（bit）的风口上，成为那只搏击长空的鹰。

媒融万物，媒介已经融化在万事万物之中。我们的学习方式、工作方式、娱乐方式乃至生存方式都将随之再造。

尼葛洛庞帝曾预言，信息高速公路的含义就是以光速在全球传输没有重量的比特。尼葛洛庞帝最出色的贡献并不仅仅是《数字化生存》这本书，更在于他的信条：

> 预测未来的最好办法就是把它创造出来（The best way to predict the future is to invent it）。①

如今传媒业的边界已经消失，现代媒体产业融合的整体图景已经铺就。全程、全息、全员、全效，四全媒体已经成为新的时代特征。我们的内容生产者也已将大部分的新闻业务迁移到了移动终端，多媒体的融合新闻报道形式正成为日新月异的常态。

那么，融媒体时代的新闻学子，所需要的就是锤炼自己的脚力、眼力、脑力、笔力，搏击长空。

要有尼葛洛庞帝那般开拓未来的好奇心和行动力！

要有一副永恒在线的新躯壳！

要永远在学习新东西的比特路上！

在一个万物互融的智媒时代重提尼葛洛庞帝，是因为他让我们看到了智慧本身、未来本身。

如何获取勇气，如何不妥协，如何洞见，如何跨媒介学习，如何用多媒体+的思维思考，还有用什么方式创造未来，尼葛洛庞帝在二十多年前就给我们做出了极佳的示范。

融媒体这个名字是真正与未来有关的，不仅是尼葛洛庞帝的，也是你的。

---

① 尼葛洛庞帝．数字化生存［M］．胡泳，译．北京：电子工业出版社，2021：57.

场景二　新新闻生态系统的构成

媒介在融合，媒介组织与新闻传播方式也在融合，这种变革是前所未有的，亦是惊心动魄的，其构成了当今融媒体新闻传播的系统——新新闻生态系统（new news-ecosystem）。

张志安、汤敏在《新新闻生态系统：中国新闻业的新行动者与结构重塑》一文中，较早提出了新新闻生态系统的组成（见图 0－1）。①

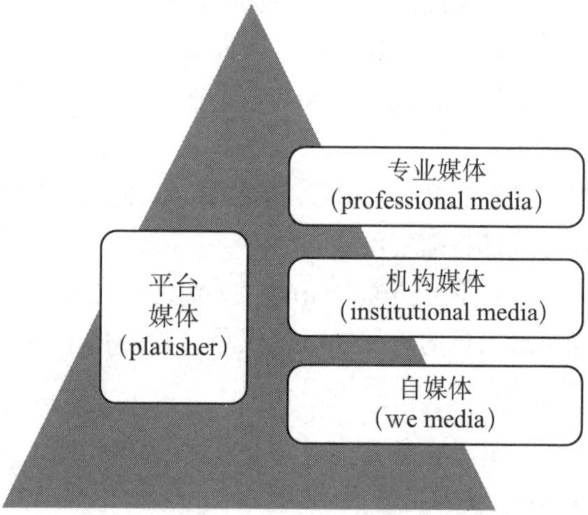

图 0－1　新新闻生态系统

为此，我们将对这一系统中的媒体组织与媒体行动者做一简洁梳理，旨在学习融合新闻报道实操之前，对我们即将进入的这个金字塔式的传媒世界有一个清晰的理解，在大概念框架下能够思考传媒文化的变迁与运行。

第一类，是专业媒体。即职业化的新闻媒体，是高度融合化的媒介组织，主要由党媒、市场化媒体及它们的多产品、多平台的传播矩阵构成，其核心功能是生产和制作专业化的原创新闻。例如，新华社、《人民日报》、《中国青年报》、《新京报》、《南方都市报》、澎湃新闻等，它们是新闻信息生产的最主要组成部分与中坚力量。

第二类，是机构媒体。即党政部门、企事业单位、群团组织等创办的新媒体，它们在网络平台创办自己的媒体账号，包括党政客户端、政务微博、政务微信公众号与视频号、政务微头条、政务抖音号等，具备信息发布、新闻宣传、公共沟通、政务服务、社会治理等全方位功能，具有极高的社会关注度和极大的传播影响力。例如，“共青团中央”微博、微信、抖音号、哔哩哔哩（B

---

① 张志安，汤敏．新新闻生态系统：中国新闻业的新行动者与结构重塑［J］．新闻与写作，2018（3）：56－65.

站）账号等新媒体矩阵，“上海发布”微博、微信、头条号、抖音号等。

第三类，是自媒体。即由专业媒体、机构媒体之外的个人或社会团体来从事的内容生产与发布，它们是依托平台媒体而建立起的数字化媒体，往往以发布社会见闻、生活资讯和评论为主。其在知识生产、社群建构、媒介文化等方面具有独特的传播影响力。例如，依托个人名义起步，具有鲜明 IP 的自媒体品牌“罗辑思维”“吴晓波频道”“莫言公众号”等，还有数以千万计的自媒体账号，比如视觉志、十点读书等。

第四类，是平台媒体。《纽约时报》出身的乔纳森·格里克（Jonathan Glick）在 2014 年最早使用了“platisher”这一新词（platform＋publisher），用来指平台媒体。

他在《平台媒体的崛起》一文中写道：

> 不单靠自己的力量做内容和传播，而是打造一个良性的开放式平台，平台上有各种规则、服务和平衡的力量，并且向所有的内容提供者、服务提供者开放，无论是大机构还是个人，其各自独到的价值都能够在上面尽情地发挥。①

目前，中国的平台媒体大致可分为两类：

一是社交型平台媒体，比如微博、微信等，以社交关系网络的建构为核心。

二是聚合型平台媒体，比如今日头条、一点资讯、抖音等，以资讯的广泛聚合与基于算法的个性化分发为核心。

这些有着“社交基因”＋“技术基因”的数字化媒体平台，既拥有媒体的专业编辑权威性，又拥有面向用户的平台所特有的开放性数字内容实体。除了本身作为中介而编织出了巨型的传播网络，再加上依托其上建立的数量庞大的专业媒体、机构媒体与自媒体，由此构成了 24 小时在线、实时滚动更新、分秒即刻分发的新闻生产与信息流通体系。

这些用户量达数亿的巨型平台媒体，建构起强大的社会化传播网络而成为新新闻生态系统的金字塔塔基和信息枢纽，它们以专业编辑机制与算法推荐机制相结合的数字内容生产、聚合、分发体系，成为重塑中国传媒业生态结构最为显著的力量。

以原创新闻的生产为主的专业媒体，在垂直领域的资讯生产与传播方面具有规模优势的机构媒体，具有独特的社群建构与传播影响力的自媒体，这三种信息生产的主体媒体类型，与具有内容聚合、分发技术、渠道支撑和用户黏性方面整体优势的平台媒体，构成了当下的新新闻生产系统。

---

① Glick J. Rise of the platishers [EB/OL]. (2014-02-07) [2022-10-20]. http://www.recode.net/2014/2/7/11623214/rise-of-the-platishers.

尼葛洛庞帝曾说“墨守成规、渐进思想是创造力的最大敌人”，我们看见数字融合（digital convergence）使媒体世界完全改观。中国的传播和媒介研究学者周宪、许钧更进一步，他们认为：“媒介化的文化把传播和文化凝聚成一个动力学的过程，将每个人裹挟其中，于是媒介文化变成我们当代日常生活的仪式和景观。”① 而这样的媒介融合与文化变迁正是我们将要去拥抱的真宇宙。

基于社会化媒体组织的变革、新闻业生态系统发生的结构性变化，以及媒介融合所带来的技术、产业、文化以及社会领域的变迁，媒体业正在经历的另一个范式转换，各类媒介组织也对媒体行动者与新闻传播人才提出了硬核要求。

场景三　全媒体人的技能

我们看见，在互联网尤其是移动互联网的影响下，中国传媒业的生态系统正在发生根本性变革。

从 2021 年开始，新华社、《人民日报》、澎湃新闻、《南方周末》、腾讯新闻、今日头条、梨视频、抖音等三大类媒体和平台媒体，争相加大了对各类融媒体人才的需求。

那么，一个新新闻生态系统中的全媒体人，到底需要什么样的能力和技能呢？

我们先从这些媒体机构的招聘启事说起。

一、融媒体编辑与记者

岗位职责：

（1）负责两微两端等融媒体原创稿件策划、采写、制作。

（2）根据运营需求，定期策划执行线上互动活动，提高阅读率与活跃度。

（3）负责 App、微信公众号等的运营维护，监控传播效果，定期制作运营报告等。

岗位要求：

（1）全日制本科及以上学历，有媒体记者、编辑或运营经验，熟悉社交媒体运营刷屏案例。

（2）熟悉互联网传播规律，能独立策划以用户增长为目的的线上活动。

（3）有敏锐的网络热点捕捉力和全面的内容把控能力，采访写作能力佳。

（4）掌握相关新媒体工具与技术。

---

① 詹金斯．融合文化：新媒体和旧媒体的冲突地带［M］．杜永明，译．北京：商务印书馆，2012：3.

（5）有良好的团队意识与沟通能力。

（6）有严肃媒体从业经验者优先。

二、公众号编辑与运营

岗位职责：

（1）负责微信公众号等原创稿件策划撰写。

（2）根据运营需求，定期策划执行线上互动活动，促进粉丝增长，提高活跃度。

（3）负责微信公众号、头条号、企鹅号等的运营维护，监控传播效果，定期制作运营报告等。

岗位要求：

（1）全日制本科及以上学历，有微信编辑或运营经验，熟悉社交媒体运营刷屏案例。

（2）熟悉互联网传播规律，能独立策划以用户增长为目的的线上活动。

（3）掌握相关新媒体工具与技术。

（4）有敏锐的网络热点捕捉力，阅读面较广，搜索资料和写作能力强。

（5）有高校类公众号运营经验者优先。

三、融媒体内容实习生

岗位职责：

（1）参与音频、视频等融媒体产品制作。

（2）参与微信、微博以及其他社交媒体的文案创作。

（3）制作简单的热点事件海报。

（4）配合内容选题，收集、整理和分析相关中英文材料。

岗位要求：

（1）专业不限，熟悉多种社交媒体的内容创作，能拍摄和剪辑音频、视频作品。

（2）写作能力佳，在媒体发表过作品者优先。

看完上面的招聘内容，我们发现：

媒体机构想招聘那些了解全媒体平台并乐意为多个平台生产融合新闻的人，这就意味着你要学会能让你做出最好报道的融媒体方法和技术。

那些能捕捉社会热点，能策划新鲜选题，能实地采访与拍摄；能写出动人的文字报道，能剪辑出好看的短视频，能制作有穿透力的音频；能进行简洁优美的公众号排版，能实施多平台多渠道的运营；能脑洞大开上得了平台，又能真枪实弹下得了战场的超级记者（super journalist），将是最最受欢迎的人。

场景四 我也能实操

适宜各媒体平台的融合新闻生产与制作无疑占有了全部江山，融媒体人被推上风口浪尖。

雷军曾说："只要站在风口上，猪也能飞上天!"

那么，新的融合新闻报道方式与融媒技术，对于每一个新闻学子来说已是必备的专业素养与核心技能。而这也是本书最终要实现的学习目标与成才计划。

除了开篇热身打通经脉、找准方向，本书由三大部分构成。

＞第一部分为"理论构建：融合新闻思维导图"

从融合新闻的叙事方法入手，以融合新闻生产与发布流程为轴心，以各主流媒体发布的融合新闻报道作品为鲜活案例。

从选题构思与新闻价值判断、采访与拍摄、创作与制作、包装与发布四大环节，分别对由文字报道、新闻图片、视频、音频这四大媒介要素构成的融合新闻报道形态进行详细的分解学习与实践，进而学习如何将融合新闻产品在两微两端进行整体的组合、包装、运用与分发，如何做好平台上的直播以及如何在短视频平台的抖音号与视频号上进行二次创作与发布。

每一环节的融媒体思维运作与作品呈现，都将给予你前所未有的震撼和干货满满的体验。

＞第二部分为"实战技巧：真实案例实操发布"

挑选创作者已完成的优秀融合新闻作品作为案例进行讲解。

第一步是寻找新闻线索，初步判定新闻价值，确定选题的报道角度，拟定采访提纲，拟定拍摄脚本。

第二步是进行现场采访，进行现场摄影、摄像、录音，应对现场困难，这一过程中有许多经验和技巧。

第三步是整理素材，进行文字报道的写作、新闻图片的挑选、视频脚本的创作与视频剪辑、音频的录播与制作。

第四步是将完成的融合新闻报道作品在公众号上进行整合编排，进行最后的发布与推送。

关于这四步，本部分进行了详细的技巧教学，尤其是如何写出优质的公众号推文，也有每一步的解密。

实操中，将手把手教会你使用 Pr 和剪映两种视频剪辑软件、音频剪辑软件 Au，以及公众号编辑器排版与发布、Ps 制作作品海报等多种融媒技艺。

＞第三部分为"融媒体作品展示：实力呈现与效果"

举办一个融媒体作品展（见图 0－2）至关重要，这是对创作者整体实力的呈现，同时也是进入四类媒体机构最好的一块敲门砖。

图 0－2 融媒体新闻作品展宣传海报

扫码看介绍

其中涉及如何设计展览主题，如何制作宣传册子、海报与 H5 邀请函，如何做好视频号直播与 vlog 现场视频，如何邀请媒体机构的专业人士、大咖来观展、来看作品，从而点评作品，如何让主流媒体报道作品展，让作品曝光，让更多的媒体组织向你招手。

参与的每个小组必备神器如下：

（1）5～6 位小伙伴为一组，建立一个超级记者团队，并取好名号。

（2）每位小伙伴下载 Au、Pr、Final Cut Pro、剪映等剪辑软件，熟悉操作，熟悉微信平台编辑器。

（3）每次上课时，提前预习，记下难点问题，老师将针对重点、难点进行讲授和指导。

（4）每个小组准备好采写的融合新闻报道作品，老师进行现场审阅、修改、完善。

实操课程可根据实际情况设置为 32/48/64 课时。大致内容介绍如下。

第一阶段　硬新闻类：融合新闻报道作品创作

第一步：确定选题

（1）每个小组初步选定 2 个选题，初步判断其具有的新闻价值，初步拟定新闻点、采访角度。

（2）上课时，每个小组向老师报选题，讨论选题。当确定选题后，拟出采访提纲与拍摄计划。

（3）选题以社会新闻事件为主。

第二步＋第三步：采写与创作

每个小组集体采访，共享所有素材，但创作时按照要求，每个成员单独完成每一种类型的报道，具体要求如下。

1. 文字报道部分

（1）字数在 1 200 字左右，以现场目击记为主。

（2）按照倒金字塔结构写作，有导语段、新闻主体段、结尾段。

（3）5W1H 新闻要素齐备；有一定的新闻价值；注重事实传播。

（4）大标题具有双新闻点，报道有摘要、小标题、消息源、核心句、现场描写、采访对象、引语、新闻背景等。

2. 新闻图片部分

（1）拍摄 4～6 张与文字报道相关的新闻图片。

（2）新闻图片要有现场感、视觉冲击力，包括新闻现场环境、氛围、主体人物、细节、特写等。

（3）为每张图片写下简短的图片说明（简称为图说），图说包括时间、地点、人物身份与行动、署名栏。

3. 音频新闻部分

（1）根据文字报道的主要内容，撰写播出稿，制作一条音频新闻。

（2）音频新闻的时长为 6 分钟以内；具有新闻点，播音清晰，剪辑流畅，节奏感强。

（3）可用直接录播文字报道的方式，加上版头版尾语与垫乐。

（4）也可用原创性音频新闻制作的方式，加上版头版尾语与垫乐、音效。

4. 短视频现场新闻部分

（1）根据文字报道的核心内容，以精简化、口语化为标准，撰写视频脚本，制作一条短视频现场新闻。

（2）短视频现场新闻的时长为 3 分钟以内。

（3）5W1H 要素齐备。

（4）具有新闻点、口播词（可有也可无）、同期声、画外音、识别条、字幕，有现场画面、采访对象。

（5）具有硬新闻的叙事逻辑，剪辑流畅、画面精短，垫乐能烘托氛围。

（6）在片头或片尾有媒体 logo 标识。

第四步：公众号排版与平台发布

（1）每个小组将上面四部分的融合新闻报道作品完成后，带到课堂上和老师一起审阅，并修改。

（2）每个小组将最后的定稿在公众号上排版，排版内容包含文字报道、新闻图片、音频与视频。

（3）排版要求简洁、优美，有视觉表达力，有看点、卖点。

（4）和老师一起审阅，并修改、完善。

（5）将完整作品在各平台发布、推送、分享。

第二阶段　软新闻类：融合新闻报道作品创作

第一步：确定选题

（1）每个小组初步选定 2 个选题，初步判断其具有的新闻价值，初步拟定新闻点、采访角度。

（2）上课时，每个小组向老师报选题，讨论选题。当确定选题后，拟出采访提纲与拍摄计划。

（3）选题以社会新闻故事、新闻人物、专题报道为主。

第二步+第三步：采写与创作

每个小组集体完成作品采写与制作，具体要求如下。

1. 文字报道部分

（1）字数在 2 500 字以内；体裁以新闻故事、人物访谈、专题报道为主。

（2）按照正金字塔结构写作，有导语段、新闻主体段、结尾段；结构层次清晰，新闻逻辑表达能力强。

（3）具有较强的新闻价值，主题突出人文性，新闻要素齐全，视角独特，语言简洁、生动、流畅，可读性强，故事性强，人情味浓，情感性强。

（4）能熟练运用大标题、摘要、导语、核心句或核心段、小标题、引语、消息源、新闻背景、视觉化语言、场景描写、细节描写、对话、过渡、结尾升华等技巧。

2. 新闻图片部分

（1）拍摄 6～8 张与文字报道相关的连续性新闻图片。

（2）新闻图片要有现场感、视觉冲击力，包括新闻现场环境、氛围、主体人物、细节、特写等。

（3）为每张图片写下简短的图片说明，图说包括时间、地点、人物身份与行动、署名栏。

3. 音频新闻部分

（1）根据文字报道的主要内容，撰写播出稿，制作一条音频新闻。

（2）音频新闻的时长为 12 分钟以内；具有新闻点，播音清晰，剪辑流畅，节奏感强。

（3）可用直接录播文字报道的方式，加上版头版尾语与垫乐。

（4）也可用原创性音频新闻制作的方式，或者采访后记的方式，加上版头版尾语与垫乐、音效。

4. 短视频专题报道部分

（1）根据文字报道的核心内容，以精简化、口语化为标准，撰写视频脚本。

（2）短视频专题报道的时长为 3～8 分钟，3～5 分钟为最佳。

（3）以微故事片、微纪录片的形式呈现。

（4）具有新闻点、口播词（可有也可无）、同期声、画外音、识别条、字幕，具有采访人物叙述、现场生活场景。

（5）具有故事类新闻片的叙事技巧，画面剪辑流畅，垫乐、音效能烘托氛围。

（6）有片名，有导视或片花，片尾有媒体 logo 标识，有制作人员表。

（7）注重情感传播与价值传播。

第四步：公众号排版与平台发布

（1）每个小组将上面四部分的融合新闻报道作品完成后，带到课堂上和老师一起审阅，并修改。

（2）每个小组将最后的定稿在公众号上排版，排版内容包含文字报道、新闻图片、音频与微故事片。

（3）排版要求简洁、优美，有视觉表现力，有相契合的设计风格，有舒适的阅读感；还可有 gif 动图。

（4）和老师一起审阅，并修改、完善。

（5）将完整作品在公众号上首推，并按照各平台的风格，做适应性发布与推送。

第五步：举办“融媒体新闻作品展”

（1）每个小组设计参展者海报、宣传册子、H5 邀请函等。

（2）每个小组以集体创作的作品参展。

小结：我也能

这是一本可以为融合新闻报道树立方法与实务的教材，也是一本可以教会你进行融合新闻报道的选题、采访、拍摄、创作技巧和编辑、包装、发布的有效之书。希望你能用自己的实践经验来检验书中的方法，融动小屏，具备策采编发的核心技能，进而构建出媒体文化生产者的形象。

学习融合新闻最好的方法，是从一些有经验的媒体人身上吸取经验。每个人都会经历不同的人生阶段，而一个人能够将自己所经受的历练归纳、提升，再传授给其他人，通常是在四五十岁。

《77 位大学生摇身一变成超级记者，你想学吗?》

“经验”（experience）与“专家”（expert）这两个词，都有着相同的词根即“检验”。就好比好酒都需要在酒窖中酝酿、发酵，全媒体人的经验与技能也需要经过一定时间的磨砺才能炉火纯青。

在融媒时代，中国和西方的众多媒体机构中，都有“学习中的新闻媒体部”（The Learning Newsroom）项目，旨在帮助编辑和记者更新知识和技能，从媒体专家那里将总结的成功经验分享给年轻的媒体人，帮助他们制作出更好的融合新闻产品。

21 世纪是一个高度信息化的时代，是信息经济和知识经济占主导地位的时代，以高新科技为代表的传播技术产业与从事信息产品生产的媒体产业正在成为信息社会的两大支柱。科技千变万化的特质，也使得传媒业的工作变得更加迷人。媒体融合不仅仅是一个技术的过程，它更代表了一种文化的变迁。

一个人的知识需要不断更新才能保持有效，停止发展变化的知识最终只能成为僵死的教条，或者课堂上中看不中用的 PPT，因此，教育和培训对每一个新闻人保持知识与技能的新鲜度极为重要。我们不仅需要学会做一名挑剔的信息消费者，更要学会制作生产媒体内容的技能，学会做一名媒体内容的积极创造者和传播者。一个多才多艺的全媒体记者永远是学生，要常学习、常实践，不断精进自己的才干，不断完善自己的知识。

优秀媒体人都深具潜质与天赋，但他们懂得只有不断练习，才能将天赋和潜质转变为现实的魔法能力，才能具备有意义贡献的社会技能。只有动手实操了，你才会发现本书不仅是一次融媒体之旅，更是一本通往数字化生存的人生笔记。

本书的撰写持续了两年时间，融媒体全新的内容生产方式和报道形态也在不断涌现。感谢重庆工商大学新闻传播学子钞越、邓丽彬、沈思宇、刘延、苏畅、李林飞、李沿蒙以及新闻小行家团队、知了团队在实操部分的撰文和制作，感谢艺术学院插图师王晶的手绘插图。最后，本教材由重庆工商大学提供专项经费资助，特此致谢。

融合新闻的图景已经绘就，大时代里我们每个人的故事都值得记录。

正如马歇尔·麦克卢汉（Marshall McLuhan）所说，新媒体在人类历史的长河中总是“后浪推前浪”。前浪一直都在孜孜不倦的探索中，你们，后浪们，会翻滚得更 high!

第一部分
理论构建
融合新闻思维导图

第一章　你必须懂的融合叙事方法

插图：王晶

精彩早知道

★ 融合新闻的媒介元素包括文字、图片、音频、视频、直播、动画、超链接、H5、VR、互动设置等。

★ 融合新闻综合运用多种媒介元素进行新闻报道，用户能感知融媒体产品所带来的集成体验与精神享受。

★ 融合新闻本质上是一种数字叙事，它使新闻内容可以多样化、多元化呈现，重新构建了新闻报道的模式。

边做边思考

★ 数字叙事在新闻内容呈现上的表现方法。

早上起来，我们的第一件事就是打开手机，看看在我们睡觉时发生了什么。信息消费者过着一种融合式的生活，由此提供一种适合人们生活方式与阅读习惯的新闻形式势在必行。

融合新闻在21世纪初出现，是以媒介之间的融合以及媒介组织结构与工作流程的改变为前提的，随着数字技术的广泛应用和移动互联网传播的迅猛发展，传媒形态的推陈出新与传媒产业的整合重组，已成为当今全球性的媒介发展趋势。

在这一变局中，融合新闻传播应势而动，从运行规则、流程到渠道、方式都发生了巨变，突破了传统的媒介载体藩篱，采用多种媒介元素呈现新闻信息，优化新闻传播效果，让新闻报道更加便捷、生动、深入和全面，能够全方位、多维度呈现新闻事件的全过程，以融合新闻报道赢得竞争，赢得用户。这就是融合新闻的真正价值所在。

作为中国新闻传媒行业的风向标，2018年5月，中国新闻奖增设了媒体融合奖项，共设立6个评选项目；2021年5月，调整为7个，分别为短视频现场新闻、短视频专题报道、移动直播、创意互动、融合创新、新媒体新闻专栏、国际传播（见图1-1）。媒体融合奖项的参评要求为原创并在其媒体机构的移动端首发，能应用数字技术、移动互联网技术进行融合传播的新闻作品。

融合新闻见证了中国媒体融合之路上的时代风云，媒体融合奖项不仅推动了以融合新闻的形态记录每年发生的重大新闻事件，也标志着中国媒体在全媒体运行机制、融合新闻生产方式、多媒介表现形态与技术手段等方面的创新与进步。

图 1-1 中国新闻奖媒体融合奖项

除了符合中国新闻奖评选总体标准，媒体融合奖项特别要求融合新闻作品具有即时性强、交互性强、共享性强、技术应用效果好、传播效果好这五大特征。

具体来讲，融合新闻传播必须具备以下特征：

第一，高新媒介技术的技术支撑是融合新闻呈现形式多样化的基础，其使得融合新闻的采集更加高效、便捷，传播更加迅速、精准，呈现形式更加具有趣味性、代入感。

第二，在移动互联网＋思维的指导下以用户为中心，注重用户体验与服务，强调新闻与用户之间的互动、参与。

第三，在发布过程中，融合新闻以多平台、多渠道、多终端的发布模式进行新闻发布，最终在融媒体矩阵中以全媒体姿态为用户提供新闻信息。

第一节　融合新闻报道的呈现形式

融合新闻以优质的内容生产取胜，既要创新新闻报道的理念和手法，又要体现融合、垂直、沉浸、社交、场景等融媒体特征，带给用户的不仅仅是信息需求上的满足，在此基础之上，还有多种媒介元素组合而成的新闻产品所带来的集成体验与精神享受。

在使用融合新闻产品的过程中，用户能感知文字、图片、音频、视频、互动设置等媒介元素，让新闻信息的传播更加清晰、形象、生动、逼真、有趣，技术赋能产生的新内容，诸如H5、动画、虚拟现实（VR）、直播等可视化信息，更是能让用户置身并沉浸于新闻现场之中。

一、融合新闻的核心媒介元素

融合新闻综合运用多种媒介元素进行新闻报道，每一种媒介元素都有其作用与功能，现罗列如下，有助于我们理解各种媒介元素在呈现新闻信息时的效用。

1. 文字

文字是最基础的媒介元素，也是最核心的叙事要素。文字具有一目了然的优势，能够详细描述，使新闻信息的传递达到最大化，同时也发挥着串联其他媒介元素的作用，能够辅助用户提高阅读效率。无论是对报道主题内容的叙述，还是对视频内容的解说，都离不开逻辑清晰的文字。

2. 图片

在融合新闻的传播过程中发挥着增强新闻真实性和可信度的视觉效果作用，能直观地呈现新闻信息。图片除了有新闻摄影图片外，还有新闻图表与新闻漫画。

卡通漫画、数据图表以及长图、多图、组图等不同呈现形式，通过对关键信息进行提炼加工梳理，进行可视化处理，可使报道内容清晰、直观、好看，增强多媒体终端阅读的效果。

3. 音频

音频的表达拓宽了传播渠道，这种媒介是互联网中唯一具有伴随属性的媒介。在融合新闻的传播中，音频是激发想象力与情绪性的最好的媒介元素，能让用户舒缓视觉，对新闻的阅读诉诸听觉，增强新闻的在场感与亲切感。

4. 视频

视频能让新闻信息最容易被看懂和接收，信息传播直观、生动，能将文字、图片、声音等媒介融入其中，具有极强的包容性。

视频非常适合用声画效果来讲述新闻故事。短视频新闻主要由记者现场拍摄、后期剪辑制作而成。

在短视频中，对其内容进行了“碎片化”的有机梳理，能反映现场的真实场景，信息量大，尤其在突出现场新闻的场景性这一点上，视频元素是比文字、图片更好的选择。

5. 直播

直播形式能全面迅速准确地采集、高清同步、音质画面清晰地传递新闻现场的重要信息，让用户快速了解现场的动态。VR直播能让用户仿佛置身于现场，沉浸式体验现场。

此外，在直播视频下方还有文字实录对现场进行同步记录，有用户的即时打 call、点赞互动等，以满足用户观看直播的不同需求，能充分体现用户的参与性与同场感。

6. 动画

动画能模仿无法拍摄的新闻场景，或将严肃生硬的话题或事件轻松地传递给用户，让用户乐于主动去接收信息。

7. 超链接

超链接发挥着参考文献的功能，让新闻报道更加立体、开放，提供更加丰富的补充和延伸信息，可让相关的信息不再独立存在，而是在一个事件背景中形成一个整体。

它同时也满足了界面呈现形式的简洁要求，以及不同的用户深入研读的需求。

超链接还可以跨平台，从一个平台链接到另一个平台进行阅读、观看等。

8. H5、VR

H5、VR 技术让融合新闻在传播中更加具有互动性、现场感、参与性，信息层次更丰富，用户能沉浸式体验新闻内容。

9. 互动设置

互动设置包括评论、留言、点赞、在看、转发等设置。这是最关键的网络媒介元素，它让用户能参与到融合新闻的报道之中，对新闻事件发表自己的看法，对新闻产品进行转发，用户还可再创造内容，有利于提升访问流量与增强用户黏性。

二、融合新闻媒介元素的组合方式

通常人们将融合新闻的表现元素分为两大类别：一类是包括文字、图片、音频、视频的本义媒介元素，或者叫原生媒介元素；一类是突出互联网特色的直播、动画、超链接、H5、VR、互动设置等网络媒介元素。

融合新闻报道并不是把所有的媒介元素一网打尽，而是要考虑各种媒介元素与所报道题材的适宜性，会有选择性地使用这些媒介元素，让每一种媒介元素的优势都发挥出来，相得益彰、自然有效地实现融合新闻的传递。

我们梳理一下媒介机构发布的融合新闻报道，其组合大致可分为两类：优选组合形式与深耕组合形式。

第一类，媒介元素的优选组合形式。即“文字＋图片＋互动设置”“文字＋音频＋互动设置”“文字＋视频＋互动设置”“图片＋音频＋互动设置”“文字＋图片＋音频＋互动设置”“文字＋图片＋视频＋互动设置”“直播＋互动设置”等形式的融合新闻，是包含文字、图片、音频、视频、直播、互动设置的理想组合。

第二类，媒介元素的深耕组合形式。即“文字＋图片＋视频＋超链接＋互动设置”“视频＋动画＋互动设置”“H5＋互动设置”“VR＋互动设置”等形式的融合新闻，是包含文字、图片、音频、视频、动画、H5、VR、超链接、互动设置的深度组合。

第二节 新华社融合新闻报道实证案例

作为中国乃至世界最大的媒介组织之一，新华社的融合新闻生产与制作具有标杆性与引领作用。其在融合新闻报道的形式上很少再用单一形式的表达，而是根据不同的媒介平台，根据不同的新闻题材，生产出由不同媒介元素组合而成的融合新闻。

一、“两会”有哪些新闻话题

《重庆日报》时政记者、新闻学硕士苏畅，梳理出了 2019 年全国“两会”期间，新华社“两微两端”共有 1 890 篇融合新闻报道，根据报道涉及的内容，概括出“代表委员”“两会概况”“报告解读”“记者会”“两会评论”“发言讲话梳理”“两会科普”“国外声音”“其他”九种话题。①

这些话题的分布，如图 1－2 所示。

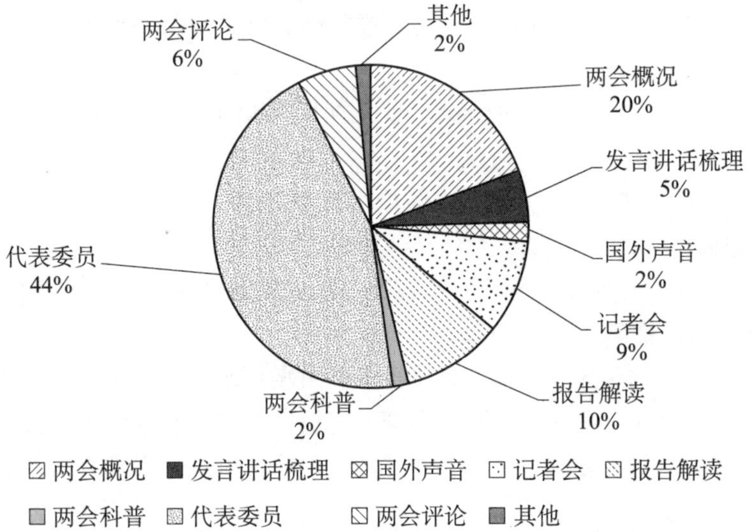

图 1－2 新华社 2019 年全国“两会”期间融合新闻话题占比分析

二、用什么样的多媒介元素呈现

根据这九类新闻话题，新华社进行融合新闻报道时，其在运用多媒介元素的呈现方式上是有所区别的。

① 苏畅．新华社“两微两端”融合新闻传播研究：以 2019 年“两会”融合新闻报道为例［D］．重庆：重庆工商大学，2020：24－25.

其具体呈现方式分布，如图 1－3 所示。

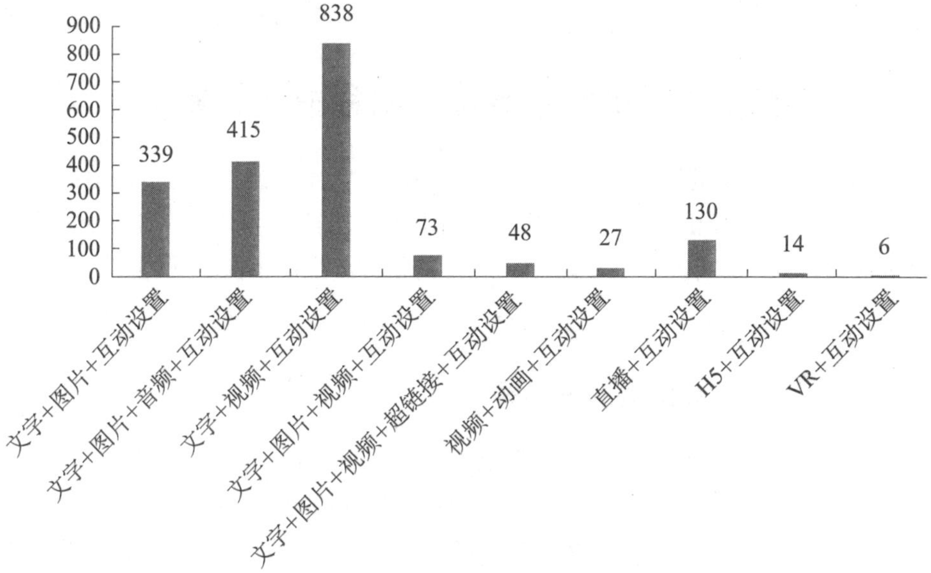

图 1－3 新华社 2019 年全国“两会”融合新闻呈现方式分布

(1)“文字＋视频＋互动设置”形式的融合新闻报道 838 篇，约占报道总数的 44％，排第一。

(2)“文字＋图片＋音频＋互动设置”形式的融合新闻报道 415 篇，约占报道总数的 22％，排第二。

(3)“文字＋图片＋互动设置”形式的融合新闻报道 339 篇，约占报道总数的 18％，排第三。

(4)“直播＋互动设置”形式的融合新闻报道 130 篇，约占报道总数的 7％，排第四。

(5)“文字＋图片＋视频＋互动设置”形式的融合新闻报道 73 篇，约占报道总数的 4％，排第五。

也就是说，与话题相对应，属于第一类的媒介元素的优选组合形式运用最多，其包含的文字、图片、音频、视频、直播、互动设置这六种媒介元素，组合成各种形式的融合新闻，新华社在“两会”的报道中使用频繁，是融合新闻报道中的主要呈现方式。

我们可从新华社 2021 年全国“两会”报道之“张扬两会日记”系列《“开箱”喽！看看我都带了什么上两会》《跟我去大会堂报道人大开幕会》一窥全貌，感受“文字＋视频＋音频＋互动设置”的报道形式是如何实施的，如图 1－4 所示。

(6)“文字＋图片＋视频＋超链接＋互动设置”形式的融合新闻报道 48 篇。

(7)“视频＋动画＋互动设置”形式的融合新闻报道 27 篇。

(8)“H5＋互动设置”形式的融合新闻报道 14 篇。

(9)“VR＋互动设置”形式的融合新闻报道 6 篇。

《“开箱”喽！看看我都带了什么上两会》

《跟我去大会堂报道人大开幕会》

图1-4 新华社2021年全国“两会”报道之“张扬两会日记”系列

（6）至（9）属于第二类的媒介元素的深耕组合形式，共有95篇报道，约占报道总数的5%，主要包含动画、H5、VR、超链接四种媒介元素。

由于深耕类的融媒体产品制作花费的周期长、成本高，媒介技术手段要求高，尤其是艺术创意与设计制作比较难，因此，包含超链接、动画、H5等融合新闻的新形式产品数量相对较少，“VR+互动设置”形式的融合新闻产品数量最少。

2021年新华社国内部“两会”融媒报道全面挺进全媒化采集主战场，所发近1 200条新闻稿中，新媒体稿超过800条，融媒体产品产量成功“翻转”。①

我们可从新华社2021年全国“两会”报道的H5小剧场《“十四五”之青年宝藏》来感受创意性融媒体产品“H5+互动设置”的情趣魅力，如图1-5所示。

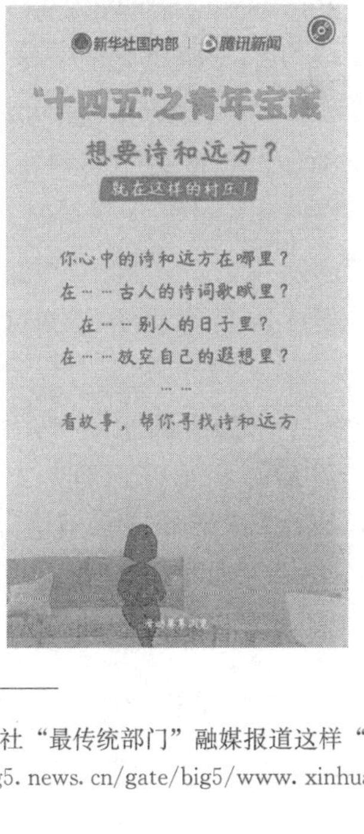

《“十四五”之青年宝藏》

图1-5 新华社2021年全国“两会”H5小剧场

① 王若辰．国社“最传统部门”融媒报道这样“破圈突围”［EB/OL］．（2021-03-12）［2023-05-25］．http://big5.news.cn/gate/big5/www.xinhuanet.com/2021-03/12/c_1127201143.htm.

由此，我们可以归纳融合新闻的叙事特色：

首先，融合新闻的本质是一种数字叙事。

在大众传播时代，传统新闻叙事在报道手法上呈现方式较为单一、分散，尽管也有文字、图片、音频、视频等媒介元素的呈现，但却处在一种单一、孤立、技术分离的使用状态。

美国著名传播与媒介研究学者亨利·詹金斯（Henry Jenkins）认为："数字技术最重要、最令人兴奋的影响，就是帮助人类获得了更多文化生产和流通手段的机会。"①

由此，他进一步提出了数字叙事（digital storytelling）的议题。"数字叙事可以包括通过数字工具生成的故事、涉及各种形式的网络参与或交互的故事、通过数字平台发布的故事，以及通过数字平台消费的故事。"②

也就是说，融合新闻的本质，实际上是一种数字叙事，它把信息、文化、创意等诸多内容与技术融合为一体，无论是信息内容生产还是技术力量的加入，采用多种媒介元素呈现新闻信息，通过各种数字平台发布，更有利于信息的有效传达，更有利于用户的参与和互动，这样能让新闻发布更精益化，让信息的传递更贴近新闻内容的自身价值。

其次，数字叙事能让新闻内容多样化呈现。

相比于传统新闻依靠故事手法对新闻报道进行内容建构的叙事方式，融合新闻则是以组合多种媒介元素的数字叙事方式使新闻内容可以多样化、多元化呈现，重新构建了新闻报道的模式，使新闻报道不再单一，信息之间的存在有很强的联系性，报道更加立体、开放，并且用户可以参与到个性化、趣味化、互动化的新闻内容阅读之中，形成了全方位的融合新闻叙事模式。

数字叙事在内容呈现方面具体的表现为，在媒介平台中综合利用文字、图片、音频、视频、动画、H5、VR、超链接、互动设置等媒介元素，通过交互式媒体来制造出一种集成式体验。在新华社对"两会"的融合新闻报道中，正是发挥了多种媒介元素的特点与优势，进行不同媒介元素之间的灵活有机组合，使新闻内容以多元化的呈现形式传递给用户，丰富了视觉传达方式，体现出较强的交互性、沉浸性和友好的体验感，最终提升了新闻传播的影响和效果。

这里有一个形象的小插曲，在麻省理工学院媒体实验室，它的 logo，是由一些极简的黑色粗线条组成的小方框，酷似我们现在随时都在使用的二维码。每一个看起来都极客感十足，组合在一起就形成了一套引人注目的视觉识别体系。

---

① 常江，徐帅．亨利·詹金斯：社会的发展最终落脚于人民的选择：数字时代的叙事、文化与社会变革［J］．新闻界，2018（12）：4－11.

② 同①.

“数字之父”尼葛洛庞帝一直倡导利用数字化技术促进人类社会生活的转型，他的信念“Move bits，not atoms”，意思是“由原子的世界蜕变至比特的世界”[①]。比特是计算机科学技术的核心元素，可以通俗理解为数字技术，是信息的最小单位。数字革命既是一种技术变迁，更是一种社会与文化的变迁。当所有的媒体都数字化以后，我们身处的这个资讯世界、互动世界、娱乐世界终将合而为一。

还有谁能配得上如此酷炫的 logo 呢？这其实也是我们数字化生活的一种最直观的映像。亦如尼葛洛庞帝所说：

> 我请读者思考未来的数字化世界，它将滋养心灵抵御无明；分享繁盛；以合作取代竞争。[②]

我们在此做实证分析，是为了更深入地形成移动互联网＋与多媒体＋和用户＋的创作思维，任何时候面对新闻事件与新闻选题时，能够清楚地知道每种媒介元素的优势，能够最快最好地运用不同媒介元素的组合方式来进行数字化的融合新闻的思考与操作。

鉴于此，我们随后的学习，也主要针对媒体机构使用频繁的文字、图片、音频、视频、直播、互动设置这六种媒介元素构成的优选组合形式进行深入实践。

边做边思考

1. 下载新华社客户端，以“张扬两会日记”系列为例，看看做融合新闻报道需要做好哪些准备？全媒记者需要哪些技能？多媒体报道手段是如何实施的？超级记者的采拍行程有多辛苦？

2. 何为数字叙事？融合新闻的本质是什么？数字叙事在新闻内容呈现方面的具体表现方法又是怎样的？

3. 以 H5 小剧场《“十四五”之青年宝藏》为例，体会创意性运用各种媒介元素的优势来进行报道的效用。

---

① 尼葛洛庞帝．数字化生存［M］．胡泳，译．北京：电子工业出版社，2021：16.

② 同①7.

第二章　融合新闻生产与发布流程

插图：王晶

精彩早知道

★“中央厨房”的战略思路与快速普及，已成为媒体融合的重要模式。

★ 构建全媒报道平台，实现了新闻采编流程的根本性变革。

★ 背包记者集多种技能于一身，是融合新闻报道的重要职业主体和主角。

边做边思考

★ 一个C位记者在全媒平台的功力。

虽然媒介格局在不断变化，媒介技术在更新换代，但优质内容的生产依然是媒体立足的核心竞争力。为充分挖掘优质内容，以创造性的融合新闻产品满足当下用户需求，创立全媒报道平台，再造新闻生产流程与发布机制，就成了各媒介组织融合发展的至关重要的战略部署。

对于即将投入融媒体新闻报道学习的我们，清楚媒体机构从整体布局的规则到实际运作的路径，更利于我们打造出有思想、有温度、有深度、有品质的融合新闻产品。

第一节　全媒报道平台变革采编流程

融合新闻传播是以媒介之间的合作、媒介组织结构与工作流程的改变为前提的，各大媒介组织都相继建立了全媒报道平台，将所有的媒介形式整合到统一的信息采编平台，实现统一规划、资源共享，实现新闻采编流程的根本性变革。

一、构建全媒报道平台

构建全媒报道平台是媒介组织战略部署的关键任务，其基本流程为首先集中媒介组织的力量来采集新闻素材，然后根据信息的特点进行内容加工，制成不同的融合新闻产品，最后通过不同的传播渠道传递给用户。

尤其是对于新闻客户端而言，融合新闻已演变成一种独立运行、流程完整、操作规范的新闻生产模式。

下面以人民日报社的“中央厨房”为例，来一窥全媒报道平台的流程。

融媒体行业的“中央厨房”，借鉴了餐饮业的统一调度管理模式，主要是指采用集约化的新一代内容生产、传播和运营公共平台。该平台通过统一调度采编人员，聚合各种媒介的优势力量，汇集各种优质内容，从而实现资源的优化整合与传播。①

“中央厨房”模式就好像一个交响乐团队模式，不仅能解放生产力，减少人力资源成本，也可极大地提高新闻生产传播的效率，改善用户体验。利用其数据共享平台将“一举多得”的功能发挥出来，一次信息采集形成多种融合新闻产品，在不同的平台、终端、App 进行推送，有效扩大了信息传播的覆盖面，媒体影响力也得到显著提高。

2016 年 2 月 19 日，人民日报社全媒体平台“中央厨房”正式上线，它以内容的生产传播为主线，打造媒体融合发展的业务平台、技术平台和空间平台。通过建立采编联动平台，统筹采访中心、编辑中心和技术中心的力量，实现“一次采集、多元生成、多渠道传播”的“一体化”流程。图 2-1 即为《人民日报》“中央厨房”的组织架构。

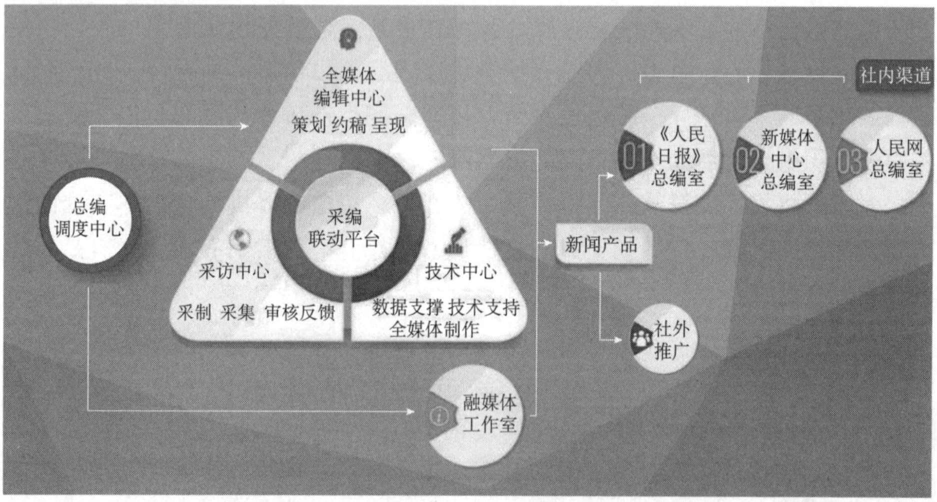

图 2-1 《人民日报》“中央厨房”组织架构图

“中央厨房”实现了媒体资源的优化整合，大型媒介机构均已建立“中央厨房”全媒体平台，如《中国青年报》的“融媒小厨”、天津津云新媒体集团的“津云中央厨房”等。“中央厨房”的战略思路与快速普及，使之成为媒体融合的重要模式。

二、协同生产融媒体产品

创建全媒报道平台，再造“中央厨房”，其目的是将新闻业务整合化，再造采编流程，协同生产融媒体产品。

2015 年 7 月，新华社全媒报道平台（Xinhua All-Media Service）正式上线。紧接着在 2017 年，全媒报道平台扩容升级，在媒介融合的探索中，新华

① 梅宁华，支庭荣．中国媒体融合发展报告：2017—2018［M］．北京：社会科学文献出版社，2017：15.

社始终重视在变革采编流程上寻找突破口。

全媒报道平台是按指挥中心、策划中心、协调中心和总调度、总平台、总枢纽、总出口的总目标，从新闻采集端到最后推送端，形成的整体协调性机制。①

全媒报道平台将新华社各个编发部门整合到同一个物理空间中，通过一次策划，一次采集，多次加工，多元传播，多终端适配发布，实现了融媒体系列产品的创新和运营。

以全媒报道平台下的“新华全媒头条”为例，它汇集全社文字、摄影、音频、视频、名记 vlog 等核心优质报道资源，不断推出融媒体产品。其制作的《月圆人团圆｜从太空点亮“万家灯火”》《奔跑吧野马》等一批极具影响力的融媒体产品，在用户浏览量方面表现不俗，达到了入脑、入眼、入心的传播效果。

第二节　生产与发布的操作流程

媒介融合贯通了各媒体平台，让传媒业有了新型的合作生产关系，也让媒体能够跨越国家边界进行传播。我们除了了解全媒报道平台的整体布局，更需要了解融合新闻生产与发布的具体流程，以便可以思路清晰地进行实际的融媒体新闻报道。

一、基于平台的五个环节

具体来讲，这是一个由五个环节构成的循环过程，这个过程既包括融合新闻生产，又包括融合新闻发布，还包括用户互动。生产、发布与互动是紧密结合在一起的，每一个环节都处于连续运行状态，天天循环往复，不会因为一次报道完成而结束这个过程（见图 2－2）。

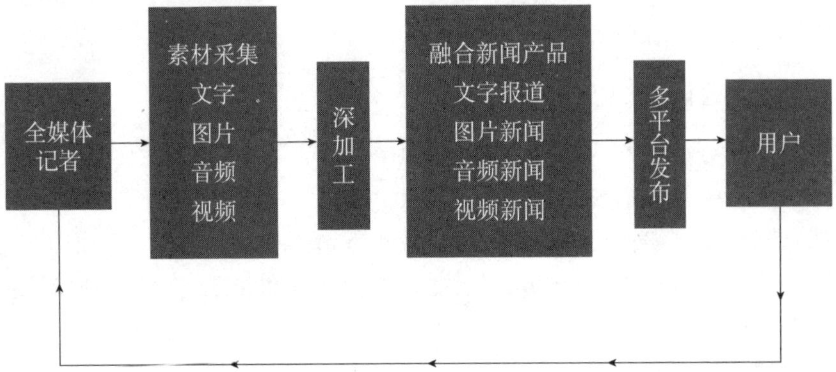

图 2－2　融合新闻生产与发布流程图

① 本刊编辑部．共话新型内容生产平台建设 畅谈融合报道未来：第 18 期中国传媒科技沙龙在京举行［J］．中国传媒科技，2017（6）：13－16.

（1）全媒体记者准备采访选题。

（2）完成文字、图片、音频、视频等多媒体素材采集。

（3）将采集来的初级素材深加工成融合新闻产品，包括文字报道、图片新闻、音频新闻、视频新闻、H5、动画等。

（4）将具有不同媒介元素的融合新闻产品进行组合、包装，通过各种平台发布。

（5）用户接收新闻并参与互动。

融合新闻基于互联网平台在各种媒体上推送，有利于搜索和多次传播。用户在新闻接收与消费的过程中可以及时发表自己的见解、看法并转发、分享，继续参与新闻的生产。

用户在任何一种媒介中获得的自由体验激发了用户的互动，用户的互动延续了新闻的生命力，使得融合新闻的生产与发布变成一个生生不息的过程。由此亨利·詹金斯更强调了我们将面对一种融合文化的来临，“融合改变了现有的技术、产业、市场、内容风格，以及受众这些因素之间的关系，融合改变了媒体业运营以及媒体消费者对待新闻和娱乐的逻辑，记住这一点：融合所指的是一个过程而不是终点”①。

二、组建超级记者团队

融合新闻的关键因素是向用户提供优质的媒介内容，所谓内容是王道。内容为王，想创造不容易被取代的内容，则需要一大批能够创造内容的“王者”。当一个媒体机构拥有了融媒体专业人才时，它才真正拥有了竞争优势与创新能力。

在万物互融的时代，所有媒介间的界限都已被打破，大众传媒时代被称为“无冕之王”的记者，现在都在向“我全部都可以”的方向转变。

因此，背包记者，超级记者，全媒体人，不管用什么称谓，全能型记者已是融媒体浪潮中的赶潮人。

（一）背包记者的技能

融媒体的背包记者（backpack reporter），或超级记者，能全面掌握文字、图片、音频、视频采集与呈现技能，能熟练使用多媒体采编设备与编辑软件，后期能够胜任文字编辑、图片处理、音视频剪辑工作，熟悉公众号排版，能够快速加工相关素材并能将融媒体产品在各平台上发布，还能根据用户反馈做第二波的新闻延伸。

一个技巧熟练的全媒体人，既要训练有素，掌握写作、采访、调查的基本

① 詹金斯．融合文化：新媒体和旧媒体的冲突地带［M］．杜永明，译．北京：商务印书馆，2019：47.

技能，还要在融媒体环境中重视数字技术工具的力量。每一个背包记者，不一定能成为全媒体工具的专家，但需要了解每种媒介工具如何运作，在不同的情形中使用哪种媒介工具最为合适，即了解全媒体如何运作。

背包记者可以将多种技能集于一身，是融合新闻报道的重要职业主体和主角。

（二）"小而美"超记团队组合

融合新闻的采集与编辑离不开团队的力量，需要超级记者团队（简称超记团队）的共同努力，因为并非所有记者都能成为背包记者，有的记者更擅长某些媒介元素的运用，而对其他媒介元素的运用则要逊色一些。因此将各有所长的记者组合起来，通力协作，取长补短，发挥团队作战的优势，才能取得融合新闻采集与制作的更大成功。

超级记者团队规模，以 3～5 人为好。这种团队小巧紧凑，便于协作，可以快速完成对文字图片信息、音视频的采集和后期报道的制作、发布工作。

超记团队成员，必须具备完全的互补性，能分别主导不同媒介元素素材的采集。一个主要负责文字稿的采访记录、现场录音，对现场进行介入报道；一个主要负责摄影、摄像，在拍摄的同时可以兼顾观察现场的细节；一个负责后期的音频、视频制作；一个负责公众号的排版及在各平台发布。

我们可以把超记团队比喻成一个马戏团，有各种文化背景和特殊技能的杂技演员、小丑、艺人、动物融合在一起，分工不同又紧密合作，共同完成一场精彩的巡演，而喝彩的观众如同现在的用户，会为每一出精彩的报道点赞。

小团队节约成本，分工明确又互相帮助，灵活高效，比较适宜日常新闻报道和普通事件报道。而多个"小而美"超记团队，也可以快速组成阵容豪华的"交响乐团队"，来进行重大新闻事件或重大专题的报道。有的背包记者既能进行文字写作，也能进行作品的排版、发布，既能拍摄视频素材，又能剪辑短视频、制作音频，而这些技能都是我们需要在课程里进行全面学习的。

边做边思考

1. 5～6 位小伙伴为一组，建立一个超级记者团队，并取好名号。

2. 每位小伙伴下载 Au、Pr、Final Cut Pro、剪映等剪辑软件，熟悉操作，熟悉微信平台编辑器。

3. 熟悉融合新闻生产与发布的流程，演练背包记者所需的基本技能。

4. 观摩"新华全媒头条"的优秀融媒体产品，和团队小伙伴一起讨论报道的构思、使用的媒介手段和叙事技巧。

第三章　融合新闻报道的选题判断

插图：王晶

精彩早知道

★ 一篇好的融合新闻报道，是以一个好的选题为种子生长而成的。

★ 读得懂热搜，看得懂热点，训练敏锐的网络热点捕捉力的五大法则。

★ 某一事件所具有的新闻价值是由十大要素构成的。

边做边思考

★ 发现有新闻价值选题的路径和手段。

★ 初步拟出 2 个不同类型的新闻选题。

我们了解了当下融合新闻生产与发布的具体流程，与流程紧密相扣的，就是每个超记团队如何做好每一篇的融合新闻报道。

一篇融合新闻报道是优是劣，能否吸引用户，引起用户的关注和喜爱，很大程度上是由下面四大环节来决定的：

第一个环节是做好选题判断。

第二个环节是进行实地采访与拍摄。

第三个环节是完成创作与制作。

第四个环节是实现最后的包装与发布。

全媒体人的每日工作都会紧紧围绕这四个环节来展开，这可以让我们思路清晰，目标明确，完成不可能完成的使命，直抵峰顶。

随后的每一章节，将具体针对每一个至关重要的环节来学习。

第一节　如何寻找新闻选题

一篇好的融合新闻报道，是以一个好的选题为种子生长而成的。

新闻选题指在采访报道之前，记者要有新闻敏感力，需要在社会生活中去发现新闻线索，初步判断其具有的新闻价值，以及应该选择什么样的题材和内容来进行报道。

选题至关重要，就如同大厨做菜时，食材的选择对一道菜的重要性一样。如果选题不好，即使你能妙笔生花，也不能提升报道的内涵与层次。

有些选题是编辑部指派的，但大多数选题需要记者主动去寻找。现在几乎每个人都在发朋友圈，信息浩如烟海。新闻路上的新手怎样才能在海量的信息中去发现值得报道的新闻呢？

我们首先需要的就是好奇心，善于观察和提问，善于从各种途径去发现新闻线索。

一、好奇心培养新闻敏感力

新闻采访的选题需要线索，而新闻线索的发现、新闻事实的挖掘，都依赖于记者的新闻敏感力。有了新闻敏感力，即使是在日常生活中，也能发现有价值的新闻事实。具有新闻敏感力的记者，几乎用不着想，凭直觉就能在纷繁复杂、浩如烟海的事物中发现新闻线索，判断新闻价值。

因此，对初学新闻者来说，第一步就是要善于培养自己的新闻敏感力，培养自己洞察事件背后的故事的能力。要成为一名卓越的记者，最重要也最难培养的素质是新闻敏感力。一个具有新闻价值的事实，倘若别人不能看出它是新闻，而你却一下子就能识别出它是新闻，这就是新闻敏感力。

（一）好奇心成就卓越的记者

一个没有浓烈的好奇心，不关注社会生活的人，是不可能成为一个优秀的新闻记者的。

在《如何成为顶级记者：美联社新闻报道手册》中，美联社（Associated Press）记者乔治·艾斯珀看到了一条内部信息，说的是米歇尔·海克上尉因拒绝飞行 B－52 轰炸机而受到军事处罚，这就是全部内容。艾斯珀盯着这条信息不禁脱口而出："哎呀，如果我们能采访一下这家伙，该会有多轰动。"①

艾斯珀不可能去空军基地直接采访海克上尉，但他通过各种途径找到了海克的电话。打通电话后便有了那次惊人的采访，海克说他拒飞的原因是厌倦了残杀妇女儿童。

另一位因写《夜里的军队》而获普利策奖的美国小说家诺曼·米勒也说，记者这项职业是要求很高的职业，"他们每天都在寻找故事，他们必须要有强烈的好奇心，以至他们在乃至最小的新闻事件上也非要挖出背后的秘密才会休息"②。

一个记者的素质和职业本能所要求的最重要的一点就是对一切充满好奇，好奇心是支撑我们不断探索和发现这个世界的原动力。一个好记者是对周围的一切都有着天然兴趣的人，总是想知道为什么，总有一种天生的无止境探求的精神。

让好奇心成为你的向导，引导你去获取好的报道选题。

---

① 施瓦茨．如何成为顶级记者：美联社新闻报道手册［M］．曹俊，王蕊，译．北京：中央编译出版社，2003：4－5.

② 李希光，孙静惟，王晶．新闻采访写作教程［M］．北京：清华大学出版社，2013：312.

（二）观察与提问造就新闻敏感力

现代新闻之父普利策相信新闻教育的目的是培养优秀的记者。为了实现这个理想，他在 20 世纪初捐款给哥伦比亚大学建立了世界上第一所新闻学院。

1904 年，普利策在《北美评论》中写道："一个人的'新闻鼻'可以在摇篮里诞生，但是他的新闻直觉却不可能是天生的。跟很多伟大的素质一样，新闻直觉需要通过教育、培训和实践来嗅出和判断善恶、是非、真假、美丑、成功失败。"①

也就是说，新闻敏感力是可以通过教育培养出来的，我们的新闻教育就是培育有各种知识、能力并对世间万物保持好奇心的未来记者。

首先，记者的新闻敏感力来自观察，而观察则出自记者的好奇心。对周围的人和事漠不关心的人，是很难观察到什么的。一个好记者会用心观察，这也是为什么即使是报道同一个事件，好记者也会写出与众不同的故事。

其次，培养新闻敏感力还需要你不断提问。事件无论大小，快乐或悲伤，都要不断问自己，新闻在哪里？故事在哪里？为什么会发生这种事？

在《我为新闻狂》一文中，美联社记者乔治·艾斯珀说，他的优势就是喜欢问很多问题："公众有权知道正在发生的一切，因为纳税人掏了钱，百姓付出了生命。如果我得不到答案，我就会不停地追问，你什么时候会知道？为什么你不知道？"②

即便他不做新闻报道，他也会对很多事情感兴趣。他说："我也许会碰到一对夫妻或一对情侣，我会问他们，你们是怎么相识的？我会深入到故事中去，比如他们在哪里上学，主修什么专业，等等。"③

名记的经验之谈，让我们知道提问就是记者的天职，除了对周围一切的好奇和观察之外，还要拥有一种良好的、极为敏锐的挖掘精神。

当你提问时，你就在思考了，你会更深地介入一个事件的线索中去，这是一种高超的智力探索活动。

二、多途径寻找新闻线索

全媒报道平台有句行话，"低端拼写作，中端拼采访，高端拼选题"。寻找有含金量的选题无疑是超级记者们共同追求的。

记者总是带着浓烈的新闻嗅觉去寻找各种有价值的选题，那些具有超级好奇心和洞察力的记者，都是善于寻找新闻线索的人。记者西摩·赫希关于美莱

---

① 李希光，孙静惟，王晶．新闻采访写作教程［M］．北京：清华大学出版社，2013：67.

② 施瓦茨．如何成为顶级记者：美联社新闻报道手册［M］．曹俊，王蕊，译．北京：中央编译出版社，2003：4－5.

③ 同②.

大屠杀的调查报道赢得了很多赞扬，他说："我可以嗅到一英里以外的某些东西，生活里就是有这种事儿。"①

对每一个初学者来说，寻找合适的选题往往是他们首先要面临的第一大障碍，这是件特别令人头疼的事情；对于有经验的记者来说，选题的重要性同样不能低估。

那么好的选题从哪里来呢？

选题的基础是新闻线索，线索经过加工提炼才能成为选题。因此，初学新闻者可以采用以下方式寻找新闻线索，我们可以生动地把这称为"惊奇线索发现之旅"。

（一）读得懂热搜，看得懂热点

各大媒体机构在招聘时，要求的第一条写的不是来自哪个名校，有多高的学历，对记者能力刚需的第一条是读得懂热搜，有敏锐的网络热点捕捉力，同时还能在大事件的核心圈外找选题，聚焦小人物、小线索。

对刚入行的新手来说，最怕的就是开选题会、报选题，因为抓破脑袋好不容易想出来的选题，经常是刚提出来就被毙掉了。

选题始终是无法避开的第一个重要环节，其决定着采写的方向，我们首先可以按照公众议程的方式去发现选题。

公众议程是指在一个特定的时间段内，人们主要在关注什么事情，在持续讨论什么问题。总有一些话题比较引人注目，有代表性，记者可根据这些话题来策划报道，即可保证热点性，也可保证一定的关注度，因为人们已对这一议题有兴趣了。

关于公众议程话题的灵感来源，以及经常用到的素材，我们可以去下面的热点追踪网站寻找。

1. 微博热搜

它可以说是网络热点的指向标，新鲜、热门、有料。微博热搜有热搜榜、娱乐榜、要闻榜、同城榜四大板块，它的优点是实时、迅速，基本不会错过任何热点，是媒体抢占流量的至关重要的点！

热搜是一件事在网上是否引发热烈讨论的体现之一，可利用这些热点，找到选题的大方向，或从其他媒体的新闻中找"雷同选题"，联想到自己的媒体，自己生活的城市或区域，去寻找切入点，去寻找可利用或借鉴的热点。新闻业中的行话"副话题新闻"，指的就是能围绕热点展开、衍生而来的周边新闻。

热搜的缺点是信息量太大，滚屏得太快，需要筛选。对于新手来说，最好的方法是在同城榜中寻找线索，寻找已报道新闻的"第二落点"。这样就可以落地选题，就近实施采访，重新聚焦发力点。

---

① 曼切尔．新闻报道与写作［M］．艾丰，张争，明安香，等编译．北京：中国广播电视出版社，1981：210.

案例3-1

以热搜榜的丁真事件为例。丁真上热搜后，各地的媒体，尤其是文旅部门的机构媒体，比如西藏、山东、黑龙江、云南等都在喊丁真去旅游。腾讯网2020年11月28日有文章《丁真为家乡代言，却让四川和西藏吵了起来，山东、黑龙江、云南也在赶来路上》，可窥事件的热度。

澎湃新闻反应很快，时隔一天的报道紧抓的是同类型的文旅旋风。2020年11月29日的报道《飒！女副县长策马做代言》（见图3-1），12月1日的报道《策马女副县长喊丁真来追风》，既“蹭”了热点，又形成新的波次传播，以丁真热点为由头，报道的却是新疆伊犁昭苏县副县长贺娇龙策马雪原，为家乡旅游项目代言，让遥远的新疆伊犁再次成为热搜的话题。

飒！女副县长策马做代言
澎湃新闻 2020-11-29
澎湃新闻 综合报道
近日，一段女副县长
飒爽策马的视频火了
↓
身披红斗篷
在雪地上策马
再加上爽朗的笑容
怎一个英姿飒爽了得

图3-1 《飒！女副县长策马做代言》截图

《飒！女副县长策马做代言》

《策马女副县长喊丁真来追风》

案例3-2

2021年8月2日，一位网友绯枷#奥运会狠狠修正了我的审美#的话题（见图3-2）冲上微博热搜，点赞超过138万条。

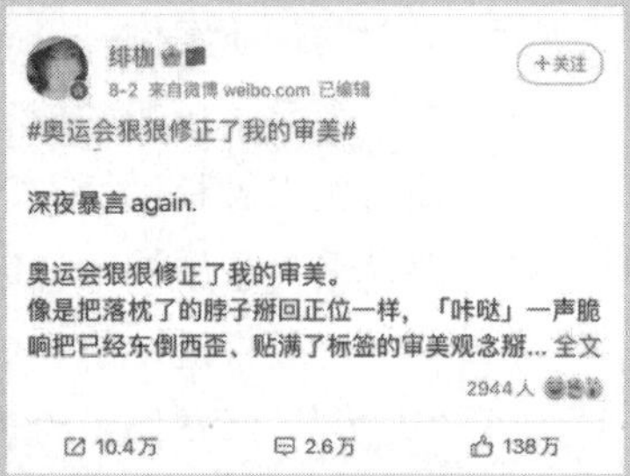
绯枷
8-2 来自微博 weibo.com 已编辑
+关注
#奥运会狠狠修正了我的审美#
深夜暴言 again.
奥运会狠狠修正了我的审美。
像是把落枕了的脖子掰回正位一样，「咔哒」一声脆响把已经东倒西歪、贴满了标签的审美观念掰... 全文
2944人
10.4万 2.6万 138万

图3-2 #奥运会狠狠修正了我的审美#热搜话题截图

中国日报双语新闻紧抓话题热点，以此热点做了一篇报道《网友看了几天比赛，惊呼“奥运会狠狠修正了我的审美!”》（2021年8月4日），选取了9位奥运赛场上不同项目中的女性运动员，如东京奥运会女子重剑个人

金牌得主孙一文，闯进东京奥运会女子100米半决赛的“哪吒头”选手葛曼棋，东京奥运会女子帆板RS：X级金牌得主卢云秀等。

专题报道来了个打包，集中、生动地展示了女运动员们不一样的力量与美，并将之上升到了一种现象级的社会审美高度，因此报道当日就成为10万+的爆款。

《网友看了几天比赛，惊呼“奥运会狠狠修正了我的审美！”》

2. 微信热搜

在微信的发现页面，点击“搜一搜”可查看“今日热点”；输入关键词，比如“三毛故居，约吗”，就能查到包含关键词的文章、视频、公众号等。

参照排序，大概能知道哪些内容比较受欢迎，由此可以受到启发，重新去找报道的切入点，写出别人没写过或没写透的内容。

微信的“看一看”是feed流形式，是持续更新并呈现给用户内容的信息流，它的强势在于这些内容都来自微信公众号，用户可查看“朋友在看”与“热点广场”。

这些是用户点击“在看”出现的，是用户分享的喜爱度，它的调性、热度符合微信读者的口味。想想“微信之父”张小龙在微信公开课PRO上披露的微信最新数据，每天有10.9亿用户在打开微信，有7.8亿用户在进入朋友圈，有3.6亿用户在读公众号文章。

看一看那些优质的公众号是如何做选题的，也许会使自己脑洞大开。

微信“发现”页内的视频号是一个全新的短视频内容记录与创作平台，有点赞、推荐等功能，一个人点了赞，他的好友就会看到。微信日活跃用户数超10亿的入口，构成了一个庞大的私域流量池，大可把点赞率高的内容作为选题来源，深入挖掘。

中国新闻网2021年8月13日的报道《找到了！火遍全网的“揽客大白”，是她!》（见图3-3）是从“扬州发布”视频号中挖掘出来的，成了“第二落点”的优质案例。

视频中扬州一位“大白”，身穿厚厚的防护服，在一个核酸采样点热情招揽市民来做核酸采样。记者找到了这位“大白”——26岁的幼儿园教师刘子路，采写了她加入社区抗疫工作的可爱举动。

这篇报道一出，成了各大媒介机构如新华社、环球网、腾讯网争相转载的“火文”，网友们纷纷表示被可爱到了，被治愈了焦虑的心情。

3. 百度热搜

百度热搜又叫百度风云榜，有热点榜、实时脉搏、热点活动等板块。其与

她身穿厚厚的防护服
看到有市民来做核酸采样
便赶紧站起来，探出身子
伸出戴着橡胶手套的手不停摆动
大声喊着“到这里来”

《找到了！火遍全网的“揽客大白”，是她！》

图 3－3　中国新闻网报道《找到了！火遍全网的“揽客大白”是她!》截图

微博热搜最大的不同在于微博热搜是随时随地随着用户的搜索而编号，而百度热搜是以网民的单日搜索行为作为数据基础、以关键词为统计对象建立起的各类关键词排行榜。

以滚动的“实时脉搏”为例，2021 年 7 月 27 日，“雨衣爸爸”刷屏，他那张满是悲凉的照片让许多网友为之“心疼”，但随之也有部分网友质疑这是有心人的炒作，欺骗大家感情。

对此，红星新闻记者对这一热点进行了追踪，采访、联系到多位知情者，他们确认照片中的男子是郑州地铁 5 号线遇难者之一张某月的父亲。随后，红星新闻发布报道《“雨衣爸爸”确系郑州地铁遇难者父亲，亲友：他不希望被打扰》，为网友揭开了真相，再次让网友动情刷屏。

4. 小红书、知乎、B 站、抖音等

“女生都把小红书当百度来用”，一句话道出了小红书流量的核心。小红书是年轻人的生活方式平台和消费决策入口，好看的，好用的，好吃的，好玩的，在这类平台应有尽有。尤其是做本地的生活故事类选题，都可以从中去轻松搜寻到看点和热点。

知乎构建的是一个人人都可以便捷接入的知识分享网络平台，知乎热榜中的内容热度值，对热点事件或话题进行的多维度讨论，脑洞类问题、经验类问题、汇总或奇葩类问题，都可以让你发现“蹭”热榜的素材，多关注一些关键意见领袖（KOL），也可以自己造榜，带动一个话题的热度，从而让这个话题进入热榜。

B站代表的是小众文化、亚文化群体，在这个29岁以下的用户比例高达九成的新生代短视频新平台，有太多“天生数字化”的UP主，他们在玩什么，他们是怎样玩出百万＋粉丝来的，值得你去把这些“香饽饽”采写出来。

抖音已渗透到社会各个阶层人群，渗入娱乐、文化、新闻等社会生活的方方面面，成为一个巨大的流量入口。大千世界的奇人和奇事在这里比比皆是，为什么不刷几个有趣有料的顽主来写写呢？

以小红书为例，一个女生发帖说有家包子店晚上9:30才开始卖，要排很久的队才吃得到，半夜三更都有人去排队。中国人的习惯是早餐吃包子，包子店几乎都是早上开的，这家包子店为什么晚上开呢？黑夜中的店，生意为什么还好到成了“爆款”？

带着这样的好奇心和问题，学生依此线索去探店，发现竟然连明星邓超都打卡过这家店，最后写出了新闻故事《被一只土包子治愈了》。

从各类热搜榜找选题，是“蹭热点”“抱大腿”，借势造势，是重新发现热点的一种有效方式。我们也悄悄给新闻初学者解密了什么叫“读得懂热搜，看得懂热点”的必杀技。快点把本书分享给喜爱的圈友或小伙伴吧。

（二）学会发现自己身边的新闻

毫无疑问，造成很大社会影响的事件和人物就是新闻。但对新闻初学者来说，少有机会接触这些重大事件和人物，更多需要你从常态生活中，从默默无闻的普通人身上，去捕捉和挖掘新闻，记住处处留心则皆是新闻。

我们可以试着在下面的空白处，写下今天听说的、看到的、读到的或亲身经历的人和事：

a. 我今天听说的：________________

b. 我今天看到的：________________

c. 我今天读到的：________________

d. 我今天亲历的：________________

有没有发现什么与众不同的人和事呢？有没有值得去打探和跟进的人和事呢？当你看到或听到一些你认为有趣或异常的事情时，想想它们是否也会对你的读者产生同样的效果。

1. 听说的

一次在和朋友吃饭聊天时，他说，红尘，你知道吗？三毛的故居就在你们学校后面的南山上，不过好像成了个茶社。

朋友不经意间讲的这件事也许很普通，但立即引起了我的注意。作家三毛竟然就出生在黄桷垭老街，距离我们仅仅20分钟的车程，它具体在哪个位置呢？三毛5岁时离开了重庆，68年后，她的故居会变成什么样子呢？

带着好奇心探寻后，三个学新闻的学生为新华网重庆频道写了一篇新闻故事《三毛故居，约吗?》，那是2016年。

2021 年，文旅大热，之前老街老人喝茶吃饭打牌的三毛茶社，摇身一变成了网红打卡点三毛故居。那这个新开发出来的三毛故居，与之前的茶社又有哪些不同呢？带着这个选题，我们的学生又写了《沿着黄桷垭老街，寻找三毛故居，约吗?》一文，阅读点击量上千。

《沿着黄桷垭老街，寻找三毛故居，约吗?》

2. 看到的

每天上下课，总能看见学校的一家梅菜扣肉饼店外，学生在排着长队买饼吃。一张饼 6 元，有时一天要卖 700 张手工薄饼，这是一个多么惊人的数字呀。

学生带着疑问采访后，发现这家店竟是本校的一位学长开的。学生写的《一张薄饼烤出 3 千万元，工商学子成创业大佬的秘籍》一文，抓人眼球，道尽了该学子 10 年不同寻常的创业之路。

3. 读到的

在重庆方所书店的公众号上，读到该书店倒闭的通告。接下来，重庆精典书店的创立者杨一，争取做“中国最后一家倒闭的实体书店”。精典书店就在南滨路上，离我们仅仅三站路，是一家创立二十多年的书店。该书店是怎样成为亚洲十大文化地标书店的呢？学生带着这个选题，采写了《有一种书店，像乡愁一样站在街角》，为我们揭开了中国实体书店兴衰存亡的艰难之路。

《有一种书店，像乡愁一样站在街角》

4. 亲历的

2020 年春季开学，全中国的孩子都在云端上网课。我们大一开设的“新闻采访与写作”课，老师和学生都是未见过面的，大家都是有史以来第一次上网课。老师得尽力适应“主播”这个新角色，学生得沉浸式体验“家里蹲”课堂。网课会经历什么样的考验呢？怎样远隔千里在云端上好网课呢？

现学现做，给了学生一个现场目击网课的选题，结果学生积极性爆棚，写出了最真实有趣的新闻故事，如《云课目击记 | 足不出户，学得潇潇洒洒》《世上最远的距离，是我们同在云学习，你却不看我》《你也在这上云课吗？不好意思，你走错软件啦》《当网课遇到父母，你的云端之行有无意外?》。

《云课目击记 | 足不出户，学得潇潇洒洒》

绝佳的新闻素材就蕴藏在我们身边，正如法国雕塑家罗丹的名言：生活中不缺少美，而是缺少发现美的眼睛。对听说的、看到的、读到的或亲历的人物和事件，要勤于过筛子，要去挖掘，看看是不是有新奇的东西，是不是有有意义的行为，慢慢形成自己敏锐的新闻嗅觉，新闻线索就不会从你手中跑掉了。

一句话，大时代里，你我的故事都值得记录。

（三）从粉丝留言或论争中发现新闻

融合新闻最大的特点是互动设置的功能强大，交互性传播引发群体性热议。一个事件发生后，很快会呈现出许多看法，这些真实的民意、争论，或理性客观、简练直观，或充满愤懑、带有偏见，都能灵活、生动地从多维度引爆关注点，也令人深思。

美国传播学者亨利·詹金斯写下了研究粉丝文化的“开山之作”——《文本盗猎者：电视粉丝和参与式文化》，他有一个观点：“广大粉丝参与媒体内容的重新创作和传播，不仅仅是多人对多人多媒体网络和智能手机视频编辑应用软件的一个值得关注的意外结果。其本身也是一股重要的力量，值得加以利用。”[①] 他敏锐地意识到了当代社会的粉丝活动、参与式经验对文化产业运作方式的助推影响。

网评是备受用户关注的高频基础应用，媒体人可以粉丝需求为出发点进行选题思考，可从点赞多、回帖多、争论多的评论中，得到一些新的报道想法。

从《人民日报》＃北大保安小哥英语词汇量一万五＃（见图 3-4）这一话题冲上了微博热搜开始，北大保安给整个社会传递了一种深受人们喜爱的正能量信号，通过努力多学提升自己的精神，得到各种媒体的力挺报道。

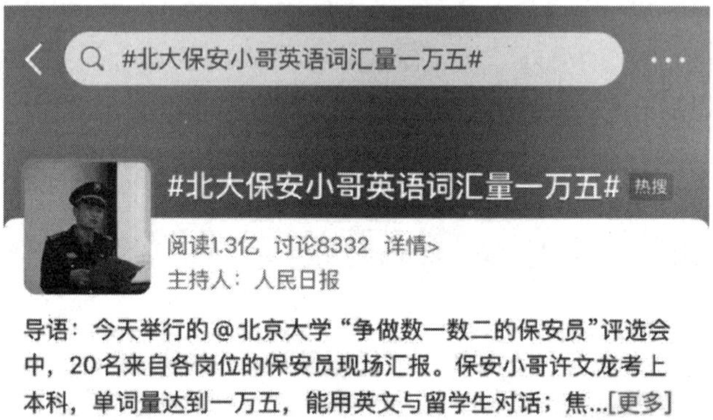

图 3-4 《人民日报》＃北大保安小哥英语词汇量一万五＃热搜话题截图

早在 2017 年 5 月 18 日，新华社就以《有一种“神一样的存在”，叫“北大保安”》为题，报道了北大保安成群逆袭的故事，澎湃新闻紧接着补跟了一条延伸新闻《看了这个后只想问一句：北大还缺不缺保安、清洁、维修工?》，从保安的生活、工作环境深挖了这些“北大漂”年轻人为什么会在北大自学成才。

时隔 3 年后，在《人民日报》＃北大保安小哥英语词汇量一万五＃话题再次冲上热搜后，新华社从8 332 条评论中，以“网友纷纷点赞好厉害！有梦想谁都了不起”这条评论开始，采访了从 1995 年以来北大最牛的两位保安的经历，2020 年 11 月 14 日写出《最强“扫地僧”！北大保安又火了～》一文，该文从多个角度深挖了北大保安的励志故事，深化了相对集中的话题描述和相对分散的用户讨论，再次成为一篇 10 万＋的热点报道。

《最强“扫地僧”！北大保安又火了～》

在“人人都是记者”的时代，多留心给力的神评，就可开掘出潜藏的珍宝。

① 常江，徐帅．亨利·詹金斯：社会的发展最终落脚于人民的选择：数字时代的叙事、文化与社会变革［J］．新闻界，2018（12）：4-11.

（四）从新闻眼线、热报料中寻找新闻线索

新闻眼线也就是新闻报料者，他们给媒体提供信息，如身边发生的什么事情值得关注，给记者寻找新闻题材提供线索。

一种新闻眼线是各种机构、各个行业、各个单位的通讯员或宣传干事，他们可为记者提供报道的信息。

人脉对于记者来说，是重要的职业资源。美国记者汤姆·弗兰奈瑞说："如果非要指出我成功的秘诀，那么就是我建立、保持和培养信源的能力。"①

汤姆·弗兰奈瑞还说道："我把我见到的每一个人都当作潜在的信源，走到哪里我都带着名片。"② 敬一丹也说："我认可的主持人就是，这个人特别有人缘，这个人特别会说话。有人缘，指有一种超过常人的沟通能力，这样的人不做媒体谁做？"③

做好任何一件事，最重要的是敬业态度与对他人的尊重态度。对于讲故事的软新闻，往往有价值的消息大多来自生活中的普通人。这就需要记者有人缘，在生活、工作中建立起长期的关系网，广交朋友，发展相当数量的信息员。记者的人际关系网可以帮助他发现新闻线索，以及更高效地找到有价值的选题与合适的采访对象。

另一种新闻眼线是各种直接向媒体报料的市民。大多数媒体的客户端都开设有报料栏目，比如《南方都市报》有"热报料"栏目，澎湃新闻有"新闻报料"栏目，提供热线等用户来报料。

社会上的各种人都可以成为记者的新闻眼线、报料者，但记者仍需要判断他们提供的线索是否有值得报道的新闻价值。

我们以《"活过来了！"19天，456个小时，我们终于救活了他》这篇报道的选题为例。

2020年2月24日，《长江日报》记者王恺凝深入同济医院，参与重症隔离病区的确诊病例讨论会，当时一位多次病危的重症患者经历了半个月的日夜抢救，即将跑赢死神，医生准备为病人撤除体外膜肺氧合（ECMO）了。

当他从医院得知这一重大线索后，经请示报社编委会同意，获准许可穿上防护服进入重症加强护理病房（ICU），克服不适，记录下了医生撤除ECMO后，病人"活过来了"这一感人场景，展现了抗击重大传染病疫情的"中国奇迹"。

《"活过来了！"19天，456个小时，我们终于救活了他》

同济医院医护人员全力以赴救活危重症患者的文字与视频报道被广泛传播，主治医生周宁于当年4月28日荣获"中国青年五四奖章"。

① 李希光，郭晓科．主流媒体的国际传播力及提升路径［J］．重庆社会科学，2012（8）：5－12．
② 李希光，孙静惟，王晶．新闻采访写作教程［M］．北京：清华大学出版社，2013：331．
③ 同②330．

(五) 从资料、文献中寻找新闻源

记者不可能对每一个新闻事件都亲力亲为、耳闻目睹，除了从我们熟知的信息知情人、当事人、目击者、学者专家等渠道获得第一信源之外，我们还可以从资料、文献中寻找到新闻线索。

记者是个杂家，他得成为万事通，广博的知识与广泛的阅读，对能写出好故事的记者来说，是必不可少的积累。他必须克服自己的个人偏好，进行大量的阅读，从众多的媒体、图书、网页、政府报告、历史档案、科技成果、研究报告以及 VIP 的微博、微信及其朋友圈等获取最新的信息，依靠他人的力量来寻找新闻，从一些小消息中寻找新闻线索，把小稿做大。

《南方周末》记者李海鹏在《记者手记：新闻不是无生命之物》一文中传递的经验，可以作为最好的例证。

> 我的原稿题目是“最后的满语者”，消息源来自《纽约时报》，原报道并不深入，只是个消息，毕竟他们不了解中国。
>
> 我报这个选题的想法是，满族是一个特殊的民族，曾经统治过中国，统治的年代又是离现代最近的。这个民族的语言如今只有 10 多个人会，并且那些老人很快就会去世。从政治史的角度讲，清朝在 1911 年已经结束；而在语言文化的时间轴上，满语还在历史的末端挣扎。我想去看看历史的尾声是怎样的。发稿时，题目被编辑改成了“满语消失的最后一瞬”。
>
> 与其他特稿不同的是，动身去三家子屯之前，我买了 10 多本关于满语和满语文化的书浏览，有了相关研究，我才可以判断在采访中那些老人的说法是否正确。①

《南方周末》另一位记者刘怡仙，关注到《中国卡车司机调查报告 NO. 3》中的数据——总数约 3 000 万的卡车司机群体中，女性仅占 4.2%，但已超过百万，这一情况不为人知。

由此线索为选题，她采访了 6 位奔波在各地的女卡车司机，2020 年 5 月 28 日撰写的报道《“看不见”的百万女卡车司机》，生动精彩地揭开了中国女卡车司机的隐秘面纱。

第二节　如何判断新闻价值

保持一颗好奇心，拥有一双新闻慧眼，带着高新闻敏感度去发现生活的新鲜和不同之处，就能找到好的新闻线索。

---

① 杨瑞春，张捷．南方周末特稿手册 [M]．广州：南方日报出版社，2012：25.

记者一旦找到了新闻线索，还要初步判断其具有的新闻价值，筛选出特别值得做的新闻。

一、什么是新闻价值

2001 年 9 月 11 日，英国广播公司（BBC）国际新闻部电话声响起，“有两家飞机撞上了世贸中心的双子塔”。

2015 年 4 月 25 日 14 时，尼泊尔发生 8.1 级地震，山崩地裂。

2021 年 1 月 6 日，美国首都华盛顿发生暴力示威，认证大选结果联席会议被迫中断。2021 年 7 月 20 日，郑州发生特大暴雨洪灾，中国七省市驰援。2021 年 9 月 7 日，阿富汗塔利班宣布组建新政府，持续 20 年的阿富汗战争结束。

世界各大媒体机构的新闻记者都背包上阵，火速前往。这是重大突发新闻的标志。

这些新闻事件有什么共同点呢？为什么它们能够牵动全世界记者的心？哪些事件才是媒介组织与记者关注的新闻呢？他们是如何选择与评判的？哪条新闻的 PV（page view，即页面访问量）会多？哪条新闻的 UV（unique vistor，即访客量）会多？哪条新闻的评论会多？哪条新闻重？哪条新闻轻？

什么样的特质会让新闻更有吸引力？遴选新闻的秘密又是什么？

被媒体编辑和记者普遍认同的新闻的特性和特征被称为“新闻价值”（news values）。[①]

选题的卖点或爆点，即某一个选题是否能吸引更多人关注，有很强的热点性，是否能形成较大范围的传播，是否能对人们的生活产生影响，这涉及新闻价值。在对新闻线索进行专业判断的过程中，记者主要根据新闻价值的标准来加以权衡。某一事件所具有的新闻价值是由以下要素构成的。

二、构成新闻价值的要素有哪些

（一）时效性（timeliness）

时效性针对的是最近发生的或正在进行的事实。狭义的时效性，指“新闻发生的时间”，距离“该新闻被报道的时间”的长短；广义的时效性，是指新闻人是否最早获取线索，最早进行新闻价值的判断，以及最早介入采访。

在融媒体背景下，时效性在新闻搜索引擎优化方面具有重要意义。以新闻客户端和“两微”使用的推送手法（push）为例，重大新闻发生时，如果能做到第一个时间推送，内容就会得到大多数用户点击，平台流量会大增，这是做

---

① 莱特尔，哈里斯，约翰逊．全能记者必备：新闻采集、写作和编辑的基本技能：第 7 版［M］．宋铁军，译．北京：中国人民大学出版社，2005：32.

《温州动车事故十周年，我回到了现场》

快新闻所必需的。例如，澎湃新闻 2021 年 7 月 30 日的报道文章《9 例感染者，2 000 人高风险，带团观看这场演出的导游也已确诊》，以最快速度报道了新冠肺炎的感染情况及影响面。

对已经发生的事情，如果碰巧是对它发生的纪念日的报道，也会被看成是具有时效性的。“冷饭新炒”，旧事新报，把一个事件和当前公众关注的问题挂钩，把报道纳入议程，这一点新手记者不容易想到，而有经验的记者会反应很快，重新挖掘一些新材料、新观点，马上做出有深度的报道，这些报道也同样具有时效性的新闻价值。

比如，2021 年 7 月 23 日是温州动车事故 10 周年，10 年前发生的两辆动车追尾事件震动全国，就跟 2021 年 7 月 20 日“京广北路隧道”成为郑州特大暴雨中的一个悲情缩影差不多。深蓝财经记者刘向南于当月 25 日撰写了《温州动车事故十周年，我回到了现场》一文记录那些经历过动车事故的人，告诉人们他们现在怎么样了。

刘向南说，做记者的职责之一，就是记录那些真正有记录价值的事情。

（二）冲突性（conflict）

大多数突发性冲突事件都具有很大的新闻价值，因为它们打破了现状与常态，导致人员伤亡和财产损失，严重影响公众健康和生命安全，因此它的重要性是直接而巨大的，竞争、冲突、对抗、灾难和死伤一直是新闻报道的重要组成部分。

从原始时代的狩猎到人与神之间的争斗，从盗火者普罗米修斯到王子哈姆雷特，冲突是戏剧乃至生活中不可缺少的要素。人类文明也可以被认为是在不断的冲突和抗争中一步步发展前进的。因此，冲突越激烈，越抓人眼球，不用想，它们都会成为报道的重点。

突发事件有四类：自然灾害、事故灾难、公共卫生事件、社会安全事件。自然灾害如洪灾、海啸、地震、森林火灾、泥石流等；事故灾难如空难、船难、矿难、动车事故等；公共卫生事件如传染病疫情、动物疫情、食品中毒等；社会安全事件如战争、恐怖袭击、罢工、骚乱、谋杀、暴力袭击等。

突发事件所包含的是人与自然的冲突，人与人的冲突，种族、民族之间的冲突，国与国之间的冲突，甚至是价值观与世界观的冲突。整个社会和媒体都特别关注这些反常性的冲突事件，它们总是充斥在各类媒体头版头条，有时我们甚至会抱怨媒体给暴力事件太多版面。

例如发生在 2014 年 3 月的昆明火车站严重暴力恐怖案，是当年的重大新闻之一，其间包括双重冲突，一是暴徒与平民的冲突，二是新疆暴力恐怖犯罪分子与国家的冲突。

2021 年 8 月 15 日的塔利班占领阿富汗总统府事件，是重大的国际新闻，标志着持续 20 年的美国对阿富汗战争的终结。塔利班政权对阿富汗的再度控制，包含了国家与国家、政权组织、民族团体、宗教势力、武装力量等多种冲突。

冲突还包括明性的、显性的冲突与暗性的、隐性的冲突。新闻报道是一门讲故事的技艺，而故事的基本元素就是冲突。

澎湃新闻 2021 年 7 月 31 日的报道《南京是如何“失守”的?》，追踪了从南京禄口机场开始，“德尔塔”病毒何以流窜全国，报道既呈现了明性冲突，又追索了暗性冲突，是一篇精彩、关注率高的调查故事。

《南京是如何“失守”的?》

（三）接近性（proximity）

接近性也叫贴近性，指事件与人们生活的紧密相关性，小到衣食住行，注射疫苗，大到洪灾救援，城市疫情升级，影响公众生活甚至生命的信息，都具有接近性的新闻价值。

接近性有两层含义，一是地域接近性，一是心理接近性。如果事件发生在某一国家、城市或地区，本国或当地用户对这则新闻感兴趣的程度就比发生在其他地区大。人们对发生在自己周围的事情更感兴趣，更容易受到影响，这是由地域接近性决定的。

除地域接近性外，心理接近性也是值得媒体关注的。相对来说，用户更加关注发生在自己身边的事情，更加关注涉及个人生存状况的新闻。如教育部出台高考新规定，可能所有的家长与中学生都会关心，但家无读书郎的就不太会关心。

“7・13”德国洪灾，死亡人数达 180 人，德国及欧洲媒体关注力度很大，中国媒体也报道，但地域与心理接近性较弱，报道篇幅相对会少一些。而“7・20”郑州洪灾，致 302 人遇难，举国上下都在关注，中国媒体自始至终都给予了大篇幅报道。

接近性所包含的两个维度，一是新闻事件是否影响了我们的生活甚至生命，二是新闻当事人或新闻重要元素是否与我们紧密相关。

紧贴当下的热点话题去展开报道衍生出来的周边新闻，也是接近性的最好体现。

接近性还可提高新闻的搜索排名、增加点击量与流量，这也是融媒时代对接近性这一新闻价值的重新理解和利用。

（四）显著性（prominence）

显著性也叫显要性。名人制造新闻，事件中的人物名气越大，新闻价值越大。这种名人包括政要、明星、其他领域著名人物，还包括著名机构、组织等，比如联合国、外交部、苹果、特斯拉、阿里巴巴等等。名人无论好事、坏事还是最新动态，往往能吸引受众的注意，在媒体上得到的关注往往超过其他人。

《莫言成为第一个开设公号的诺奖得主，"想和年轻人聊聊天"》

比如，2021 年 7 月 31 日，歌手吴亦凡被刑拘，"顶流"人设已完全坍塌，诸多上市公司上亿元投资打了水漂等报道，数日高居热搜榜。澎湃新闻 8 月 10 日发布报道《莫言成为第一个开设公号的诺奖得主，"想和年轻人聊聊天"》，其中诺奖得主、作家莫言、首开公众号等，都是名人制造新闻的标签。

在用户关注度时代，普通人做的一些不寻常的事，也在突破名人制造新闻的限制，成为新闻。例如，2021 年 2 月，山东临沂费县的"拉面哥"程运付，因顾客偶然拍摄的一段短视频，走红网络，千余万点击量，几十万点赞。《人民日报》2021 年 2 月 6 日的报道《山东"拉面哥"火了！一碗拉面 3 块，15 年没涨过价》，道尽了这位普通农村大哥坚持 15 年不涨价的"拉面人生"的背后故事。

（五）影响性（impact）

影响性指事件具有重大意义和影响，或具有造成重大后果的特征。比如"两会"，对于国家运作的重要程度都非常高，关系到国家政策的发展方向、经济社会的发展目标、社会关切的民生问题等，每年"两会"中的政府关注、百姓关心、代表和委员热议的话题等，都是媒体报道的重点。

影响性还指一个事件影响的深度和广度。会影响多少人？影响的程度有多大？一个事件引发或可能引发一系列影响许多人的事件，影响人们的生活或想法，它就具有新闻价值。

例如，灾难造成的死伤人数和财产损失，河南"7·20"特大洪涝灾害造成了 302 人死亡，直接经济损失达 1 142 亿元。又如，成千上万无家可归的人，2011 年爆发的叙利亚内战到现在已经进行了十多个年头，大约 1 100 万叙利亚人急需人道主义援助和保护，叙利亚境外难民人数超过 670 万。再如，实验室中诞生的最新重大发明，屠呦呦发现青蒿素，能改善生活质量、真正代表进步技术的特斯拉汽车，核辐射、新冠病毒对人们生命的影响，等等。这些事件或事物都对人们有重大的影响。

互联网传播增强了人际传播的重要性。有些事件比其他事件能引发更多的问题和结果，显然就要在媒体中占据更多的头条，用更大的标题体现。例如雾霾、疫情、难民、洪灾，正是因为其严重影响人们生活而被强烈关注。

（六）新奇性（novelty）

新奇性即反常性、新鲜性、离奇性与娱乐性。人们认为反常的、奇异的、鲜有的或离奇的事件，极其偏离人们日常生活经验和想象的事件，就有新闻价值。从用户角度看，每天的生活太平淡，新奇的生活方式，与众不同的习惯和癖好，轻松愉快、有娱乐性的信息，所有异乎寻常的举动都能激起人们的欲望和好奇心。从媒体角度看，各种稀奇古怪的事物可以吸引用户的眼球，让用户轻松接受并成为谈资，能增加点击率和流量，利于传播。

如一头大象用长鼻子卷搂住幼狮，母狮在旁边伴行；一只猫跋涉 200 千米去寻找已搬家的主人；动物园的狼崽与虎崽成为朋友；一个数学博士爆冷赢得 2020 年东京奥运会公路自行车比赛金牌；大学生毕业后发明无人耕地机帮家人耕田，网友直呼人才；“野猪小蛇随你撸”，学生自制土味招生视频火了。

（七）人情味（human interest）

人情味或叫人性化。出现在媒体中的许多报道乍一看似乎不是新闻，因为用冲突性、影响性、时效性、显著性、新奇性等特定的新闻价值来检验，它们都不符合要求。这类报道通常被称为“人情味报道”“特稿写作”或新闻故事。

人们往往会对其他人的故事感兴趣，有些事件和特稿之所以比硬新闻耐读，就是因为进行了人性化的处理，我们把它们称为软新闻的人情味故事写作。如瑞安 20 多个男人，齐心抢救一只搁浅的海豚；“活到老，学到老”，61 岁的她 52 天上了 160 多门网课等。每天媒体平台上都有成百上千条类似的报道，并深得用户的点赞。

选题中有关美好人性的元素，能引起读者的感动、同情、悲悯，涉及老人、儿童、弱势群体或营救野生动物等的新闻受关注程度很高，这是人情味的体现、人性化的升华。

在突发性的重大新闻事件中，常常也能衍生出各种各样富有人情味的报道。真实的新闻写作与虚构的小说写作肯定不同，但两者在写法上有相通之处，那就是两者都通过叙述故事抓住受众。记者在写作中如果能从富有人情味的细节入手，用个人遭遇的戏剧性情节来代替生硬的叙述，真实再现现场，把受众带到活生生的生活中去，加进人情味的因素，把新闻人格化和戏剧化，就能让故事与受众产生心理接近，从而引发受众情感上的共鸣。

澎湃新闻 2021 年 7 月 23 日的报道《五号线生死 4 小时｜不知道这是不是我最后一条微信》，重点写了 4 位亲历者在洪水涌进地铁时的经历，再现了人们相互救助逃生的过程，悲情中凸显的是危难之处显身手、人间自有真情在的人性力量。

（八）服务性（helpfulness）

服务性新闻也叫实用性新闻。消费、健康、理财以及其他指导性的报道，能够对人们的衣食住行提供帮助，人们期望新闻能帮助他们了解城市生活的最新动态，帮助他们做出切实可行的决策。比如各种媒体提供的通车通航信息，有关买车、购房、装修、买手机等的无偿服务信息和资讯等，就属于服务性新闻和资讯。

《五号线生死 4 小时｜不知道这是不是我最后一条微信》

例如，坐轨道交通 6 号线去机场，怎么换乘最方便；巧逛故宫，发现故宫的 30 个细节；从主城吃到区县，这份超全的重庆美食地图，我猜你看完一定会收藏。

《博士论文致谢意外走红，黄国平是这样一步步走出来的》

（九）情绪性（emotionality）

这是融媒体寻找新闻线索时需要特别注意的一点。为什么很多看似不起眼的事件，却能在“两微”上形成刷屏效应，人们分享相关信息甚至更换与之相关的头像等，实际上是在传递出一种情绪，因为它代表了一种社会情绪，比如民族情绪、向上向善情绪、仇富仇官情绪、弱势感情绪等。各种情绪波浪的背后，就是中国社会情感现状在网络上的连锁反应，是隐藏在人们内心的一种情感表达。

凡是容易让情绪波动的新闻，你都要去挖掘并深入采写。2021 年 4 月，毕业于中国科学院大学的工学博士黄国平的博士论文“致谢”部分被公开，致谢的开头“我走了很远的路，吃了很多的苦，才将这份博士论文送到你的面前”，一下戳中了人们的泪点，带动了网络情绪，在网络上走红。“致谢”让网民们感慨，寒门还是能出贵子的，只不过这条路特别艰难。

人们点赞、感动、赞叹，看得人热泪盈眶，是因为通过这篇无一字言谢的文章，人们在他身上看到了人之为人的内核，看到了生命的顽强。

随后，《新京报》2021 年 4 月 23 日发布报道《博士论文致谢意外走红，黄国平是这样一步步走出来的》，见习记者郭懿萌走进了四川省仪陇县炬光乡黄国平的老家，写了他 22 年时间走出山坳的艰难之路，给予他帮助的学校和老师，以及家乡学校的变化，让更多的网民真实地看到了一个寒门学子靠知识改变命运的信念之路。

两个月后，《四川日报》又继续做了报道《博士论文上写下感人“致谢”的四川人，今天回母校演讲》，演讲中黄国平鼓励学弟学妹在求学道路上要义无反顾，应常怀感恩之心，让更多毕业生照见了自己，收获了信心和力量。

媒体在以牵动人情绪的事件为选题时，切忌以情绪为快感、为目的，炒作公众情绪，甚至营造负面情绪。有责任感的媒体记者，更多是尊重事实，厘清情绪背后存在的社会现象，疏导并化解公众情绪。

（十）视觉冲击力（visual impulse）

视觉冲击力具有现场性和瞬间性的特点，能够给人带来外在和内在的双重冲击。

之前，有视觉冲击力的新闻报道是电视媒体的独特优势，而现在，这种优势被融媒体报道打破。除了以上九大新闻价值要素外，全媒体记者还要考虑现场事件、题材选择的可视化与视觉冲击力。新媒体用户已变得挑剔且要求快捷获取新闻内容，视觉冲击力是融媒体报道真实还原现场、再现现场的重要表现方式之一，也是提升新闻的趣味性、娱乐性，吸引用户眼球，增强新闻感染力的重要方法，是凸显新闻价值的一种新特性。

案例3-3

2020年11月21日，北京迎来冬天的首场降雪，#故宫的雪，#北京下雪，#北京降雪已达初雪标准等相关话题迅速蹿上热搜，澎湃新闻2020年11月21日的报道《美炸！故宫初雪图，每一张都是壁纸》，以一波紫禁城最新雪景的长图做了开场的导语抒写，接下来的新闻主体部分，是你家距离初雪还要多久，做了一张全国初雪地图来调动读者的情绪，报道了东北、华北、华南等地的初雪情况，构思巧妙，趣味性强，视觉感染力大，让与雪无缘的小伙伴们也“种草”了下初雪的浪漫。

《美炸！故宫初雪图，每一张都是壁纸》

案例3-4

同样，2021年7月20日郑州地铁5号线乘客被困事件引发社会广泛关注。澎湃新闻结合社交媒体上亲历者发布的内容和各家媒体发布的采访信息，用动画的形式还原了当时的情景。当月24日发布报道《动画还原郑州地铁5号线事件始末》，观看者为惊心动魄的生死四小时所揪心，更为大家齐心协力、团结自救的一幕幕画面所感动。

《动画还原郑州地铁5号线事件始末》

记者在衡量新闻的重要性时，通常会考虑以上要素来进行判断（见图3-5）。

图3-5　构成新闻价值的十大要素

当然，新闻价值的构成要素，也在随着媒介融合的发展而有所变化，但这些衡量新闻价值的要素依然十分重要，记者大可在实践中丰富其内涵并灵活运用。

三、要素越多新闻价值越大

新闻的这些本质特征被称为新闻价值要素，它们决定着新闻价值的大小和用户感兴趣的程度，因此也顺理成章地决定着事件是否值得报道。

记者会很快意识到，这个城市里并不是所有事情都具有新闻价值，都能给予报道。但凭借新闻直觉，运用新闻价值的衡量标准，能很快地判定哪些是新闻。

一个事件中包含的新闻价值要素越多，就越值得报道。

（一）找出报道中具有哪些新闻价值要素

编辑记者在衡量事件是否值得报道时，通常会考虑以下因素：

（1）事件的及时程度（时效性）。

（2）事件的接近程度（接近性）。

（3）现状改变的程度（冲突性）。

（4）受事件影响的人们（人情味）。

（5）事件的结果——它的后果或意义（影响性）。

（6）事件中其他新闻价值要素的多样性（显著性、新奇性、服务性、情绪性、视觉冲击力）。

我们可以试着从做得好的媒体报道中获取经验，学习选题的思考方式，找出报道中所具有的新闻价值要素，来知晓其新闻价值的大小，以及为什么值得记者进行报道。

1. 硬新闻类

《莫言成为第一个开设公号的诺奖得主，“想和年轻人聊聊天”》（时效性、显著性、新奇性、接近性）。

《一数学博士如何爆冷赢得 2021 东京奥运会公路自行车金牌》（时效性、新奇性、显著性）。

《美炸！故宫初雪图，每一张都是壁纸》（时效性、视觉冲击力、新奇性、接近性、服务性）。

2. 软新闻类

《南京是如何“失守”的?》（时效性、接近性、冲突性、影响性）。

《五号线生死 4 小时 | 不知道这是不是我最后一条微信》（时效性、人情味、接近性、冲突性、影响性）。

《博士论文致谢意外走红，黄国平是这样一步步走出来的》（时效性、人情味、情绪性、接近性、影响性）。

《动画还原郑州地铁 5 号线事件始末》（时效性、视觉冲击力、冲突性、接近性、影响性)。

(二) 依据要素初步判断选题的新闻价值

扫码观看其他案例

对初学融合新闻的学生，于社会生活中发现了新闻线索，在课堂上报选题时，我们也是依据前面的这些要素来初步判断选题的新闻价值，随后实施采访，做出有价值的融合新闻报道的。例如：

《沿着黄桷垭老街，寻找三毛故居，约吗?》(显著性、接近性、新奇性、视觉冲击力)。

《有一种书店，像乡愁一样站在街角》(人情味、接近性、影响性)。

《被一只土包子治愈了》(新奇性、接近性、人情味、服务性)。

《我们只想和这群流浪猫虚度光阴》(人情味、接近性、新奇性、视觉冲击力)。

《射洪秘境里的军工厂，三线人从来都不会忘记》(新奇性、接近性、影响性、视觉冲击力)。

(三) 要考虑流量并让信息增量

最后，在人人都是自媒体、人人都在生产信息的快捷时代，作为学新闻的人，不仅仅是抢先去完成一个报道，还要考虑选题的热度流量以及让信息增量的方法。能在一篇报道里提供给受众一些原来没有想到过的东西，一种之前没想到过的思考角度，那些具有建设意义的角度、打开视野的见解、给人启迪的观点，恰恰能起到凸显新闻价值与正面导向的功用。

流量、信息增量本是经济学名词。流量指的是在某一段时间内流入及流出系统的数量；增量指的是数的变化值，数值的变化方式和程度。在新闻客户端和各平台越来越看重流量的今天，流量就是你的阅读量，好的选题往往能决定流量的一半，而只有生产出真正有价值的稀缺内容才能让信息增量。

比如，一篇报道的切入角度、立意高度与采访深度是首先需要考虑的。哪怕是针对同一自带热度的事件，选择从什么样的角度介入，采取什么样的构思把所要报道的事件上升到现象，提炼出意义，怎样扩大采访面深入挖掘出受众应知、未知的内涵，都不可忽视，必须认真思考。像前面提及的《中国日报》的报道《网友看了几天比赛，惊呼“奥运会狠狠修正了我的审美!”》、《新京报》的报道《博士论文致谢意外走红，黄国平是这样一步步走出来的》等等，在信息爆炸的社交丛林时代，这些优质内容无疑都会增加端口的流量，让信息的价值增量。

当然，在碎片化的软阅读时代，我们还要考虑以多媒介报道手段的丰富性来制造吸引力，以报道文章的文采来产生安抚力。文采是传递信息的重要技巧，是思想立意的生动表现。没人喜欢看重复出现、“负面扎堆”的东西，能突破受众的认知和思考界限，让受众获得启发，都是衡量新闻价值、占领内容蓝海流量并让信息增量的重要手段。

边做边思考

1. 每个小组开动脑筋、睁大眼睛，运用多途径寻找新闻线索的方法，在社会生活中去发现各种有意思的选题。

2. 小组讨论，初步选定 2 个选题。第一阶段的选题以硬新闻类的现场目击记为主，第二阶段的选题以软新闻类的新闻故事、人物访谈、专题报道为主。

3. 初步判断选题具有哪些新闻价值要素，拟出 2～3 个新闻要点，并思考采访的切入角度。

4. 下次上课时，每个小组向老师报选题，一起分析、讨论并确定要去外采外拍的选题。

报选题参考格式

一、 硬新闻类的现场目击记

小组｜知了

组长：刘延

成员：代佳佳 吴若溪 郑雨 罗丽萍 谭畅

《你听说了吗？校园里来了一头“小蛮驴”！》

选题概述（5W1H 要素）：

When：2022 年春季。

Where：重庆工商大学校内（全国已有超 100 所校园引入）。

Who：菜鸟驿站送快递无人车——“小蛮驴”。

What：无人车萌闯校园，缓解校园内的物流压力。

How：高校聚集着大量人群，无人车为师生取快递提供方便。

Why：互联网时代，人工智能的出现，让世界变得科幻且神奇。高校快递业务持续稳定增长，对无人车的需求显著增加，无人车应运而生。

新闻价值：

新奇性：人工智能进校园，风里雨里，小蛮驴楼下等你——取快递。

服务性：小蛮驴怎样干活，为师生日常寄取快递提供服务。

接近性：校园内，离我们日常生活近，年轻人喜欢的取快递新方式。

视觉冲击力：憨态可掬的动漫形象穿梭校园。

双新闻点：

人工智能出现在大众视野，师生们会买账吗？

新兴无人快递车，到底是更方便还是更烦琐？

切入角度：

1. 伴随小蛮驴的送货过程，讲述聪明可爱的小蛮驴是怎样干活的。

2. 采访菜鸟驿站负责人关于小蛮驴的上货、使用等问题。

3. 师生对小蛮驴的使用评价、态度及感受。

《山景最美的大学用“小蛮驴”拉货，两只驴成送货劳模》

二、 软新闻类的新闻故事

小组｜红尘国际青年写作营

组长：红尘

成员：钞越 邓丽彬 沈思宇

《探寻射洪秘境里的军工厂》

选题概述（5W1H 要素）：

When：2021 年 4 月清明节期间。

Where：四川省射洪市 3536 军工厂。

Who：3536 军工厂讲解员、老 3536 人和打卡者。

What：曾经的军工厂变成了“博物馆”，成为新的网红打卡地。

How：将穿军装沉浸式体验、网红打卡和文旅结合起来。

Why：展示一个时代的记忆和老一辈三线人的青春奋斗历程。

新闻价值：

新奇性：对“00 后”来说，很少知道军工厂是用来做什么的，因此会本能地产生好奇心，而且去军工厂穿军装体验三线人的生活也很有趣。

接近性：贴电影《你好，李焕英》的热点，其取景地湖北襄阳卫东厂就因影片的大火成为网红打卡地，勾起了一代人的回忆。

影响性：军工厂是一个时代的记忆，小切口、大情怀，关注三线建设下这些荒废的军工厂的再改造、再开发问题，在文旅宣传上也有一定的带动作用，对年轻人也有学习教育意义。

服务性：告诉大家怎么去打卡这个军工厂博物馆，把它的特殊之处展示出来，让更多的人可以去体验一把。

视觉冲击力：再现大山里军工厂的样貌，如不为人知的厂房、建筑、老物件等，使人产生时空交错感。

新闻要点：

军工厂的前世今生，一代人的青春回忆，新一代人的文旅生活方式。

切入角度：

1. 讲述过去的军工厂是做什么的，以及一代人的青春奋斗故事。

2. 如今军工厂再利用成为文旅博物馆，老一辈三线人重返故地的情感故事。

3. 穿军装体验一个时代的记忆，年轻人新鲜的体验经历与感受。

第四章　融合新闻报道的采访与拍摄

插图：王晶

精彩早知道

★ 采访与拍摄是融合新闻报道的地基，任何一次外采外拍都是一个全方位、多角度、多媒体运用的过程。

★ 详解记者文字报道、新闻图片、音频新闻、视频新闻采集的硬核技巧。

★ 实采就像一道魔术，记者完成优秀报道的关键词：提问者、倾听者、思考者、展示者。

边做边思考

★ 如何掌握不同报道形式的采拍技巧？

★ 根据确定的选题，初步拟出采拍要点。

新闻在路上，记者在路上，做一名记者就像买了一张人生的头排票，你能看见历史在你眼前奔流，也能经历许多普通人无法亲历的现场。

记者是一份既勤奋又辛苦的工作，花体力，动感情，费脑筋，报酬并不优渥，还危险，但他们会因从纷繁复杂的事件中找出生活的意义而喜悦，也会因报道出读者谈论的事件而受到鼓舞。对新闻记者来说，敏锐与活力是重要的素养，但更重要的还要有探求事实的热情与高超的采写、拍摄能力。

美国新闻学家麦尔文·曼切尔说："记者生活在一个混乱而复杂的世界。然而他们极力用自己的事业心、机智、干劲和智慧来识别事情的真相，把他们理解的东西变成普通市民能够理解的形式。"①

也就是说他们要有两个超越一般人的本领：一是采集事实，即以文字的记录，用镜头的力量，采集比报道所需更多的素材信息；二是能用这些事实构成准确、生动的文字与视频报道，对已发生的事件做出分析与解释。

如果说选题是种子，是融合新闻的关键，那么选题确定后进入外采外拍阶段就是种子破土而出，茁壮成长的过程。

采访与拍摄是融合新闻报道的地基，只有通过深入的采访，挖掘生活中特别有意思的人或事，才能让报道的内容坚实、鲜活起来。

第一节 有备而去的外采外拍

任何一次外采外拍都是一个全方位、多角度、多媒体运用的过程，有时一

---

① 曼切尔．新闻报道与写作［M］．艾丰，张争，明安香，等编译．北京：中国广播电视出版社，1981：23.

些微不足道的细节也能影响采访的质量与成败。在这里我们浓缩了大量的采访与拍摄技巧，但有效掌握这些技巧不能只靠背书，而必须经过亲身实战，多次操练。

一、采访是一个双向沟通的过程

采拍是为了获取某一信息、某一新闻事实而进行的一种访谈、询问、观察、调查和记录。新闻最大的特点就是必须在采拍的基础上进行创作。任何记者在采访之前，都会下大功夫有所准备。

新闻采访是一种人际传播，是记者与采访对象之间的一种信息交流过程。那么一名优秀的采访者要具备哪些素质呢？

《基督教科学箴言报》总结了职业记者应当具备的素质，包括独立、高产、细致、愿作榜样、通才、权威性、进取心、乐于助人、视野开阔、敏感、深思熟虑、自信、有个性、直觉感强、可教、无私、责任感强、活跃、有条不紊。①

我们可以将这些重要的素质进一步归纳总结，提炼出以下两点。

（一）永不满足的好奇心

这包括对采访事件好奇：采访既是脑力工作，也是体力劳动。记者要第一时间赶往现场，很多事件的采访也会困难重重，甚至充满危险。记者是最辛苦的行当，因此，记者一定要能吃苦耐劳，有一颗强大的内心，不完成采访誓不罢休，否则很难胜任高强度的采访和旅途的奔波。

包括对采访人物好奇：尽力搜集与事件相关的事实，深入了解采访对象的经历、想法和意愿，责任感强，进取心强。

包括从用户的角度好奇：什么内容是用户最想知道的，这对他们的生活有何帮助，要善于从用户的角度来采访问题，让用户看见，令用户在乎。

（二）具有同理心

同情（empathy）能力，又称为同理心。这就是我们常说的将心比心的做法、换位思考的做法，是人们经历并且理解其他人感受的一种能力。记者在采访时，要能从他人的角度理解其想法、观点、态度、情绪等，新闻是一门讲究责任感、公道、同情、良心的学问。

当然这里的同理心并不意味着记者要赞同采访对象的行为、立场等，而是不带偏见，要能设身处地地了解他人的遭遇、情感并与之产生共鸣等。想要让采访对象开口说话，敞开心扉，记者所具有的人情味、同理心很重要。

在这里我们分享一个《如何成为顶级记者：美联社新闻报道手册》中写到

---

① 莱特尔，哈里斯，约翰逊．全能记者必备：新闻采集、写作和编辑的基本技能：第 7 版［M］．宋铁军，译．北京：中国人民大学出版社，2005：11.

的故事。印度现代民族解放运动的著名领袖甘地，被英国人逮捕囚禁几个月后，在极其隐秘的情况下被释放。当时甘地被带到一个偏僻的火车站，驱逐出境。就在那里，在站台的黑暗中，他认出了美联社的记者吉姆·米尔斯，米尔斯曾报道了甘地为了印度赢得独立所付出的一切努力。当米尔斯获知甘地被释放的消息赶往偏僻的火车站为他送行时，甘地说："我猜想，当我死后站在天堂之门的时候，碰到的第一个人一定会是一名美联社的记者。"①

其实这是甘地对一名有好奇心、意志力又有同理心的优秀记者的最高评价。

二、用信息块方式拟定采访提纲

就像一出精彩的表演之前的排练一样，采访前的准备工作非常重要，有经验的记者都不会"裸身"前往采访。记者如果已经有了具体的选题，就要思考出大致的报道方向，即需要了解哪些信息，从什么地方、哪些人那里可以获得准确、实在的信息。

如果是报道突发事件，比如火灾、洪灾等，无法在报道前做好充分的采访计划，这就需要你在快速赶往现场的路上就开始搜集材料，思考如何报道，赶到现场找到相关的采访对象或通过电话采访。硬新闻类的采访任务相对简单一点，消息或现场目击记需要搜集的就是新闻的六要素。

软新闻类的人物报道、新闻故事、特稿写作、调查报道等，要尽可能做好前期调研。看看有没有一手文献，诸如人物自己写的文章、作品，发的微信朋友圈、微博等，或关于这个事件的二手报道、评论或文章，从中熟悉人物与事件，找到值得挖掘的几条线索，这可以帮助你选取一个独特的采访角度与报道角度，同时也节约采访对象的时间。

不管是哪一类采访，事前都应该努力寻找并分析有关的报道资料，尽可能多地掌握背景素材，熟悉采访对象，看看哪些是之前的报道中遗漏的或没有涉及的，制定初步的采访提纲及采访重点。

（一）按新闻要素聚焦问题

几乎所有报道都要回答下面七个基本问题：

何人（who）：这条新闻是关于谁的？

何时（when）：什么时间发生的？

何地（where）：在哪里发生的？

何事（what）：发生了什么事情以及结果。

何因（why）：为什么会发生？

---

① 施瓦茨．如何成为顶级记者：美联社新闻报道手册［M］．曹俊，王蕊，译．北京：中央编译出版社，2003：3.

如何（how）：怎样发生的？

那又怎样（so what）：用户为什么要关注这条新闻，跟他有什么关系？

除上述我们通常所说的新闻六要素，即5W1H之外，最后加上的“那又怎样”（so what）是从受众的角度来考虑的，在移动互联网时代，媒体彼此竞争愈演愈烈，报道能不能回答用户关心的问题就尤为重要。记者编辑要有卖点意识，要考虑卖点，即这个新闻和用户有什么关系，用户为什么要关心、要在第一时间就点开看。也就是说，要让新闻故事在前几秒钟就能和用户发生关系，能引起用户的注意和好奇。

（二）用信息块方式设计采访提纲

记者通过各种提问，从采访对象那里发掘出各种信息，因此拟定初步的采访提纲时，可按照报道内容、报道角度，先从新闻六要素入手，用“信息块”的方式对要提的问题进行归类，这样记者也可梳理清楚采访思路和采访重点。

清华大学李希光教授认为设计“信息块”时，问题可分为五类：获取基本信息的问题、获取深度信息的问题、获取背景信息的问题、获取有关新闻意义评判的问题、获取个人信息的问题。①

李希光曾为新华社高级记者、《华盛顿邮报》科学记者，他的归类特别清晰、实用，而这五方面的信息也是新闻记者完成采访进行写作时需要的信息类型。我们可按照下面的方式加以梳理。

第一，基本信息问题。针对的是事件本身，通过这类问题，记者要搞清楚有关事件的基本事实，如：发生了什么？结果是什么？怎么发生的？谁卷入了？在哪里发生的？什么时间发生的？

第二，深度信息问题。这是跟进性的问题，通过这类问题，记者探究事件的本质、原因和发展走向。读者并不仅仅满足于知道发生了什么事情，他们还想知道为什么会发生这些事情，如：发生这个事件的原因是什么？谁应对此事负责？目前处理的情况如何？下一步的措施是什么？也就是why与how的问题。

第三，背景信息问题。这是探索事件发生的大环境，任何事件都是环境的产物，国际的、国内的、社会的、自然的、历史的，或制度的、人为的，任何事件都不可能脱离时代环境。因此，一个高明的记者会尝试把一个单独的事件放在一个大背景下来考察，这类问题常可以帮助记者挖掘出更大的新闻价值。如：过去有无类似事件发生？事件之间是否有关联？是积习难返还是措施不得力？有无预防措施？实施效果如何？

第四，意义信息问题。与背景信息问题正好相反，它是考察事件对未来可能的影响，这是记者对事件的思考、分析和解读，是让信息增量的方式。也就

---

① 李希光，孙静惟，王晶．新闻采访写作教程［M］．北京：清华大学出版社，2013：385.

是我们通常所说的，时代的一粒灰尘，落在每个人头上就会是一座山的思索。如：这个事件意味着什么？将会对什么事、哪些人产生影响？影响是怎样的？影响有多大？

第五，个人信息问题。这是针对采访对象或报道人物的私人问题，如个人年龄、职业、身份头衔、教育背景、人生经历、兴趣爱好等。

下面我们以硬新闻类的一篇现场目击记为例，学生通过百度网的社会新闻，发现在重庆的网红景点洪崖洞有一个民众自发组织的老人相亲角。每到周日上午，有几百大爷大妈相聚于此，热闹得如同赶集一般，常年吸引着很多单身老人到那里去寻找伴侣。

学生报了"重庆最大的露天老年相亲角"这一选题，初步判断这一事件具有接近性、新奇性、人情味、服务性等新闻价值要素，接着按信息块的方式拟出了要采访的问题（见表 4－1）。

表 4－1　按信息块拟出采访问题示例

问题类型	定义	例子
基本信息问题	询问与老年相亲角有关的基本事实（除 why 之外的五个要素）	这个老年相亲角的具体位置在哪里？每周什么时间举行？是自发的还是社区组织的？大约有多少人参与？是一些什么样的人来相亲？
深度信息问题	询问相亲角的本质和发展	您是怎么知道有这个相亲角的呢？您有找到比较心仪的对象吗？您为什么喜欢这种公开的相亲方式？
背景信息问题	探寻老年相亲角产生的大环境	为什么是重庆最大的露天老年相亲角？您认为是什么原因让老年相亲角在这几年兴起？城市里还有没有类似的老年相亲角？
意义信息问题	考量老年相亲角对未来社交方式产生的影响	您认为老年相亲角特别吗？您怎么看待老年相亲的现象呢？家里子女怎么看待老人去相亲这件事情呢？
个人信息问题	针对采访对象或报道人物的问题	您多大年纪啦？您自身的情况是什么呢？在相亲过程之中您会比较担心哪些事情呢？

接下来就是按照采访对象和采访目的，拟出比较详细的采访提纲。以下提纲由将去采访的新闻小行家学生团队拟出。

关于相亲角的老人：

（1）什么时候萌发相亲的想法呢？您是怎么知道有这个相亲角的呢？您多久来一次？您多大年纪啦？

（2）没来相亲角之前您是通过什么渠道进行交际（相亲）的呢？为什

么之前没有来呢？

（3）您为什么来这里呢？您自身的情况是什么呢？

（4）您有找到比较心仪的对象吗？有相亲成功（失败）的经历吗？为什么？

（5）您对另一半的要求是什么呢？您更看重什么？

（6）家里人赞成吗？

（7）比较担心什么呢？会担心被骗这种情况吗？

（8）您怎么看待老年相亲角的存在呢？您怎么看待老年相亲的现象呢？

（9）您遭受过异样的眼光吗？多吗？为什么呢？您自己怎么想的呢？

关于老人的子女（亲朋好友）

（1）您赞成他去相亲吗？有为此产生过分歧、争吵吗？分歧和争吵是什么呢？

（2）你怎么看待老年相亲角呢？您怎么看待老人相亲这件事情呢？

（3）在相亲过程之中您会担心吗？您比较担心哪些事情？

（4）您认为他为什么会产生寻求另一半的想法呢？

（5）他什么时候萌发的相亲想法呢？什么时候来的相亲角呢？之前老人有没有想过要来相亲角？

关于社区管理者

（1）这个老年相亲角是何时开始的？是自发的还是民众组织的？有多大的规模？

（2）有人投诉吗？有相应的管理措施吗？有为相亲角提供相应的服务或便利措施吗？

关于周围路人

（1）您家里有过老人相亲的事情发生吗？您听说过老年相亲角吗？

（2）如果家里有孤身的老人，您会陪老人去相亲角吗？

关于社会学者

（1）您怎么看待老年人相亲这件事？为什么？

（2）您认为老年相亲角在这几年兴盛的原因是什么？

（3）您认为老年相亲角特别吗？哪里特别呢？

《重庆最大的老年相亲角，大爷大妈玩社交派对才是王道》

通常我们可以用两种方式准备问题清单：一是尽你所想，写出所有你想问的问题，写得越多越好，即使你不可能把这些问题全部问完；二是标出为了得到关键信息必须问的问题，也就是你的采访重点问题。

我们可以把一些关键日期、职业变动、关键事件、时间节点等一类的信息放在一个信息框中。如果这些信息生动有趣，或对你的报道来说很关键，则可以在写作时把它们放在文章的主体中。你还可以用一个信息框列出一些辅助性的信息，诸如爱好、怪癖、喜欢的书、喜欢的运动、喜欢的人物与名言等。

如果采访对象不能给你所需的时间，你可以转向重点问题清单。

三、争取采访机会

大多数的采访是需要预约的，尤其是软新闻类的采访，还需要重点采访对象出镜。有的采访对象会欣然接受采访请求，但有的会犹豫甚至断然拒绝。下面一些技巧，可帮助你更顺利争取到采访机会。

（1）尽可能提前联系采访对象，给采访对象留出充足的准备时间；提出采访请求时，自报家门、为什么要采访、采访需要多长时间，让采访对象有心理或时间上的准备。

（2）提出采访时，要考虑到采访对象的心理需求。把采访从比较生硬的“记者需要了解什么”变成“这次采访能满足采访对象什么需求”，比如“读者很想知道你的新见解”“读者很想知道你的新进展、新生活”等，更能打动对方。

（3）如果一次预约不成功，可以多尝试几次，或更换不同的方式，比如“你认为什么时间最合适”“我们可以把采访提纲发给你看一下”，用你的真诚和专业打动对方。

（4）看看身边有没有什么有影响力的人、同领域里的熟人可帮助你获得采访机会，比如导师、学长、朋友等。

（5）和采访对象的助手、秘书搞好关系，一些名人通常是通过助理来安排采访的。

（6）从一开始就认真对待每一次采访，做好你的每一篇报道，保持你良好的职业声誉与专业水准，这是让采访对象乐意接受采访的最好的敲门砖。

案例4-1 胡舒立的“名记”经

原《中华工商报》的首席记者、《财经》杂志的主编，现任财新传媒社长的胡舒立女士被称为北京财经界的名记。她20世纪90年代中期刚从美国回国时，因做一个系列采访栏目《金融资本家》而声名大振，牢牢地在财经新闻界树立了自己一代名记的江湖地位，但是她在谈到自己的采访准备和成长经历时却是这样说的：

（1）在工作中我有一种认识，当记者并不是千难万难，只要勤奋学习，机会之门是永远向你敞开的。我刚开始干这行的时候，也很功利，老想写大报道，急于求成，后来慢慢意识到必须勤奋踏实，才可能写出有分量的东西。每次采访下来，光整理的录音就有几十盘磁带，这需要相当勤奋和敬业。

（2）自信，对一个记者来说尤其重要，你尽管在一个领域是新手、是外行，也没有什么可怕的。你采访的都是赫赫有名的人物，只要想到我们背后的公众——读者，就没有什么可怕的。在这之前，做大量的案头工作很有必要。要采访什么问题，需要一个一个写出来，但写出这些问题之前，还得事先找人商量。

胡舒立谈到自己做采访时，总是做足了充分的准备工作。比如要问采访对象5个问题，往往已经准备了30个问题。因为你的5个问题极有可能被聪明的采访对象一句话就回答了，而30个问题可以做到从不同的角度提问，总有几个问题能问出你想得到的东西。

第二节　音频新闻的呈现形式

2019年12月，普利策奖评选委员会宣布，在2020年评选中将新增一个奖项类别：音频报道奖（Sudio Reporting）。2020年，《美国生活》（*This American Life*）第688集获得第一个普利策“音频报道奖”。

早在2017年，美国网络新闻奖（Online Journalism Awards）就增设了“音频数字叙事奖”（Excellence in Audio Digital Storytelling），以提升音频新闻这一新兴的报道形式在融合新闻报道中的专业水准。

随着音频平台的兴起、声控智媒的普及，听觉逻辑和声感在新闻生产与传播的数字化全链条再造过程中重放光彩，全球的媒介机构“音频转向”持续走向新高。据报道，2020年中国在线音频用户规模有5.7亿人，预计在2023年有望超9亿人。新华社、《人民日报》、《南方都市报》、澎湃新闻等相继在新闻客户端开设了音频报道。而那些针对音频新闻的奖项也推动了音频新闻这种报道形式专业水准的不断提升，越来越多的原创优质音频新闻，特别是深度报道类、文化生活类音频新闻不断出现，越做越好。

一、音频新闻的五种特质

在融合新闻报道中，与文字报道、短视频新闻、新闻摄影图片相比，音频这种介质，最大的特点就是其独有的伴随性与心理感染力。

（一）具有伴随性，玩转任何场景

通常音频新闻收听的高峰时段是早间、通勤和睡前时段。用户在早间做早餐、喝咖啡时浏览收听习惯最为突出。开车通勤不便在手机上看信息时，“听新闻”成为最好的选择。不用眼睛看，或手脚无空时，边做事边听音频，或入睡时听音频，是其伴随性特质的最好体现。

由于能够解放视觉，越来越多的人选择通过音频利用碎片时间去接触新事物，了解新资讯，这也是在融媒体创作中音频部分不可缺少的重要原因。

（二）具有心理感染力，实现情绪共鸣

音频具有的心理感染力，主要指音频新闻的承载符号是声音符号，同一条

新闻报道通过不同的嗓音播出时就会带有不同的情绪感染力。

发出声音的主播将自己的情绪代入音频，声音的声调、节奏、音质等具有很强的感染力。当用户听到音频时，不仅能接收到新闻所蕴含的信息含义，更主要的是还会感受到声音的悦耳之美，进而产生不同的接受感与喜悦感，这就是音频新闻有吸引力的原因。

（三）具有私密性，带来独享空间和沉浸感

加拿大传播学家马歇尔·麦克卢汉在《理解媒介：论人的延伸》一书中有个著名的论断，即“媒介是人体的延伸”。他认为，任何媒介都不外乎是人的感觉和感官的扩展或延伸：文字和印刷媒介是人的视觉能力的延伸，广播是人的听觉能力的延伸，电视则是人的视觉、听觉和触觉能力的综合延伸。①

音频这一非视觉化的特质不单是听觉的延伸，还为收听的人保守了“私密”。当带上耳麦时，音频内容即为个人所独享，无形中为收听的用户构建了一个无人打扰的私人空间，往往能让用户更舒服地享受听到的内容，哪怕在公众场合这种私人空间也能一直专属于人，能给用户带来很强的沉浸感。

（四）具有现场感，让用户身临其境

音频新闻中非语言符号的使用，比如吹过山口的风声、五色经幡的猎猎作响声、墨西哥边境逃亡者的奔跑声、火灾中的尖叫声、菜市场的喧闹声，不仅让音频更具现场感，还能引发用户的联想，让用户有身临其境之感。

环境声、采访人声未经修饰，这些来自新闻现场的真实声音与主播朗读的有声语言符号一起，让用户能更深切地感受新闻事件的现场氛围。有时，这些非语言符号的声音甚至能够起到替代主播话语、渲染情绪的作用。

（五）突破时空限制，随时随地播放

之前的广播只能在一定的范围内和时间上进行线性传播，转瞬即逝、难以保存是其局限和缺陷，而移动端融媒体的普遍使用让音频新闻能随用户的需求与习惯随时随地播放，还能做到在全球范围内广泛传播。

时空开放性为音频新闻制作者强力“赋能”，也让创作者可以在播出形式、时长、技巧和发布等方面展开探索。

二、音频新闻的主要呈现类型

音频新闻生产者将新闻内容进行录制、播报后，就将承载内容的文字符号转变为声音符号，再通过后期的剪辑技术编辑音频，添加垫乐、音效就构成了音频新闻。

---

① 郭庆光．传播学教程［M］．北京：中国人民大学出版社，1999：149．

在新华社、《人民日报》、澎湃新闻等新闻客户端的融合新闻报道中，使用“文字＋图片＋音频＋互动设置”的优选组合形式的越来越多，其音频新闻的呈现形式主要有下面三种。

（一）由文字报道直接录播的音频新闻

这是大部分媒体采取的主要方式，音频结构简单化，音频新闻与文字新闻的标题完全一致，是将写好的文字报道稿直接录播成音频，与文字、新闻图片、视频一起构成一篇多媒介元素的融合新闻报道。

点击界面右上角的耳机标识，即可收听，也可转发。

这种由主播口播的新闻稿件大都属于硬新闻，无版头版尾语和垫乐。

比如点击《人民日报》App右上角的耳机图标，可进入FM频道，收听各种栏目中的内容。图4-1即为《人民日报》App直接录播的音频新闻。

《17只“鸟中大熊猫”黑鹳现身宁夏沙湖》

图4-1 《人民日报》App直接录播的音频新闻截图

（二）轻松活泼的录播新闻

生活、情感、美食、旅游、健康、运动、夜读这一类的资讯内容（见图4-2和图4-3），不仅有图文，而且录播时添加了有媒体标识的口语化的版头版尾语，有不同主播的播音风格，还根据口播的内容添加了适宜的轻音乐，多属于心灵鸡汤类，其亲切感强，收听率高，听众的沉浸感强。

（三）原创性音频新闻

大型媒体机构也越来越看重原创优质音频新闻的生产，特别是软新闻中的专题报道类、新闻故事类或人物访谈类音频新闻在不断增多。

这种带有现场感的报道，包括现场报道连线、环境音、现场采访录音、录音评论、记者采访后记、录音剪辑、垫乐音效等，类似于一部迷你广播剧。

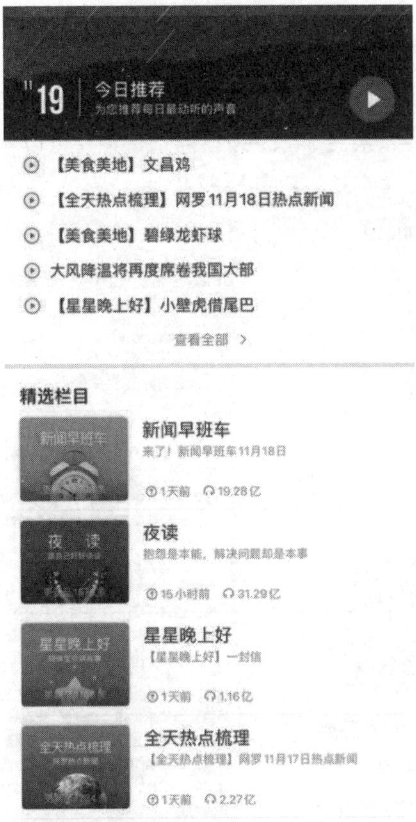

图4-2 《人民日报》App轻松活泼的录播音频栏目截图

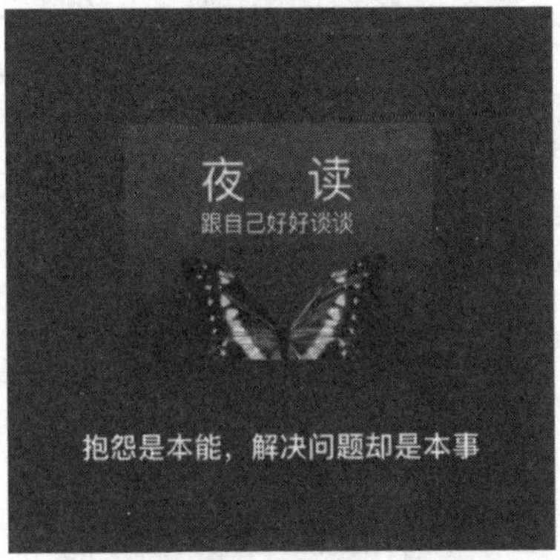

《抱怨是本能，解决问题却是本事》

图4-3 《人民日报》App《夜读》音频栏目截图

在“人人都有麦克风”的时代，以《南方人物周刊》《南方都市报》为例，音频小组的全部初始成员，都不是做传统广播节目出身的。从录音设备的采购到音频稿件的采集与编写、音频后期制作，都由音频小组成员自学完成。每一位主播，既能进行文字新闻采写，还能现场录音、制作音频新闻。

因此，原创性音频新闻制作需要记者具有过硬的新闻采写技巧、播音能力和后期制作技术，是各方面俱佳的“多面手”。

新闻采写能力能让音频新闻的内容更有新闻价值，而播音能力和后期剪辑、制作技术决定着文字转化为音频后，音频是否具有真实现场感、生动性、可听性与感染力。

比如，澎湃新闻《漫游记》，属于采访后记。它用音频的形式，让记者聊一聊采访的感想，除了主文的文字报道内容外，还让读者知道采访背后的故事，这样可以跟更多人探索更丰富的内容，让读者可以听见那些不易察觉的东西。我们可以感受一下《6 620 名布病感染者：有人浑身剧痛，看上去一度瘫痪》（见图 4－4）这篇报道。

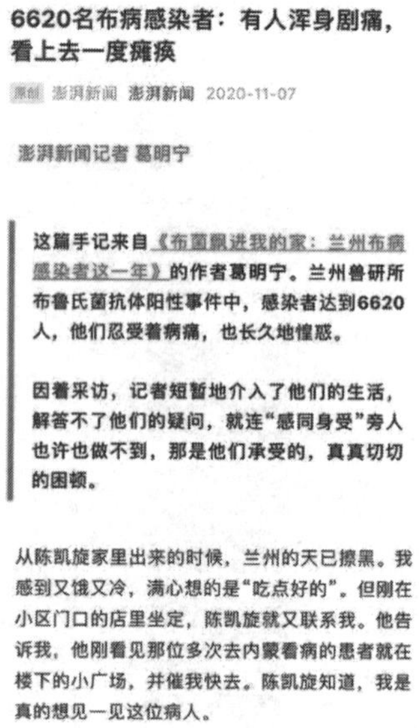
6620名布病感染者：有人浑身剧痛，看上去一度瘫痪

原创 澎湃新闻 澎湃新闻 2020-11-07

澎湃新闻记者 葛明宁

这篇手记来自《布菌飘进我的家：兰州布病感染者这一年》的作者葛明宁。兰州兽研所布鲁氏菌抗体阳性事件中，感染者达到6620人，他们忍受着病痛，也长久地憧憬。

因着采访，记者短暂地介入了他们的生活，解答不了他们的疑问，就连“感同身受”旁人也许也做不到，那是他们承受的，真真切切的困顿。

从陈凯旋家里出来的时候，兰州的天已擦黑。我感到又饿又冷，满心想的是“吃点好的”。但刚在小区门口的店里坐定，陈凯旋就又联系我。他告诉我，他刚看见那位多次去内蒙看病的患者就在楼下的小广场，并催我快去。陈凯旋知道，我是真的想见一见这位病人。

《6 620 名布病感染者：有人浑身剧痛，看上去一度瘫痪》

图 4－4　澎湃新闻《漫游记》原创性音频新闻截图

再比如，新华社客户端的人物专访《塔吉克斯坦小伙的汉字情缘》（见图 4－5）。其中，除了口播文字报道，还将采访的现场录音加入音频新闻中，让听众能感受到说一口流利汉语的塔吉克斯坦小伙的声音魅力，充分发挥了音频这种媒介元素在新闻报道中的优势。

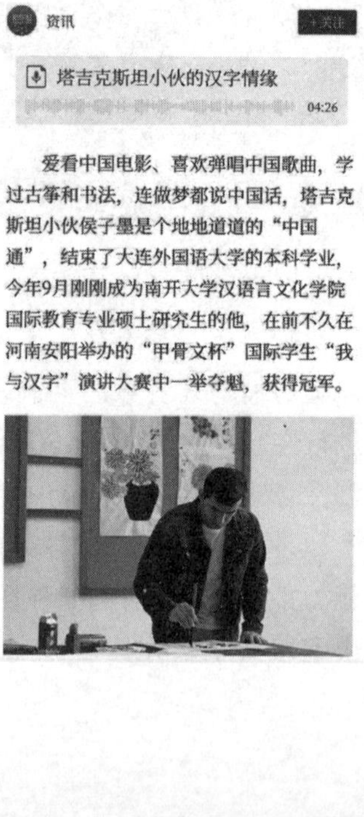
资讯　+关注

塔吉克斯坦小伙的汉字情缘　04:26

爱看中国电影、喜欢弹唱中国歌曲，学过古筝和书法，连做梦都说中国话，塔吉克斯坦小伙侯子墨是个地地道道的“中国通”，结束了大连外国语大学的本科学业，今年9月刚刚成为南开大学汉语言文化学院国际教育专业硕士研究生的他，在前不久在河南安阳举办的“甲骨文杯”国际学生“我与汉字”演讲大赛中一举夺魁，获得冠军。

《塔吉克斯坦小伙的汉字情缘》

图 4－5　新华社客户端原创性音频新闻截图

【敲一下黑板注意啦】 由于视频比文字转化为音频更为简单，有的媒体机构在移动端分发融媒体新闻产品时，会直接将视频转化成音频，省去了“录播”这一中间环节，将视频的音轨单独提取出来，即成为一条较为完整的音频新闻。

但并不是所有的视频新闻都可以转化为音频新闻，一般以主播口述信息为主、其他视觉信息为辅的较好转化。比如，央视新闻就将短视频栏目《主播说联播》的视频新闻转化为音频新闻，由于其传递信息的方式是主播口述，转化为音频后，丢失的视觉信息只是主播的表情、动作等辅助信息。

也就是说，原来的视频新闻需要满足图像、图片等附加符号较少而现场录音、同期声较多的情况，这样转为音频后才不会出现造成用户难以理解的新闻内容缺失的情形。

第三节　短视频新闻的呈现形式

在融合新闻报道中，除了必有的文字报道，重头戏就是短视频新闻。《第47次中国互联网络发展状况统计报告》数据显示，截至2022年12月，我国网络视频用户规模达10.31亿，其中短视频用户规模为10.12亿，占网民整体的94.8%。

关于短视频的释义，SocialBeta网站将其解释为：“视频长度以秒计数，主要依托于移动智能终端实现快速拍摄与美化编辑，可在社交媒体平台上实时分享和无缝对接的一种新型视频形式。”

目前，短视频已成为公众记录生活和表达自我的一种新的媒介手段和内容形式。直观、精短、便捷的视听传播效果，使短视频平台正在成为社会信息交互的重要场所。

2016年被称为中国的“短视频元年”，自短视频在国内火爆以来，各大媒体机构也搭上短视频的快车，在融媒体的浪潮中，利用短视频新闻的传播优势来吸纳互联网用户、重塑媒体形象，大力推动了短视频的迅猛发展。

新华社、《人民日报》、央视新闻、澎湃新闻、《中国青年报》、《南方都市报》等，都成为现象级的短视频新闻大户，吸引了数千万的用户关注。在中国新闻奖媒体融合奖项的评选中，更是把短视频新闻的三大主要特征——“时效性强，新闻价值大，立意深刻；现场感强，音质画面效果好，信息含量丰富；剪辑精心，短小精悍”①，作为短视频新闻创作提纲挈领性的标准。

一、社会民生新闻成短视频新闻的重头戏

影像就像一道魔术，自1839年摄影术诞生以来，从新闻摄影到新闻纪录

① 中国新闻奖评选办法（2019年度）[EB/OL].（2019-02-12）[2023-05-25]. http://www.zgjx.cn/2019-02/12/c_137794865_3.htm.

片拍摄，从专业摄像到当下的短视频拍摄，影像的魔力一直被手持相机或摄像机的新闻记者们展示着。

但视频与文字毕竟是两种不同的介质。视频最大的特点就是形象，它融合了文字、语音和动态影像，最明显的优势就是现场感、真实性、直观性与理解易，可以更加生动、立体地满足用户的视听需求。

与资讯类、综艺类短视频不同的是，新闻类短视频更注重对社会各方面发生的新闻事件的报道，涵盖时政、交通、环境、经济、文体、教育、军事、国际等方面内容，其中以新闻现场类的短视频居多。

短视频新闻是在新闻事件发生过程中或新闻事件发生之后，由媒体记者拍摄或目击者、新闻当事人在新闻现场拍摄的短视频。一些需要披露真实影像及声音的现场，最能发挥视频的特长，因此，社会新闻成为较好的落脚点，比如突发事件现场，或各种社会民生新闻现场等。短视频新闻具有“新、短、快、实、美”五大特征。

短视频新闻在内容生产上可大致分为三大类：

（一）短视频现场新闻

2021 年的中国新闻奖媒体融合奖项，针对往届的获奖作品呈现出策划性产品居多、新闻性相对不足的状况，将短视频新闻奖项划分为“短视频现场新闻”和“短视频专题报道”两个板块，以突出短视频在现场新闻领域的应用。

短视频现场新闻指在移动端首发，新闻性、现场感强的视频新闻，也就是通常所说的硬新闻类的现场新闻。

新闻性是指对新近发生的时效性强、具有新闻价值或社会意义的事件的记录报道。

现场感是对短视频拍摄场景的要求。视频作为真实场景的记录手段，拍摄记者应当在现场实景的连续拍摄记录中，善于抓取新闻发生现场生动鲜活的画面，也就是拍摄中要善于抓“活鱼”、抓“瞬间”，用最精彩真实的画面为用户营造在场感，让用户感受到现场的吸引力和张力，而不是事件发生后的摆拍或者刻意为之的炫技。

比如：事情发生在哪里？现场怎样？有哪些当事人？他们在做什么？事情是怎样发生的？有多少人受到影响？事件的结果怎样？尤其是对于重大事件、突发事件、灾难现场等，用户最关心这些问题，视频比文字和静态摄影图片能更好地将现场直观呈现，让用户有亲临现场亲眼所见之感。

我们以澎湃视频的 17 个栏目为例，澎湃新闻首席执行官（CEO）、总编辑刘永钢认为：“无论是哪个具体栏目，我们要做的视频产品都是围绕新闻来做，始终聚焦‘时政与思想’的定位来打造和拓展。”其短视频板块中各个栏目分工明确，内容分类清晰。

比如聚合类栏目《七环视频》《围观》《@所有人》《眼界》《关键帧》，主要面向的是国内社会新闻；《一级视场》聚焦财经类原创新闻；《湃客科技》以让人惊叹的全球重大科技项目为主，邀用户一起见证科技发展的魔力；《大都会》面向上海市民，推送上海市内发生的各类社会新闻；《追光灯》聚焦文化娱乐类新闻；《运动装》专做运动和体育赛事类的新闻；《健寻记》以饮食生活为主；《World 湃》面向国际新闻，以聚合类新闻资讯为主。

这些呈现不同的新闻内容、视频时长大约在 3 分钟以内、画面剪辑简单易操作的快节奏短视频现场新闻，占据了澎湃短视频的半壁江山，成了澎湃新闻短视频的顶流。图 4－6 即为澎湃新闻的《七环视频》栏目。

《新冠疫苗接种现场有蜂群险蜇人，消防赶到用“火攻”》

图 4－6 澎湃新闻《七环视频》栏目截图

我们再以第三十一届中国新闻奖媒体融合奖项中的短视频现场新闻三等奖作品《“活过来了!”19 天，456 个小时，我们终于救活了他》（见图 4－7）为例。《长江日报》记者王恺凝，穿上防护服，给相机和手机包上保鲜膜进入同济医院 ICU，全程跟拍 4 个小时，拍摄了 100 多条素材，在离现场最近的地方，独家记录下撤除 ECMO 前医生的叮嘱、患者的反应、撤机成功后医生情不自禁欢呼三声“活过来了”等感人场景。

该短视频只有 1 分 25 秒，后期剪辑时选择了不同维度的细节，抓住撤机前医生叮嘱、患者睁开双眼、撤机成功后医生惊呼、病人颤抖双手写下“谢谢”等动人的瞬间画面，运用医生的同期声和节奏强烈的 BGM（backgroud music，背景音乐，也称垫乐、环境音乐），再现拔管现场惊心动魄的奇迹。整个过程既充满了紧张揪心，又透露着温暖温情，真实展现了生命的顽强、医生的努力，增强了大家战胜恐惧、科学抗疫的信心。

该短视频及文字报道刊发后，全网转发量总计 2 亿，成为武汉保卫战中的现象级好短视频新闻。

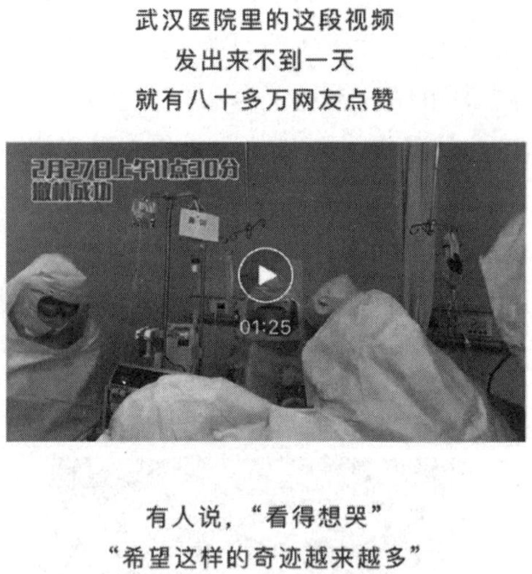

《“活过来了!”19天，456个小时，我们终于救活了他》

图4-7 《长江日报》短视频现场新闻截图

（二）短视频专题报道

短视频专题报道是在移动端首发的视频专题报道（含微纪录片），指对某些具有典型意义和较高新闻价值的人物、事件、问题、社会现象进行深入挖掘，揭示内在深刻意义的视频报道。

这类专题报道带有明显的策划性、主题性、思想性、技术性与艺术性，在选题视角、叙事方式、技术手段等方面都有突破与创新。主题立意有高度，思考有深度，内容具有启发性、有温度，往往以小见大，有人物有事件，用平凡人物的经历体验，以个体的小叙事来升华主题，让重大主题“落地”。

视频的艺术形态与新闻性也结合得更为紧密，不仅仅局限于事实传播，而且具有优质内容与活泼形态双重加持下的情感传播、价值传播，受到用户喜爱，起到良好的社会传播效果。

澎湃视频的《温度计》《纪录湃》两个栏目，主要做深度原创报道，多以3～8分钟的深度视频来呈现，或者做成系列视频，以期有更好的社会影响和传播力。

《温度计》中的人物故事让人真切感受到有温度、真情意，比如《一个截瘫消防员的救赎》《“拉面哥”：超级流量场内外》，在生活中挖掘不平凡的人，在大背景下对小人物进行深入刻画，从小事中见人性真善美，让用户看到不同普通人的精彩人生。

《纪录湃》的专题报道，比如《人象共生｜出走：野生亚洲象“逛吃”植物园》、《人象共生｜遭遇：野象来到家门口》、《人象共生｜救助：“象爸爸”的不舍与无奈》（见图4-8）、《人象共生｜蓝图：为野生亚洲象安家》，以野生亚洲象的生存遭遇为主题，通过全方位的跟踪捕捉，力求展现野生亚洲象事件原貌，更加立体、多角度展现人象共生的景象，引发了大量网友关注。

《人象共生｜遭遇：野象来到家门口》

图4-8 澎湃新闻《纪录湃》专题报道截图

再如，第三十一届中国新闻奖媒体融合奖项中的短视频专题报道的一篇参评作品《短视频｜小裤脚教授》（见图4-9）。

宁波日报报业集团通过甬派App的策划和报道，以第一人称视角，讲述了中国人民大学艺术学院副教授丛志强团队进行"艺术振兴乡村"的实践。记者发现这一实践探索的重大价值后，深入采访持续跟踪长达16个月，挖掘丛志强团队在三个村的点滴故事，刻画出喜欢把裤脚扎进袜子里的"小裤脚教授"人物形象。

短视频全长7分30秒，运用的同期声、画外音幽默，故事有冲突、有对比，人物有行动、有思考，叙事环环相扣，表达方式新颖，运用动画、贴纸等剪辑技术，生动有趣。从"小裤脚教授"这个小角度切入重大主题报道，用视频技术加持新闻内容生态，接地气、有内涵，吸引了大量网友参与互动，包括这一短视频在内的系列报道总共跟评点赞数上万条，被全国上百家媒体转载报道，总阅读量过亿。

（三）各种社会民生新闻

短视频新闻打破了传统电视新闻的叙事方式，短小精悍的表达方式，嵌入日常生活的传播场景，非常适合呈现微观的日常生活。除了一定时期的社会生活里那些有重大影响的事件，日常生活与人们的切身利益、兴趣爱好关系最为密切，因此同样具有接近性、新奇性、人情味、服务性等新闻价值。

短视频｜小裤脚教授

甬派客户端记者 时晓竹
2020-12-29 22:32:38｜71.2万

在乡间田头，常常可见农民挽起裤脚种田插秧；

在人大校园，有一位喜欢扎着小裤脚的老师。

这位小裤脚老师，真心、用心、贴心，行走乡村，把论文写在大地上，更写在村民的心坎上！

他，叫丛志强，中国人民大学艺术学院设计系副教授，被称为“小裤脚教授”。

《短视频｜小裤脚教授》

图 4－9　甬派App短视频专题报道截图

这些立足于小人物、活动、物件、技术等多角度、巧立意的鲜活社会生活小故事，互动性、趣味性比较强，有网感、接地气，很容易拉近与用户的距离，增进与用户的交流。因此，受关注程度高，能在短时间内俘获人心，引爆点击量。

以梨视频为例，它要“做最好看的资讯短视频”，主推 30 秒至 3 分钟时长的资讯阅读类短视频。这些由资深媒体团队和全球拍客共同创造和分享的微视频产品，确保了视频内容的优质，贴近民众现实生活，采用网络化的字幕语言，搭配轻松幽默的画外音，聚焦普罗大众身边的热门话题，既关注社会民生焦点，避免泛娱乐化的鬼畜恶搞，为用户提供有爱有用有趣的信息资讯，又避免了短视频新闻比较拘谨严肃的风格，成为短视频产业中获得用户赞誉和喜爱的一股清流。

例如《平凡之光》栏目，《社区大妈组团帮 5 200 名大龄青年找对象，还要教他们谈情说爱》《爱跳舞的“媒婆”，跳舞促成百对新人》《10 岁盲女童独自出门，妈妈远远旁观，网友：停车再也不占盲道》，这些小视频呈现的是每个人都能温暖人间，传播社会正能量。

再如《吾乡与吾民》栏目，《实拍湖北暴雨后物流仓库万件包裹被淹，市民用水盆接力帮抢货》《76 岁大爷 21 年完成 31 项发明，曾为瘫痪父亲设计起坐翻身床》《2 只昆明犬通过选拔进入警犬学校，训练 3 个月考试合格才给编制》，呈现的是人与自然、社会的相濡以沫。

又如《why 地理》栏目，《竹林里的空气能变钱？湖北一农民靠养护竹子 7

年赚了 35 万》《四川小山村种粽叶 300 余年：海拔气候适宜，包粽子有清香味》，用新颖的问题探索世界。

还如《上学记》栏目，《泪目！寒门女孩成功考研，患病父亲小心翼翼对录取通知书拍照》《32 岁职场宝妈边带娃边学考上武大研究生：跳出舒适区做自己》，立志立人，记录青春，带领用户进入美好校园生活。图 4－10 为梨视频民生新闻栏目。

《2 只昆明犬通过选拔进入警犬学校，训练 3 个月考试合格才给编制》

图 4－10　梨视频民生新闻栏目截图

在各大媒体机构制作的视频新闻中，按照播出时长与视频形态，可大致分为以下四类：

第一类是短视频现场新闻，时长在 3 分钟以内的各类短视频所占的比重最高，以澎湃新闻为例，达到了一半以上；在梨视频的社会民生新闻中占比更高。

第二类是短视频专题报道，或称微纪录片、微新闻故事，时长为 3～10 分钟，由于选题、拍摄的时间相对长一些，制作的技术相对难一些，因此占比排在第二位。

第三类是纪录片，时长为 10～30 分钟，比如澎湃新闻的《世界会客厅》，以记录有重大影响的事件和人物为主，见它者，知世界，是更深更大叙事的专题片。

第四类是直播，比如澎湃视频中的《上直播》栏目，直播预告、直播中以及直播录像都明确标清，通常为 30 分钟以上的实况播报。

在短视频新闻中，更加吸引用户眼球的往往是在半分钟甚至短短十几秒内便将最具有冲突性和爆炸性的现场呈现出来的微视频，它们能最快让用户了解新闻事件的关键部分。

同时，短视频新闻五大特征中的“快”是讲求时效，上传和发布都应该是快节奏的，从事件发生到在相关平台上出现，越短的视频就越具有优势。视频越短，越能迎合用户碎片化收受习惯，用户在观看过程中的心理负担就会变小，往往能够看完整个视频，其完播率也更高，用户更容易分享和转发。

【小结一下】在影像化生存的当下，短视频因制作简单、易于传播、高参与性而成为流量的主流。

不管是哪一种短视频新闻，都要求选题有一定的新闻价值含量，避免使用博人眼球的各种噱头。选题可以很轻，切口很小，标题很诱，能熟练使用情感词语和符号，表达很潮，手法很新，来彰显社会生活的方方面面。其中，既要有现场拍摄视频，又要有同期声或者采访声音等较完备的素材，才能将新闻现场较圆满地呈现，实现真实记录、生动表达的传播效果。

而我们的视频拍摄与制作，也主要是针对第一类的短视频现场新闻与第二类的短视频专题报道来实施。

二、拟定拍摄思路及脚本

视频采集要有一个整体构思，要有蒙太奇思维。

我们不能盲目拿起设备就走，要根据事先初步设定的新闻选题，先有一个整体的拍摄构思及脚本思路。这个构思包括新闻的简要主题、涉及采访的人物、新闻拍摄的类型、主要画面等。

（一）拍摄提纲与脚本

分镜头脚本是拍摄电影时使用的，我们可以借用到视频拍摄中。与撰写文字报道的采访提纲相似，我们可以先拟出一个大致的拍摄提纲或分镜头脚本，让自己对要干什么心中有数。我们以学生报的“重庆最大的老年相亲角”这一选题为例，这属于短视频现场新闻，以现场目击记的形式呈现。

《重庆最大的老年相亲角》分镜头脚本（拍摄计划）

提纲：在重庆网红景点洪崖洞的老人相亲角，数百大爷大妈来寻找伴侣，老人相亲会看重什么呢？该脚本基于每周日上午的相亲角盛况来拍摄，旨在展现老年人新式的单身派对社交生活（见表 4-2）。

拍摄时间：2021 年 3 月 14 日。

片长：2 分钟左右。

拍摄对象：相亲的大爷大妈、红娘、市民围观者。

表 4-2 分镜头脚本

镜号	景别	画面内容	拍摄方式	解说词/画外音/同期声	垫乐/音效	备注
S1	远景/空镜	洪崖洞	固定镜头	导语	轻音乐	5 秒钟
S2	全景	相亲角	固定镜头	导语	轻音乐	5 秒钟
S3	中景	人群	摇镜头	导语	轻音乐	10 秒钟
S4	近景	老人 1	固定镜头	同期声	垫乐减弱	25 秒钟
S5	近景	老人 2	固定镜头	同期声	垫乐减弱	25 秒钟
S6	中景	局部场景	摇镜头	画外音	轻音乐	15 秒钟
S7	中景	围观者	固定镜头	同期声	垫乐减弱	20 秒钟
S8	中景/全景	人群	摇镜头	解说词/结尾	轻音乐	15 秒钟

(二) 准备装备和行头

打开一个背包记者的包，你会看到什么呢?

一个记者证，一个采访本和一支笔，一支录音笔，这是文字报道必备的物品。

一部单反相机或索尼微单相机，一个脚架，一个手持稳定器，不管是智云的还是大疆的，云台方便好用，稳定镜头效果好，外拍必备，尽管其有 1.5 千克重。如果用手机拍摄，一个小巧可折叠的手机用云台也是必备的。

运动相机 GoPro，防水防抖，支持 4K 高清视频拍摄，重量仅 0.5 千克，足以应付短视频二机位拍摄。

再有就是领夹式的“小蜜蜂”，采访人声时必用，可用罗德（RODE）一拖二无线“小蜜蜂”。通常现场的环境声嘈杂，“小蜜蜂”能起到很好的收集人声降噪效果。如果在室内，还需要一个手持补光灯。做一些大的专题报道时，带上 1 千克重的无人机航拍，大场景感更佳。

当然，充电宝、充电线、相机存储卡、相机备用电池也是必备的。外拍前检查所有设备，充满电，能量满满才能出发。

背包里永远装着的是记者的全部家当，算下来这个背包足足也有 10 千克重了，绝对可以称得上一座小型器材库了，谁叫咱们是背包记者呢?

被称为“政治访问之母”的意大利著名记者法拉奇，每进行一次采访，都要用几个星期做准备。她认为“准备工作的紧张程度就像学生准备大考一样”。

随着我们的脚步走过更多地方，眼睛观察到更多社会生活，我们更能够体会记者这个职业给予我们的社会责任感和担当。

第四节 文字采访的方法与技巧

记者的首要职责是尽可能准确、清晰、公正地报道新闻。记者在采访时很大程度上都要依靠消息来源，很少有记者能超出他的消息来源，因此记者要花时间去寻找消息来源，并与之建立联系。

在《新闻采访写作教程》一书中，李希光认为新闻就是“他说”，即依靠他人提供的信息来构建新闻，既体现了新闻的功能，也突出了人物作为新闻事件主体的特征。①

也就是说，在新闻采访中，消息来源“人”提供的信息是很重要的，也更具有真实性、时效性与贴近性。记者是社会生活的忠实记录者、观察者与分析者，记者报道的质量取决于消息来源的质量，那么，我们怎样才能做好一次“他说”的采访呢?

一、实施采访的要领

采访的第一个目的是就新近发生的新闻事件采集、获取事实性信息，告诉用户到底发生了什么事，是怎样发生的。

采访的第二个目的就是要揭示为什么会发生这样的事件，事件的来龙去脉是怎样的，让用户了解新闻背后的故事，以及怎样看待这一事件。

因此采访中的消息来源或称信源，即作为信息来源的采访对象就尤为重要。

(一) 采访中注意把握各种信源

由于不同的报道内容要求的信源不一样，不同的信源在报道中所起到的作用也不一样，可信度也有所不同，而新闻报道讲求真实、客观、公正、可信，因此，我们可以将涉及的信源分为三个级别。

一级信源级别最高，最重要，以此顺延。

第一，事实性内容。即新闻的基本要素 4W1H（谁？发生了什么事情？什么时候发生的？在哪里发生的？怎样发生的?）。

一级信源：当事人、参与者、亲身经历者、现场目击者。

二级信源：直接相关的机构组织和政府部门、发言人、官员、调查者。

三级信源：当事人周边的人、知情人。

一级信源是新闻事件的主角，是新闻报道的核心采访对象。

第二，分析性内容。即新闻的基本要素 why（为什么会发生？如何看待事

---

① 李希光，孙静惟，王晶．新闻采访写作教程［M］．北京：清华大学出版社，2013：329.

件或人物？应该抱有什么样的态度?)。

一级信源：政府主管部门、权威调查机构。

二级信源：涉及领域的相关专家学者。

三级信源：普通人。

他们是新闻报道不可或缺的采访对象。

第三，评论性内容。即新闻要素 so what（这件事对当事人有什么影响？对读者有何影响？事件的意义是什么?)。

一级信源：第三方专家学者。

二级信源：新闻评论员。

三级信源：网络评议等。

他们帮助用户深层次理解新闻事件和人物，阐释事件的意义及影响等。

记者要谨记，许多报道是由多个来源的消息组成的，每篇报道都要有消息来源的出处。

无论报道的内容是什么，要尽量让更多的信源发声。除了选择信源时要考虑什么人最有发言权，什么人的话值得信任，什么人的态度很中肯，甚至还要让代表左、中、右三方不同意见的人发声，这样才能使你的报道避免偏颇，更客观中立，也更丰富饱满。

以学生采访的《重庆最大的老年相亲角》为例，学生采访了事实性内容中的一级信源相亲的老人，三级信源红娘、周围的人，但是未去采访二级信源社区街道，以及分析性内容或评论性内容中的相关社会学者，这让最终写出来的报道只停留在了第一个层面，深度与广度不够，这是不足之处。

芭芭拉·沃尔什是美国一位长期做犯罪报道的名记，她对学生记者的建议是不要轻视任何一个采访对象。她说："当我去法院时，我把所有和我谈过话的人看作采访对象，从看门人到卖咖啡的。他们可能不是身价百倍的律师，但是他们知道正在发生的事。记者往往把采访对象限制得太窄。"①

（二）采访中运用多种访谈方式

访谈方式多种多样，选用时要灵活，不能只拘泥于一种方式。

第一，面对面直接采访当事人（见图 4-11)。这是通过交谈方式进行的口头采访，包括对一级信源、二级信源等的采访，是最重要的一种采访方式。它能接近采访对象，拉近彼此间的心理距离，打开采访对象的心扉，是你获得直接引语、人物想法、内心情感的重要手段，也是你近距离观察采访对象，取得主动性和对方信任的关键。绝大多数采访是通过口头谈话或主要通过口头谈话完成的。

① 里奇．新闻写作与报道训练教程：第 3 版［M]．钟新，主译．北京：中国人民大学出版社，2004：127.

图 4-11 大佳网记者（右）采访作家红尘（中）

第二，间接采访知情人。这里除了找当事人直接进行采访外，你还需要采访其他信源、周围的人，从他们那里获得素材，进行间接采访。在采访主要人物之后与三级信源进行核对，或向采访对象的朋友、秘书、同事或能够对其产生影响的人甚至对手了解采访对象的逸闻趣事、性格为人。间接采访的目的也是丰富、完善直接采访。

第三，观察现场采访。主要是通过现场目击观察周围场景、氛围、人物活动、状态等，获得大量的第一手素材和生动的“独家细节”，让你能窥见人物的内心世界，以及在什么地方应该深入挖掘，以丰富和补充口头采访，增强报道的真实性与真实现场感。

普利策奖评委盖·特里斯在清华大学的演讲中说：“做采访不是通过电话，不是通过 e-mail，而是走到他们跟前，同他们交谈，进行眼神交流……你可以从一个人的身体语言，从她的动作和她身处的环境中了解到很多东西。我有一个专门的词组来形容，那就是‘游荡的艺术’（the art of hanging out）。我去一个地方，然后我就在那儿待着，我先不问问题，就只是在那里游荡。重要的是你要成为那气氛中的一部分，那建筑中的一部分，你要成为要写的那个人的朋友。我写作是为了让大家理解这个人。”①

第四，电邮微信采访。这是特殊情况下采取的一种采访方式，包括电子邮件、电话、微信语音或视频通话等，向采访对象了解一些情况。由于活生生的现场感不足，因此这种方式不利于记者获取多样化的信息。当然，对评论性内容中的第三方专家学者等，用电邮微信采访可节约时间和成本。

第五，体验式采访。它指有的记者以普通人身份从事一两天或者短期的某

---

① 李希光，孙静惟．下一代媒体：来自清华园的思想交锋［M］．广州：南方日报出版社，2002：217.

个工作，从而体验某一方面工作人员的酸甜苦辣，如体验普通人生的，采访对象是一般劳动者，如城管、网约车司机、核酸检测志愿者等，或体验一些奇特人奇特的工作，如随登山探险队探险、做难民营志愿者等，把真切的感受、事情的真相告诉读者，这样的报道自有一种身临其境、扣人心弦的魅力，与平时以记者身份采访所得大不一样。

还有一些内容的采访，记者不宜暴露身份，通常称为暗访、隐性采访或隐蔽采访。这需要记者以一种特定的身份进入新闻事件现场，才能真正了解事情的真相或揭露内幕等。需要注意的是，暗访记者在暗访中要把握好度，不能侵犯他人的合法权益等。

另外，采访时注意适当着装，准时到达。适当着装是对采访对象的尊重。适当提前 10 分钟左右到达采访现场既是敬业的体现，也便于观察环境，感受氛围，准备设备，和采访对象建立一种和谐、融洽、信任的氛围。所以，千万不能迟到。

二、记者提问的技巧

“做记者真棒，因为记者可以向人提问，而这些问题是正常人绝对不可能向陌生人提出的。”专栏作家戴安娜·格里高·欧文说道。①

提问是记者的天职，记者要善于接近采访对象，要善于提问，采访的成功很大程度上依赖于采访对象的配合。记者要学会善于架设感情交流的桥梁，善于营建谈话的氛围，还要善于提问。

好的采访是在一种自然、友好、非正式的氛围中进行的。气氛融洽的采访对双方来说都是一种乐趣，因为这种轻松、自然、愉快的气氛，能对采访起到重要的作用。

美国新闻学家麦尔文·曼切尔说：“大多数场合下，由于人们忙于处理自己的事务而不愿意多谈，只有被精心准备的一连串问题，以及记者在访问中根据谈话的发展提出的一连串问题的触动，才能进行交谈。”② 因此，法拉奇把提问比作“钻探机”，记者正是通过恰如其分的提问，才能从各种信源、各种采访对象那里挖出丰富的内容来。

以下是 16 种常用的采访提问技巧，可以帮你打开思路，在实践中灵活使用。

（一）用破冰船启航

采访面对的是一个陌生人，因此为采访设计一个有趣的开头能拉近距离，

---

① 里奇．新闻写作与报道训练教程：第 3 版［M］．钟新，主译．北京：中国人民大学出版社，2004：121.

② 曼切尔．新闻报道与写作［M］．艾丰，张争，明安香，等编译．北京：中国广播电视出版社，1981：252.

融洽气氛。你如果对采访对象的背景做了前期调研，将会发现有趣的新闻或好的报道角度，这样可以问出不寻常的问题并得到有趣的回答。

不要一开始就提让人棘手的问题，首先介绍一下你自己并简短陈述你的采访目的，以及你为什么不找别人而来找他，可以稍微奉承对方几句以打开局面。观察一下周围的事物，看有什么东西可以成为破冰船，可以成为建立友善关系的桥梁。普利策奖获奖记者芭芭拉·沃尔什说，在一次采访中，她注意到墙上挂着一幅爱尔兰地图，就说自己曾经在爱尔兰生活过。这句闲话起到了破冰船的作用。

我在美国采访新西兰的雕塑家菲利普时，他看起来沉默、冷峻，气氛尴尬，我想怎样让他活跃起来呢？我就说我看过新西兰的一部电影《鲸鱼骑士》（*Whale Rider*）。这是一个讲述新西兰海岸上古老部落酋长的孙女佩，凭着出色的勇气和能力，成为第一位少女酋长的故事。新西兰很少有电影在国际上有影响力，也很少有人看过新西兰的电影，菲利普当时就两眼发光，倍感亲切，很乐意从新西兰的传统文化开始，谈起了他来到美国的创作经历，也很乐意和一个视野广阔的中国记者畅谈，后来我们还成了好朋友。

（二）询问基础性信息

大多数情况下，你会愿意按照芭芭拉、法拉奇的建议，用不具威胁性的问题开头。然后开始询问基础性信息，即5W1H这些最基本的要素，是问题清单里的基本信息问题与个人信息问题等。

我们以老年相亲角的采访为例。

学生在对相亲角的老人进行采访时，有些老年人思想还是比较保守，担心会被家人、朋友看见了来相亲角相亲。碰到不能理解的老年人，学生也遵循了他们的意见，没有对其进行采拍，而是采访其他思想更为开放的老年人，比如先与老人聊聊家常，称赞他们看起来好年轻，与他们“套近乎”。

接下来的基础性问题是为了引出简短的、具体的、事实性的回答。下面这些就是关于老年相亲角的闭合式问题：

您是在什么时候萌发相亲的想法呢？您是怎么知道有这个相亲角的呢？您多久来一次？您多大年纪啦？您自身的情况是什么呢？您有找到比较心仪的对象吗？您对另一半的要求是什么呢？您更看重什么呢？

（三）跟进开放式问题

开放式问题是为了引出引语、详细解释或更长的答复，弄清楚事情的来龙去脉，是问题清单里的深度信息问题、背景信息问题以及意义信息问题等，这些问题可以帮助你获得引语、细节和趣事逸闻。

在闭合式问题后面最好跟进开放式问题，在采访对象回答基础性问题的时候，顺着他的思维跟进“为什么会这样呢”或者“你对此作何解释呢”等问题，还可以请采访对象举具体的例子。

比如，家里人赞成吗？比较担心什么呢？会担心被骗这种情况吗？遭受过异样的眼光吗？多吗？为什么呢？您自己怎么想的呢？有相亲成功（失败）的经历吗？为什么？您怎么看待老年相亲角的存在呢？您怎么看待老年相亲的现象呢？

记者要养成善于提出使采访对象重新活跃起来的“踩水式”问题，让采访自然流畅又一步步深入。图 4 - 12 为记者红尘在川藏北线采访，与朝圣的藏族群众打成一片。

图 4 - 12　记者红尘（左）在川藏北线融入式采访

（四）询问发展过程

提问从现在问到过去，还要涉及将来有什么样的进展，下一步的计划是什么。关于未来发展的问题可以在你写作时为你的报道提供一个漂亮的结尾，升华你的报道。有时它甚至是你写导语的素材或成为新的报道重点。很多媒体注重这种被称为“推进式报道”的询问方法，也把期待留给了读者。

比如，上游新闻记者裘晋奕 2020 年 9 月 19 日撰写发布的现场目击记《最酷大学女教授！11 年 5 赴尼泊尔徒步写书》，采用未来发展式提问并结束全文：

> 有意思的是，当记者问起接下来还有什么心愿时，红尘笑着说：“我想退休之后，像很多无国界志愿者一样去做一个志愿者。”红尘说，自己此前徒步发现当地很多完全没有开发的村落，特别需要医疗、教育方面的志愿者。“像有些地方一个学校 300 多个孩子，只有 7 个老师。”所以，红尘特别想再回去贡献一点点小小的心力。
>
> 值得一提的是，本次《珠峰鼓手》出版后也意味着红尘围绕喜马拉雅

山徒步的系列非虚构写作，已经全部完成。但她并不打算就此停下，“下一个目标，我想写写那些改变了非洲的无国界志愿者”。

（五）控制采访节奏

有的采访对象兴致来了会滔滔不绝，以至跑题，如果采访对象的回答过于啰唆和冗长，你就要设法让他刹车，改变话题方向。你可以等他短暂停顿时，见缝插针岔开这个话题或者引入另外一个问题。

（六）学会发现新的问题

不要太拘泥于初步拟定的采访提纲，记者根据新闻事件发展，选择与之有关的问题，还要学会见机行事，发现新的问题、挖掘新的角度。采访中你可能会获得一些新的线索与感受，要舍得放下你的思维框架，舍得放下之前设计的报道角度，重新整理采访思路，一路追踪下去。

比如《重庆最大的老年相亲角，大爷大妈玩社交派对才是王道》这篇现场目击记，学生在初步拟定的提纲里，并未涉及红娘。但在实际采访中发现红娘特别活跃，而现在的红娘与过去的红娘已大不一样，她们建了微信群让老人们能进一步交往。因此，在写作新闻的主体段落时，就选用了关于红娘的细节来引入现场故事：

> “我们这个相亲角已经有十多年的历史了，来这儿的老人都想找个合适的对象，相互看上了就加微信，私下再聊。我们还建了群方便大家交流认识。”一红娘说完就热情把我们拉进了老人相亲群，300 多人的老人相亲群也是热闹极了，隔几分钟就有老人发征婚信息或者本人照片，聊得热火朝天，而这样的群不下十个。

（七）建立时间顺序表

这一技巧与上一点有关联，在合适的时候，问一些问题以建立事件发生的时间顺序表。写硬新闻时，是按照倒金字塔结构来写的，你没有必要按照时间顺序来报道，但你需要掌握事件发生的先后顺序。而在写软新闻时，事实与事实之间的自然过渡、构思的逻辑顺序是按照时间顺序来建立的，这有助于你叙述事件的整个过程。

同样是上游新闻记者裘晋奕撰写的现场目击记《最酷大学女教授！11 年 5 赴尼泊尔徒步写书》，新闻主体的三个段落，就是按照时间顺序来提问的，也是按照事件发生的先后顺序来构思报道的，这让这篇小文章脉络清晰又有起伏。

> 震惊之余总想为它写点什么
> 绵延十年的非虚构写作计划
> 退休后想回去做个志愿者

(八) 学会转换角色

在采访中还要学会转换角色，从用户的角度来提问，也就是 so that（那又怎样），即与用户的关联，用户很想知道的信息。

例如《大二少年 144 天，8 个国家，从东方走到西方》这篇报道，一位武汉大学的学生，打工换宿，144 天去了 8 个国家。除了提问他在每个国家的经历，用户还会好奇他是怎样在网上申请打工换宿的，需要准备哪些资料，采取哪些步骤，以及获得签证的方法，这些都是用户想要知道的。

(九) 询问通俗易懂的解释性定义

记者不可能是什么都懂的万事通，采访时要善于请采访对象将一些抽象的概念、官方术语或技术术语解释成你和读者都能够明白的话语。看看能不能把行话转化为可视、可听、可感、可数的词语。

例如澎湃新闻 2021 年 9 月 3 日的报道《纽约市历史性暴雨有多猛？美媒：5 小时降水量约合 5 万个泳池》，纽约市受飓风“艾达”的影响，5 小时内有 350 亿加仑的水在纽约市从天而降，CNN 记者采访时就通俗解释为相当于 5 万个奥运会规模游泳池的水量在全市范围内倾泻。

你要试着用自己的话重新陈述这些信息，并征求采访对象的看法，看看你的解释是否正确。比如“你的意思是不是这样的……”

在《中国日报》的《运用“反义疗法”技术 美研制出 SARS 特效药》这篇报道中，关于“反义疗法”的新技术，记者请采访对象做了个形象的解释：

> 布尔格博士打了一个比方：“大家想象一下有一条拉链，SARS 冠状病毒核糖核酸单链就是这条拉链中的一半，只要我们找到一条能和 SARS 单链完全吻合的核糖核酸单链，就能彻底中和病毒的毒性。”

(十) 使用“归咎他人”法提问

当你需要提出一些尖锐问题时，为避免采访对象的抵触，可以把责任推到他人身上，即借助第三方提问，用他人的意见来陈述看法，这样既比较智慧，不必担心采访对象生记者的气，同时还可以询问到采访对象的看法。这是记者常使用的技巧，可用“据我所知”“据某某说”开头。

法拉奇在采访基辛格关于越南战争的看法时，就聪明地运用了第三方施莱辛格的看法来提问：

> 法拉奇：施莱辛格说越南战争只是证明了 50 万美国人带着他们所有的技术战胜不了装备极差、穿着黑色睡衣的人们。这种说法您不认为有道理吗？[①]

---

① 法拉奇．风云人物采访记［M］．嵇书佩，乐华，杨顺祥，译．南京：译林出版社，2012：18.

(十一) 采取“感觉”法提问

“感觉”问题是采访中常用的，也是难点，容易引起采访对象情绪失控，比如请求采访对象回忆一下事件发生时他的想法或感受，即对某个事物的“感觉”，而不是“意见”或“观点”。记者很喜欢问“感觉”问题，这是因为人们对某种经历不一定有什么观点，但必定会有感受，说出这种感受可以再现当时的情景和细节。比如，5 号线地铁进水后你感到害怕吗？当时你想到了什么？

李梓新就汶川地震采访了路透社（Reuters）驻北京记者露西·霍恩比（Lucy Hornby），部分问题即用了“感觉”法：

> 李：你看到这些严重的伤情，你感受如何？
>
> 霍恩比：因为我是第二周到的，所以伤亡的人看得不多。但是地震的那种破坏性当然是非常令人震惊的，周围都是伤亡的人。但是最难的是采访那些父母，感觉就好像没什么话能和他们说。你也不想哭，但是你也不能不哭。我觉得这个印象我自己也不能很好地形容。
>
> 李：你哭了吗？
>
> 霍恩比：对对，但是这个很影响我继续采访，这个可能因为我经验不够丰富。①

记者是有悲悯情怀的人，当遇到对受害者亲人的采访时，记者具有的同理心与人情味最终也会打动处于悲痛之中的对方。

美联社的记者乔治·艾斯珀要采访一位被害学生的母亲，他开车在暴雪中行进了一个小时。当他在傍晚 7 点敲响主人的房门时，那位母亲只是挥手示意让他离开，并说“我们不接受任何采访”。艾斯珀说：“我没有逼她，也并没有转身离开。我只是站在那里，浑身已经湿透，冰冷的雪水不停地滴下来。我想她是有几分同情我了。”②

接着，那位母亲就说“进来吧”，采访快结束时，她告诉艾斯珀她从来没有想到自己会将死去的儿子谈得这么深入，是艾斯珀流露出的同情心起了作用。

(十二) 巧用激将法提问

有时你需要问一个重要或敏感的问题，采访对象常常会避重就轻、闪烁其词，这就需要记者通过激将法的表述，刺激采访对象说话，让他说出真实的想法或意见，甚至让对方说出不愿说的话来。

---

① 李梓新．灾难如何报道［M］．广州：南方日报出版社，2009：93.

② 施瓦茨．如何成为顶级记者：美联社新闻报道手册［M］．曹俊，王蕊，译．北京：中央编译出版社，2003：1.

以采访国际政治巨鳄著称的“国际政治采访之母”法拉奇，思维敏捷、文辞犀利，尤其擅长“海盗式”的提问，对真相穷追不舍，对采访对象毫不留情，尤其是她做假设、设机关、强反问的做法，甚至还会故意挖掘采访对象的矛盾之处，并以尖锐的问题适当地刺激对方，激起对方的反应，以至于她的主观介入常常能获得其他记者难以得到的信息。

下面是法拉奇采访伊朗末代国王穆罕默德·礼萨·巴列维时关于独裁的一段对话：

法拉奇：例如，当我试图在这里——德黑兰谈论您时，人们惊恐万状，默不作声。他们甚至不敢提您的名字，陛下，那是为什么？

巴列维：我想是由于过分的崇敬……您提出这样的问题是什么意思？是不是想说大家都反对我？

法拉奇：上帝不允许，陛下。我想说的也就是已经说过的，在这里，德黑兰，人们是那么害怕您，以至不敢提您的名字。

巴列维：他们为什么要同一个外国人谈论我？我不明白您讲这话的意思是什么？

法拉奇：陛下，我讲的是事实。很多人都把您看作独裁者。

巴列维：那是《世界报》说的。这种说法跟我有什么关系？我为我的人民工作，而不是为《世界报》工作。

法拉奇：是的，是的，但是您否认您是一位专横的国王吗？

巴列维：不，我不否认，因为从某种意义上说，我是专横的……①

（十三）应用“媒人”技巧

你的报道通常需要不止一个信源，这就需要询问一下事件中是否还有其他知情人，或问采访对象是否还有其他人可以推荐给你，有了推荐的这些二级、三级信源，才能确保报道的公正和平衡。

（十四）即时核对

一定要核对采访对象全名的拼写、身份、头衔和关键性事件的时间，核实个人简历或相关公开资料所载信息的准确性。如果采访对象告诉你一些其他参与者的情况，你也应向那些人核实。优秀的记者，都要对来自信源的材料进行核实。

（十五）善用概述总结式提问

有意识地复述一遍重要信息，或让采访对象再总结性地说一下他的主要观点。比如：你认为你目前面对的主要困难是什么？如果下一次再有类似的灾难

---

① 法拉奇．风云人物采访记［M］．嵇书佩，乐华，杨顺祥，译．南京：译林出版社，2012：458.

报道，你将会怎么做?

采访对象在复述时也会整理思绪，因为人有机会思考时，往往会比先前说得更清楚，话语提炼得更到位，这便于你写作时更精彩地使用直接引语或间接引语。同样是李梓新对路透社驻北京记者露西·霍恩比关于汶川地震的采访：

> 李：你对自己的报道满意吗？有没有什么遗憾呢？
>
> 霍恩比：比较满意，唯一不满意的地方就是在那边的时间太少了，如果在那边更长时间的话会有更好的东西报道出来。如果我可以决定的话，我还会多在那里留一段时间，因为我比较希望能够报道地震后续的事情，这样报道的过程比较完整。这个也完全就是我之前所说的责任感的问题，作为一个记者总是有种责任感要把所看到的事实报道出来。但是公司由于希望给每个人去现场的机会，所以就让每个人只去一周左右的时间，这个也是完全可以理解的。①

（十六）以肯定语结束访谈

询问采访对象是否还有什么需要补充的，采访结束时要向接受你采访的人表示感谢。问他如果有问题是否可以打电话或在微信上找他，时效相对慢一点的软新闻类稿件是否要发回给他审读一下。这时你还可以询问采访对象的其他联系方式，建立起你的良好人脉。

无论何时执行任何采访，一定要注意为融合新闻报道搜集制作图表所需要的信息，如采访对象以前的照片，和报道有关的地图、小册子、书面材料、天气数据、事件时间顺序、统计数据、可能加框的重要事实等。细节是重要的，这有助于将其中一些运用到报道中去，可以使报道更加生动。

三、记者倾听的技巧

好的采访技巧＝好的提问＋好的倾听。

莎士比亚曾在《亨利四世》中写道："正是不愿倾听的毛病，不愿做标记的缺点深深地困扰着我。"另一位传记记者吉拉尔德·克拉克也写道："他坚信，人们只在看似随意的谈话中才能真正吐露心声。"②

出色地提问，然后认真地倾听，是记者在采访中最重要的两个技能，是记者获取信息、获得采访对象信任的最直接有效的手段。记者要把自己训练成一个好的听众，有了好的倾听，才会抓住有用的信息，才能继续提出更好的问

---

① 李梓新．灾难如何报道［M］．广州：南方日报出版社，2009：97.

② 里奇．新闻写作与报道训练教程：第3版［M］．钟新，主译．北京：中国人民大学出版社，2004：113.

题。下面是培养良好倾听能力的一些小技巧。

（一）集中注意于"听"的当下

每个人都会有一些烦心琐事，记者也不例外，诸如高峰期拥堵、走错了路，采访对象是陌生人，采访时间很紧等，要努力排除个人情绪干扰，放松心态，集中注意力于采访对象正在说的话，就像你在和朋友聊天一样。当采访对象发现你真对他感兴趣时，会越来越放得开。这时先不要想你下一步要问什么问题。

（二）用眼睛观察，关注变化

采访对象有什么样的姿势语言？微笑、皱眉、紧张或大笑？他的情绪在采访过程中有何变化？外貌仪表、特殊习惯又是怎样的？用眼睛观察可以成为有效的倾听工具，也便于在写作时丰富人物的性格和张力。

新加坡《联合早报》的一篇报道《他是"阿富汗少女"的摄影师迈克凯瑞》，记者在导语段就将"眼睛"触摸到的感觉，活灵活现地再现于读者眼前。

> 53岁的史蒂夫·迈克凯瑞外表看上去和街上偶然遇到的老外没什么两样。中等身材，一般中年人的平淡表情，和他的经历似乎没什么相干：看不出他就是那个在战场上出生入死拍下无数珍贵照片的摄影大家；你想不到他那双蔚蓝的眼睛，碰触过许多涂炭的生灵、饱受人生苦难的灵魂。
>
> 作为跻身20世纪最震撼人心照片之列的《阿富汗少女》的拍摄者、美国《国家地理》杂志驻亚洲首席摄影师史蒂夫·迈克凯瑞日前接受了新加坡媒体记者的采访。经纪人把采访者和被采访者安排在当地一家嘈杂餐厅进行访问，但迈克凯瑞很快进入状态，专注而投入，只有在面对个别尖锐问题时，才流露较多的情绪。其余大部分时间，他的回答总是沉着、冷静、干净、清晰——如同他的摄影。

（三）通过倾听强化提问

记者一边在倾听，一边也在思考，既要能听到你想要的内容，也要能听出一些出乎意料的信息。记者可鼓励采访对象继续说下去，挖掘出更多的"言外之意""弦外之音"。记者还可以通过倾听强化提问，如果这个方向很有意思，你可以沿着这个方向跟进问题。

比如，经历过这种无常的事件之后，你会相信命运、宿命这样的东西吗？经历这次事件你觉得自己需要接受心理干预吗？你觉得这次发生的损害是否也有地震来临之前科技报道太少的原因？

（四）做出反馈与互动

不要像机器人一样只是埋头做记录，一直把目光放在笔记本上。应时常与采访对象进行目光接触，用一些肢体语言给予你的反馈或肯定。如采访对象说出一段动人的细节，你应报以肯定的微笑或点头来鼓励对方继续说下去。“太感人啦，那后来又怎样了？”

你如果没听明白，存有疑惑，也可以直接告诉他：“我没理解到，可以再解释一下吗？”适时的互动，有利于采访深入下去。

四、做笔记和录音的技巧

“报道的质量与笔记的质量有关，好笔记与差笔记之间的区别在于细节。”①

福斯特·戴维斯在《夏洛特观察家报》做写作教练时，经常核对记者的笔记来确定报道中存在的问题是否出自采访过程。

有经验的记者都知道，笔记详细的好处是当你写报道时，若遇到需要的信息往往比预期的还要多的情况，它就能派上用场。

做采访笔记，一般有提要、直录、描写等几种形式。提要一般只记要点，记事件的简要经过。直录一般把对方的原话记下来。描写像写现场目击记一样，得把看到的、观察到的记下来。图 4－13 为上游新闻记者裘晋奕带着实习的学生记者一起做采访。

图 4－13　上游新闻记者裘晋奕（左）带着实习的学生记者一起对作家虹影（中）进行采访

下面一些技巧可以帮助你做好笔记：

① 里奇．新闻写作与报道训练教程：第 3 版［M］．钟新，主译．北京：中国人民大学出版社，2004：117.

(一) 使用关键词

尽管采访有录音，但很多记者还是更喜欢做笔记。采访对象所谈的事实，包括经过、情节、人物、处所、时间、数字、细节等，做笔记时，要迅速摘记几个关键词来帮助你在写作时回忆事实，找到采访对象叙述的要点。

(二) 放慢节奏，请求重复

采访对象谈到的好的看法、好的语言也要记下来。想记录完整话语时，可放慢采访节奏，如采访对象的语速过快，可礼貌地请他放慢节奏，或重复一下说过的话。在提出下一个问题前可暂停一会，直到你记录完。

(三) 边页标注重要信息

听到的话语触发了另外一个问题时，可立即在页边空白处记录下来；在采访中突然想到的问题，有待进一步查核的疑问点，以及想到的新线索，也在页边记录下来，以便随后跟进询问清楚。观察到的细节，如采访对象的神态、动作、语气等也可迅速在页边勾画记录下来。旁注的信息看起来醒目，事后翻找笔记时，会起到提示、节约时间的作用。

(四) 建立符号系统

培养自己的速记能力，可在做笔记的过程中用人名代码、星号或别的符号在重要信息或者引语旁边做标记，学会创建一套自己的符号系统，这样既节约书写时间，也便于写作时查找。

(五) 当场核对准确

做采访笔记，对于人名、地名、身份、日期、数字等，一定要当场核对准确，再次确认你的重要数据。事后则需要及时整理，以免出错。

采访中的录音，可用录音笔或手机来完成，它有两方面的作用：

第一，可以弥补做笔记的不足。

有了录音，心里会踏实，不会错过任何话语，尤其当对方的回答很长，你无法速记下来时。但录音只记录下声音，若你的报道还需其他元素，如采访对象的外貌、神情、动作，周围环境的细节等，则还是要靠做笔记。

此外，由于采访录音太长，记者写作时不太可能有时间再重复听一遍，这时笔记中的关键词以及时码就能帮助你找到录音中的重要内容。

第二，制作音频时需要现场声音。

制作音频新闻时，为生动再现新闻事件的现场，需要你录制现场采访时的人声和环境声。由于有多个采访对象，录音时可分成小段录制，并标记人名或数字代码，这样便于你剪辑音频时快速找到不同采访对象的人声。

五、采访后的完善

采访结束后立即整理一遍笔记是有好处的，不要拖延，包括建好录音的文件名，记录清楚一些重要细节，以及整理好你的思路。尽早整理采访笔记，还能知道自己缺少什么素材，可以及时跟进采访中获得的其他线索、其他信源。

在采访结束后，可以给采访对象发一封邮件或一条微信消息，向对方花时间接受采访表示感谢。这会给对方留下好印象，从而也建立起你的职业声誉。

重要的报道写完后，应迅速发回采访对象审阅，以减少差错，获得对方的认可，这也是对采访对象的尊重。

【小结一下】采访是一门经过严格训练的叙事艺术，它要求用嗅觉嗅出东西，用听觉听出东西，用视觉看出东西，用感觉提出东西，用大脑想出东西，用笔尖写出东西。

记者完成优秀报道的关键词：提问者、倾听者、思考者、展示者。

法拉奇对世界政坛人物的采访，以深入挖掘对方的内心世界而闻名。她写道："7 年中，我为《欧洲人》周刊做了 28 次采访。我本着这种精神去访问我所要会见的人，即除了获取新闻以外，每次访问都力求弄清这些人物与我们普通人到底有什么不同……我每当遇到一个事件或参加一次重要的会见时总是焦虑不安，担心自己没有足够的眼睛、耳朵和头脑来进行观察、倾听、思考，以便从中理解一条蛀虫如何钻入历史这块木头中去的……"①

记者在采访时如同一个勘探者，在进行露天采矿即采集事实，他要能挖掘、钻探出事实真相这个矿藏，没有人只满足于那些表面的材料。因此，记者的采访作风要扎实、到位，没有捷径可走，好的采访绝对有助于写作。

正如美国新闻学家麦尔文·曼切尔所说："记者的工作就是要在一次采访任务中获得足够的事实材料，这是记者的生命。"②

第五节　短视频新闻的拍摄手法

记者在现场做文字报道的采访时，还需要拍摄短视频新闻。"文字＋视频＋互动设置"与"文字＋图片＋视频＋互动设置"，这两类媒介元素的优选组合形式在当下的融合新闻报道中运用得最多、发布得最频繁。因此，对专业媒体机构的大多数记者来说，既能写文字报道，同时还能拍摄短视频新闻，已成为

---

① 法拉奇．风云人物采访记［M］．嵇书佩，乐华，杨顺祥，译．南京：译林出版社，2012：3.

② 曼切尔．新闻报道与写作［M］．艾丰，张争，明安香，等编译．北京：中国广播电视出版社，1981：22.

必备的技能。

很多记者在采访的同时，用一部配有云台的手机或一台微单，或一个轻便的 GoPro，即可独自完成短视频现场新闻的拍摄，只需要抓取新闻发生现场真实、鲜活的画面与主要采访对象即可，快速发布时也只是在 3 分钟之内，属于硬新闻类的现场小视频；相对来说，短视频专题报道带有一定的主题性与策划性，用单反相机拍摄时的技术性与艺术性相对要求高一些，拍摄的时间也会长一些，这种视频属于软新闻类的微纪录片视频。

任何影像的拍摄，都是对场景的选择和重现，对采访对象细节的捕捉与状态的把握，对光线明暗与色彩的把控，以及对美学技艺的应用。因此，不管拍摄哪一类的短视频新闻，在拍摄时可根据初步拟定的拍摄提纲和分镜头脚本来操作，视频采集时要有一个整体构思，即事件重点、布局、亮点、拍摄手法，计划好大致要拍摄什么样的场景与画面，每个画面大约拍摄的时长，尤其不能忽视对采访对象的拍摄，他们是构成新闻事件的主体人物。

视频采集具有声画一体、多媒介元素的特征，在拍摄图像的同时，还要兼顾对音频的采集，即对同期声、环境声的采集等。

一、多用横幅拍摄，兼具手机竖屏

视频与新闻图片虽然都是对画面的拍摄，但图片的拍摄可以采用横幅与竖幅形式，而视频拍摄通常采用横幅形式。这是因为竖幅拍摄的视频在 PC 端、新闻客户端或电视屏幕上观看，就会暴露出影像躺倒的缺陷。

以新华社、《人民日报》、澎湃新闻等为主的专业媒体机构，以及梨视频这样的资讯短视频平台，大多以横幅拍摄短视频新闻，以保证新闻事件的场景性及在多个屏幕上的通用性。

抖音、快手、视频号等短视频平台的用户用手机拍摄视频时，则仍然习惯竖拍，这样便于移动端的流式刷屏。故超记团队在拍摄现场，还要考虑用手机拍摄竖屏素材，以便于在抖音号、快手号、视频号等上面的快捷使用。

二、拍摄时注意运用各种景别的组合

一个视频要吸引用户，除了新闻事件本身的冲击力和跌宕起伏之外，还需要运用多样的拍摄手法，不能局限于变化不大的固定镜头的拍摄，这样会给观看的用户造成审美疲劳。

在短视频新闻的拍摄中，画面景别（field of view）是首先需要考虑的。景别又称取景范围，是指被摄主体和画面形象在相机屏幕框架结构中所呈现出的大小和范围，通常有远景、全景、中景、近景、特写（见图 4-14）等。

图 4-14 五种景别示意图

拍摄时，运用不同焦距的镜头会在视觉上构成不同的画面景别，而不同的景别会营造出不同的视觉空间感，表现出外部事物不同的视觉层次。

通常远景出大环境，全景出气氛，中景是表现人物交流特别好的景别，近景则侧重于揭示人物的内心世界，而特写出情绪。不同的景别可以引起观众不同的内心反应，给用户良好的视觉体验效果。

（一）远景、全景用来拍摄较大的场景画面

远景（见图 4-15）顾名思义是画面远而大，适合表现广阔的空间、开阔的场面或宏大的自然景致，适合交代环境和渲染气氛，画面中可以没有人物，或人物只占很小的位置。

图 4-15 远景交代新闻现场的环境和氛围

全景（见图 4－16）是包含一个具体场景全部面貌的画面，它与远景的区别在于在一个特定范围内有明显的内容中心和结构主体。全景采用加宽的画面长度来记录场景，是摄像的总角度、全方位的景别，让观看者对全部人物和周围背景有着整体上的把握。

图 4－16　全景凸显新闻现场及人群全貌

具体到短视频新闻来说，新闻可能发生在任何地方、任何环境，“两会”的新闻现场在宽阔的人民大会堂，新中国成立 70 周年阅兵在宏大的天安门广场，京广隧道救援在洪水蔓延的高速公路上，地铁 5 号线浸水事故在狭窄局促的隧道空间内。这时运用远景或全景镜头扫一下全场，可以还原在各种环境中真实的新闻现场全貌，能够起到完整展示新闻现场宏观构成的视觉效果。

我们拍摄空镜头时，也多以远景或全景为主，能起到介绍环境背景、交代时间空间、展示人物整体、抒发人物情绪、推进事件发展情节，进而在剪辑时起到时空转换和调整画面节奏的独特作用。

（二）中景是运用最多的“交流的镜头”

中景（见图 4－17）表现为某一场景局部画面，如拍摄人物头部留有空间，画框下边卡在人物膝盖左右部位。由于取景范围较宽，可在同一画面中拍摄几个人物及其活动，人物的形体动作、面部表情、衣着打扮等都能得到清晰的展示，同时又兼顾到环境，不与周围环境脱节，因此有利于表现人物的身份、交代人与人之间的关系，是电影的骨干镜头。

图 4-17 中景是“交流的镜头”

在短视频新闻拍摄中，中景运用最频繁，是新闻现场画面的结构中心点与情节中心点，也就是画面中新闻人物视线的交点、情绪上的交流线。在画面中新闻主体比全景时更大，拍摄距离更近，比如外交部新闻发布会上的发言人、森林火灾现场的救火员、露天相亲角的老年人、作品展上欢呼的大学生等。中景镜头可加深新闻现场的纵深感，展示事件发生地的环境、氛围，还可叙述某一冲突的经过与情节，突出新闻人物的说话方式与行为等，有利于强调人物本身的叙事，因此又称为“看戏的镜头”或“交流的镜头”。

（三）现场人物和细节往往需要更近一步

近景（见图 4-18）拍到人物胸部以上，或物体的局部。和中景相比，近景的画面表现空间进一步缩小，背景环境被弱化，环境和背景的衬托作用进一步降低，画面中占主导地位的人物或被摄主体成了吸引观众注意力的焦点，观众能清楚地看清人物的细微动作，方便调动观众的参与感，减少观众的注意力分散。

图 4-18 近景使被摄主体成为吸引观众注意力的焦点

在短视频专题报道中，可采用长焦镜头更加拉近采访对象进行拍摄。近景取景构图时，能将采访对象以更大的面积比例展现在画面中，更有利于突出采访对象的具体特征。由于近景镜头画面聚焦要求严格，它适合重点表达人物的个性和行为，突出人物的面部神态、情绪表现等，比如新闻发言人强有力的面部语态、消防员扑救大火时的身姿、相亲老年人兴致勃勃的交谈、扛相机外采的女大学生的青春靓丽等。取景时，要注重抓取人物的不同性格与魅力。

特写（见图 4－19）表现的是人物肩部以上的头像，或被摄主体细微部分的画面。在特写镜头中，环境在画面中被进一步弱化，人所处的空间感更弱，是将被摄主体的局部进行放大展示，被摄主体充满整个画面，以放大的微观世界呈现出更具有冲击力的视觉效果，比近景更加接近观众。

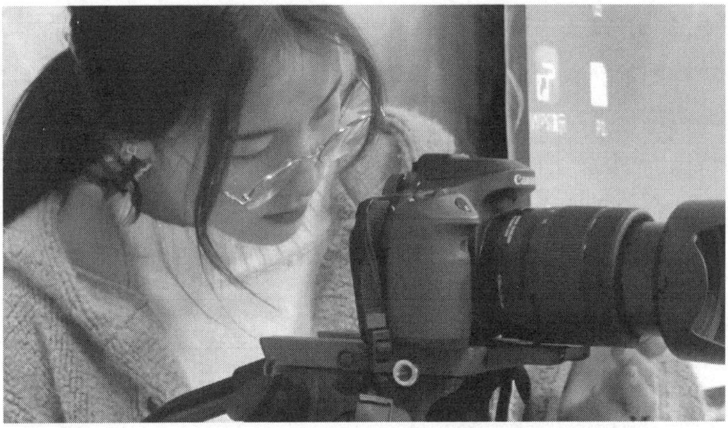

图 4－19　特写表现人物的情绪

在短视频现场新闻中，由于主要是对事件的报道，较少用到特写镜头；而在短视频专题报道中，可恰当地运用特写画面来表现新闻人物内心深处的情感。比如眼神光的运用，表现人物的喜悦、悲伤、专注或行为动作的变化。又如营救地铁浸水人员的双脚、志愿者医生做人工呼吸的双手等，这样的画面既能提升表现力，又能带动观众的情绪，引起强烈的共鸣。同时特写经常用来做转场镜头，在突出故事情节上起到渲染新闻主题的烘托作用。

由于不同的景别所呈现的画面主题不尽相同，在进行短视频新闻的拍摄时，为了避免画面单调无趣，除了远景、全景，还要将拍摄的镜头慢慢推进，中景能更好地交代人物关系与环境的互动，近景和特写将为现场带来更多生动的细节。

一条完整的短视频新闻，需要运用到各种景别的组合以丰富画面报道的内涵。

三、拍摄画面中注意构图、色彩与光源

奥地利摄影家伊涅斯特・哈斯说：“构图在于平衡，每个人对平衡的处理

都各有不同。”

美国摄影家 L. 小雅各希斯认为：“构图是从摄影者的心灵的眼睛做起的。构图的过程也被称为‘预见’，就是在未拍摄某一物体之前或正在拍摄的时候，就能在脑海中形成一个图像或印象。通过经常分析自己和别人作品的构图，就会使自己的这种预见本领更加娴熟，变成一种本能。”

记者和摄影家一样，要想拍出好的视频，就必须追求构图上的和谐与均衡。这就像练武功一样，我们需要花很多时间练习，才能了然于心，达到手中无剑、剑在心中的境界。

尽管新闻现场人来人往，杂乱无序，但记住一些重要的构图要领，就会起到引导作用，对于成功拍摄出好的现场视频素材会大有帮助。

（一）注意对视觉中心和被摄主体关系的处理

我们常说的几种平面视觉中心构图有对称式构图、十字形构图、三角形构图、三分法构图等。在摄像构图法则中，人们最熟悉和最常采用的可能就是三分法构图，也称作井字构图法或九宫格构图法。

我们将画面纵横均分为三等份，从而使画面被分割成九个相等的方块，四条分割线上就会出现四个交叉点（见图 4-20）。这四个交叉点最接近图像中的黄金分割位置，即我们说的黄金分割点，因此就能够给予观看者最舒服的美学感受。

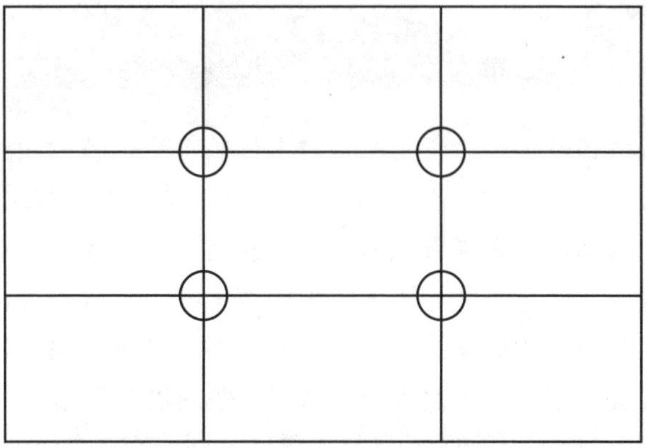

图 4-20 三分法构图的四个黄金分割点

三分法构图实际上就是黄金分割的简化版，遵循这一原则的构图形式被认为是“和谐”和“完美”的。其基本目的就是避免对称式构图的呆板、缺少变化。对称式构图通常把被摄主体置于画面中央，这往往令人生厌。

通常拍摄者就在这四个黄金分割点上选择一处作为趣味中心的最佳位置，也就是拍摄内容的重点。画面右端那两个交叉点通常被认为是最强烈的，现在我们想要拍好三分法构图画面也比较简单，很多相机和手机中都可以添加辅助线，将图像分割成为等分的九宫格，然后将你所想要拍摄的主体放置在图像中的三分线位置上即可。

四条三分线（见图 4－21）以及四个交叉点都是可以放置采访对象的最佳位置。因此我们在新闻现场拍摄时，要善于把被摄主体放置在视觉中心处，以让画面符合美学的客观规律。

扫码见彩图

图 4－21　三分线上的人物主体 顺光对比色（红尘摄）

（二）画面色彩的合理搭配也会增强画面的表现力

小雅各希斯还认为："构图最基本的因素是线条、形式、质感以及这些因素之间的空间。当然色彩同样也是不可忽略的因素。怎样构图和怎样选择主体、光线、色彩一样，也能成为一个摄影家独特的个人风格的基础。"

色彩是视觉语言中最具有感染力的元素，其对影像的重要性不言而喻。

色彩在画面中既能发挥再现客观事物的写实功能，还能起到烘托氛围、突出新闻现场与人物情绪的作用。它可以给人们制造一种刺激，因此，我们在构图时，还要学会巧妙地运用色块、运用色彩对比等手段，有效避免短视频由于时长短带来的单调，给拍摄的短视频加上灵魂。

比如，抓取现场以红、黄、橙等暖色调为主的物体，因为暖色是"前进色"，明亮、热烈、温暖，能在暗淡的场景中跳出来，容易凸显（见图 4－22）；而以绿、蓝、紫等构成的冷色调，给人一种沉稳、坚实、开阔和安静的感觉，因为冷色为"后退色"，偏冷的色调适合呈现新闻人物不同阶段的生命状态，营造出"一眼万年"的深沉感，也能预示新闻故事的结局。

下一些功夫，对色彩进行极致写意的拿捏，恰当地利用对比法则，无形中就会增强画面的表现力和感染力。

我们对拍摄内容采取了空间色彩的布置，在后期剪辑时，对于画面的基调和色彩构成的调色等步骤也会很有帮助。

（三）注意合理安排光源位置营造画面效果

没有什么比光线更美妙的东西了，对于摄像师来说，光线更是流动的生命力。

扫码见彩图

图 4-22　三分法构图 顺光 暖色调（红尘摄）

如果说色彩可以丰富新闻现场的表现，预示新闻故事的走向，那么光线则可以指引新闻角色内心的世界。

不同的光线有着不同的艺术效果，掌镜的人如果把光线运用得好，则可以让我们拍摄的视频或图片效果提升不少，甚至达到出神入化的境界。拍摄时我们依据光源位置，可主要运用顺光、侧光、逆光、顶光这四种光源来突出表现新闻现场与新闻人物，当现场的光线不足时，可以适当通过打光来补足。

1. 顺光

顺光也称正面光，顺光拍摄就是记者站在光源与被摄主体之间，光源可以是室外的自然光也可以是室内的灯光。

因为光线顺着镜头的方向照向被摄主体，记者站在顺光的位置，可以将被摄主体被光源照亮的一面清晰地拍摄下来。缓慢拉近镜头可以很好地表现被摄主体本身的环境、颜色、状态等细节特征。这样拍出来的视频更接近事物本身，更自然，能真实地再现新闻现场。

因此，顺光拍摄是短视频新闻中用得最多的拍摄方法。但由于缺少光线的对比和光影变化，会使拍摄的画面较为平淡，不够生动，缺少立体感。

2. 侧光

侧光拍摄就是我们的镜头拍摄方向与光源照向被摄主体的方向呈 45°至 90°角的拍摄方法。

由于侧光是来自被摄主体左侧或右侧的光线，这种光线能够产生强烈对比（见图 4-23），我们既可以拍到被摄主体被光源照射的明亮面，又可以拍到被摄主体未被光源照射的阴暗面，因此整个画面就会呈现出很强的明暗对比，能使被摄主体表现出很强的立体感。

扫码见彩图

图 4-23　三分法构图 侧光 对比色
（红尘摄）

在短视频专题报道中，开始的时候，我们可以用正面光拍摄大场景，后面移动光源，让光源逐渐接近于前侧面 45°角。对于新闻人物以及生活场景，往往会应用侧光来拍摄，这样既可以表现新闻人物的特定情绪，刻画人物的性格，也可以让生活场景具有立体感和空间纵深感，丰富画面的影调层次，产生较强烈的造型效果。

因此，侧光常用于拍摄需要突出的主体，或表现有质感的物体，突出表现画面的某一局部或细部。侧光还有一个好听的名字，也称为“伦勃朗光”，这是因为荷兰著名画家伦勃朗画画时，常采用强烈的明暗对比法，用光线塑造形体，以此来刻画人物形象。

3. 逆光

逆光与顺光是完全相反的两类光线，逆光拍摄是指光源位于被摄主体的后方，照射方向正对相机镜头。

由于光线从被摄主体的背部照射过来，因此主体边缘会有一条明亮的轮廓线，形成剪影效果，有助于营造画面的氛围和意境。

由于逆光是表现力最强的光线，逆光拍摄的画面明暗对比太过强烈，在短视频现场新闻中，很难兼顾明亮面与阴暗面的细节，很难展现真实的事件发生地，尤其是采访对象的面部会暗淡不清，因此其较少被采用。

而在短视频专题报道中，可利用逆光的这种强对比性质，拍摄空镜头的场景或新闻人物背影的剪影效果，所呈现出的大光比、高反差会带给观看者强烈的视觉冲击，丰富、漂亮的画面氛围也能更好地凸显新闻故事在情绪上的感染力。

4. 顶光

顶光是指来自被摄主体顶部的光线，与镜头朝向呈 90°左右的角度。天气晴朗时正午的太阳光通常是最常见的顶光光源，或常见于室内屋顶的灯光。

正常情况下，顶光不适合拍摄采访对象，因为人物的头顶、前额、鼻头会很亮，而人物的眼窝、颧骨下面、鼻子下面、下巴等处会产生阴影，造成一种不真实、奇特的形态，让人物显得消瘦难看，因此也被称为“骷髅光”或“蝴蝶光”。

由于顶光具有强烈的明暗对比及层次，在一些光线较暗的场景中，如矿井、隧道、老建筑、博物馆、峡谷、密林等，内部与外部的亮度反差极大，当外部的光线照射进来时，会形成非常漂亮、有质感的光束，因此如果顶光运用得当，在一些特殊情况下也可以拍出有穿透力的新闻场景画面。

总之，在短视频新闻拍摄中，光线的运用非常重要。选择合适的光线来营造画面效果很重要，但不能背离真实还原新闻现场的原貌。有时在室内拍摄采访对象，在正常光线不足的情况下，我们可用反光板进行补光，补足视频主角所需的亮度，但不能有太多人工雕琢的痕迹。

四、把控镜头语言中“静”与“动”两个变量

硬新闻类短视频现场新闻时长往往长于30秒，在两三分钟之内，不会太长；软新闻类短视频专题报道，诸如新闻故事、人物访谈、系列报道等，也不会超过八分钟。因此，在拍摄画面时，必须合理把控镜头语言中“静”与“动”两个变量的关系。

（一）“静”是强调固定镜头的稳定性

固定镜头/固定机位（fixed shot）是指将相机放置在三脚架上，固定在场景内某一位置，以相对客观的视角拍摄被摄主体的方式。

固定镜头可以说是一种长镜头，使用固定镜头拍摄，所呈现的画面范围始终如一，画面的视点稳定，没有任何晃动，只有画面中的主体在移动，入画或者出画，适合做环境介绍和专场使用，更多用于新闻采访、人物介绍等。

从影像质量的角度来讲，固定镜头由于稳定的视点和静止的框架，摄取的画面会更加清晰稳定，不会给观众以眩晕感。观众看到这样的镜头，能引起“静”的心理反应，往往有庄重、肃穆、宁静、深沉之感。

从镜头画面的表达效率角度来讲，多使用固定镜头，能客观记录和真实反映现场，能加快新闻叙事表达的节奏，提高镜头语言呈现的效率，在相同的时间内传达出更多有用的新闻信息。

因此，拍摄短视频时，可利用固定镜头的这种视觉感受，来为不同类型的新闻报道服务。图4-24为用主机位、固定镜头拍摄人物访谈。

图 4－24　用主机位、固定镜头拍摄人物访谈

（二）“动”是指镜头的合理运动

“动”通常是指镜头运动的方式，指利用相机在各种运动下的拍摄方式，是突破画框的边界局限、扩展画面视野的一种方法。镜头的运动方式主要有推、拉、摇、移、跟这五种。

“推”和“拉”是指镜头的变焦，“摇”是指上下或左右摇摄，“移”和“跟”是指相机的平移和跟拍。

现在，相机或手机的手持稳定器为我们拍摄运动镜头带来了极大的便捷，能很好地实现画面“防抖动”的效果。下面是这五种拍摄方法的主要运用环境及镜头语言。

1. 推

推是指使画面由大范围景别向小范围景别连续过渡的拍摄方法，强调的是景别的变化，是由远及近。推镜头一方面可以把被摄主体从环境中分离出来，另一方面可以提醒观众对主体或主体的某个细节予以特别注意，在视觉上诠释整体和局部的关系。

比如，采访对象说到某样有特殊意义的东西时，镜头就会慢慢推上去，给这个物体一个特写。同样，如果被摄主体要表达一些特殊情绪时，也可以慢慢推上镜头拍一个脸部特写。

2. 拉

拉与推恰好相反，它把被摄主体在画面中由近至远，由局部到整体地展示出来，使得主体或主体的细节逐渐变小。拉镜头强调的是主体与环境的关系，给观众呈现的是由近至远的整体环境。

比如通过拉镜头，从局部的一棵树到全景的一片森林，从轻轨站台到整个夜幕下的世界。

3. 摇

摇是指相机的位置不动，变换角度，其方向可以是上下摇或左右摇，也可以是斜摇或旋转摇，其目的是对被摄主体的各部位进行逐一展示，从一个部位移动到另一个部位，或展示规模或巡视环境，是一种环视四周的镜头运动方式。

其中最常见的摇镜头是左右摇，可将周围环境逐一展现给观众。比如，从左到右扫一个全景，突出灾难现场的规模等，或从下往上摇展示正在燃烧的整个大楼等。

4. 移

移专指把相机安放在运载工具上，如轨道或摇臂，沿水平方向在移动中拍摄对象，场景与人物都表现出连续运动的状态。用这种方法拍摄的镜头称为移动镜头，如同人们边走边看的效果。

移镜头拍摄的画面中不断变化的背景使镜头表现出一种流动感，使观众产生一种身临其境的感觉，它适宜表现某种主观视向，特别是作为主观镜头运用时，可以创造出具有强烈主观色彩的画面，可以丰富画面的表现形式，创造出具有电影特性的造型形象。因此，移镜头一般在电影、电视体育节目和 MTV 中经常可见。

比如，用移镜头来表现采访对象的第一视角，把现场的内部面貌展现给观众，既不会突兀刻意，又让人有置身其中之感。

5. 跟

跟是指跟踪拍摄，即相机始终跟随被摄主体进行拍摄，使运动的被摄主体始终在画面中。通过跟拍可以比较连贯地记录全程，给观众带来一种流畅的视觉效果。

跟镜头对人物、事件、场面跟随记录的表现方式，在短视频专题报道的拍摄当中有着重要的意义。比如，从人物背后跟拍，可以通过人物引出环境，从而获得更好的现场效果。

总之，在一条短视频的实际拍摄中，推、拉、摇、移、跟和固定镜头，往往是综合运用的，不应该把它们严格分开。同时我们要注意防止镜头摇晃、画面抖动等，这会对观看者在认知新闻真相时造成干扰或使其产生疑惑。

五、注意现场人物拍摄及同期声采集

同期声即同期录音，是指在拍摄画面的同时进行录音的方法。

同期声记录的是现场的真实声音，它比后期的配音要更加真实、自然、平滑、流畅，更能增强新闻的真实性与现场感。我们在拍摄短视频画面的同时录下的新闻事件现场声或采访声，根据声源可分为现场环境声、人物同期声等。

（一）有效采录人物同期声

人物同期声是指拍摄新闻时，同步采录的相关人物的讲话，包括当事人、目击者、第三方等的讲话，记者与采访对象的对话等。人物的现身诉说未经转述或加工，真实性和感染力更强，有助于表现人物的思想、感情和个性特点。使用人物同期声，也能更好地展现真实的采访进程。

（二）现场环境声营造氛围

现场环境声是人物所处的周围环境的声音，营救现场的呼叫声、奔跑声，马路上的汽车声，人们匆匆走过的脚步声，胡同里的鸽哨声、吆喝声，茶馆里的喧闹声，校园里的鸟鸣声、钟声，等等，都能够凸显新闻事件的氛围。

同期声与镜头同步拍下的画面一起构成真实的、视听一致的新闻现场。其能增强报道的真实性，增加报道的信息量，增强报道的感染力，在空间营造上能给观众带来更真实、更宽广的空间感。

可以说，同期声是最有用的新闻素材。同期声的关键是人物采访，声音是人的声音，图像是人的图像。由于人物在不同环境中活动，其所发出的声响、语声、环境声以及这些声音的交织情况是不一样的。因此，在拍摄采访对象时，有经验的记者会使用领夹式的“小蜜蜂”收音，这样采访人声会更清晰，不至于被周围的环境声压住或淹没掉。

六、注意多来源收集现场视频素材

除了由记者在新闻现场拍摄的视频，我们还要注意收集现场目击者拍摄的视频、监控摄像头拍摄的视频，以及其他媒体或机构制作的视频，这样在制作视频时可以丰富新闻来源。

（一）现场目击者拍摄的视频

这是目击者在新闻事件发生的第一时间抓拍到的视频片段，其能近距离、最直观地呈现当时发生了什么、新闻当事人做了什么，相比于在事件发生后记者到事件发生地去查看现场，或事后找到新闻当事人进行采访，目击者拍摄的视频更加客观、真实和有时效性。

但由于目击者拍摄到的视频多为单一视角，且只是发生过程中的片段，有局限性和不够专业，难以呈现事件的来龙去脉，在使用这些素材时要谨慎。

（二）监控摄像头拍摄的视频

这类视频比如车祸现场、桥塌现场等的监控视频，往往能够将新闻现场的周围环境很好地展现出来，能准确地展示事件发生的第一瞬间是怎样的，事件是由什么引起的，在现场造成了怎样的影响。

媒体要经过相关部门授权才能使用监控视频作为新闻素材，同时还要注意对公民隐私权的保护。

（三）适当引用其他媒体或机构制作的视频

还可以适当采用其他媒体制作的新闻报道短视频，或相关机构拍摄的视频资料，将新闻现场的视频、对当事人或目击者的采访、对新闻事件的分析等整合加工到一起，让整个视频报道更加完善，呈现出的新闻内容更加有价值。

但引用其他媒体或机构的视频时，其占比应该控制在一个较小的范围内，同时还要考虑到版权，标注出视频来源。

七、实战拍摄的四条规则

外采拍摄，现场一旦一闪而过，就很难重现，尤其是事件性的新闻现场。因此，我们要有思考、有反应地进行拍摄。

（一）场面调度抢个好机位

大多数的新闻现场都是群聚的、忙乱的，比如突发事件现场、新闻发布会现场、活动现场等。摄像记者的站位靠前，可以减少各种遮挡，接近主要采访对象，使用主机位、固定镜头，采录、采拍出来的声音和画面会更加优质，也便于后期对精彩画面、精彩话语的提取。

同时，还要有一个辅助的移动机位，即二机位的视角用来拍摄花絮、人物细节、人群活动等，这有利于后期剪辑时对场景氛围、人物情绪的渲染。图 4－25 为摄像记者用运动相机 GoPro 做二机位拍细节。

图 4－25　摄像记者用 GoPro 做二机位拍细节

（二）盯牢现场出现的各种细节

任何人在进行拍摄时，对视频后期创作心里都还是没有谱的，因此在拍摄过程中要不断思考、不断发现，除了采访中的主体人物，那些在现场出现的其他人（相当于电影中的群众演员）的镜头都要有所采集，尤其是用于体现事件现场时间要素、地点要素的外景、处所、花絮小物件、标识、铭牌等细节。

（三）学会和拍摄对象有效互动

任何人面对镜头都会有紧张、脸红或说话结巴、不自然的时候。记者在拍摄时，要放低姿态，语气不要生硬，主动和拍摄对象闲聊几句，暖暖场，让他们放松情绪，就可以获得想要的画面。

（四）镜头要“碎”，短而多

要保证前期拍摄素材足够丰富，一个时长 3 分钟的短视频，至少要拍摄几十个镜头，才能保证后期剪辑时素材够用。

“丰富”不在于拍摄时间的长短。忌讳对一个镜头进行长时间的记录，否则不方便后期剪辑。除了主体采访对象的固定采访镜头，其他每个镜头可控制在 20 秒以内，短而碎的镜头便于插入画外音或转场时使用。

即使是拍摄完采访对象的固定镜头，也要让他走动起来，在移动中跟拍一些短而小的分镜头、特写镜头等，起到丰富画面呈现的作用，也便于插入画外音时使用。

总之，短视频新闻是以真实性、现场感、具有较强的新闻价值来打动观众的。有经验的记者熟练掌握拍摄技术，会多观察现场，多找几个机位，多采访人物，多捕捉精彩的片段，多拍摄各种细节，甚至是环境的空镜头，只有这样在剪辑时才能有足够多的素材可供使用，才能制作出一个个引人入胜的新闻故事，实现对真实生活的呈现与对美好愿望的追求。

第六节　新闻图片的拍摄要领

新闻图片是将一张或一组静态和动态图片以及简要文字说明结合起来报道新闻、传递消息的一种新闻报道形式。一张或一组新闻图片通常只需要配上图片说明就能够讲述故事，能够独立存在，这类图片通常称为图片新闻报道。

“新闻图片是幸运的！我们能够从中分享人们生活中最重要的瞬间。我们采写的每一篇报道和拍摄的每一张照片对某些人来说都是非常重要的。”[①] 美国著名新闻摄影师安吉尔说。如今新闻图片几乎成了最直观、最快捷、最吸引读者眼球的必备报道形式之一。

---

① 莱特尔，哈里斯，约翰逊．全能记者必备：新闻采集、写作和编辑的基本技能：第 7 版［M］．宋铁军，译．北京：中国人民大学出版社，2005：196.

在世界新闻摄影比赛（World Press Photo，WPP，或称荷赛）中，有突发新闻、一般新闻、新闻人物、体育动作、体育专题、当代热点、日常生活、肖像、艺术、自然共 10 类奖项，几乎覆盖了新闻摄影的各个方面。每类奖项还分为单张和组照（最多不超过 12 张）两项。

在普利策奖中，有突发新闻摄影奖与专题摄影奖两类，获奖作品通常由一组照片组成。从 2021 年第三十一届中国新闻奖新闻摄影奖获奖作品来看，尽管没有细分类，但《空地联运 军队又一批 1 200 名医护人员抵达武汉》组照属于现场突发新闻摄影类，《金银潭 ICU 的呼吸》组照属于专题摄影类。

由于新闻摄影是以摄影图片的形式对正在发生的事件进行新闻报道，因此它需要记者善于抓住拍摄现场与拍摄对象的典型瞬间，能够再现新闻现场的真情实景以及新闻人物的真实样貌，以此来增强读者对新闻的感性认知。因此，新闻摄影不同于艺术摄影或商业摄影，它是新闻事实的真实性与新闻形象的纪实性的统一。

我们从荷赛、普利策奖摄影奖的优秀新闻摄影作品中可以看出，新闻摄影具有把新闻价值、历史文献价值与形象审美价值有机结合于一体的特性。记者在拍摄新闻图片时，要坚持真实性的原则，同时还要讲究拍摄技巧与审美观点。

在融合新闻报道中，新闻图片不仅可以加入文字报道中，提高新闻含量与增强可视效果，也可置入视频新闻中，丰富视频的表现方式。“文字＋图片＋视频＋互动设置”“文字＋图片＋音频＋互动设置”的优选组合方式应用广泛。

一、新闻图片要有现场感与镜头感

对每家媒体来说，摄影记者捕捉到的这些瞬间都是至关重要的，是对现场的永久的视觉记录。

结合采访，记者要发挥摄影的纪实性功能，对现场进行深入观察，随时注意现场的中心和高潮的出现，随时准备按动快门，边观察、边选择，寻找和定格决定性瞬间，抓拍出事件中最有代表性的情节。

新闻摄影的长处是要呈现现场，要有镜头感。镜头感主要由以下三个方面来实现：

一是记者要将新闻主体在画面中展现出来，尤其是人物的情绪、状态等内心世界。

二是新闻事件的背景及其环境要能够在画面中展现出来。

三是要考虑画面构图，让新闻场面具备较强的视觉冲击力。

我们以2021年普利策奖获奖作品为例，一组来自美国多个城市的照片（见图4-26），因集中捕捉了民众对黑人乔治·弗洛伊德之死的反应而获得了突发新闻摄影奖。我们来直观感受一下美联社的获奖记者是如何拍摄的。

图4-26 2021年普利策奖获奖照片之一（美联社｜Mike Stewart 摄）
2020年5月29日，美国亚特兰大，警察和抗议者在CNN中心附近发生冲突，以回应乔治·弗洛伊德的死亡。当天早些时候，在示威者与警察发生冲突之前，抗议活动以和平方式开始。

【简析】 这张中景照片，在画面右下黄金分割点上是两个对立主体在厮打，人物情绪激烈；背景警察群体与抗议群体V字形的对峙，凸显了现场的冲突状态，而更远处的白色烟雾催泪弹更是加强了环境的冲突氛围。

记者站位高，是用俯拍的角度拍摄的，这比平视角度让现场更有视觉冲击力。

二、同一场景，优秀记者会从不同角度去拍摄

每次拍摄都要尽可能避免千篇一律的模式——握手、剪彩、讲话、指点、颁奖等等。要避免只露出头和双肩的标准照式的拍摄。事实上，创造性地观察事物正是对摄影记者最根本的要求。

一个富有创造力的摄影记者能使最陈旧的场景也显得富有新意，就像一个杰出的文字报道记者一样，总能将一些平淡无奇的报道写得趣味横生。同一个场景，由于记者所站的位置和所用的角度不同，所采摄到的现场瞬间就会有所不同。

腿勤手快跑在最前面，离被摄主体近一些，就可以得到比远距离拍摄更好的视觉冲击效果。在选择拍摄点时也要心明眼亮，对现场某个具有特色的地方进行强调，使之不落俗套。

除了不同的景别，还要善于从不同角度去拍摄，如俯拍（见图4-27）、仰拍、蹲拍以及正面拍、侧面拍、背面拍等，尽量多拍几张，以避免意外情况发生。

图 4-27 从俯拍角度抓取到的新闻图片（美联社｜Marcio Jose Sanchez 摄）

2020 年 7 月 29 日，在美国俄勒冈州波特兰市联邦法院附近举行的“黑人的命也是命”抗议活动中，一名示威者躲在障碍物下，联邦官员下令释放催泪瓦斯。

【简析】选取的拍摄点是现场的一堵矮墙，记者俯拍到了一名示威者戴着防毒面罩躲在一堵写有“Your fence”（你的防护墙）的防护墙下的情景，从而使貌似静止的画面带着更多悲壮的色彩。

三、拍摄时，注意抓拍特写与典型形象

新闻摄影主要是表现人，表现各种场合出现的各式各样的人，但人是最难拍的，尤其是人的特写镜头。

人在事件的现场不断活动着，其脸上的喜悦、悲伤、恐惧等情绪也在不断变化着。表情和动作是人物内心情感世界的外部表露，拍摄时记者要善于在现场捕捉典型形象，或者是群体活动中的某种情节形象，通过人的行为和动作，让活动着的形象“说话”。可视性强、形象生动的人物图片才会给人强烈的视觉冲击力和震撼力。

对待一些非突发新闻的拍摄，摄影记者也可像文字记者一样去采访，与采访对象聊几句，让采访对象放松并给予你完全的信任和支持。

记者应该不断寻找戏剧化的、有人情味的、有冲突性的及有其他新闻价值的画面。注重拍摄人物的特写图片，注重拍摄事物的细节。

但新闻摄影不是艺术照片拍摄，不是创作，不能把典型人物从环境中抽离出来，拍成艺术人像。如果没有拍到人物与场景同框互动的画面，就不能反映这个新闻事件的实质。

因此，有经验的记者会注意主要人物与事件、与场景的关联（见图 4-28）。要注意新闻信息的完整性，哪怕是某一局部、某一细节，也要通过你的画面呈现出完整的信息，让人物活跃在场景中，注意人物的表情、动作，甚至注意一

些有新闻意义的标识等，将新闻主体人物的情感浓缩在画面之中，给人以“一图胜千言”的震撼效果。

图 4-28 典型人物与典型场景紧密关联的新闻图片（美联社｜赵汉荣摄）

2020 年 5 月 30 日，在美国洛杉矶举行的纪念乔治·弗洛伊德之死的示威活动中，一名抗议者在一辆燃烧的警车旁举起她的拳头。

【简析】这是美国首位获得普利策奖的华裔摄影记者，同时也是首位获此殊荣的中国出生的摄影记者赵汉荣（Ringo H. W. Chiu）拍摄的。他敏锐地捕捉到了一名非裔女性举拳站在烧毁的汽车前这一典型的情节形象，她身后是抗议者放火烧毁的一辆警车，以及举着抗议牌的民众。典型人物与典型场景紧密关联，这张非常具有代表性的照片也获得了巨大关注，更是被洛杉矶的艺术家画成了街头壁画。

赵汉荣记录下了在抗议游行中“理智与冲动的对抗”，在现场拍摄时他被踢被打，更是三次中了橡皮子弹，导致胸前佩戴的徕卡相机完全报废。但他记录下的重要历史事件和经典时刻，让他的摄影作品意义深远。

四、善于捕捉隐喻型新闻图片

它是一种以形象的概括性和寄寓性见长的瞬间，除了图片中写实的部分之外，其画面形象还呈现出某种寓意，渗透着记者的感知认识和思想情感，能触发人们的联想。

记者要善于把事件中富有新意、最深刻、最具有象征性的一角或一部分在画面中凸显出来，用高度抽象化、符号化的视觉影像元素浓缩某种特定信息，来构成强烈的象征隐喻，让人窥一斑而知事件全貌。

隐喻型新闻图片（见图 4-29），画面的信息含量越多，新闻价值就越大，其中既有事实信息含量，还有更多的情感信息含量，视觉冲击力也会更强，更能打动受众的内心，引发共鸣。

图 4-29 隐喻型新闻图片（美联社 | Julio Cortez 摄）

2020 年 5 月 28 日，美国明尼阿波利斯市，一名抗议者在一幢燃烧的建筑旁倒挂着一面美国国旗，这是遇险的标志。明尼阿波利斯市连续第三晚爆发针对黑人乔治·弗洛伊德之死的抗议活动。

【简析】燃烧的房屋、通红的夜空，与奔走的人影、倒置的旗帜形成了鲜明的视觉对比，画面的影像浓缩了更多不言而喻的信息与寓意：美国黑人之死引起的严重后果，人们对种族主义险恶环境的抗议，由此引起的美国社会的持续动荡，人们正常生活所受到的影响，对黑人之死为什么会引爆整个美国的思考等。这些影像像火光一样逼视着观者的良知和灵魂，强烈冲击着受众的内心，让人无法回避。

五、构图要紧凑，画面才有冲击力

新闻摄影要鲜明地表达出记者对新闻事件的认知与评价，因此，围绕新闻主体和内容精心架构的取景构图和合理运用光线就显得尤为重要。

摄影构图的三分法能让画面产生动感，现场拍摄时，要善于做减法，取景构图要有所取舍，凡与新闻主题无关的元素都要排除在画框之外，这样才能使画面变得简洁，让主体突出。

避免五个以上的人物出现在一张照片中（群体集会除外），理想选择是三个人就足够了，这样不会分散视线和关注点。你要调度一切造型手段，独具匠心地抓拍，构图要紧凑，一般情况下头与头之间不要留有太多空白（见图 4-30）。

同时还要拍摄横图与竖图，便于排版时使用。

【简析】拍摄的关注点在一黑一白两张面孔上，一高一矮的头距，直视的眼神，黑人青年微扬面孔上的微光，简洁的构图，彰显着不屈服、不平静的一种对峙。

“如果你拍得不够好，是因为你离得不够近。”20 世纪最伟大的战地摄影师罗伯特·卡帕，他将每一个镜头都对准可怕的战场，每一次聚焦都朝着炮火的方向。“相机无法阻止战争，但能揭露战争”，这是他一生的职业准则。他在越南战场因误踩地雷不幸身亡，年仅 41 岁。

图 4-30 构图紧凑的新闻图片（美联社 | Alex Brandon 摄）

2020 年 6 月 3 日，美国华盛顿特区白宫附近，一名示威者盯着一名国民警卫队士兵，抗议乔治·弗洛伊德之死。

对任何一个摄影记者来说，不仅要有好的拍摄技术和理念，更要有勇气和信念，用镜头记录和捕捉下人类的情感和生存现状。而这一愿景也与 1917 年设立普利策奖时普利策的那句名言遥相呼应："倘若一个国家是一条航行在大海上的船，新闻记者就是船头的瞭望者。他要在一望无际的海面上观察一切，审视海上的不测风云和浅滩暗礁，及时发出警告。"

边做边思考

1. 这一章浓缩了大量的采访与拍摄技巧，从文字报道采访、笔记录音、短视频拍摄到新闻图片拍摄，好好复盘，对每一类型的报道方式都要有深入的理解与把握。

2. 主流媒体的案例，是最好的学习样本，看得越多，才能领悟越深。仔细体会以上案例的采拍思路与方法，谙熟于心，做好心得笔记，让它成为指导自己实践的良师益友。

3. 每个小组根据课堂讨论确定的选题，初步拟出新闻要点、采访角度、采访提纲与拍摄脚本。

4. 做好外采外拍的各种准备，实采时，要采访到位，同时也要灵活，善于根据现场实际情况调整采拍思路和方向，多收集素材，全方位完成采拍任务。

第五章　融合新闻报道的创作与制作

插图：王晶

精彩早知道

★ 新闻故事的写作，先要找到一个关注的焦点，要有一个集中的主题，还得集中在一个人或几个人身上来呈现。

★ 音频新闻是二度创作，以一种活生生的原声“证据”，增强新闻的真实性与感染力。

★ 短视频新闻追求的是视觉中心主义，在剪辑时需要通过叙事、画面、字幕、音效等予以全方位展示。

边做边思考

★ 硬新闻与软新闻两大类融合新闻作品的创作风格。

★ 完善每个小组集体创作的融合新闻作品。

外采外拍是新鲜、兴奋、辛苦的一趟小旅程，回到工作台，马上整理采访笔记、视频素材，即刻进入写作、创作与制作阶段。

从写作的角度来看，新闻可以分为硬新闻与软新闻两大类。

硬新闻通常称为事件性新闻，是时效性极强的刚发生、正在发生或将要发生的事件的报道。它客观地记述了发生了什么事情，为什么会发生，以及人们可能会受到什么影响。

硬新闻包括“简讯”“消息”“新闻综述”与“现场目击记”，是一种强调时间性和重大性的动态新闻形式，重在迅速传递消息，多为动态新闻和现场报道。

故硬新闻也称为“现场新闻”，或“直接新闻”，或“纯新闻”，比如市政厅会议、飞机失事、重大犯罪、洪灾、意外事故、疫情发生、演讲、劳工纠纷或演艺活动等，它以陈述事件的事实为主，信息尽量清晰量化，注重事实传播，让受众了解事件产生的原因、进展、结果、相应影响等。比如，澎湃新闻的《9 例感染者，2 000 人高风险，带团观看这场演出的导游也已确诊》这篇消息，上游新闻客户端的《真·实力宠粉！解放碑、山城巷、若瑟堂……作家虹影亲自上阵当导游，带着幸运读者逛山城》这篇现场目击记。

软新闻多属于延缓性新闻，往往没有明确的时间界限，集新闻选题策划、新闻角度选取、文学化叙事手法于一体，是一种注重引起读者兴趣、重在引起受众情感呼应与深思的新闻形式，除了核心事实传播，更强调情感传播与价值传播。

因此，软新闻被称为“软消息”（brief soft news）或“特稿写作”（feature

stories），包括新闻故事、新闻调查、人物访谈、人物特写、专题报道等。在中国新闻奖中，把软新闻称为通讯和深度报道。

媒体为了赢得报道时间，面对重大突发事件，记者往往先就事件的结果发硬新闻的滚动消息，随后再就事件的详细过程以及事件的背景、起因、影响范围等做连续报道或组合报道，跟进软新闻的新闻故事、新闻调查、人物访谈等。从这个意义上看，软新闻可以说是消息内容的延伸、扩展和深化。

下面我们将以郑州地铁 5 号线“7・20 事件”为例，说明采用消息和新闻故事两种不同的写作方式，其呈现出来的内容形态是完全不一样的。

由于与硬新闻的动态消息相比，软新闻没有时间上的紧迫性，我们通常也把软新闻称为“讲故事的新闻”（story-telling news）。记者事先有一个选题构思，力图选择某一新颖的角度，并以具有人情味的叙事手法向读者展示人物、事件或问题，细节描写和记者感情色彩占据重要地位，具有间接性。比如《南京是如何“失守”的?》《山东“拉面哥”火了！一碗拉面 3 块，15 年没涨过价》《五号线生死 4 小时 | 不知道这是不是我最后一条微信》等报道。

但这并不是说软新闻就没有时效性与重大性。

软新闻的内容都有一个“故事钩”，也就是和当前正在发生的新闻事件、热点问题紧密相连，否则读者的关注度就不会高。如果打个形象的比喻的话，硬新闻采用的是广角镜头，让读者了解全局，是概况，是骨头；软新闻采用的是聚焦镜头、特写镜头，让读者看到一个深入、动人的画面，是细节，是血肉。

由于软新闻侧重一个新闻事件或热点问题的某一个角度，因此它对记者的观察力与分析力、对新闻的挖掘力和创造力都要求更高。

以上关于硬新闻与软新闻两大新闻类别的分类法，对短视频现场新闻与短视频专题报道的创作与制作也同样适用。

第一节　硬新闻的结构与写作要领

唐纳德・默里在《为读者而写》中说道：“一篇有效的报道要有一种能够包含事实并且能够向人们展示事实的表现形式。作者必须找到一种能够让读者得到圆满感觉的写作形式，要让读者感觉事件中的一切都很自然地发展演变到最终的结果。”①

这其实是告诉记者，一开始着手写新闻报道时就要进行逻辑思考，像设计建筑物蓝图一样构思报道的顺序和结构，按照因果关系组织信息材料，帮助读者理解事件之间的前因后果及发展走向。

强调硬新闻与软新闻采用的不同的报道结构与表现形式，更是为了让报道

① 里奇．新闻写作与报道训练教程：第 3 版［M］．钟新，主译．北京：中国人民大学出版社，2004：199.

的叙述逻辑显得清楚、自然、流畅，就像在对老朋友讲述一件事情那样，能更好地帮助读者理解新闻事件的焦点、冲突、背景、解决方法和影响等。

一、采用倒金字塔结构

倒金字塔结构（the inverted pyramid）（见图 5－1 和图 5－2）是硬新闻写作中最常见、最常用的结构。该结构就是把最重要的内容放在最前面，较重要的放在第二段、第三段，最不重要的放在最后一段，就像一个倒立的金字塔，或者称为倒立的巨石，头重脚轻，文章内容的重要程度随着结构层次而逐步递减。

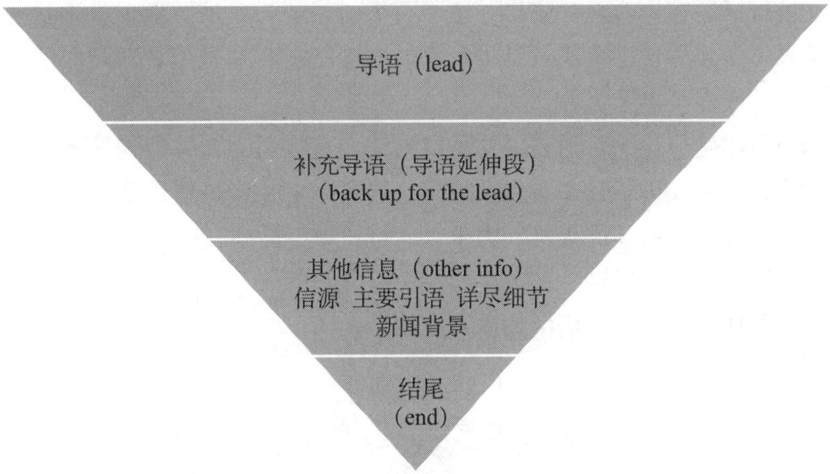

图 5－1 硬新闻的倒金字塔结构详细图

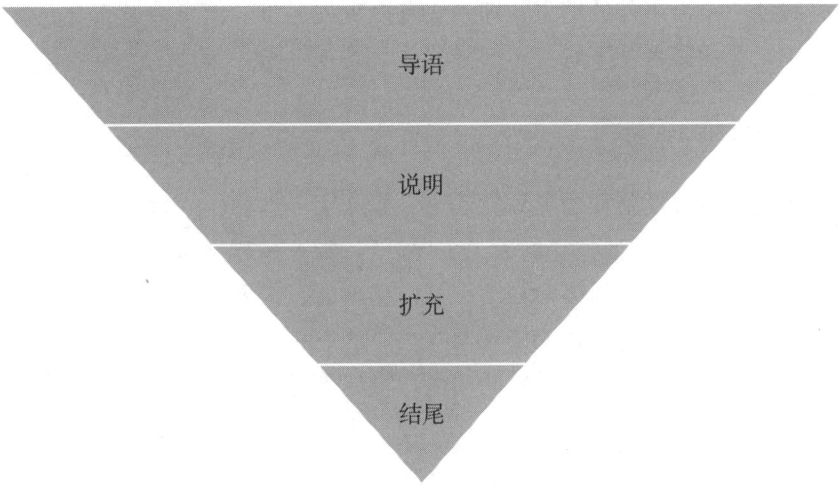

图 5－2 硬新闻的倒金字塔结构简化图

导语：用概述式导语叙述事件的焦点，最重要的结果、最有新闻价值的内容或最新鲜的情节放在稿件的开头。

说明：补充导语（次导语），又称导语延伸段或说明段，是对导语涉及的主要事实进行补充、说明部分，包括事件涉及的个人和组织。

扩充：其他信息，添加并扩充细节，补充事件经过及原因等。扩充部分进一步阐述要点，揭示更多的细节，包括信源、主要引语、详尽细节、新闻背景等支持性材料。

结尾：对文章进行总结，将前面的多条新闻源结合起来，或通过直接引语来提出一些思考。

倒金字塔结构的优点在于符合动态消息的目标——快速、清晰、准确而简洁地向读者传递事实，读者可以迅速地从文章中得到关键信息。

二、标题写作

在进行标题写作时至少突出一个至两个新闻点，就是要呈现最重要的事实以及结果，学会尽量把事实及结果量化，这样就很容易把读者对新闻的关注集中到这一个或多个点上。

标题写作是最难的，语言需要高度凝练、有吸引力，并能快速抓住读者眼球，让读者知道发生了什么事以及后果。它实际上是用最精简的文字对导语段的新闻点或价值点的高度提炼，力求让人过目不忘。

下面我们将以人民网 2021 年 7 月 27 日发布的一篇消息为例，详细分解每一部分是怎样按照倒金字塔结构来写作的。

标题案例：

郑州地铁 5 号线“7·20 事件”中 14 人不幸遇难（附名单）

【简析】标题二十几个字，突出两个新闻点：一是人们一直关注的郑州地铁 5 号线这一重大事件的结果，即到底有多少人遇难，信息清楚量化；二是公布了名单，引导读者往下看。

三、导语段写作

从形式上讲，硬新闻的导语就是第一段文字，也称作“直接导语”或“概括式导语”，我们还习惯把它称为“主导语”，要求在第一句话里概括事件的主要内容，只用一句话或顶多两句话，开门见山、直击要点、短小精悍，直接写发生了什么事以及结果，并能体现新闻六要素中的 4W 要素。

导语是第一步，也是最重要的一步，将导语写好了，这条新闻就成功了一大半。导语的长度最好控制在 50 字以内。另外，检测一条硬新闻导语写得好不好的一个方法，就是看它是否能当一条可以独立成文的新闻简讯。

有经验的记者在头脑里会形成一条一句话新闻。这句话是对消息新闻点的提炼，也有助于聚焦后面的报道内容。

导语段案例：

7 月 27 日，从郑州市防汛抗旱指挥部获悉，在地铁 5 号线“7·20 事件”中，有 14 人不幸遇难。

【简析】这是典型的概括式导语，仅用40余字、一句话，就直截了当、高度概括了最新发生的事件以及结果。新闻的4W要素一个都不少，清清楚楚。

When/何时：7月27日。

Who/何人（或机构）：郑州市防汛抗旱指挥部。

Where/何地：地铁5号线。

What/何事及结果："7·20事件"中，有14人不幸遇难。

四、新闻主体段写作

新闻主体（news body）是新闻的主干，它用充足的事实表达事件的主题，是对导语的进一步解释和扩展。

它包括说明段+扩充段两部分。

通常第二段文字是说明段，说明段会对第一段文字进行补充说明，以支撑导语，故被称为"次导语"，或"补充导语段"，或"导语延伸段"。说明段重点讲述事件发生的经过，即怎样发生的，突出"how"这一新闻要素；以及发生这一事件的原因，即"why"这一新闻要素。

通常第三段的扩充段是其他信息，添加并扩充其他细节等，用一级新闻源、二级新闻源等陈述的方式来完成，并增加一些参与者的引言、观点等。其间穿插新闻场景、直接引语、间接引语、新闻背景、人物行动、具体细节等。

说明段案例：

7月20日，郑州持续遭遇极端特大暴雨，致地铁5号线五龙口停车场及其周边区域发生严重积水现象。18时许，积水冲垮出入场线挡水墙进入正线区间，导致5号线一列列车被洪水围困。经全力施救，还有12名乘客不幸遇难。

【简析】说明段是对导语写到的事件结果的详细补充、说明解释。

Why/事件原因：特大暴雨致地铁5号线严重积水。

How/事件发生的经过：积水冲垮出入场线挡水墙，导致一列列车被洪水围困，12名乘客遇难。

扩充段案例：

河南省委省政府、郑州市委市政府对此高度重视，立即成立工作专班，全力组织开展搜救排查、抢险排水，分别于24日下午2时、25日上午6时30分左右，又发现2名遇难者。

26日以来，救援人员再次对5号线相关区间开展多轮拉网式搜寻，并进一步扩大搜寻范围，目前未发现新的伤亡人员。

事件发生后，郑州市立即成立善后处置领导小组，对14名遇难者，第一时间完成身份确认，并及时通知家属，做好慰问安抚工作。在与遇难者家属充分沟通的基础上，以人为本、依法依规，全面做好各项善后工作。

【简析】记者在写作扩充段时，不再重复主导语与次导语的内容，而是写事件其他方面未涉及的内容。

分析性内容中的一级信源：河南各级政府的重视。

分析性内容中的二级信源：涉及相关部门的救援人员的行动、具体细节、善后处理等。

五、结尾段写作

硬新闻按照倒金字塔结构写作，最后的内容是最不重要的。

通常用事实性结尾，这个事实要能有效地总结全文报道，尽量选择那种短小精悍的事实陈述。结尾不应该再包括新信息或提出重要的问题和结论，这些内容应该在前面新闻主体段出现，要避免重复文中的信息。

当然，有经验的记者，常在最后以一句精彩、简短的引语结束，通过引用事件参与者的话来提出一些思考，总结全文。

结尾段案例：

据了解，郑州地铁公司正全力开展抢险抢修，在确保安全前提下，力争早日恢复运营。

【简析】最后加上的“那又怎样”（so what）是从用户的角度来考虑的，人们想知道地铁营运情况。

事实性内容中的二级信源：直接相关的部门郑州地铁公司的抢修活动，有望早日恢复运营信息。

【小结一下】上面这条简短的消息，是用典型的倒金字塔结构来写作的。

看完这条消息后，你能了解地铁 5 号线“7・20 事件”中的遇难者人数，事件起因结果，各级部门的搜救措施及善后处理情况。如果编辑从结尾段开始，依次往上删除部分新闻内容，也不会担心损失前面最重要的信息，即使只剩下导语段的一句话新闻，依然能保持信息的清晰、完整，依然能向读者提供遇难者人数这一最重要的信息。

因此，倒金字塔结构形式几乎成了客观报道尤其是动态性硬新闻的写作模式。美国著名报人杰克・海敦指出：“倒金字塔没有过时，也永远不会过时。倒金字塔是大多数动态性新闻必不可少的形式。”

写硬新闻采用倒金字塔结构，是千锤百炼、经久不衰的。但倒金字塔结构也造成了新闻写作的难点，即它不是按照一般的逻辑性来叙述的，是反一般逻辑的，一来先把事件最重要的结果告知读者。对于初学新闻者来说，至少要训练用倒金字塔结构写几十条消息，才能过关，才能熟能生巧写好硬新闻的报道。

《郑州地铁 5 号线“7・20 事件”中 14 人不幸遇难（附名单）》

下面我们再完整地看一条关于地铁5号线恢复运营的消息，约500字，从整体上体会专业记者是怎样娴熟地使用倒金字塔结构来写作消息的。

案例5-1 “欢迎5号线归来！”时隔57天，郑州地铁恢复运营

澎湃新闻 薛晶 综合报道 2021-09-15

2021年9月15日，因“7·20”特大暴雨灾害停运的郑州地铁5号线恢复载客运营。一同恢复运营的还有2号线二期（贾河站至刘庄站）、3号线、4号线。

（导语段：直接写出最新发生的新闻事件的结果，郑州地铁5号线恢复载客运营）

早上6时起，陆续有郑州市民开始搭乘5号线地铁出行，地铁站内人来人往，恢复往日的热闹。

（说明段：亦称补充导语段，更具体地介绍恢复客运这一主要事实的细节、地铁站现场场景）

恢复运营初期，5号线高峰行车间隔约6分钟；平峰行车间隔8分钟。

（扩充段：写其他信息，添加并扩充运行时间这一细节）

7月下旬，河南多地遭遇极端强降雨，造成重大人员伤亡和财产损失。省会郑州受此影响，地铁全线停运，地铁5号线内14名乘客不幸遇难。

（扩充段：插入新闻背景，解释地铁停运的原因及伤亡人数）

目前，郑州地铁所有上线运营车辆均经过专业机构严格的安全评估验证、空载运行，具备载客运营条件。

（扩充段：进一步阐述要点，专业机构的安全运行检测，补充的支持性材料）

郑州地铁于9月12日、15日分两个批次恢复载客运营。其中，9月12日，1号线、2号线一期（刘庄站至南四环站）、城郊线恢复载客运营；9月15日，2号线二期（贾河站至刘庄站）、3号线、4号线、5号线恢复载客运营；14号线一期因设备更换等，暂不具备恢复运营条件。

（扩充段：告知更多的其他细节，回答的是整个地铁线恢复运营的时间、地段及不能恢复的线路等市民关心的具体情况）

对此，不少网友纷纷留言“欢迎5号线再次归来！”“早安我的城市，早安郑州地铁！”“终于等到啦，我不要再骑电车上班勤！”

（结尾段：这是聪明的记者最喜欢用的一种结尾方式，用直接引语来总结、提升全文。用参与者市民说的话，表达了对地铁线恢复客运的态度和心情，既真实又升华了事件的主题）

《城事｜“欢迎5号线归来！”时隔57天，郑州地铁恢复运营》

【敲一下黑板注意啦】值得提醒的是，硬新闻的概括性导语无疑是干巴巴的、生硬的，随着移动端小屏阅读时代的到来，为了吸引用户的眼球和注意力，有经验的记者有时会在导语前加一两句话以增强新闻的冲击力。

同时，硬新闻的导语有时会使用直接引语来引起读者注意。

使用直接引语开头对记者的要求更高，记者首先要提炼出重要的引语来概括报道的核心内容。要避免在导语中使用过长的引语，一个小技巧就是使用部分引语。随后在补充导语段再详细引用，予以解释说明。

案例5-2 复工后如何防护？张文宏发来提示：防火防盗"防同事"（双标题）

澎湃新闻记者 陈斯斯 综合报道

2020-02-22

当前，大多数企业都已经返沪复工，这时候该如何做好个人防护？**（一句提问式的冲击力语）**

近日，上海医疗救治专家组组长、复旦大学附属华山医院感染科主任张文宏教授在接受医道网采访时指出："我们以前说，防火防盗防什么，现在就是防火防盗防同事。我们的同事在日常接触中，有些人可能已经成为一个潜在的感染者。所以，跟同事在一起也要防着。"**（用部分直接引语做导语段）**

"最好在一起面对面的吃饭要减少，彼此在一起讲话还是要戴口罩。如果不戴口罩讲话，有可能飞沫就会喷到键盘上，下一个人用这个电脑的时候，就会用手去碰键盘，然后摸到自己的嘴巴，那么就有可能会被感染。所以我们在这个特殊时期，至少是在最近一个月到两个月的时间，我希望大家还是能够做好防火防盗防同事。"张文宏表示。**（补充导语，或称说明段，用直接引语详尽解释观点）**

此外，在回答医道网"返工高峰来临，如何兼顾生产恢复和疫情防控?"这一问题时，张文宏表示，关于复工，最近网络上有很多的说法，在网络上大家还看到很多帖子，对疫情的影响做了很多过度的解读，造成整个复工群体和所在城市的恐慌。复工以后，还是主张大家不要有大规模的集会，在日常生活当中，在这个疫情没有得到完全控制的时候，大家还是要戴口罩、上班、勤洗手，不扎堆，电梯要经常消毒，所在办公环境要经常通风。**（扩充段，其他信息，详尽细节，解释原因，突出为什么）**

他指出，你如果做到这种隔离跟防护的条件，其实复工原则上来讲，不至于会增加很大的风险。但你肯定又会再问，这么多人开始动起来了，如果有个别的人感染了，他自己不知道到处乱窜，会不会造成严重的后果。这就取决于两个方面的条件。

第一个，大家是不是严格遵守了前面讲的戴口罩、勤洗手、经常通风、不扎堆。如果你做到了，这个人感染给大家的风险就极低，因为他戴口罩，他的飞沫出来的概率就很低。然后你戴口罩，他的飞沫影响到你的概率也很低，哪怕一点点分布到物体的表面，你接触到了，因为你勤洗手这个问题也不大。**（扩充段，间接引语，应对措施，突出怎么做）**

所以像这种情况下，他认为，传播风险并不是那么高，现在复工是合理的，也是应该的，大家应该尽快回归正常的生活。**（结尾段，用间接引语来总结，强调重要性）**

《复工后如何防护？张文宏发来提示：
防火防盗"防同事"》

新华社是中国国家通讯社和世界性通讯社，全球六大通讯社之一，向世界各类用户提供文字、图片、图表、音频、视频等各种新闻和信息产品。它发布的消息是严格按照倒金字塔结构来写作的，也是最值得新闻学子们学习的。

案例5-3 中国野象“旅行团”游荡数月后重返适宜栖息地

新华社昆明8月11日电（记者赵家淞 赵珮然） 数十辆熄灯熄火的重型卡车头尾相接组成了钢铁长龙，14头野生亚洲象缓缓踱步从老213国道元江大桥上走过，钻进元江南岸的丛林中……**（几句场景描写增强视觉冲击力）**

8月8日晚8时许，引起全球关注的14头北移亚洲象在人工引导下越过了中国西南部云南省的元江干流到达其南岸。从离开墨江县的传统栖息地到元江县以来，象群跋涉了1 300多公里，终于回到适宜栖息地。**（概括性导语）**

为应对处置这一中国一级保护动物的北移事件，截至8月8日，云南省共出动警力和工作人员2.5万多人次，无人机973架次，布控应急车辆1.5万多台次，疏散转移群众15万多人次，投放象食近180吨。**（补充导语，也称说明段，说明事实）**

专家分析认为，元江干流是象群南归途中最大的障碍。云南大学生态与环境学院教授陈明勇介绍，元江干流是亚洲象栖息地适宜性的一条分界线。**（扩充段，二级信源，扩展事件事实）**

“渡过元江干流对北移亚洲象回归适宜栖息地至关重要。”陈明勇说，北移象群渡过元江到达南岸，栖息地适宜性将大幅提升，更容易与其他族群交流，这对提高亚洲象种群的稳定性和安全性非常重要。**（扩充段，直接引语，支撑上一段）**

云南北移亚洲象群安全防范工作省级指挥部指挥长、省林草局局长万勇说，象群北移过程中，各地群众和企业表现出了极大的宽容和耐心，积极支持配合保护防范工作。**（扩充段，一级信源，其他事实）**

在玉溪，一些村民表示，“大象贪吃点儿没事儿，我们庄稼吃掉了明年可以长”。在红河，为了不惊扰象群，庆祝传统节日时，不搞庆典，不点火祈福，转而通过粘贴“吉”象标语、为人象和谐送祝福。为确保亚洲象顺利折返，沿途企业在亚洲象经过时，关灯停产，保持安静。**（扩充段，详尽细节）**

这一罕见的野象迁移事件也为科学家和动物保护者提供了丰富的研究案例。

国家林业和草原局亚洲象研究中心主任陈飞说，在科研方面，北移亚洲象群为动物学家提供了近距离观测亚洲象栖息活动的机会。亚洲象能够准确定位迁移方向、食物水源等方位，以及在群体活动中表现出的团结一致、集体决策、分工协作等行为都值得进一步深入研究。**（扩充段，二级信源，其他事实）**

在防控技术方面，相关部门创新性运用了亚洲象迁移线路预判，布控与投食相结合的柔性干预技术，为今后缓解“人象冲突”乃至“人兽冲突”提供了可借鉴的样本。**（扩充段，进一步解释）**

万勇介绍，亚洲象保护和安全防范是一项系统工程，是关系云南生物和生态安全、公共安全管理的难点问题。目前，国家将以亚洲象为主要保护对象的国家公园建设提上了日程，将通过整合优化现有栖息地范围，建立统一的保护管理体系，进一步提升亚洲象保护和安全防范能力水平。**(结尾段，间接引语，总结)**

《中国野象“旅行团”游荡数月后重返适宜栖息地》

第二节 软新闻的结构与写作要领

硬新闻的倒金字塔结构最适合写简洁明了的消息报道，但它没有遵循一般的娓娓道来的叙述逻辑，因此并不适合写讲故事、有深度、有温度的软新闻类报道。

软新闻类报道的结构模式有多种，主要为正金字塔结构、华尔街日报型结构、沙漏结构、列举型结构和章回型结构等。记者在采访和写作的各个环节中都要思索报道的结构模式，有的结构模式需要更多逸闻趣事类的素材来丰富内容，因此记者要尽可能多地采集精彩信息，甚至是花边信息，让自己在构思写作的过程中更加灵活、主动。

软新闻的结构模式可以帮助你设计文章的组织结构与叙述方法，大多数报道可以整篇采用或局部采用时间顺序、话题顺序或观点顺序结构，记者需要根据自己掌握的采访素材来决定到底使用哪一种结构模式写作为好。

聪明的记者会为报道拟出一些小标题，按照小标题的话题内容来组织报道结构。

一、采用正金字塔结构写作新闻故事

正金字塔结构（见图 5－3）是相对于倒金字塔结构来说的。它不像倒金字塔结构那样，据事件材料的重要程度安排结构，而是根据事件发展的顺序来写，事件的开头就是故事的开头，事件的结尾就是故事的结束，故其又叫“自然时间顺序结构”或“编年体结构”。

正金字塔结构适用于故事性强、人情味浓的新闻故事、人物访谈、特稿写作。它类似于短篇小说的结构，用细节开头，使用一些伏笔，把后面将要叙述的吸引人的或神秘的事件的线索写在前面，设置悬念，接着按照时间顺序叙述情节，把故事的高潮放在末尾。

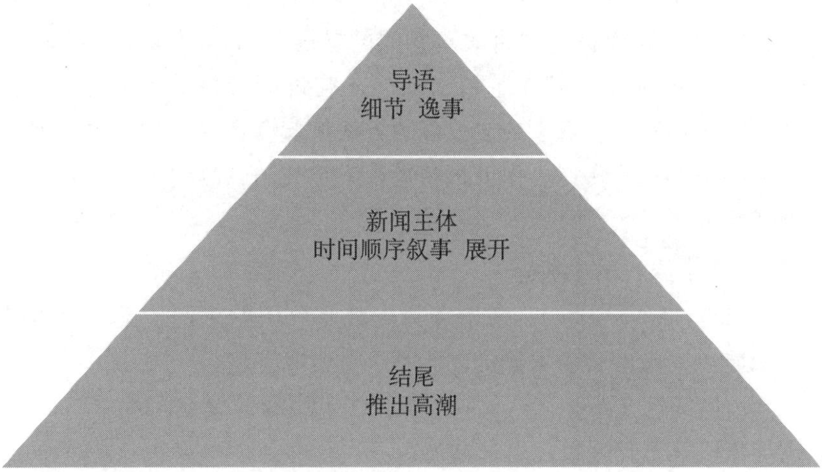

图 5－3 正金字塔结构

此结构娓娓道来，一步一步深入，尤其适合引导读者的情绪，让读者跟着情节阅读到最后，得到情感的升华。

- 抓住事件的精髓，揭示文章主旨。
- 使用伏笔，吸引受众。
- 建构报道展开的逻辑顺序与结构关系。

(一) 软导语段写作

由于是按照新闻事件的起因、经过、结果的自然顺序来写，正金字塔结构的不足之处就是叙事会显得平淡。因此，就像人们讲故事一样，为了吸引人们听下去，在开头往往要设置一种悬念或营造一种氛围，就像一个小说家那样，可以通过醒目的场景或悬念设置、生动的语言予以简短描述勾起读者的好奇心和兴趣。

我国新闻传播学者李希光把软新闻的软导语写作比喻为谈恋爱，要用亮点、个性魅力吸引对方。记者要费尽心机展现报道中最精彩的那一点，吸引读者往下看，否则读者很快就会溜掉。

埃德娜·布坎南是《迈阿密先驱报》的刑侦记者，她说："对我而言，感觉最好的一天就是我能写出这样导语的一天：我的导语让读者喷出了早餐咖啡，抓住胸口嚷道：'天啊！马莎，你看这个了吗？'"①

导语无疑是至关重要的，你必须在几秒钟之内抓住读者的视线并提供吸引他们的信息。有了好导语，就会有好新闻；而好导语就是吸引人的导语，让读者渴望读下去的导语。

导语的重要性再怎么强调也不为过。

---

① 里奇．新闻写作与报道训练教程：第 3 版［M］．钟新，主译．北京：中国人民大学出版社，2004：151.

与硬新闻的概括性导语写作大不一样，软新闻的软导语被称为“延缓导语”（delayed lead），或称为“讲故事新闻的导语”（story telling news lead）、“特写导语”（featuring lead）。它在开头暂不告诉读者报道的主要内容、结果等，而主要采用描写、谈逸事或讲故事的方法挑起读者的兴趣。也正因为这一点，写作软导语的形式多样，但篇幅精短，讲究技巧，故记者掌握软导语的写作方法至关重要。

1. 写好软导语的基本标准

● 软导语是钩子（hook），意即能让人驻足停留的东西。读者会通过对导语的第一直觉判断他们将要看到的内容是否重要或有趣。

● 软导语应提炼文章亮点，寻找能抓住读者眼球的爆点。

● 软导语段落不宜过长，力求精简。

● 软导语必须紧扣报道重点并在新闻主体段得到进一步补充、支持。

● 使用准确、简洁、清晰、生动的语言和短句子，适当运用网络语言，营造洗练清新的风格。

【敲一下黑板注意啦】所有的软导语在开头两三个段落写出来后，必须紧接着引出一个核心段（nut graph），写出要报道的新闻要点，也可称之为“中心提要”，把读者对新闻故事的关注集中到这个点上，告诉读者这篇报道写的是什么，聚焦主要内容的主旨或焦点问题是什么，对软导语做进一步的补充。

通常核心段尽量前置，放在第三段或第四段比较合适，这样既起到归纳、统领焦点的作用，同时也起到承上启下、自然过渡到新闻主体段的作用。

如果你不迅速切入要点，写出在一个长长的链条上起枢纽作用的核心段，软导语就会像一盘散沙，读者会疑惑为什么会有前面那些铺垫，不清楚这篇报道到底要告诉人们什么，由此读者会生厌并且马上换屏。

常用的软导语有描写型导语、逸事型导语、引语型或对话型导语、对比式导语、提问式导语等。

2. 常见软导语的写法

对于读者来说，阅读精彩的软导语是一件愉悦的事情，而记者要写出一条精彩的软导语却颇费脑力，试着写不同的软导语来训练自己。

下面我们就来体会两种最常见的软导语是怎样写的。

（1）描写型导语。

描写型导语通过描述一个人、一件事或一个场景来引发报道的主旨或焦点。用描写手法来描述采访对象的外貌或展示他的行为，描述事件发生地的环境来渲染气氛等。

记者在导语中用描写来营造故事氛围时，要通过贴切的描述而不是修饰形容来让读者看到现场。尽管描写要运用文学的叙事手法，但不能以大段的景观描写作为铺陈，或极尽溢美之词描写人物，所有的描写都要基于事实，并且要选择与主题直接相关的细节予以描写，语言干净利落，字数不超过200字。

案例5-4 五号线生死4小时|不知道这是不是我最后一条微信（节选）

澎湃新闻 2021-07-23

记者葛明宁 王迪 王选辉 刘昱秀，实习生李科文 马思洋

环形的郑州地铁5号线，一年运送超一亿客流。这条繁忙的城市“腰线”经过郑州东站、市第二人民医院、省人民医院这些人流密集地区，线路开通两年来，几乎没有发生过大的差池，直到一场特大暴雨突袭中部平原城市郑州。**（地铁线运行规模与场景描述，暴雨来了，营造氛围）**

郑州气象台公布，7月20日16—17时当地降雨量达201.9毫米，超过国内陆地小时降雨量极值。**（雨量描述，渲染状态）**

7月20日18时许，水漫进了城市的地铁5号线沙口路站，不断流向低洼处的海滩寺站，在海滩寺到沙口路两站之间的圆形隧道里，这趟搭载500多名乘客的列车在湍流中搁浅了。**（引出核心段，暴雨让地铁搁浅了这一新闻要点，但没有像硬新闻那样直接告知读者遇难者有多少，而是设置了一个悬念，这列载有500多名乘客的列车停在湍流中会遇到什么呢？“搁浅”会吸引读者往下看）**

案例5-5 “东方之星”最后的旅程：那些天、那个风雨之夜、那些人（节选）

澎湃新闻 2015-06-03

记者黄芳 张婧艳 蓝天彬 周婷婷 袁杰 丁雨菲

顺流而下的危险品运输船“铜工化666”与溯流而上的“东方之星”旅游客轮在长江擦肩而过时，是6月1日21时许。**（顺流与逆流的两只船描写）**

江面风雨交加，电闪雷鸣。**（场景氛围，风雨交加之夜）**

“铜工化666”的船长李永军记得，至少有7级风，江上好像下雾一样，雷达也被降水干扰。20分钟后，“铜工化666”不得不就近在华容洪山天字一号码头北岸抛锚。**（通过目击者简洁描述现场）**

22时10分许，李永军听到江上有人喊“救命”，“铜工化666”立即向岳阳长江水上搜救中心报警。23时51分，两位呼救者被海巡艇救起，他们告知：“东方之星”沉没。**（核心段，有人呼救的声音，引出“东方之星”沉没的焦点事实，也引出悬念，有多少人遇难？是怎样沉没的？怎样搜救的？揪心的“沉没”会激发读者的好奇心而使他们继续读下去）**

（2）逸事型导语。

逸事型导语就是在开头用主体人物的一个小故事、一段小花絮或一段逸闻趣事来开场，引领全文。用人物故事或逸事写作的导语读起来生动、鲜活，是吸引读者兴趣的“诱饵”。

从某种意义上来讲，所有的软导语都带有逸事性质，因为它们都用的是讲

故事的叙述手法。许多软导语都结合了描写和逸事两种技巧。

记者写作时，要把自己想象成正面对着一个朋友讲话，用通俗贴切的语言先向读者讲述一段小花絮再切入主题。在以小见大的逸事型导语中必须要能见到人，这个活生生的人物还要有名有姓有特色，这样读者读起来才会感到真实可亲。

由于选用的逸闻趣事必须紧扣报道的主题，有经验的记者在采访时就会多观察人物、生活环境，多搜集人物各种有趣的细节和言语，这样写出来的报道才会鲜活动人。

案例5-6 “看不见”的百万女卡车司机（节选）

《南方周末》记者刘怡仙 2020-05-28

女性、卡车司机，是郭容利身上两个明显的特征。

32 岁的郭容利驾驶一辆 4.2 米长的高栏卡车，她个子不高，有些壮实，每天的工作是“在成都四环外画圈”——从工厂集聚的郫都区拉货，上绕城高速，抵达物流集散地新都区，挨个发货到福建、山东、云南，然后回程。

郭容利最常待的地方是物流园。距市中心二十余公里的新都区，是成都市周边最大的物流集散地，分布着大小十多个物流园，每个物流园间最远相隔 10 公里。

无论白天黑夜，这里都很嘈杂，小型的高栏车、厢车、平板车哐啷哐啷地响，17.5 米长的挂车载着重物，则像长途奔驰的马，不时地“哧——”。

卡车来来往往，从车窗看进去，驾驶室里基本都是男性，偶尔有女性坐在副驾驶位，“那是卡嫂”，郭容利说，她们是陪着丈夫跑车的妻子，负责两人在车上的饮食起居，也找货、对接货主、安排线路，很少开车。

而女卡车司机极为罕见。

2020 年 5 月 6 日传化慈善基金会公益研究院发布的《中国卡车司机调查报告 NO.3》显示，总数约 3 000 万的卡车司机群体中，女性卡车司机仅占 4.2%，超过百万，但不为人知。她们平均 35 岁，普遍已婚、有子女。2019 年，卡车司机调查报道课题组成员、北京市社科院助理研究员马丹花了大半年寻找和访谈女性卡车司机，寻访之难，让她感慨女性卡车司机竟是如此“稀缺”。

事实上，在人们的日常经验中，所见卡车司机基本上都是男性。为什么女性卡车司机如此之少？马丹发现，无论从全球的范围还是从历史的脉络来看，卡车司机都是一个男性化的传统蓝领工作，这些进入公路货运业的女性，怎么当上了卡车司机，又在经历着怎样的生活？

【简析】这是一篇“群生像”的人物特稿，讲的是关于百万女卡车司机的故事。女卡车司机这个特殊的职业群体大家非常陌生，又少见，所以标题用的是“看不见”。

“群生像”是最难把握好讲故事的技巧的，故事中人物不能太多，最好能有一个主人公。《南方周末》是最擅长写特稿的媒体，记者从百万女卡车司机中选择了郭容利作为代表，在导语中只突出了这个女主人公，让她的故事贯穿全文。

开头的第一句话就点明郭容利的特征——女性、卡车司机。随后描写了她的样貌——个子不高，但开的卡车又长又高，突出了一种反差。接着讲了她最引人注目的行动和信息——每天“在成都四环外画圈”的小逸事，嘈杂的集散地，各种奔忙的车辆，各种哐啷声，还有陪丈夫跑车的“卡嫂”，描绘出了一幅特定时域中特定人群的生存图景。

随后引出“女卡车司机极为罕见”这一核心段，在约 3 000 万的卡车司机群体中，女性仅占 4.2%，超过百万，但却不为人知这一“新鲜”事实，把焦点集中在“稀缺”的女卡车司机身上，用提问的方式提出这些“女汉子”是怎样当上卡车司机的，她们又在经历怎样的生活来激起读者的好奇心看下去。

在导语中选用有代表性的一个人的精彩逸事，由此奠定了全文的基调和方向，也让随后的报道能够聚焦到一群有不同经历的女卡车司机身上，不仅让报道更有人情味，也让读者能体会到百万女卡车司机的酸甜苦辣和存在的意义。

【小结一下】除了上面分享的两种软导语，有的记者也喜欢用引语型或对话型导语、对比式导语、提问式导语来开头。

比如，《巩俐：这个角色，“有点百年不遇”》(《南方周末》，2021-09-20，引语型)、《胡续冬：一座游乐场关闭了》(《冰点周刊》，2021-09-03，对比式)、《义乌：在世界中心，批发神话、生活与梦想》(《南方周末》，2022-03-02，对话型)。

不管采用哪种导语的表现形式，都要透着智慧和思索，能吸引人，要让读者对这个新闻故事及故事里人物的际遇产生兴趣。

按照正金字塔结构，采用不同形态的软导语开头，整篇报道的基调、报道的框架以及报道的主题都被这种软导语牵引着往下走，就像开了弓的箭，导语就是箭，就是引子，它将指引着故事朝着运行方向奔向远处的目标，沿着一条上升的轨道导向故事的高潮。

由此，整个报道的思路和发展走向会清晰，也不会漏掉重要的新闻事实本身，最终读者也会获得心满意足的阅读体验。

（二）新闻主体段写作

写新闻故事要让读者一口气把它读完，因而要有开头、发展和结尾。

在正金字塔结构中，有了引子式的导语开头，接下来的新闻主体段就是按照事件发生、发展的时间顺序来叙述故事情节。

按照时间顺序去构建报道的发展部分，常用的结构形式有三种：

1. 时间点顺序：时间点 1—时间点 2—时间点 3……

从事件发生时开始，在报道中找出一个适合用时间顺序的地方，把握每一个关键时间点所发生的事情以及变化，依照时间更替的节奏依次展开事件的叙述，直到最后的高潮。

使用时间点顺序法，对突发性重大事件类的新闻故事非常有用，事件发展的脉络清晰，记者写作时的新闻逻辑性也强。

2. 时间框架顺序：现在—过去—现在—将来四个时间段

导语从现在的状态开始，在主体段中追溯过去，从过往的关键事件写起，然后自然过渡，来到现在关键时刻的发展和变化，最后再谈及将来。

这种时空转换的时间框架顺序，尤其适合人物特写、人物访谈或特稿写作类的报道，一个人的一生既漫长又复杂，只有抓取生命中最重要的几个时段予以叙述，才能凸显人物的格局与命运。

3. 分阶段分节：内容分类＋时间顺序分类相结合

如果要写的专访内容较复杂，涉及的范围较宽广、人群较庞大，可采取用小标题分节的方式，按照现在、过去、将来的时间框架将内容分割成几个不同的部分，将这些人的人生分成几个阶段去组织文章。

案例5-7 五号线生死 4 小时｜不知道这是不是我最后一条微信（节选）

（主体段使用的时间点顺序结构，时间集中在 4 个小时里）

率先“上岸”的人（17：30，进入地铁的乘客）

湍流围困（18：00—19：35，地铁停住，被水围困）

折返营救（19：35—20：35，乘客互救，救援队到达）

死里逃生（20：35—21：30，救出到地面，4 小时后获救）

《五号线生死 4 小时｜不知道这是不是我最后一条微信》

【简析】此篇新闻故事写于“7・20”郑州地铁 5 号线水难发生几天后，即 7 月 23 日，由于各大媒体从事故发生时就一直跟进此事，因此在这个时间点上，澎湃新闻的记者已不再满足于写遇难人数的硬新闻，而是去寻求最有力的表达。其记者采访了众多亲历者，让他们去回顾事件的发生过程，那些可怕的灾难非讲出来不可，从人情味的角度全方位挖掘此新闻事件，将侧重点聚焦在灾难中相互帮助逃生的乘客，集中描述了 3 位亲历者 4 小时的经历，真实再现了现场，在新闻事实里找到人性的闪光点，凸显悲情中自有真情在的人性力量，这是新闻中的永恒要素。

而有关美好人性的元素，是人类生活中最本质也最长久、最能打动人们的东西。

案例5-8 “东方之星”最后的旅程：那些天、那个风雨之夜、那些人（节选）

（主体段使用时间点顺序结构，时间集中在5天里）

启航

旅途

遇险

沉没

求生

失联者

《“东方之星”最后的旅程：那些天、那个风雨之夜、那些人》

【简析】作为读者，我们从这六个时间节点的小标题上，就会知道整个沉船事件的经过。你可以在网上阅读此篇按照时间顺序写作的新闻故事，试着感受事件发生时的每个时间节点上出现的人物及其活动，看能不能重新用几个字来概述其焦点，做成一个个小标题，最后将各个焦点时刻的小标题串联起来，构成一篇正金字塔结构的新闻报道。

通过这样的练习，你会更深入地领会一篇报道的时序写作方式与严密的叙事逻辑。

案例5-9 “看不见”的百万女卡车司机（节选）

（主体段使用分阶段分节的叙述方式，将内容分成5个部分，讲述了部分女卡车司机怎样进入公路货运业的故事及当下的生存现状）

“很少很少”

意外闯入

卡车司机

女性身份

打破障碍

《“看不见”的百万女卡车司机》

很多记者都会用时间顺序法去构建一篇报道，《南方周末》记者李海鹏在《南方周末》内部网的论述中说道：“做《举重冠军之死》这个题我立刻想到，就用这个人最后一天的经历来表现一生。很多小说中都能看到，比如茨威格《一个女人一生的最后24小时》，用一天来表现一个人的一生。比如托尔斯泰一本很有名的小说《伊凡·伊里奇之死》，也是用这个人最后临死的几个小时表现他的一生。这种方法以小见大，小说的世界里面有一套明确的方法。”

(三) 结尾段写作

结尾被称为“永恒的印象”，同新闻故事的开头一样重要，如果没有一个好的结尾，就会给人一种遗憾的感觉。读者津津有味读到最后，记者就应该用一个值得他们怀念、感慨、回味或掩卷思索的结尾来回报他们。

按时间顺序叙述的新闻故事，往往都把高潮放在文章的末尾，在充满波折起伏、戏剧性冲突的主体段之后，怎样才能写出精彩、漂亮的结尾呢？

有几种结尾的技巧适合于正金字塔结构的新闻故事。

1. 引语式结尾

无论是硬新闻还是软新闻，用引语结尾都很流行。寻找一句能够总结报道基调或主要观点的引语，一句可以概括人物的个性、情感或体悟的引语，看看当事人有没有讲出什么精彩感人的话。

一句好的引语往往能有效地总结、升华你报道的内容和主题，能引发读者的思考，让读者回味无穷，这就是为什么以引语结尾是记者喜爱的结尾形式之一。

案例5-10 “看不见”的百万女卡车司机（节选）

平常日子里，邓翠花守着茶馆，招呼客人，煮热水、泡茶、包抄手，陪着打一会儿麻将。可货主一来电话，她马上答应跑货。

她喜欢开卡车，“又能看风景又能把钱挣了，多好”。她最喜欢的是甘孜的大草原，辽阔、美。

2. 悬念式结尾

该结尾技巧常用在报道还没有正式结局的新闻故事里。它往往戛然而止，让怀揣着一颗期待之心的读者发问，后面发生了什么？这些人的未来会怎样？

由于整个事件的最终结果还未见分晓，记者采用悬念式结尾往往带着不安和悲怆，也带着希望和期盼，这样也会促使读者继续关注事件的进展，期待下一步将会怎样。

案例5-11 五号线生死4小时｜不知道这是不是我最后一条微信（节选）

事发当晚，救护车无法前来，一共有3个乘客医生参与救援10名昏迷的乘客，最后等到医疗队来接手。秦杰琳是其中之一，她是郑大一附院郑东院区综合科的一名医生，她不清楚这10名昏迷乘客是否最终抢救了回来，12名遇难者不知有多少是这里面的，她不敢看新闻。

尤今一夜没合眼，她想从获救的人中间打听丈夫的消息，却一无所获。她发微博寻人，郑州的雨夜，丈夫失联在地铁5号线，照片里丈夫抱着他们一岁的孩子。

3. 事实性结尾

事实性结尾就是用一两个短小精悍的句子陈述一个事实，用令人惊心的统计数字、引人深思的现象等来结束报道。

用事实结尾时，要能有效地总结全文报道，符合报道的基调，对总体情况予以陈述，也可以重复导语中的特殊重点，能引起社会足够的重视，给读者强有力的震撼。

案例5-12　“东方之星”最后的旅程：那些天、那个风雨之夜、那些人（节选）

截至2日17时30分，“东方之星”游轮的乘客还有超过400人生死未卜。目前，沉船事发已经超过24小时，一线救援人员还在奋战中。

4. 未来行动式结尾

在给报道画上圆满的句号时，以事件或人物的下一步发展趋势来结尾，告诉读者，前方等待这个人的是什么，可以推进读者阅读时的情感和情绪。凡蕴含着未来元素的结尾，既可映射出故事本身的意义和影响，也能起到动员读者期许和发出愿景的作用。

案例5-13　最酷大学女教授！11年5赴喜马拉雅写成《珠峰鼓手》（节选）

值得一提的是，本次《珠峰鼓手》出版后，也意味着红尘围绕喜马拉雅区域的系列非虚构写作，已经全部完成。

但她并不打算就此停下，“下一个目标，我想写写那些改变了非洲的无国界志愿者”。

5. 高潮式结尾

高潮式结尾是类似于短篇小说的写作手法，从头到尾讲述一个故事，把悬念一直带到最后。这种结尾方式，更适合一开始就抓住读者并促使读者去追寻真相的事件类新闻故事。记者要保持叙述故事的张力和节奏，保证的确有一个具有冲击力的高潮结局。

有时，记者还会采用一种意外高潮式结尾，也称“欧·亨利式结尾”（O. Henry ending）。欧·亨利是美国现代短篇小说之父，他的作品诙谐幽默，结局常常出人意料。意外高潮式结尾的目的是把读者的关注力吸引到欧·亨利式的结尾——带一个转折或意外的高潮上去。

美国合众国际社记者梅里曼·史密斯获得普利策国内报道奖的作品《我看见历史在爆炸……》，就是标准的以正金字塔结构写作的名篇。

该报道从导语对漂亮、宁静的场景的描写到核心段突然听到三声巨响，有人向总统开枪设置悬念，接着按照事件发生的时间顺序，在主体段依次记叙了肯尼迪总统遇刺身亡的6个小时里各种人物的反应及活动，现场感强，紧张、真实、逼人，读者如同在看一部电影，记者把最精彩、最悲情的部分放在了最后。

案例5-14 我看见历史在爆炸……（节选）

罗伯茨和我坐在另一架直升机上，向白宫的草坪飞去。在机舱里，我们身旁靠近窗户的地方，放着一张很大的椅子，椅子上坐着西奥多·索伦森，他是肯尼迪最亲密的助手之一，官方头衔是总统特别顾问。他没有与主人一道去得克萨斯，但是他却在这个空军基地等着主人回来。

索伦森坐在那儿，面容憔悴，泣不成声。他的沉重的悲痛是6小时前发生的这一场悲剧和人们心情的一面镜子。

当我们乘坐的直升机在暮色中盘旋，就要在白宫南草坪降落时，谁会料到，6小时前，约翰·肯尼迪还是一个欢快活跃、笑容满面、精力充沛的人啊！

【小结一下】不管用哪种形式结尾，都要避免重复主文中的信息，避免写得太啰唆或者突然停止叙述太突兀。一个好的结尾可以总结，可以升华，可以令人难忘，可以回答读者可能有的合理问题。

试试手掌检测法，用你有力的手掌盖住结尾，如果发现结尾可有可无的话，那你就需要静下心来，好好再想想，给读者写出一个漂亮、满意的结尾。

（四）超越倒金字塔结构

用几天、一周甚至更长的时间去写一篇软新闻故事，对大多数记者尤其是融媒体时代的超级记者来说，无疑是一种奢求。

但硬新闻的简讯、消息、新闻综述等太“硬”而速朽，对移动端的用户来说，他们更希望在有限的时间里读到有现场细节的活生生的人与事。因此，在一个新闻事件的现场，有的记者会直接写消息，但有的记者会采用现场目击记的方式来写作，既保证了消息的时效性，同时也兼具一定的现场情节、生动性与少许的故事性。这样既赢得了新闻发布的时间，也赢得了用户的点击率，让流量和信息增量。

它依然属于硬新闻类的时效性、动态性写作，但超越了严格意义上的倒金字塔结构，是按照现场情节与人物事件的重要程度来写的，兼具了正金字塔结构讲故事的写作形式，而写作的时间可能只有几个小时，这无疑更考量一个记者的报道角度与写作水平。

由于现场目击记的时效功能与起到的阅读效果介于硬新闻与软新闻之间，随着移动端软阅读的到来，它也成为记者使用频繁的一种报道形态。

总之，无论用哪种方式来写作，优秀的融合新闻作品都是好看、动人、有价值的报道。

我们可以通过下面这篇现场目击记来完整地感受一下报道的内容和叙事手法。

上游新闻的文化名记裘晋奕，无疑是融媒体时代的一名全能记者。我在精典书店做《珠峰鼓手》中英文版的新闻发布会活动时，他在不到三小时的时间里，就一人完成了1 800字的文字报道，还有短视频、图片的拍摄等。

之前要三个记者——文字记者、摄影记者、摄像记者干的活，他一个人全干了，这就是媒介融合后，最需要的超级记者的样子。

我最喜欢的，是他在现场目击记中，更多地写了他自己的观察和感受。他的文字简洁、清晰又生动，用自己的话来写，带着敏锐的眼光，而不仅仅是一个机械的记录者。

几笔好玩的勾勒，就把读者带入了他要讲述的一个小故事里……

发布会是在下午3点举行，大多在场的记者写的是七八百字的消息。裘晋奕的这篇融合新闻报道——文字、视频、图片是在下午5：15在上游新闻客户端发出的，当时的点击率就超过22万。他的创作速度真是快，不仅在3个小时内写出了1 800字的文字报道，还拍摄、剪出了一段1分50秒的短视频。

一个名记成功的秘诀是他提前了半小时到现场做采访，他事先做了很多背景材料方面的功课，事先准备好了几个他特别想知道的关键性的问题。当然，他也投入了好奇心，运用了熟练技巧，并展现了专业精神。

案例5-15 最酷大学女教授！11年5赴喜马拉雅写成《珠峰鼓手》

上游新闻·重庆晨报记者

文字|视频 裘晋奕

在学生眼里，红尘可能是重庆工商大学最酷的教授。在过去10年里，除了上课，她干得最多的事就是围着喜马拉雅山“打转”，从真实的脚步到手里的笔皆是如此。

对记者而言，她又可能是女性受访者中最特别的那个：除了总是戴着她最喜欢的、标志性的帽子，她背的也不是普通女式时装包，而是一看就扎实耐用的旅行双肩包……

(一两段对比式的人物描写)

9月19日下午，作家、重庆工商大学教授红尘带着新书《珠峰鼓手》，做客精典书店和读者交流起了她的非虚构写作。9月19日下午，红尘就是以上面描述的这样一身打扮走进了精典书店。

和记者、读友们聊起了过去11年里自己5次远赴尼泊尔，围着喜马拉雅山脉徒步的“朝圣之旅”，以及由此诞生的新书《珠峰鼓手》。

该书的英文版已经出炉，德文版也将于明年出版，但红尘的目光已经放到了下一个目

的地：非洲。**（导语段，也是核心段，揭示报道的主题和新闻要点）**

震惊之余总想为它写点什么

当电影里看着都令人吃惊的场景真正出现在你面前时，那只有一种感觉：震惊。

这说的就是2007年红尘第一次落地尼泊尔加德满都机场时的感觉。

“那么多背包客，那么多越野吉普车，车顶上装着的全是硕大无比的登山包……”

此时，红尘刚结束了在美国圣克劳德州立大学的高级访问学者生活，在看了一些攻略之后，她选中了传说中风光宜人的尼泊尔。

“就想找一个远离工业文明、舒缓的地方休整一段时间。”

当时，还只算是普通游客的红尘一打听，才知道专业登山者、普通背包客、徒步者都是冲着这里围绕喜马拉雅山脉的黄金徒步线路而来的。

在选择了难度最低、参与人数最多的布恩山小环线之后，红尘在一周内徒步走完了150公里旅程。

结束后，她不光爱上了这里，更觉得该为它写点什么。

“就是很想把这么美，但太少人知道的风土人情、生活文化、宗教信仰，呈现给更多的人。”

如果说新出的《珠峰鼓手》是她这次写作的最后一块拼图，那13年前的这一趟应该算是她这个非虚构写作计划最初的萌芽。

绵延十年的非虚构写作计划

2007年旅程结束后，红尘把有关喜马拉雅徒步的书全都找来看了。“其实很少！”红尘说。

于是，第二年她又一次踏上了尼泊尔徒步之旅。“这一次我的目的性就很强烈了。”

这一次，她成了一个烧脑、烧体力的背包客，3个月独自背包走完了尼泊尔的世界文化遗迹和大大小小的城镇、村落。

在红尘看来，只有一一走过才能开始创作，只有走进一种生活的内部，才会对他们的与众不同，深度、厚度都和我们完全不同的生活方式有更真切的体会。

在此后的日子里，不光尼泊尔，喜马拉雅山脉北坡的中国西藏和新疆，也都留下了红尘的脚印。

2010—2013年的四年间，她手脚都没停歇地完成了《越野越西藏》和《越野越新疆》。

北坡写完啦，那么南坡尼泊尔境内的徒步成了她攻克的重点。

2012年，红尘第三次来到尼泊尔，用11天的时间走完了220公里的安纳普尔纳大本营，那是全世界排名第一的徒步小道。

在博卡拉休整半个月后，她又用18天时间完成了一趟从海拔1 370米的加德满都至海拔5 360米的珠峰大本营的徒步之旅，总行程超过420公里。

她回忆，那段时间的作息基本是这样的：为了看日出、拍日出，几乎每天都是5点就要起床，然后等着她的是14个小时的山路徒步。

她说她有13天的时间没洗头洗澡，因为高海拔没热水。

而为了翻越倾斜达60度的海拔5 420米的卓拉山口，世界上海拔最高的徒步山口之一，她手脚并用爬在雪地上，高反严重，几度昏迷。

最后是向导和背夫合力才把她这摊“烂泥”拖到了宿营地。

退休后想回去做个志愿者

在《珠峰鼓手》中，红尘一共写了四条故事线。徒步抵达珠峰南坡大本营只是其中的一条故事线。

"一条故事线我一般写有七八万字。"红尘说，像书中的第二条故事线安纳普尔纳女神，就是她从尼泊尔徒步回来之后，在古剑山艺术村住了4个月埋头苦干出来的。

"然后就回学校上课。"她围着喜马拉雅"转"的日程大致也是这么来的，学校课程完结，红尘又拿起笔继续写。

"每次要重新开始都特别痛苦……（笑）"红尘笑着说，但自己又欲罢不能。

一本36万字的书，她反反复复走，反反复复写，时间一去就是多年。

有意思的是，当记者问起接下来还有什么心愿时，红尘笑着说："我想等我退休之后，像很多无国界志愿者一样去做一个志愿者。"

红尘说，自己此前徒步发现当地很多村落，特别需要医疗、教育方面的志愿者。"像海拔最高的希拉里学校有300多个孩子，却只有几个志愿者老师。"所以，红尘特别想再回去侍奉让她写了这么多书的伟大的喜马拉雅。**（新闻主体段，选择3个主要的生活片段，按照过去—现在—将来的时间框架来叙述人物的创作经历，穿插逸事、细节、引语、背景等）**

值得一提的是，本次《珠峰鼓手》出版后，也意味着红尘围绕喜马拉雅区域的系列非虚构写作，已经全部完成。

但她并不打算就此停下，"下一个目标，我想写写那些改变了非洲的无国界志愿者"。**（用人物的直接引语结尾，升华这篇报道的意义）**

《最酷大学女教授！11年5赴喜马拉雅写成〈珠峰鼓手〉》

二、采用华尔街日报型结构写作专题报道

新闻调查类、新闻追踪类的深度报道，新鲜事物趋势类的专题报道，社会热点现象的问题类报道，适合采用华尔街日报型结构（见图5-4）来进行写作。

这种结构遵循一个固定的模式：从具体到一般、从特殊到普遍。用软导语开头，总结现象或趋势并进行支持说明，结尾回到开头小故事点题。

具体形式为：文章以软导语开头，在导语中描述一个与报道主题相关的人物或事件，然后在核心段讲述报道的主题。后面主体段的内容则提供对文章主题的各种支持证据，展开细节。文章结尾，归纳现象或趋势，使用直接引语或一个小故事，照应文章开头，旨在引发读者思考。

该结构模式由于《华尔街日报》以每天在头版刊登这种类型的趋势报道而闻名。《华尔街日报》发明了"核心段"这个概念，并积极倡导其记者使用这种体例，所以这种结构模式被称为华尔街日报型。

当然它并非《华尔街日报》专属，由于它适合报道趋势类、调查类新闻，许多媒体记者都喜欢使用这种方法写专题报道，它强化了故事中人性化的一面，可以让读者深刻理解到某个趋势、某种现象对大众生活的影响，因而更能吸引读者的关注和兴趣。

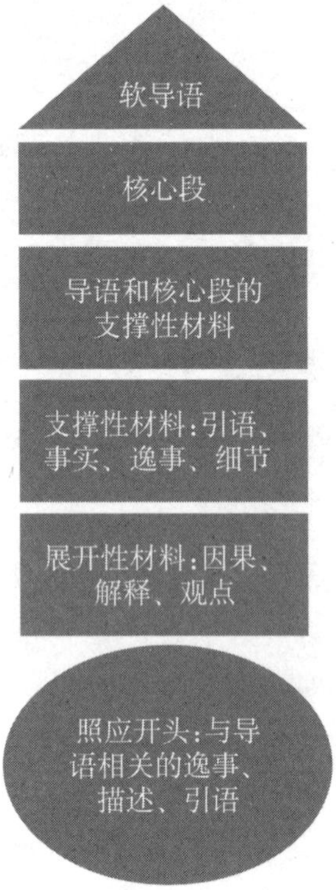

图 5-4 华尔街日报型结构

下面我们通过鲜活的案例来体会记者是怎样玩转华尔街日报型结构的。

（一）软导语段写作

文章开头使用软导语，先从一段小逸事或一段描述开始。把焦点放在一个人物、场景或事件上面，借助人物、场所或事件来引出文章的重点，即核心段。

要注意的是，所选用的人物或场景是核心段所阐述问题中的众多人或者事物之一，而且是其中的典型代表。

紧接着，记者会指出这样的事例并不是特例，而是千万个故事中的一个，由此引出核心段。

核心段是展示新闻焦点的段落，用它说出文章的主要内容，向读者解释清楚这篇文章是关于什么的，阐明报道的目的以及它的重要性或影响性。

（二）新闻主体段写作

文章的主体段为导语和观点提供各种支撑性证据，主体部分可以通过不同的看法、观点或者把与新闻焦点有关的材料、事例组织起来，将信息块分类，根据小标题来安排，不同小标题下面的内容，既包含主要人物、引语、事实、逸事、细节等支持性材料，也包含因果、解释、观点等展开性材料。每个小标题之间一环扣一环，直到文章结尾，全文围绕主题从原点出发又回到原点，就像绕了一圈。

（三）结尾段写作

华尔街日报型结构文章的结尾也是比较独特的，记者在结尾时一定会照应开头，回到开头介绍的代表人物那里，用逸事或直接引语来结尾，也可以使用前面提到的某件事情的未来发展情况来结尾。这样的结尾可以强调记者想要强调的信息，让读者记忆深刻。

下面是一个完全采用华尔街日报型结构的例子，关于假靳东的中老年粉丝的新闻调查报道。注意这篇报道采用了一条逸事型导语，然后在核心段提出沉迷假靳东女性的群体特征——来自农村、文化水平不高、普遍存在孤独感、容易被诈骗团伙欺骗这一主题，而这一主要问题正在成为一种不容忽视的社会现象。

在主体段采用个体案例的人生经历与学者观点相结合，从具体到普遍，对沉迷假靳东女性的生活现状、原因及中老年人的孤独感以及诈骗团伙存在的原因这一社会问题予以解读，到了文章结尾又回顾开头，对中老年女性的心理情感缺失这一普遍存在的现象予以了警示，引发读者思考。

案例5-16 假靳东的中老年女粉丝："家里连个说心里话的人都没有"（节选）

《南方周末》2020-11-22

记者曹颖，实习生杜嘉禧

被曝光一个多月后，假靳东仍未消失。

2020年10月，江西一名61岁女性因迷恋"靳东"离家出走的新闻引发广泛关注，短视频平台上的假靳东与其背后的产业链浮出水面。2020年11月中旬，《南方周末》记者晚上十一时点开抖音，假靳东的直播间不停地播放音乐，不时穿插一名中年男性的声音："弟弟最近不太好，工作太累了，姐姐也要注意身体，太累了我会心疼的。你可以在直播间多陪陪弟弟，点小心心。"凌晨两点半，仍有三十多人在夜深人静时守候直播间，并发送着思念的话语。

张桂花在其中十分活跃，由于出手大方，她在礼物榜排名第二。她创建了一个55人的群，群里有男有女，大家除了每天问候"家人好"之外，就是在这里分享自己的抖音视频。张桂花每天都会分享十几条，近一半与"靳东"有关。

43岁的周秀娟与现实世界中的靳东同年，她小学五年级辍学，十几岁时外出打工。接受《南方周末》记者采访时，她的倾诉不时从微信对话框弹出，说起她工作一天后红肿的脚和感冒引发的不适，主动索求关心。一并发送的，是"靳东"的短视频以及她与"靳东"的"合拍"。**（逸事型导语，聚焦于某个人物，揭示文章主要内容）**

大多数沉迷假靳东的女性与周秀娟有相近的背景——四十岁以上，出身农村，文化水平不高。

陕西高校三位学者曾研究农村老年女性的孤独感，他们分析了2009年该省农村1 012位六十岁以上女性的生活福利状况调查数据，认为"农村老年女性中有时感到孤独的占总数的50.4%，经常感到孤独的占24.2%"（《社会支持对农村老年女性孤独感的影响研究》，2010）。

“50、60、70后女性是伴随着改革开放成长起来的，在中国仍处在经济转型、社会转型的时期，身为个体的她们尚且没有形成稳定的价值观，又面临着社会价值观的剧烈变化——新中国成立初期强调妇女能顶半边天，改革开放初期曾争论女性是否应该回归家庭，结束了计划生育的历史阶段，又进入二孩政策的开放。”西安交通大学公共政策与管理学院教授、社会性别研究中心副主任杨雪燕向《南方周末》记者分析，“经历过这些时期的女性，她们的孤独感会更强烈，因为整个社会的价值观都处于不稳定的、不完整的状态，不断打破又重塑，而女性自身的价值观也在其中动荡着。”

关注到假靳东事件，杨雪燕既愤怒又同情——诈骗团伙对准寻找感情出口的弱势群体。“我认为事件的核心在于传统性别规范与现代化个人价值之间的矛盾冲突。”杨雪燕说。

《南方周末》记者在这些“假靳东事件”旋涡中的女性身上，常常能感受到复杂的矛盾感，她们纷纷在假靳东的短视频下留下强烈的爱意表达，但她们面对《南方周末》记者的提问时又自卑地否认这种喜欢。身为这个时代的个体，她们在寻求与等待对个体情感的关怀与对自我价值的肯定。**（引出核心段，突出新闻焦点与群体特征）**

“姐姐和弟弟”

…………**（主体段的两个典型事例，现象，细节，观点，支撑性材料）**

拒绝承认这个“靳东”是假的

…………**（第三个典型事例，原因，细节，观点，展开性材料）**

孤独感不止存在于农村（更多的支撑性材料，各方的看法，从个别到整体，揭示这一普遍现象对人们生活的影响）

…………

“中老年女性的孤独感在任何传统价值观与女性个人诉求发生冲突的社会都会出现，不仅是农村女性面对的，也是城市女性面对的；不仅是中国女性面对的，也是西方女性面对的，它出现在社会发展的不同阶段。”杨雪燕说，身为一名高校教授，她也体会过这种孤独感。

疫情期间，杨雪燕的孩子还没开学，无处寄托孩子的她只好带着孩子一起去上课，他们在教学楼前被保安拦下，如果带孩子就不能进教学楼。几番商量，保安才放行，上课期间，她让孩子自己待在办公室，看了四个小时的电脑。

“当自我在与这个社会的价值观对抗的时候，孤独感就会非常强烈。在生活里，你需要扮演妻子的角色，需要扮演妈妈的角色，但进入工作后，工作又希望你摆脱妻子和妈妈的身份。”杨雪燕说，“这种分裂感让人没有办法很好地去面对，让人很无助。在社会没有提供更好支持的情况下，孤独感是没有办法的事情。”**（结尾段用个例的直接引语结尾，首尾呼应，引发思考）**

《假靳东的中老年女粉丝：“家里连个说心里话的人都没有”》

下面这篇华尔街日报型结构的文章也写得足够精彩，焦点是大V学者进入新流量平台，主题为知识分子怎样在娱乐和知识共生的短视频平台里发挥作用，用什么样的方式在科普的新阵地影响更多人。

有一些人会亲历重大的社会变革，从某种意义来说，他们是新生活的见证人、引领者。采写这些人的经历，可以让读者看到这些变革、趋势中不为人知的另一面。

案例5-17 当专家学者闯入流量新世界（节选）

《南方周末》2021-09-23

金融街威斯汀公寓套房内，经济学家付鹏舒适地窝在椅子上。镜头正在录制的是他的第一期线上视频。标准的华尔街装束不是必须，Polo衫、灰色或者格子衬衫是付鹏出镜的常见搭配。

对着镜头分享经济学知识，分析框架，是付鹏入行以来的习惯。很多人理解的金融只需要坐在电脑前，但真实的金融隐含着大量的沟通。他最早是在彭博终端上通过note的方式跟同行沟通交流，随着媒介的发展，转到了部落格、BBS论坛，后来又在公众号上发日记。近些年，短视频平台崛起，付鹏也紧跟潮流，开始玩起了短视频、中视频。

付鹏是东北证券首席经济学家，平日里，大家叫他"付总""付首席"。他对镜头不陌生，作为特约评论员、特约嘉宾参加的节目、接受的采访不胜枚举。当决定要做视频的时候，付鹏也决定要跟随过往的表达习惯。他录视频从来不要脚本，基本就是架一台摄像机，对着镜头敞开聊，后期再剪出亮点就行。而现在看来，这种类采访的录制形式反而让他的视频辛辣、有趣、放松。

付鹏的账号叫"付鹏的经济世界"。因为接地气的话题、风趣的语言风格、大胆的表达和北方人独特的幽默，很多粉丝关注他的账号，听"付总一语点醒梦中人"。他会用简单的视角带出经济学观点，例如炒鞋是中年人盘的核桃，教人买房"要杭州的一二，不要上海的二三"。一个粉丝夸张地评论说："我常常在想如果有机会跟着付老师学东西，三年不拿工资我都愿意。"**（软导语，某个代表人物的逸事）**

像付鹏一样，近几年来，在快手等新流量平台尝试创作的专家、教授还有很多，过去这些平台意味着年轻化、碎片化、娱乐化，让知识分子和专业人士敬而远之，但自2018年起，它们已逐渐成为科普的新阵地。

双方对彼此进行了重塑。2014年前连社交账号都没有的教授，现在能熟练玩转多个平台，追热点、讲段子；强调科学性、准确性的论文观点，视频化后用上了比喻，配以形象的动画；上大课不歇气，能一口气讲90分钟直到下课铃响的老师，现在也适应了短视频平台3分钟的节奏……

但同时双方也拓宽了各自的边界。越来越多的学生涌入新流量平台，不只为了打发碎片化时间，也为了听课，为了难以获取的教育资源。而象牙塔内的教授，例如复旦大学社会学系副教授沈奕斐，也不再只能借助线下讲座的方式抵达校园外的受众。以往一场讲座的最大容纳量是1 000人，但沈奕斐发的第一条视频，点击量就已破百万。**（引出核心段，凸显新流量平台正成为专家学者科普的新阵地这一主题，突出教育无边界这一新趋势）**

把学术翻译成实践

…………

教授为什么就不能有更大的社会影响力？

……………

科普与学术的边界

………… **（主体段，采访了5位专家、教**

授成为流量明星的经历，用3个小标题归类了三方面的事例和看法，起到支撑性与展开性材料的作用）

现在的付鹏，希望能够通过短视频科普，提高金融专业人士的比重，也让更多老百姓觉得金融并不神秘，希望能通过一些金融认知的科普，提升老百姓对金融骗局的防范意识。

他把做科普比喻成了做明星。好的演员一直沉淀，流量明星追求短时的流量，这是两种完全不同的路径。对于他来说，“我当然希望我的内容能够一直存留，这是最关键的，能存留的东西，历史价值就会高”。**（结尾段照应开头，回到代表人物身上，用直接引语强调重点，升华主题）**

《当专家学者闯入流量新世界》

三、你必须知道的写新闻故事的手法

英国小说家亨利·詹姆斯曾说：“讲述一个故事至少有五百万种方式，每一种讲述方式都会在读者身上唤起独特的阅读反应和情感效果，因此如何讲述直接决定着这种效果能否得到实现。”所谓条条道路通罗马，有一千个导演就有一千个莎士比亚，不同讲述内容的方法对读者的影响也是不一样的。

在新闻故事的写作中，与写硬新闻消息不同的是5W1H的内容会有所变化。

“何人”（who）变成故事中的人物或主角；

“何事”（what）变成故事发展的情节；

“何地”（where）变成事发地的场景或背景；

“何时”（when）变成故事发生的时间顺序；

“何因”（why）变成事件的动机；

“如何”（how）变成叙述方式及结果。

这些变化使新闻故事具备了文学的潜质和叙事技巧。普利策奖评定特稿写作的条件是“除了具有独家新闻、调查性报道和现场报道的共有的获奖特质外，特稿更加注重高度的文学性与创造性”。

也就是说，新闻故事化最显著的特点是将文学写作的手法应用于新闻报道。新闻故事不同于小说的独特之处也正在于它是完全真实的、活生生的再现，而不是虚构。

有时我们读到一个优秀的新闻故事时会受到震撼，比如澎湃新闻的《五号线生死4小时｜不知道这是不是我最后一条微信》，我也知道发生了那件事，甚至我也在现场做采访，而这些记者为什么就可以表达得如此出彩又感人而我却不行呢？写新闻故事有多种多样的方法，下面一些扎实、有用的表达方式可以给你提供写作思路。

（一）新闻故事化指的是什么

讲故事是吸引移动端用户的必经之路。

一些新闻事件，如郑州发生洪灾、纽约发生水灾、迪拜世博会开展、3 位科学家获诺贝尔物理学奖、东京奥运会赛事闭幕等严肃重大事件，适宜用硬新闻报道原则，完成 5W1H 的使命。

有些事件自然而然需要你去讲述一个故事，如一个患癌症的七旬老人收养数千只流浪猫狗，三峡库区的孩子不是坐车而是坐船去上学，新疆采棉区的万里采棉客，春运骑摩托返乡的农民工大军。

这类事件本身的时效性较低，采用软新闻的报道形式，从人情味的角度，把人们经历的事件或生活现状以跌宕起伏的故事来讲述，通过故事的讲述，对事件主体人物的挖掘，可以使新闻的价值得以凸显，进而也会对读者产生较大的影响。

所谓新闻故事化，正如美国普利策奖得主富兰克林所说："采用对话、描写和场景设置等，细致入微地展现事件中的情节和细节，凸显事件中隐含的能够让人产生兴奋感、富有戏剧性的故事。"

也就是说，新闻故事化与只注重新闻事件结果的硬新闻不同，它不仅关注事件的结果，而且更重视新闻事件的发展过程，注重展现新闻故事的情节，挖掘人物内心的情感，刻画人物的个性，捕捉生动传神的生活细节，从而增强新闻报道的可读性，使新闻报道充满趣味性和人情味，让用户能够触摸到新闻的厚度、深度和温度。

在融合新闻中，大量贴近用户的特稿写作、具有人性化的新闻故事开始散布开来。这就需要记者对社会现实生活进行大量的主观介入，对新闻选题进行策划，要求记者更多的是对新闻的洞察与发现，需要记者多维度采访，能在众多的新闻中关注人的生存状态与心灵状态，在故事中体现永恒的人性要素。

（二）找到一个关注的焦点，主题与人物要集中

1. 在新闻故事写作中，首先要找到一个关注的焦点

为什么要写这个故事？最具有新闻价值的东西是什么？这个人身上的什么东西是最值得和用户分享的？选题要加入"新闻钩"，与当下正在发生的新闻事件、现象或问题有密切的关联，与公众利益或者社会图景相关，而个体的遭遇或经历是相关社会生活的缩影和反映。

比如，地铁 5 号线事件的逃生者，"东方之星"沉船事件的遇难者，"看不见"的百万女卡车司机，假靳东的中老年女粉丝，新流量平台的明星专家，中老年相亲角的追爱老人，三毛故居成为网红打卡点，等等，这些都是人们关注的焦点。

2. 要有一个集中的主题，即这个故事的主要内容是什么

找到焦点，你还需要有一个主题。事件往往牵涉面庞大、复杂，而你必须

有所筛选，突出重点。有了一个集中的主题，就能形成贯穿全文的基调和一个统一的角度，让你选取的素材、报道的框架与叙事的段落都紧紧围绕着这个主题展开，全文一气呵成，成为一个整体。

比如，在地铁5号线这一焦点事件中，澎湃新闻撰写的《五号线生死4小时｜不知道这是不是我最后一条微信》这篇文章，并没有着重去写地铁浸水的原因，如是天灾还是人祸，是不是预警系统延迟，以及12名遇难者是些什么人，善后处理情况是怎样的，而集中写的是在地铁浸水事件的4个小时中，逃生者是如何面对灾难，相互帮助共渡生死关的。

3. 还得集中在一个人或几个人身上来呈现

新闻故事有了焦点，有了主题，还要通过一个人或几个人来集中表现。也就是说新闻故事中要有活生生的人，而不仅仅是事实或数字。正如张捷在《南方周末特稿的选题与叙事》中所说："一千万人死亡只是个统计数字，一个人怎么死却可以写成悲剧。"① 我们还可进一步表述为将"主题事件化，事件故事化，故事人物化，人物个性化"。

最能引起读者关注的是故事中的人物，他们努力与其他人、某个事情、某种目标建立起联系的过程，他们与社会生活、大自然、这个世界发生紧密关联的人生百态。要能讲述出故事的主人公尝试与外部世界建立联系的努力，努力克服自身或外部条件的局限并超越它们，不管是成功还是失败，喜悦还是悲伤，都要能体现出人性中美好的东西，让用户产生共鸣，让受众体会到事件对人的影响，事件本身所具有的现实意义。

当然，故事中人物不要太多，最好只突出一两个人物，集中在一时或一地叙述，让其经历贯穿全文。

以地铁5号线事件为例，事发时有约500名乘客，记者具体写作时只选取了3位亲历者张冰阳、李芸、小佩，从他们的叙述再现了整个人群是怎样患难与共逃生的故事。

同样，在"东方之星"沉船事件中有458人，其中旅客406人，有八旬老人也有三岁小孩，记者重点选取了几位参加"夕阳红"旅行团的老人，叙述了他们是怎样踏上这趟不归旅程的。

（三）新闻故事的具象化写作手法

1. 在正文中使用逸事增强可读性

在故事中加入主人公出人意料的逸闻趣事来讲述现在的事件，以小见大，一叶知秋，让读者可以更真实、有趣地看到某些人的生活面貌。

2. 注重细节、场景的描写

要讲好一个故事需要生动细节和动感画面的支撑，可从描写一个具体的小

① 杨瑞春，张捷．南方周末特稿手册［M］．广州：南方日报出版社，2012：291.

场景入手，给读者一种直观、贴近的现场感。

3. 添加直接引语与外貌描写

需要引用人物生动、精彩的话语，描写人物的外貌特征、神态、动作、表情、语气、着装等来凸显人物的真实感、心境和性格魅力。

4. 在故事中嵌入一小段对话

加入对话，可以体现出人物的内心想法和情绪。从语言上讲，好的对话是口语化的，句子简单、直白、生动，能制造现场感和节奏感，推动故事情节的发展。

5. 穿插背景信息，增强厚重感

故事的背景是人物生活和事件发生的地方，能帮助读者理解人物及其经历的事情，但由于背景信息是有关新闻事实的历史和环境的材料，会拖慢故事发展的节奏，因此，插入新闻背景要简短，不要把它集中在一大段里，而要学会把它打散，穿插在文章之中，这样才能让叙述的故事流畅、饱满起来。

6. 真实的文采，准确、清晰、简洁、生动

写新闻故事需要真实的文采，多使用短词汇、短句子、短段落和生动的动词，叙事状物要具体形象、简洁明了、通俗易懂，这样才能让你的文字更有感染力和冲击力。

读者更想看到用简练、感性、流畅的文笔来写作报道，记者要追寻文字的美，更要呈现生活的真。

记者如果能够把握好这些技巧，就能令读者更好地体验到这个故事的意义。下面的例子是《“东方之星”最后的旅程：那些天、那个风雨之夜、那些人》正文的第一个段落“启航”，记者用了小逸事来开场，有人物活动，有细节，有描写，有对话，有背景，语言简洁、生动，仿佛让读者看到了老人们出发时的欢喜情景，而谁曾想到悲剧就在后面呢，这更加强了人们对沉船事件的反思和追问。

> 这趟计划中的出远门，让71岁的苏州老人许根寿激动了整整一个月。儿子许向东说，“从报名到出发，他像个小孩子一样高兴”。
>
> 许根寿退休前是苏州一家商场的保安。在许向东印象中，父亲一直很节俭，只有他一个儿子，把所有心思都放在家里。
>
> 平时不怎么出远门的他，在这趟旅行之前，和许向东夫妻俩商量，说有其他三个要好的老人同行，在一个舱里，四张床，上下铺，来回12天。
>
> 许向东鼓励他去，趁身体还好，多走动。“不过你要有心理准备，旅途很辛苦的。”许向东给父亲准备了足够10多天的伙食，包括两瓶自己酿造的米酒，真空包装的熟食，火腿肠，咸鸭蛋，豆腐干。
>
> “60年代都过来了，这不算什么。”许根寿笑着说。
>
> 5月28日早上，四位老人坐上协和旅行社苏州分公司的大巴，当天中午在南京五马渡乘上了“东方之星”游轮。

同样，下面的例子是《“看不见”的百万女卡车司机》正文的第一个段落“很少很少”，人物在说话、在行动，有声音、有细节、有场景，从女卡车司机肚子抵到方向盘还在跑车开头，把读者带到了繁忙的货运现场，也将她们能吃苦、豪爽的性格魅力呈现在了读者面前，如同让你看到一部有声有色的公路电影一般，随后自然而然引出了女卡车司机少的背景原因。

“肚子到这儿，（距离方向盘）一个拳头。”郭容利坐在驾驶室里比画，怀孕8个月时，她还在这条路上跑车。

2020年5月16日，《南方周末》记者跟着郭容利一起运货。中午12点多，高速入口堵车，郭容利看着前后两头的货车都在一寸一寸地往前挪，货车上的货物琳琅满目，从母婴用品、食品到钢条，甚至还有血液透析仪。“全国人民的吃喝拉撒都在这车上!”郭容利喊道。

“现在生意不好，不然进物流园就得排队一个小时。”郭容利说。

无论在哪儿，郭容利的嗓门都大得很。她性子爽朗，也很热心。她的好朋友中，好几位都是男性卡车司机。在他们眼里，郭容利具备成为卡车司机的特点——“豪爽”“女汉子”。大家遇上什么事都找她帮忙；外地的“卡友”途经成都也咨询她入城线路怎么走，车辆故障怎么办。

郭容利有五六个女性卡车司机朋友，也听说过其他的女司机，但说起来终究是“很少”。

郭容利的朋友邓翠花也是一名女卡车司机。今年43岁的邓翠花驾驶一辆6.8米长的厢式货车，在物流港里还开了一家茶馆。

茶馆主要招待往来物流港的司机，他们在十字路口“摆车”——货车摆成一列，等货主上门。其间，司机在茶馆或路边打牌。据邓翠花介绍，跑哪里的司机都有，“有跑成都市内城配的、四川省内专线的，也有到西藏，到新疆远途的”。

2020年5月16日，《南方周末》记者在茶馆中看到六张麻将桌前坐满了人，但打牌的、围观的司机皆为清一色的男性，记者向他们打听，是否认识女性卡车司机。他们齐刷刷地望向邓翠花，“她开大车的”，“很少，很少”。

少的原因，《中国卡车司机调查报告NO.3》总结了几个层面：一方面，社会大众对“女司机”有刻板印象；另一方面，“无论是驾驶培训学校、厂商组织，还是货运劳动力市场，都对女性卡车司机的职业资质、职业等级、个人能力持怀疑态度”，最终导致女性进入卡车司机行业存在一定困难。

【小结一下】将故事化技巧运用于新闻写作，使新闻具有了文学色彩，让新闻报道呈现出生动活泼的真实感和现场感，具有了冲突性、戏剧性、可读性和人情味。但新闻并不是文学，它不能虚构。所有技巧的运用，都不能牺牲新闻事实的真实性这一准则。

第三节　新闻图片与图说的写作要领

作为新闻的载体，记者拍摄的新闻图片需要有一定的信息含量，如新闻发生的现场、新闻人物的面孔，或与新闻事件相关的事物等。同时，新闻图片还必须与具备新闻诸要素的简要文字说明结合起来，及时报道新闻事件，其主要特征是借助视觉图像及时、生动、直观地报道新闻。

“一图值千金”，指的是只有图片与文字相结合的时候。无论是新闻图片也好，文字说明也好，核心都必须是新闻。中国新闻奖对新闻摄影作品的评选要求即为：“新闻性强，现场抓拍，表现力强，标题准确，文字说明新闻要素完整，文字简洁。”①

一、新闻图片的选择与处理

图片是融合新闻报道中的重要媒介元素，也是“两微两端”版面设计的重要元素。图片应该“被当作新闻”来处理，要拒绝没有新闻价值的图片。

（一）新闻图片选择和使用的基本原则

一个事件，记者通常会拍摄数十张甚至上百张图片。因此，在图片的选择和使用上，应遵循以下基本原则。

1. 求真实

新闻图片必须是这一事件中真实的照片，不能将其他图片用于这个新闻，内容是真人真事，画面形象也是真情实景，无修饰无 P 图。

在两端设计中，必须使用高清原图，有效地展现图片；两微设计中可使用压缩尺寸图片。

2. 求清晰

新闻图片包含的景象必须鲜明、清晰，不能含混、模糊不清。

3. 求鲜活

图片可以表现新闻事件活跃的现场气氛，要选择富有冲击力和感染力的图片。

4. 求情绪

选择能够抓住被摄主体表情特征与行为特征的图片，以此呈现被摄主体的心理感受和情感。

5. 求侧重点

根据整体新闻报道的需求，图片必须对新闻内容的侧重点有所体现，避免

---

① 中国新闻奖评选办法（2019 年度）[EB/OL].（2019 - 02 - 12）[2023 - 05 - 25].http://www.zgjx.cn/2019-02/12/c_137794865_3.htm.

多次使用同类型的图片。

6. 可剪裁

为主次分明，服从报道内容，新闻图片可剪裁，改变构图，确定画幅比例。剪裁时要舍得剪掉画面上与主体关系不大的部分，以突出新闻主体形象。

7. 有版权

如采用其他媒体拍摄的图片，需注明新闻图片来源及署名，要征得版权所有者同意并满足对方的转载要求。

另外，新闻图片不同于商业用途的摄影图片，当发布带有人物肖像的新闻图片时，不需要征得肖像权人的授权，但制约这一行为的是新闻报道的伦理原则。

（二）新闻图片使用的伦理原则

1. 慎用未确定真实性的图片

突发事件发生时，微博、微信群、朋友圈等各种渠道会涌现出众多图片，媒体不能为了抢新闻而忽视对当事人或目击者的身份确认，要注意辨识图片真伪。

2. 拒绝残酷呈现

应注意规避令人感到恶心、血腥、恐怖的画面。不宜刊发残忍、大量出血、身体器官外露、残肢、尸体等特写图片。在一些灾难报道中无法避免时，可采用具有象征意味的画面来代替血腥图片或转成黑白模式。

3. 要用文字提示不适感

在有的画面可能引起读者不适时，要用文字提前提醒读者，由读者自行做出是否观看的判断。

4. 保护未成年人的隐私，记得打码

尤其是在负面报道中，记得给图片中未成年人的眼部打码。一些犯罪嫌疑人的眼部也要打码。

二、图片文字说明的写作技巧

好的新闻图片能够快速、生动、直观地诉说，使报道丰富多彩，有视觉冲击力。

图片新闻一般由三部分组成：标题、新闻图片、图片文字说明。

挑选好新闻图片后，写标题与图片文字说明是媒体最困难的任务之一。

由于图片与文字在传播中必须要配合使用，因此图片文字说明的重要性不容小觑。鉴于图像信息本身的不确定性，图片画面的信息、含义必须通过文字说明来界定，因此那些不合格的图片文字说明是不足以传播有效信息的。

不是每个记者编辑都能写好图片文字说明，我们发现许多图片文字说明都缺乏清晰明了的风格，有时图片文字说明往往是报道中写得最不好的那部分。

写图片文字说明要有经验、有耐心，还要有高度凝练语言的能力。一条好的图说，恰似一条好的消息，必须具备新闻的5W要素，要准确无误地告诉读者新闻图片中事件发生的时间、地点、人物、事件、原因和结果。

而图片新闻的标题，更是要用高度概括的一句话将最新、最有价值的“新闻由头”写在前面，让读者一目了然，起到画龙点睛的作用。

下面是不同类型媒体的图片文字说明写作指导。

(一) 通讯社、图片社的图说写作方式

世界大型通讯社如美联社、路透社、新华社以及盖蒂图片社（Getty Images）等，它们向全球的媒体机构提供新闻图片，因此图片文字说明的写作都有一套固定的标准，值得学习。

图片文字说明是在新闻五要素的基础上拓展开来的，这五要素就是大家所熟悉的5W，即谁、发生了什么事、什么时间、哪里、为什么。

注意用现在式表述，是现场瞬间的凝固，不用过去式，也不能用将来式。

写作原则只有一条，就是每一条图片文字说明都必须让用户了解到画面中的所有信息：画面中是什么人，甚至具体到人物是谁，他们叫什么名字；他们在干什么；他们在什么时间干了这件事；这件事在什么地方发生；如有必要，需要添加相应的背景信息，解释为什么这件事情会发生。

最后，也是相当重要的，就是署名问题，要注上媒体机构名称和摄影师名字。

具体写作时由四个主要的要素构成：

(1) 行为、行动（the action）。

(2) 身份证明（the identification，persons or things in the photograph）。

(3) 背景信息（the background information）。

(4) 署名栏（the credit line）。

我们在前面讲新闻图片的拍摄时，已看过2021年美联社获普利策突发新闻摄影奖的一组图片，下面选择其中一张（见图5-5），具体来看图说是怎样写的。

图5-5　2021年美联社获普利策突发新闻摄影奖的图片之一（美联社｜John Minchillo摄）

2020年5月29日，美国明尼阿波利斯，抗议者聚集在一家燃烧的快餐店前。明尼阿波利斯市连续第三晚爆发针对黑人乔治·弗洛伊德之死的抗议活动。

【简析】图片文字说明包含下列信息：时间，地点，谁，发生什么事，新闻背景，署名。

2021 年美联社的一组图片获普利策专题摄影奖，其获奖理由是一系列让人心潮澎湃的照片，让受众了解到在 2020 年新冠疫情大流行期间西班牙老年人的生活。我们选择其中一张（见图 5－6）具体来看图说是怎样写的。

图 5－6　2021 年美联社获普利策专题摄影奖的图片之一（美联社｜埃米利奥·莫内纳蒂摄）2020 年 6 月 22 日，在西班牙巴塞罗那一家疗养院，81 岁的阿古斯蒂娜通过塑料薄膜屏拥抱并亲吻她 84 岁的丈夫帕斯奎尔，以避免感染新冠病毒。在西班牙新冠疫情暴发期间，阿古斯蒂娜和她的丈夫分居 102 天，这期间笼罩在她心头的恐惧在他们通过塑料薄膜屏拥吻的那一刻消失了。

【简析】图片文字说明包含下列信息：时间，地点，谁，发生什么事，新闻背景，署名。

在 2021 年中国新闻奖新闻摄影奖获奖作品《跃·悦》单张图片（见图 5－7）中，记者辜鹏博抓拍到一名高考考生飞奔出考场大门，来了个“一字马”的动作和喜悦瞬间。

图 5－7　2021 年中国新闻奖新闻摄影奖获奖图片《跃·悦》（《湖南日报》｜辜鹏博摄）2020 年 7 月 8 日，长沙市第一中学考点，高考最后一门考试结束后，考生罗子欣跨出一个漂亮的“一字马”，庆祝考试结束。

【简析】图片文字说明包含下列信息：时间，地点，谁，发生什么事，新闻背景，署名。

（二）配合文字报道的图说写作方式

通常新闻图片是配合文字报道的消息或新闻故事来使用的，与文字报道安排在同一个版面上。尽管图说很像导语，因为它必须包含5W，但它绝不是逐字逐句重复报道中导语的话。要记住，图说不要加进过多的细节描述。

当图片配合文字报道发表时，媒体都会使用尽可能短的图说，只突出最重要的事实，因为细节都被适当地写在导语中，或在报道中有所突出了。

在写这类图说时，记者要对读者乍一看可能不太明白的内容进行解释。但写图说的记者绝不能想当然地推测照片中人物在想什么。大多数图说放在照片下面，这通常被称为“杂志风格”。

例如，新华社在《中国野象“旅行团”游荡数月后重返适宜栖息地》一文中，为配合消息刊发的图说非常简短（见图5-8）。

图5-8 新华社《中国野象“旅行团”游荡数月后重返适宜栖息地》一文的配图之一（新华社｜记者胡超摄）这是8月9日在云南省玉溪市元江县境内拍摄的象群（无人机照片）。

《南方周末》的《“看不见”的百万女卡车司机》一文，为配合详尽报道刊发的图片只写了一句简短的图说（见图5-9）。

三、合格图说的十条检验方法

最有效的图片文字说明必须言简意赅。最常见的错误是“上面的照片表现了……”“照片里面说的是……”这些用语画蛇添足，也不专业。

图 5-9 《南方周末》的《"看不见"的百万女卡车司机》一文的配图之一（《南方周末》| 记者刘怡仙摄）

2020 年 5 月 16 日，郭容利运送最后一批货物抵达物流园，笑容略有疲惫。

美国报刊总编进修委员会总结了"合格的图片说明的 10 条检验方法"①，具体如下：

（1）是否完整？

（2）是否充分而清楚地指明了人物？

（3）时间是否明确？

（4）地点是否明确？

（5）是否说明照片表现的是什么？

（6）姓名拼写是否准确，人物与姓名是否相符？

（7）说明是否具体？

（8）可读性怎样？

（9）形容词是否尽可能减少？

（10）是否令人联想起另一张照片？

最后，一条绝对不能违反的基本法则是，记者编辑在看见新闻图片之前，绝不能写图片文字说明。

第四节　音频新闻的文本写作与制作

说到音频新闻的制作你会想到什么呢？广播电台干净利落的主播，纯正流利的普通话，价格不菲的专业录音设备，令人悦耳的 BGM 和音效……

一直以来，许多新闻初学者都将音频制作与专业主播画等号，认为无论是从设备还是技术上看音频新闻都是常人难以涉足的领域。实际上并非如此，你

① 莱特尔，哈里斯，约翰逊．全能记者必备：新闻采集、写作和编辑的基本技能：第 7 版［M］．宋铁军，译．北京：中国人民大学出版社，2005：201.

若了解一下就可以知道，只需要几个小时，熟悉一下 Au 软件，了解几个关键的步骤，一段有穿透力的音频新闻就可以被创作出来。可以说，音频新闻部分是整个融媒体创作中最容易学会的。

在前面我们已经谈及音频新闻的生产主要有三种类型：由文字报道直接录播的音频新闻；轻松活泼的录播新闻；原创性音频新闻。

不管是哪种音频新闻的制作，录播时音频文字稿的写作都是第一重要的事情。

一、怎样写好音频新闻的文字稿

在融合新闻报道中，最常见的是依据文字报道的稿件进行的音频二度创作，它与文字报道的写作有相同之处，但也有一定的不同，尤其是原创性深度报道类音频新闻，更讲究音频文字稿的撰写，常常从不同侧重点对同一报道内容进行深加工。

由于是声音的媒介，音频更强调采访对象的现场声，如当事人的述说，目击者的讲话以及其他专家学者的评论、看法等，以一种活生生的原声“证据”，增强新闻的真实性与感染力，以补充在其他形式的新闻中较少出现的声源信息。

（一）音频新闻导播语的写作

导播语是开场白，要起到精彩的导读作用，将听者引向新闻的主体部分。通常导播语都言简意赅，只有寥寥数语，但却是打动听众的关键。

1. 在导播语中概述事件

与写作文字报道的消息导语一样，在写作音频新闻的导播语时，要用 4W 的新闻要素，高度概括所要播报的内容，把发生了什么事及结果作为核心词汇，用一两句话概述全文，“一语惊人”，抓住听众的注意力。

2. 强化现场感

注意在导播语中强调在线直播感，这是声音媒介与其他媒介的最大区别。要充分利用现场声音，让人有身临其境的感觉。

在主播简要播出事件的概况后，就要加入现场采访人声，给人以真实、形象的感受。有经验的记者会选用采访对象饱含情绪的声音，以增强新闻的画面感与现场感。

一个小技巧是在写作导播语时，主播采用具有行进感的词汇来增强文本的动态性和现场感，如“今天呢我们先来关注”“就在刚刚”“让我们一起倾听”“我所在的”“此刻正在发言”等。

3. 在前 30 秒完成导播语

时码也是最好的控制导播语节奏的方式，消息通常在前 30 秒就完成导播语，深度报道时长稍微长一点，通常在前 50 秒就完成导播语。

4. 音效部分加上固定的版头

在导播语的开头加上固定的音效段落，让音频更具媒体印象与栏目特色。在垫乐渲染氛围和节奏时，可以比较浓烈，但要注意垫乐音量不能过大，以免影响用户听清楚内容。

案例5-18 《爱与美之歌 我们的文明之城》导播语部分

新华社客户端 2020－11－22

记者李雨泽，实习生成文馨

主播

［00：30］张家港，一座坐落在长江边的江南小城。900 多平方公里的土地，是 100 多万人共同生活的梦想家园。让我们一起倾听发生在这里的故事。

（二）音频新闻主体的写作

音频新闻主体部分一般由口播文字和采访录音、同期声构成。

1. 对现场采访录音进行剪辑

记者完成采访后，要尽快对现场采访录音进行整理，挑选出能体现新闻主题的精彩话语，并加以剪辑，与撰写的口播文字一起交由主播来播报。

有经验的记者会考虑到口播文字和采访录音的穿插，有些饱含情感的内容适合出现场人声，有些描述性的内容适合由记者归纳梳理后撰写成口播文字。

聪明的记者还会将现场采访到的第三方信息源以出同期声的方式进行发布，一来可以补充、拓展新闻内容，增强可信度与丰富性，二来采用不同的人声可以避免由主播一人口播的单调性，增强声音的来源丰富性和节奏感。

2. 梳理口播文字

记者在把相关采访对象做了人声处理、剪辑后，在口播文字部分的写作，则是将这些采访录音内容串联起来，要考虑到各个精彩片段之间如何过渡和衔接。

因此，口播文字的组织，其实就是我们通俗所说的串词非常重要，就像串联一粒粒大珠小珠的链条一样，它其实就是一条叙事线。最好按照时间顺序来叙述事件的发展过程，这样逻辑性强，故事的来龙去脉也梳理得清清楚楚，能把各种有代表性的人声内容有机地排列出来。

同时，串词还要起到旁白、解释、提示、归纳、总结的作用，一步步深化内容和情绪，最后升华主题和情感，而这也是最符合用户收听习惯的方式。

3. 垫乐有高低起伏变化

通常新闻主体部分会切换上轻柔的垫乐，但音量小，凸显的是现场人声与环境声。在结尾，垫乐会强烈起来，以升华情绪，最后的版尾语部分垫乐会淡出。

图 5－10 为新华社客户端音频新闻案例。下面看看该音频新闻的文字稿。

《爱与美之歌 我们的文明之城》

图 5－10　新华社客户端音频新闻截图

正文部分

主播

［00：42］清晨 6 点，47 岁的王志勇已经忙碌了四个多小时。

录音一：蔬菜销售户王志勇

［00：52］我每天的生活，主要就是差不多凌晨 2 点钟起床，去进货，差不多 6 点钟到我们市场卸货。

主播

［01：12］早上 8 点，52 岁的赵海到厂里开始了一天的工作。

录音二：外企职员赵海

［01：21］因为我是四川人嘛，他们称四川妹子为辣妹子，那么我四川汉子那就叫辣哥。

主播

［01：31］42 岁的黄艳，是张家港税务局出了名的热心人。

录音三：张家港市税务局税务干部黄艳

［01：41］我叫黄艳，我从事税务工作已经 24 年了。

主播

［01：48］在这座小城各个角落生活的他们，各自有着不同的工作，却有着同样的“交集”。

录音一：蔬菜销售户王志勇

［01：57］你在家吗今天？那你就在家等我，好吗？我等一会马上就过来，好吧。

主播

[02：02] 趁着中午菜场人少的工夫，王志勇要去一个神秘的地方。

同期声

[02：23] 王叔叔好心人，他非常热心肠的，每次来都不空手。

主播

[02：30] 而在王志勇的心中，为这些老人服务，却是为了弥补自己过往的一份遗憾。

录音一：蔬菜销售户王志勇

[02：39] 在2002年，我的父亲得了绝症，说句实话那时候本身家庭比较困难嘛。所以说当时我也得到了政府和社会好心人的关爱，解了燃眉之急。然后从那一年开始我就开始进入了我的志愿服务之路。我想去回馈社会，也想去帮助那些我身边需要帮助的人。

同期声

[03：12] 血站工作人员：赵海，今天你又过来献血了。

赵海：是的，今天忙不忙？

血站工作人员：今天还好。

主播

[03：18] 由于献血次数太多，赵海在血站有了一个新的外号“献血哥”。

录音二：外企职员赵海

[03：26] 第一次献血也是跟着我们一个同事，当时心里还是有一点恐惧。说实在话因为没经历过这个事情。

同期声

[03：33] 血站工作人员：你好，叫什么名字？

赵海：叫赵海。

血站工作人员：好的，欢迎您来献血。以前有没有献过血？

赵海：以前献过很多次。

血站工作人员：老献血员了是吧。手握拳。

主播

[03：51] 6点半，黄艳开始了一份新的工作。实际上，黄艳的这份工作已经整整做了16年。而在一开始，她也是需要被“治疗”的对象。

录音三：张家港市税务局税务干部黄艳

[04：08] 我经历这样一个抑郁的经历，然后别人帮助了我，我从这样一个非常差的状态里面出来了以后，我有一种凤凰涅槃重生的感觉吧。

同期声

[04：22] 最近就是心理压力比较大，晚上经常失眠。

黄艳：你现在告诉我说这些都是负面的东西，你就是说停止对自己的这样一种自我攻击。

主播

[04：34] 也正是别人的帮助，让黄艳走出了阴霾，开始将更多的爱带给更多需要帮助的人。

录音三：张家港市税务局税务干部黄艳

[04：44] 当时我走出来了以后，我自己就是立下了一个誓言吧。就是说我如果走出来了以后，我愿意用我的这个力量帮助之前跟我一样的这样一些患者，或者是网友、朋友，让他们也走出这样一些心理上的泥潭跟困境。

主播

[05：04] 这一份反哺的情感同样也是王志勇和赵海的初心。

同期声

[05：13] 受助老人：他去进菜，送货，我说很辛苦，还拿这个钱来给我们。每次来都买了很多菜。我们怎么感谢到你呢，我们年纪大了，感谢不到了。只有等我孙女长大了报答他们。

录音一：蔬菜销售户王志勇

[05：36] 其实当我第一次走进他们的家庭当中，就能感觉他们家里缺少了一种温暖。利用我的一些技能，组织我们的志愿者把我们的一些作为子女的关爱，送到这些老人身边。让他们的老年生活过得快乐一点。

录音二：外企职员赵海

[05：58] 新市民融入这座城市，是这座城市重要的组成部分。正如我就是从四川来到张家港的一个新市民，我更能体会到新市民在张家港需要哪些关怀。为了让这些新市民更好地融入这座城市，所以我们就为这些新市民提供一些更好的帮助和人文关怀。正如我们“同城伙伴”的口号一样，同一座城市同一个梦想。让大家在同一座城市里面生活、工作、学习。

主播

[06：32] 一幕幕的场景也被一位历史老师记录下来，这一切都见证着这座小城里所发生的动人小事。

同期声

快乐益拍志愿摄影团负责人石小蛟（张家港高级中学历史老师）

[06：48] 我觉得它是一个时代的见证，有时候记录社会的发展还有城市的变化，这些人看似是普通的人，但其实他们的故事就是这个城市的变化，也在记录这个城市的故事。

二、怎样把控录播风格与 BGM 节奏

音频新闻的文字稿拟好后，就要做第二件事情录制文字稿，简称录播。

新闻初学者可能会认为，音频制作是从录音开始的，这其实是对录音的一种误解。在录音之前我们得做一些必要的准备工作，把设备搞干净一些，把文

字稿吃透，而恰恰就是这些容易被忽视的平平无奇的小步骤，往往决定着录播质量的好坏。

（一）找准口播风格

在录制文字稿之前，我们首先要做的是认识文字稿，摸准文字稿的主观情绪与客观事实，以此确定播音风格。

1. 用直接经验或间接经验认识文字稿

认识文字稿的方式一般有两种，即直接经验与间接经验。

（1）直接经验。

这指的是现场体会，即记者在现场采访时最直观的感受和体验。记住这种感觉，在录音的时候将自己代入其中就好了。直接经验对于录播文字稿的效果是最好的，但对记者的要求很高，往往需要兼任主播的记者自身的条件过硬，比如普通话标准、音色优美等等，能在多个角色之间进行转换。

（2）间接经验。

如果没去现场采访就不能正确理解文字稿了吗？当然不是，我们还有间接经验，也就是边读边想边体会，争取在文字稿的蛛丝马迹中重建现场，完成音频新闻的有声创作。实际上，大多数音频新闻的制作都属于后期创作，没能去现场采访的情况会更常见。因此主播在录播时，会用心找出感觉。

2. 吃透主观情绪，捕捉客观事实，播出不同风格

吃透主观情绪，是指要从作者撰写的文字稿的精神内核出发，故首要任务就是通读整篇稿件，对稿件内容有大致的认识。

捕捉客观事实，是指我们还需要通过网络搜集相关资料来补充和构建自己的观感。

（1）硬新闻类的消息、简讯、综合新闻。

这是音频新闻中最为常见的一种稿件，也是我们在日常生活中接触最多的一种稿件类型，比如《人民日报》的《新闻早班车》《全天热点梳理》《时政新闻》等栏目。因此口播风格重在陈述新闻事实，语言表达上力求精确、简练，故在录音过程中会选择语调平缓、语速适中且少有情绪起伏的处理方式，所谓字正腔圆、吐字清晰、不掺杂个人感情色彩等播音风格最适合。

（2）轻松活泼的文化生活类录播新闻。

这一类音频用轻快亲切、睿智诙谐的口播方式呈现出来易受到欢迎。在录音时，音质清透并带有个人风格，可以通过生动活泼、真实自然的语调向听众讲述一个个生动具体的事件。还可以根据稿件的地方特色，适当加入方言进行播读，或通过技巧让不同人物的对话具有区分度且更加贴近生活，比如《人民日报》的《美食美地》《健康侦探》栏目，新华社的《夜读》栏目等。

（3）原创性深度报道类音频新闻。

此类音频新闻以纪实新闻和故事讲述的人物通讯、深度报道为主，就文字

表达而言，是以简洁、通俗、质朴的语言叙述现实生活中的各种故事，这就需要主播有一定的生活阅历和媒体从业经历以及对日常生活细致的观察。由于录制时会插入大量的现场采访同期声等，这就需要主播吐字、发声接近日常口语状态，以朴实、亲切、自然的口播风格串联起每个片段，以充分体现有声语言中独有的人文关怀意识，让听众更有贴近感与沉浸感。

（二）考虑平台风格

录播时还要考虑音频新闻播放的平台问题。

融媒体的音频新闻，用户群体通常是在客户端或公众号收听的，这就需要在播音过程中更注重文字本身特有的韵律节奏，还要考虑播出的时长问题，以10分钟以内的中短作品播出为主，不能像广播节目那样做到几十分钟长。同时垫乐、音效的选择也需要贴切、精短，这样才能更好地贴近、留住移动用户。

（三）把控BGM节奏和音效

非语言符号是指去除有声语言符号之外的具有表达功能的其他各种声音符号，主要指音乐、音响。在音频新闻中，非语言符号既包括录制音频时现场环境声，也包含后期插入的垫乐、音响声音。

1. 加上固定的音响段落

在每条音频新闻的开头和结尾加上固定的音响段落，固定的版头版尾音响，能让听众脑海里浮现出对应的画面，形成媒介印象，加深记忆。

将同一声音符号加入音频新闻中，日复一日能形成一种仪式，不仅能使音频更加生动、鲜活，使栏目更有特色、吸引力，还能使单则音频新闻具有可听性，同时又能使一档音频新闻栏目具有统一性与持续性，让听众形成心理定式需求和行为偏好，每天收听。

比如，新华社的《夜读》栏目，栏目标志语为“每天夜里，读给你听”，每晚固定时间播出，有固定的版头版尾语，只是每天的主播有所不同。

2. 加入基调垫乐

音频新闻中作为背景音乐的垫乐，运用得好可以起到渲染气氛和情绪、确定基调等作用。因此，根据文本内容来挑选垫乐的风格、垫乐的快慢节奏尤其重要。

3. 加入写实音效

对采访人声、环境声的写实音效的运用，十分有利于营造现场感和亲切感，使音频新闻“像广播剧和有声小说一样”，有人物对话，有场景，有情节起伏的“弧线”，能创设出某种收听“场景”，给人以娓娓道来的收听体验。

因此，记者编辑要学会按照谈话的主题、内容进行切割，加入转场的音效、垫乐等，一来能保证文本中有价值的信息不被遗漏，二来也符合收听的间歇感、节奏感。

在一些BGM素材网，比如“爱给”网（www.aigei.com），可以找到数百种音效，如风声、雨声、汽车声、鸟鸣声等等，还包括一些用于栏目的音效，比如新闻类的版头、生活类的版头等，都能起到更好吸引听众沉浸其中的效果。

图 5－11、图 5－12 为新华社客户端《夜读》栏目音频新闻案例。

图 5－11　新华社客户端《夜读》栏目音频新闻截图一

《夜读｜心中有爱，生活就值得热爱》

图 5－12　新华社客户端《夜读》栏目音频新闻截图二

三、怎样开麦录制干音

确定完口播风格后，主播与文字稿之间已开始产生微妙的联系，下一步就是通过声音的传递将这份主观感受表现出来。

无论从哪个角度而言，声音录制在整个音频制作中都是至关重要的步骤，它既是播音风格的外在表现形式，也是剪辑制作的基础，可以说，是连接主播与听众之间的一座桥梁。这就要求我们录制的声音是清晰的、流畅的，并且具有一定的剪辑创作空间，为后续的制作提供最基本的要素和更多的可能性。

融合新闻报道中的音频录制与专业的新闻主播不同，所服务的用户群体和呈现标准也有所差异，所以我们将从什么是干音以及准备、录制和检查三个阶段（见图 5－13）入手，用最便捷的方法带你一起攻克录播这道关卡。

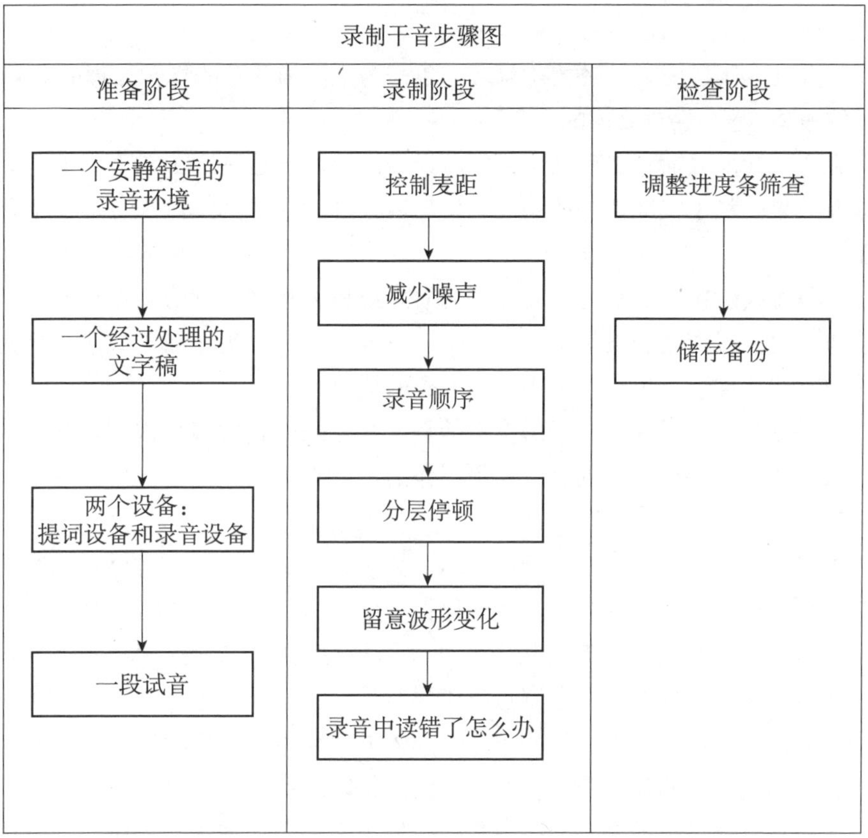

图 5－13　录制干音步骤图

（一）什么是干音

干音来源于录音软件中干音与湿音之分，指的是没有任何处理的原始录音，也就是麦克风收录到的声音。

这种声音由于没有进行任何调整，很容易暴露录音时的缺陷，因此需要后期对其进行一定的处理。同时，因为干音只有人声，无法确定录制出来的声音是否能够和垫乐或画面有比较好的配合，所以需要对干音进行一定的后期处理。而经过后期处理的人声录音就可以成为湿音。

我们通过手机、电脑等录音软件直接录入的声音就可被称为干音。通过外部技巧熟练运用录音软件，增强干音的纯净度和使用率，避免出现多次返音和修改的情况，是有效提高音频制作效率的手段之一。

（二）准备阶段

Step 1：一个安静舒适的录音环境

录音环境是保证干音质量的重要客观因素之一，一个舒适、安静的录音环境能使我们更加放松地进行录制。

一般情况下，专业的录音室所提供的环境音是最好的；如果是在家里，可通过铺设隔音棉、关闭门窗或在夜深人静时录音来减少噪声对整个过程的干扰。

避免在热闹、嘈杂的环境中录音，也是为了增强音频的降噪处理的效果。

Step 2：一个经过处理的文字稿

在正式开麦之前，要对文字稿进行详细的处理，这决定了录音的质量和最终呈现效果。除了找准稿件的类型和口播风格外，还要具体做三方面的稿件处理工作：

一是查找生僻字。在通读完稿件之后，要将无法确定读音、易错易混和不符合自身语音习惯的字词勾画出来，统一查找并标注，最好在正式录音之前反复练习这些字词，避免在录播中出现卡壳的情况。

二是划分文章层次。文章层次指的是文章思想内容的表现次序，是文章的意义段，通常用小标题来划分。如果写作的记者本身已经做了注解和标示，那么沿用作者本身所划分的段落即可。

如果作者在行文格式上无任何标示，那么就需要主播根据自己对内容的理解来划分。这一处理是在为录播中的停顿和后期的音频剪辑做准备工作。

三是寻找细节亮点。如人物对话、动作描写、声音描写以及环境描写等，这些都需要通过外部技巧在录制过程中进行展示。在人物塑造上，我们可以改变声音质感使之更贴近人物形象，甚至加入方言元素。这样的表现方式是为了与主播的串词产生明显区分，使音频新闻的整体效果更加生动。

主播可以通过提前准备一些道具模拟环境来使再现的场景更符合当下的状态，增强音频录制的趣味性。总之，用贴近稿件的生活化元素诠释、演绎音频新闻，往往会在最终的成果中呈现出更多的细节亮点。

由于文字稿本身存在差异，因此在实操过程中除了上述提到的这三个方面，我们还可以根据自己的习惯对稿件进行处理，做好充分准备争取一次性顺利完成录音过程。

Step 3：两个设备——提词设备和录音设备

在录制过程中最好准备一个与录音设备不同的提词设备，可以是打印的纸质稿、手机、平板或电脑，呈现方式可以是手握、点按、投影等多种类型，以自己舒适为主，放置高度最好与双眼平行，避免低头或仰头影响声音状态。

设置专门的提词器主要是为了录播中更好地进行播读。同时，若使用同一设备往往会出现因为看词而导致的收音不均问题，通过这种方式也能够对此类失误进行规避。

Step 4：一段试音

如果与上次使用设备存在间隔时间，那么在正式开录之前，最好进行试音。试音内容不限，可根据音频调整录音设备，如麦距、卡顿、声音清晰程度、混响效果等，避免在正式录制过程中出现此类设备失误。

（三）录制阶段

Step 1：控制麦距

麦距，是使用者与话筒的距离，一般情况下 3～5cm 即可。距离过近会导致声音爆破，也就是常说的“炸麦”；距离过远则会导致收音不清晰、音频传输率较低等问题。

【敲一下黑板注意啦】在录音过程中一定要控制主播与话筒之间的距离，确保稳定且统一，不要经常变化距离，忽远忽近，这会影响最终的音频呈现。

Step 2：减少噪声

虽然在正式录制前已经准备了相对安静的录播环境，但仍会存在一定程度的环境噪声，这就需要我们通过一些方法进行预处理。

实际上，无论是哪种录音软件都有简易的降噪功能，有经验的主播在录音开始后会先停顿 5 秒钟收集环境噪声样本，再继续开始录音。这样在人声播读期间就能够有效降低噪声对录制的影响。

同时，前 5 秒的环境噪声样本，也可以帮助我们在后期处理的时候进行更精细的操作。

除此之外，在录音过程中还需注意减少不必要的噪声出现，比如电话铃声、翻看提词器发出的声响、主播在录音过程中摆动肢体和吞咽口水的声音等，这些由主观因素造成的噪声都应该在录音的过程中尽力避免，以保证高质量音频的录制。

Step 3：录音顺序

一般的录音顺序为版头、版尾和正文，其中正文按照撰写好的文字稿行文顺序录制。

版头和版尾作为媒体固定的板块，主要起到解释说明和加深媒介印象的作用，所以它的播读方式往往会更加清晰和客观，需要运用的情感技巧较少，基本上会放在整个录制过程的开端。如果放在正文后面进行录制，就难以和正文内容产生明显区分。

实际上，录音顺序没有刻板的硬性规定，以上说到的均为一般情况，实际操作还需以主播个人的感受和喜好为主。

Step 4：分层停顿

按照之前准备阶段的文字稿处理对意义段的层次划分，主播在正式录制中应该在不同层次之间进行停顿处理。

一个层次为一组音频，深度报道类的文章通常都有几个小标题，因此一篇稿件一般会出现 3～4 组音频。这主要是为了在后期音频制作中能够更好地在不同组音频之间调整 BGM 的音量大小和变换 BGM。

每组音频的时长可为 2～5 分钟不等，最好不要超过 8 分钟，过于冗长且不停顿的音频，会降低听众的听感质量，让听众感到疲惫。

与此同时，在每个分层之间停顿时，主播也可以进行短暂的休息，或在中段检查自己已录制完成的音频，根据录制情况调整后期的录制节奏，避免因为长时间的录音而造成的声音状态不佳或录制节奏过快，影响音频质量。

Step 5：留意波形变化

在录音过程中应该时刻留意录音波形变化，及时调整因主播的声音变化、身体移动引起的音量过大或过小的现象，保证录音电平在有效的范围之内。

如果波形图突然出现异常情况，往往是录音设备自身出现问题，一定要即刻停止录音，对录音设备进行检查。

Step 6：录音中读错了怎么办

最常见的有两种解决方式。

第一种，即刻暂停录音，将读错的句子或段落选中直接进行音频置换，在原有的音频上直接录制新的音频。

第二种，不暂停录音，在读错后以轻咳或“对不起”“错误”等约定语标注，以此为界限在后面将读错的句子或段落重新录制，全程不对读错内容进行删改，待到后期音频处理时直接按照标记对读错的内容进行剪除。

这两种处理方式没有好坏之分，整体而言，第一种方法能够保证音频的完整性，因为读错的部分已经被删除或修改，但是较为浪费时间，同时因为需要主播即刻暂停录音手动调整，无法保证播读状态的持续性。第二种方法虽然将读错的部分仍然保留在音频内，但是读错后有约定语或约定行为进行标记，可以节省时间，也能够较好地保持播读状态。采取这一方法必须尽快对已录制素材进行处理，否则会忘记素材文本和剪辑的顺序，增加剪辑难度。

（四）检查阶段

Step 1：调整进度条筛查

干音录制结束后，应养成对所有音频进行检查的习惯，出现问题及时进行调整或者重新录制。

如果在音频制作期间发现干音问题再进行返工，此时由于主播已脱离播读状态，重新录制的音频质量和效果将会大打折扣。

录制过程中留意的波形图，在结束之后仍需要进行二次检查，确保波形图在正常的电平范围之内，没有异常的高频波峰和波谷出现。

当然，最好的方式就是从头至尾将录制的音频进行播放检查，但这样耗时较长，如果一天需要录制多个音频，经常会出现不必要的时间浪费。

所以，我们可以在检查波形图的基础上，每间隔 45 秒推拉进度条随机检查，检查的每段音频均未出现问题，且波形图一直保持正常水平，那么这条录音就视为合格，可以进行下一步的制作。

《3 分钟带你玩转 Au》（视频制作沈思宇）

在调整进度条筛查的过程中，我们应该着重观察音频声音大小、吐字清晰、混响效果等方面，一旦出现问题应该及时补救或重新录制。

Step 2：储存备份

干音作为完整的音频文件中的主体部分，对整个音频制作的流程而言至关重要，而且由于其均为人声录制，一旦出现丢失或者遗漏，往往会给后期的音频处理带来很大的麻烦，延长制作周期。

所以，主播在录制完成后应对所有干音进行备份储存，统一保管。这样即使源文件丢失仍能够用备份文件进行后期处理，可以避免出现反复录制的情况。

四、剪辑软件 Au 的上手与使用

Adobe Audition，简称 Au，是一款专业音频编辑和制作软件，可提供先进的音频录音、混音、编辑和效果处理功能，能够很好地处理日常中的录音或是音频文件等，为我们制作出音质饱满、拥有细微细节的高品质音频。

由于音频的呈现形式是非常特殊的，缺少画面的冲击，仅凭声音来传播信息、联系听众，因此在吸引力上想要将音频做出彩是存在一定难度的。

那么，如何让一段人声干音完成向音频作品的华丽蜕变呢？这就需要利用 Au 软件为文本录音，为音频进行后期制作，增加 BGM 和音效，使之用丰富的表现形式贴合文本作者的创作意图，获得听者喜爱。

接下来我们将会还原《射洪秘境里的军工厂》这篇软新闻类新闻故事在音频部分使用 Au 制作的过程，用最短的时间让你了解怎样录音，怎样为干音降噪，怎样做版头版尾语，怎样选择 BGM，怎样推出成品，干货满满且上手简单。

现在，你可以打开 Au 的界面和我们一起开麦啦！

第五节　短视频新闻的剪辑与制作技巧

有了上面分享的文字报道写作思路与创作结构、音频新闻文字稿写作与录播技巧，我们将这些方法运用到视频的脚本写作与剪辑思路上也会更加清晰。

短视频新闻按照呈现方式划分，依然没有脱离画面（视频/图片）、文字（解说词/旁白）、声音（同期声/画外音/垫乐）三大元素，但它比电视新闻更加注重新闻点、情绪点与可看性，这是短视频新闻的有限时长和用户体验所决定的。

因此，我们需要在最短时间内抓住用户的注意力，往往事件主题、叙事手法、典型画面与剪辑节奏是决定性因素，即所谓“选题向上，爆款向心”。视频创作从来就不靠单方面、单一元素的“单枪匹马”，它需要的是一整个团队——画面、文字、声音、不断进化的剪辑技术以及创意与情感艺术的“里应外合”。一台电脑，一个脚本，一段素材，一个奇迹，我们这就相互成就，化素材为神奇吧！

一、如何做好素材的剪辑准备

融媒体时代的记者一定是一专多能的，要“身兼数职”完成视频的采访、拍摄、脚本写作、剪辑等工作，这要求每位视频记者都具备独立完成任务的能力。因此，完成前期的外采拍摄后，要马上整理素材，进入视频创作这一关键步骤。

（一）对不需要的素材进行筛除

整理素材其实也是打腹稿，对自己拍摄的所有镜头做到心中有数。否则后面剪辑时各种要使用的素材会越堆越多，整理起来就是一项艰巨的任务，形同乱麻。

在整理的同时也是对自己拍摄的素材进行了解，要有意识地记住一些好镜头、精彩画面，标注时码，方便后期剪辑时能直接找到。

有经验的记者在剪辑之前会完整地浏览素材两遍。

比如有些镜头重复了，在对比之下会选择拍摄得更好的镜头；有些镜头摇晃得太厉害，观感极差，也会选择不要；没有任何意义和内涵的镜头也是不需要的。

这里建议将筛选出来的视频放在一个新的文件夹里。但暂时不需要的素材也不能着急删除，应暂时存放在另一个文件夹里，万一还需要呢！

（二）对选好的素材进行分类

根据短视频新闻制作的类型对素材进行分类。如果是制作一条时长 3 分钟之内的短视频现场新闻，那么素材分类相对简单一点，可根据事件现场场景、主要采访对象、次级采访对象、细节四个方面对素材进行分类，并新建 3～4 个文件夹。

以 2021 年中国新闻奖的短视频现场新闻三等奖作品《“活过来了！”19 天，456 个小时，我们终于救活了他》为例，记者全程跟拍 4 小时，拍摄了 100 多条素材，但成片视频时长只有 1 分 25 秒，其素材分类有 ICU 现场场景、撤机前医生叮嘱、患者反应、撤机后医生惊呼四个维度的素材。

《“活过来了!”19 天，456 个小时，我们终于救活了他》

如果是短视频专题报道，带有明显的策划性、深度性与艺术性，时长在 3～8 分钟，视频素材更多，则更需要分类建立文件夹，可从故事地点、故事主人公、群像人物、活动过程、现场细节、空镜头、他人提供的资料等方面分类，并新建 6～7 个文件夹。

同样以 2021 年中国新闻奖媒体融合奖项参评作品《短视频｜小裤脚教授》为例，记者持续跟踪长达 16 个月，但成片视频时长仅 7 分 30 秒，大致从故事地点（人大校园到三个村庄），故事主人公丛志强的个人经历，群像人物各种村民，活动过程包括做的三件具体事情，现场细节包括特写、家畜点滴画面等，空镜头包括航拍、村庄环境等，特效包括动画、贴纸等六七个维度建立分类素材。

《短视频｜小裤脚教授》

（三）建立分类文件夹，好的镜头标注时码

在对素材进行分类时，人物精彩的同期声、精彩的画面、打算要用的镜头都要标注时码。基础时码是 6 位数，代表小时、分钟和秒数，比如 012133，指打算使用从 1 小时 21 分 33 秒开始的素材。以一段 40 秒的素材为例，基础时码就是代表分秒的 4 位数，如果打算从第 24 秒开始使用，其时码就是 0024。

一旦标注好时码，就容易找到要用的镜头素材。

（四）先粗剪，再精剪

在导入 Pr 剪辑时，可直接导入分类出来的文件夹。也就是说，在 Pr 的素材库里也是整理好的素材，可根据分类进行素材的选用，把标注有时码的镜头提取出来，这样找寻素材的路径清晰又高效。

先将选好的素材进行一次粗剪，将新闻事件的大致顺序、叙事结构理清楚，形成一个大致框架后，再根据视频主题、视频脚本进行精剪。

精剪时需要细微调整每一个部分，包括片头、导语、正文、同期声、画外音、结束语、片尾，添加垫乐、转场效果、字幕、特效等。

二、灵气的主题构思与脚本写作

由于短视频的创作需要灵活快速、专业高效，要考虑到媒体自身的两微两端、视频号分发，以及其他短视频平台如抖音、快手等的传播规律、节奏，因此在制作短视频新闻时，一定要有一个鲜明的主题，能清楚提炼出新闻亮点，并能根据新闻事件发生的线索或新闻故事发展的情节浓缩画面精华，呈现精彩瞬间，剪辑并讲述出有亮点、有爆点的短视频新闻。

在进行素材分类时，就要开始思考视频的主题，提炼出新闻亮点，并构思视频的脚本（或称文案），梳理叙事结构与剪辑思路，完成脚本写作。

（一）短视频现场新闻的主题、叙事结构与脚本

1. 清晰量化主题

短视频现场新闻的主题与硬新闻类文字报道中的简讯、消息、现场目击记的写作方式是相似的，以陈述事件的事实为主，因此主题应尽量清晰量化，在

脑海里要能形成一条一句话的新闻。

而主题就是从这句话中提炼出的一个至两个新闻点，放在视频的大标题上，用户也一目了然，看完就能知道发生了什么事以及产生了什么影响。

可以说主题就是大标题。我们可以从2021年第三十一届中国新闻奖的短视频现场新闻获奖作品一窥精髓。比如《地震瞬间，她们抱出26个新生儿：要把孩子的安全置于我们之上》《致敬最可爱的人①｜泪目！86岁志愿军老战士含泪向四位老首长敬礼》。

2. 倒金字塔叙事结构

短视频现场新闻的叙事结构一定是按照倒金字塔的结构来实施的，同时这也是你写作脚本的思路以及剪辑片子的思路。

它与写作文字报道的结构一致，唯一的区别就是文字更精短，因为有画面来展示信息。

在导语段，把最有新闻价值、最精彩的内容放在片子的开头，用最精练的语言直接告诉用户发生了什么事以及产生了什么结果。导语段的解说词（口播词）一定要简短、精练、口语化，切忌原封不动照搬文字报道的导语。

新闻主体段简称正文段，是对导语涉及事件的进一步解释和扩展，简单补充事件经过及原因等，添加并扩充一些细节，还可扩充相关的其他信息。正文段出采访对象的同期声或画外音时，一定要短小、简洁、精彩、有趣，切忌使用一大段同期声或画外音等。

在结束语段，可用一两句话的解说词（口播词）提炼总结，或直接用一两句同期声或画外音说出看法或感受。

3. 视频脚本

短视频现场新闻的脚本写作相对来说比较简单，也比较模式化，我们以2021年10月26日澎湃新闻记者王文娟的一条短视频现场新闻《荆州一彩民中859万元大奖，彩票店主：中奖者很淡定》（见图5-14）为例来说明这一问题。

视频脚本

时长：55秒

标题（两个新闻点）：荆州一彩民中859万元大奖，彩票店主：中奖者很淡定

【导语】段

0001 近日，湖北荆州（出地名条）。一注体彩大乐透一等奖诞生在汉河镇一体彩销售点。购彩者购买“6＋3”复式票，收获奖金859万元。（出字幕条，13秒完成新闻爆点）

【正文】段

0014 采访人一：陈远才，彩票站点负责人（出人名条）

【同期】

他也不是老买，他是经常买一点，他昨天机会好，撞上啦！他现在心情蛮稳定，没有慌慌张张，看着跟没中奖一回事。

0036 次日一大早，几名彩民来到彩票店购买彩票，称想沾沾喜气。（出字幕条）

0042 采访人二：彩民（出人名条）

【同期】

我们天天买，大奖出来我们买得还要多些了。（45 秒时完成新闻主体段）

【结束语】段

0046 采访人三：彩民（出人名条）

【同期】

心情无比激动，很难呀这个奖票，这个一等奖真的是很难很难的。（片尾出摄制人员字幕，即 cast，55 秒结束）

《荆州一彩民中 859 万元大奖，彩票店主：中奖者很淡定》

图 5－14　澎湃新闻短视频现场新闻截图

（二）短视频专题报道的主题、叙事结构与脚本

1. 人文化主题

短视频专题报道（含微纪录片）是对一些有典型意义和较高新闻价值的人物、事件、生活故事等进行深入挖掘，其主题立意得有高度，内容得有启发性和温度，画面呈现得有深度与艺术性，通常聚焦在一个个体，以个体的小叙事来升华主题，让有情感、有意义的主题“落地”。

与短视频现场新闻注重事实传播，使用直截了当的叙述方式不同，短视频专题报道兼具故事性、戏剧性和艺术化表达，需要依托真实生活场景和时代背景、文化背景等提炼出一个鲜明、响亮的人文化主题，将特定的人物元素、情节元素等进行抽取、删减和组合起来，再进行加工创作。它实现的是从事实传播到情感传播再到最后的价值传播三个维度。

比如，前面提到的“小裤脚教授”视频，提炼出喜欢把裤脚扎进袜子里的“小裤脚教授”从志强这一新奇、智慧、有爱的人物形象，以第一人称的视角（内视角），通过他在三个村庄动脑筋做实事的小角度，村民（外视角）从消极对待到积极反应的转变，来切入“艺术振兴乡村”这一深具内涵和意义的重大报道主题。

我们还可以从 2021 年第三十一届中国新闻奖短视频专题报道获奖作品的标题获得启发。比如《无胆英雄张伯礼》《说“彝”解字：这间“房”有丝也有粮》《黄河十二时辰》《微视频｜雄安·塔吊下的日与夜》。

2. 正金字塔叙事结构

和其他讲述故事的文本形式一样，专题报道也有一定的叙事模式和生产框架。

最常用的叙事结构还是正金字塔结构，其与写作文字报道的新闻故事方法相似，按照故事发生的时间顺序来组织素材、串联情节，仍是以时间、地点、人物、起因、经过和结果为主要的六大构成元素来叙述故事。

（1）时间要素为叙事线。

通常短视频专题报道中的时间信息不需要太过明确，但创作者在创作过程中需要清楚故事发生的时间线，需要体现清晰的时间逻辑，有开头、发展和结尾，让用户在观看视频时有一定的时间概念，清楚故事的来龙去脉。

而时间要素就是你最好的叙事框架，可以把它比作叙事线。用引子式的导语开头，接下来的正文段就是按照故事发生、发展、高潮的时间顺序来叙述情节。具体可采用我们前面学过的时间点顺序法，时间点 1—时间点 2—时间点 3……

集中在一个阶段，把握每一个关键时间点，一步一步推进，比如《短视频｜小裤脚教授》，集中在主人公从大学校园走入三个村庄所发生的事情以及变化，在驻村 120 多天的时间里，依照时间更替的节奏依次展开故事的叙述，直到最后的成功高潮。

在《人民日报》客户端《中国 24 小时》系列专题片中，是以 24 小时为维度，选取每一小时为刻度，以一天里的时间变化为叙事逻辑主线，来展现每个时间节点上的中国人生活与中国故事的。

我们也可使用时间框架顺序法，以现在—过去—现在—将来为顺序，通过蒙太奇剪辑手法来改变时空叙事，在现在与过去之间来回穿插，时空交替深化故事，最后还可以从现在展望未来，形成高潮。

比如我们下文即将看到的新闻故事《故事人生｜“红尘”滚滚》，抓取人物红尘人生中最重要的几个时段，有现在的，有过去的，交替叙述，凸显人物的性格与魅力，最后涉及未来的结尾，渲染情绪，形成高潮。

(2) 地点要素为故事场景。

这里的地点要素，除了呈现真实的地名、处所、位置，还包括生活场景、周围环境、自然景致、气候季节更替、不同空间等，将“什么地方”变成故事发生地的场景或社会背景，用各种生活的画面、氛围建构起用户对地理、时代环境的认知以及鲜活、真实的生活感受。

如果说时间要素是一条在绵延的叙事线的话，那么地点要素就是停留在线上每一个关键节点的场景地与纵深地，对于烘托故事氛围至关重要。同时，地点、场景的选择要与故事的发展、人物的形象以及情绪点适配，以起到推动故事情节发展的作用。

在视频《每一帧都有力量！中国 24 小时 · 天道酬勤》（见图 5 - 15）里，按照人们一天的生活节奏，选取了每个时间节点上最具代表性的场景，从凌晨 5 点环卫工人清洁城市开始，早上 6 点小吃摊开始营业，上午 9 点校园里传来读书声，下午 5 点车水马龙的公路上交警执勤，晚上 9 点空军战机夜航训练，到凌晨 3 点祖国边陲的军人驻防，24 个不同地方、不同特色的可观可感的日常场景，燃起的是人们的共情与共鸣。

《每一帧都有力量！中国 24 小时 · 天道酬勤》

图 5 - 15 《人民日报》客户端《每一帧都有力量！中国 24 小时 · 天道酬勤》截图

(3) 人物要素为故事主角。

人永远是专题报道叙事六要素中的核心元素，在视频里，“什么人”变成了故事中有血有肉的人物或主角。人物既是承载叙述视角、串联叙事逻辑、呈现故事内容、推动情节发展的重要支撑，也是需要创作者精心打造、重点刻画的灵魂所在，正如作家高尔基所说，“一切文学都是人学”。我们要从聚焦每个人都切实可感的小视角出发，营造出一种强代入感与共情感，引导人们发现自己内心的“燃点”。

在专题报道中，按功能划分，主要有承担叙事功能的主要人物，这需要创作者费功夫去着力刻画人物的形象、性格、思想、情感等；同时也有不承担叙事功能的次要人物，他们常以主要人物的知心人、同道者甚至反衬者的形象出现，与主要人物构成对手戏或在故事中起帮衬、起伏作用。

在故事型短视频中创作者李子柒建构起了中国传统乡村生活与田园女子聪颖、勤劳以及邻里乡亲和睦的形象。

在澎湃新闻获国家广播电视总局“2019年度优秀短视频”的“大国大桥”系列专题报道（见图5-16）中，不仅讲述了大国工程的高精尖技术、令人振奋的建桥故事，更将镜头对准大桥背后的建设者，他们创造奇迹背后的智慧、情感、艰辛和付出的各类形象，给当地人、旅行者生活带来的巨大变化，这些人物在短视频内容竞技场上都有着较高的辨识度和较大的优势，由此可见人物塑造在故事中的重要性。

图5-16 澎湃新闻“大国大桥”系列短视频新闻之《坝陵河大桥：370米，世界最高蹦极》截图

《坝陵河大桥：370米，世界最高蹦极》

（4）情节要素为故事经过。

情节主要是指事物之间具有因果关系的对事件的描述，一般包括开端、发展、高潮、结局四部分，有的还包括序幕、尾声。在短视频专题报道中，新闻元素“为什么”变成了故事的动机、缘由，“如何”变成了怎样发生的，即经过、过程及结果。

通常，故事情节是按照时间顺序的框架来展开的。由于短视频专题通常有3～10分钟的时间限制，要想讲清楚一个故事，就得交代一下故事的前因后果。由于起因是人物行为、情节发展的原动力与支撑力，因此创作者可多问自己几个“为什么”，以加强故事叙述的逻辑性。

要点一，把控中心的与从属的情节叙述法。

“经过”要素是报道的情节主体，要在短短几分钟内讲清楚故事的发展经过，就需要用时距的方法精简叙述，除去可有可无的枝蔓情节，保留最精华的那一两部分。

在情节中，每个叙述部分都承担着不同的功用。要挑出对人物的行为、性格或命运产生影响的关键细节放入过程中，对与报道中人物行为无关的、多余的或不能算作有意义的叙述部分要舍弃，如法国结构主义叙事学家罗兰·巴尔特所说的“中心的”和“从属的”两类不同的叙述部分。

中心事件是核心部分，是主线，通常处于情节发展的中轴线上，是推动故事情节向前发展的必要环节。中心事件要一环套一环，一步紧跟一步，能引起观看者不断往下看。

从属的可以称为辅助部分，是陪衬，可对故事情节向前发展、对主要人物形象塑造、对烘托场景气氛起到一定的“绿叶”作用，这样才能有叙事节奏的轻重取舍，才能丰富、深化故事的情感和意义，而不仅仅是中心事件的单一叙述、固定重复。

在《短视频｜小裤脚教授》视频中，小裤脚教授丛志强在三个村庄教村民用艺术美化、建设乡村是情节主线，但视频着力叙述和呈现的是小裤脚教授在第一个村庄葛家村的经历，即他和村民同吃同住，用创意设计唤醒村民的老手艺，让葛家村成为全国“网红村”的故事，这是承担叙事功能的主要部分。而在第二个村庄城杨村、第三个村庄定汪村则讲述提速、剪辑提速，让“有用、能赚钱”这一艺术设计赋能乡村的务实理念能够普及到其他村庄去，这里的辅助部分不再是重复讲述丛志强的经历，而是讲述让更多村民主动去干，参与其中变身为“艺术家”，成为带动乡村致富的主力。

从整个叙事而言，如果能够很好地把控中心的情节与从属的情节，使之相辅相成，则不仅能不断加大故事张力，有效演绎故事的因果关系，还能强化用户观看中的期待心理，让故事自带一种不可抗拒的吸引力。

要点二，把控好叙事时距。

这里，还有必要强调一下用于“经过”要素的叙事时距，它指的是故事实际上发生的时间与创作中叙事时间的距离差。短视频由于自身时间篇幅的限制，不可能 1∶1 真实还原事件的整个过程，因此创作者往往会通过蒙太奇的剪辑来改变叙事时空，利用浓缩的时距来把握故事的叙述节奏。

比如，在李子柒的系列短视频中，多次利用叙事时间短于实际时间的时距技巧来加快阶段性的叙事节奏。在《手工酿造酱油》视频中，事件的自然时间跨度近一年零五个月，从第一年的清明到第二年的秋分，但视频对原始素材进行了取舍和“策展”，中心事件是从黄豆播种、生长到收割、晾干，从浸泡、蒸发到制曲、制酱胚，从过滤、提纯到熬煮、装罐等手工劳作步骤，仅用 8 分钟的经过叙述，为用户呈现了一道传统、精致、有趣的中国美食。

同样，小裤脚教授是在 600 多天里，行程超过 12 万千米，带着团队去不同的地方探寻艺术振兴乡村的新路径，而甬派客户端的视频浓缩在 7 分 30 秒的时间里，以三个村子，重点集中在第一个村子，节奏分明地讲述了一个心中有爱有智慧、脚上带泥的新知识分子把论文写在广阔大地上的故事。

最后，情节叙述中的结局，或者称为结果，是需要创作者去好好升华、渲染的。一个好的故事，其结局会给观看者留下非常深刻的印象。在《短视频｜小裤脚教授》视频中，结局是更多村子找到了方向，村民自己成为振兴乡村的主体。

结局可以是情节自然发展形成的，主人公解决了矛盾冲突，或战胜了阻力，也可以有一个反转或意外，比如放弃了努力、失败等，不管哪种结局，都必须要有前面故事情节的铺垫。

3. 视频脚本

短视频专题报道在时间框架与叙事逻辑方面，主要还是按照正金字塔结构即事件起因、经过和结果，通过时间、地点、人物、情节这四大要素来架构起故事的完整性框架的，而这也是故事叙述脉络的重要板块，视频脚本（文案）亦由此来产生。

创作脚本（文案）的内容，既要体现报道的主旨，也需要呈现视听元素。尤其需要反复锤炼文句，简洁生动地表情达意，注重串词与画面、垫乐之间的自然衔接与配合，这样才能使用户在观看视频的同时体会到文字带来的美感与安抚力。

尽管短视频追求的是视觉中心主义，但专题报道的框架、逻辑和要素，一定是优质短视频内容创作中的硬核部分。同时，在制作时还需要通过画面、字幕、音效等方式予以全方位展示。

我们可以从下面重庆广电第1眼客户端的《故事人生｜“红尘”滚滚》（见图5-17）的脚本予以全面体会。该视频曾获“新浪微博全国高校校园微博优秀案例奖”。

视频脚本

片名：“红尘”滚滚

记者：袁梦 朱波

时长：8分15秒 **（注：编号为剪辑时的素材时码）**

——导视——

【导语】在全世界14座8 000米以上的高峰中，有10座在喜马拉雅。这座东西绵延2 400公里的山脉，如今已成为全世界的登山者、徒步者向往的圣地。旅途中，你会为雄伟的风景所震撼，也会感知每一份相逢的温暖。

【视频】去往卡拉帕塔看珠峰日出（呼吸急促声多保留几声，入画外音）

画外音：

012133 一个是高海拔 你的设备带不上去 你呼吸很困难的时候 肯定镜头端不住

【视频】海拔5 300米的高寒植物，最后一天（0330 呼吸声人脸转到雪山，入画外音）

画外音：

012305 我十一年的时间去了五次 看着我在那围着喜马拉雅山打转

——正片——

【正文】红尘，重庆工商大学教授，但她更喜欢自己的另一个身份，非虚构写作作家。

【同期】书桌前

012323 尼泊尔香气 印度瑜伽圣地密码 这些都是关于喜马拉雅南坡的 接下来是喜马拉雅北坡的 西藏和新疆

【正文】23 岁进入媒体行业，经历了 13 年的沉淀之后，红尘有了创作的冲动。2006 年，她转行成为一名大学老师。她想过上自己理想的生活状态：一半时间在路上，一半时间在书房。

【同期】分享会

3946 我写了五年 一千公里//我把它分成了四个章节 四个旅程 也是四种不同的生活故事

【正文】耗时五年的最新作品《珠峰鼓手》，背包徒步 150 天，1 000 公里，尼泊尔的 10 万雪山（可用视频去往珠峰大本营过渡一下），世界最深的峡谷，最好的徒步圣地，一路上的相遇，他们各自精彩，各自有故事（可用视频《夏尔巴家庭客栈》《吹长笛的高山向导》和《夏尔巴背夫唱歌》）。

采访 红尘

015115 人才是我们整个生活中构成的故事中最打动我们的。

【正文】要到达珠峰大本营的唯一方式，就是和向导、背夫一起徒步翻越数不尽的山脉。他们用最善良、最真诚的一面，帮助你完成你的徒步旅程。他们认为这就是他们的职责。

【红尘朗读】（用电子书版慢放+照片）我的“盖”始终走在身旁，也不多言多语，是那种内心很宁静的男人。他穿着红黑色的 T 恤，皮肤棕色，1.75 米的身材瘦削得如同一根竹竿，而鼻子却高得有如鹰钩。

采访 红尘

015143 他就像你一个贴身的//忠实的一个（朋友）//帮助了我//我困难的时候失温//那个时候他蹲下来帮我洗脚 我从来不敢想象 在那个时候就是救了我的命 揉搓让整个身体血液流通起来

采访 红尘

015445 我们只有三天的时间就要走完了 那个时候我就中毒了 过敏了整个身体//我是一个特别倔强的人//他就坚决不同意 他就连夜要回去 回到有医疗条件的地方//015328 他就是特别地专业 他不会放纵你和骄纵你

【正文】旅途中，美好的友谊都是生死历练出来的感情。生活中，知心的伴侣，才是“天高任鸟飞”坚强的后盾。

【同期】两人调侃

021031 我读书的时候特别小 十六岁进大学 我们是在注册的那一天认识的 然后呢我在前面排队 他排在我后面 他一看我注册的那个单 啊 他说你怎么那么小//我回头一看 我说你怎么那么大 他二十岁 他说他考了三年

021325 她就是个小女孩

021252 因为我母亲画画 我就对画画的特别关注 021115 我就觉得他真像我的哥哥一样 然后我们就哥哥妹妹了一辈子

【正文】红尘的老公是位画家，夫妻二人都需要外出收集素材的时间，安静创作作品的空间。步调一致的生活节奏，让两人完美契合。

【同期】和老公

010043 我们两个生活空间都是分开的 他的一个小的在家里的小画室//我在客厅那边 有窗户可以看得见外面 010120 我们以前的家叫左一虹右一红工作室（笑声）010136 这就是一个最和谐 最愉悦的//他叫煮饭公公我叫洗衣婆婆

采访　红尘老公

021745 我多做点她就少做点 就没有哪个去计较//没得家务上的矛盾的 因为我好像没有什么事情我不会做

采访　红尘

014024 我先生给我每次说得最多的话就是 不要太节约 因为背包客在路上是很节约的 然后钱不够了 卡上会给你打钱过来的 然后呢注意安全 如果遇到意外 那些都是身外之物 你都可以放弃

【正文】而红尘骨子里这种“流浪”的天性，无疑是遗传了自己的母亲。

【同期】妈妈的画

023804 这是《金刚经》//十二米 023941 这是纯金粉写的《多心经》《多心经》是二百八十五个字《金刚经》是五千一百三十九个字 024003 就像你在创作的时候//你会忘记你的疼痛

【正文】2012 年，红尘的母亲检查出肺癌晚期。红尘陪着她在医院整整搏斗了 8 个月，眼睁睁看着她经历了 6 次痛不欲生的化疗。当母亲病情渐渐稳定，红尘的内心也很矛盾，一方面是梦想在召唤，重返尼泊尔，尽快完成写作，另一方面是陪伴的责任。

采访　红尘

013918 我特别愧疚 我觉得要离开她 她说你去 她说我现在可以画画你去做你最喜欢做的事情 013935 一个母亲对你的爱不仅仅是给你煮一下饭什么之类的//她就是那么理解支持和包容你 // 她就亲自把我的裤边 以及我的背包 全部用针串了一遍 我就背着我二十五公斤的背包出发了

（入音乐+红尘在旅途中的照片图集）

入画外音：

024512 她给了你一生的财富//创造力 那种智慧 还有她那种包容和坚持

024543 我希望来生的时候 我来做母亲 她来做女儿 我来照顾她 我来生育她 我来为她遮风挡雨

【结束语】红尘说，她现在最大的心愿，就是有一天，背负着家人沉甸甸的爱，返回到全世界最高的学校，去做一名志愿者，来一场“义工旅行”，用自己的力量帮助曾经帮助过自己的人。

《故事人生｜“红尘”滚滚》

图 5-17 《故事人生｜“红尘”滚滚》截图

三、短视频剪辑与制作的硬核技巧

好的视频作品都需要精耕细作，有了提亮的主题、清晰的叙事结构、完整的脚本（或称文案），后期的编辑与剪辑，同样也应该是创意工作。剪辑不仅仅是个工具和技术活，剪辑者对成片的贡献，要体现在逻辑的构建、视听的审美上，要按照新闻事件发生发展的逻辑呈现精彩瞬间画面，要剪出风格与节奏。

人民日报社新媒体中心编辑王靖远，作为主创代表在2020中国新媒体大会上分享了第三十届中国新闻奖媒体融合奖项一等奖获奖作品《中国24小时》的创作感受：

剪辑对于短视频的作用，《中国24小时》的整体架构分为24小时叙事部分、文案转场部分、情绪升华部分。剪辑有两个地方需要格外注意：一是24小时叙事部分不能做成流水账，要通过镜头和节奏的变化，塑造出凌晨的安静、早高峰的繁闹、黄昏的悠闲、深夜的坚守等情绪区别；二是升华部分需要在画面情绪上压得住叙事部分，阐释作品主旨。

所以剪辑师要从视觉角度重构文本叙事逻辑与信息，从整体思路上进行谋划布局，从创作者的角度与文案一起参与前期工作。[①]

下面我们将具体从每一个部分详细讲解短视频剪辑与制作。

（一）短视频的封面图制作

刷视频，我们第一眼看到的是什么呢？

封面图和标题！这是最快传递给用户的信息。在庞大的短视频信息流中，封面图的吸睛度、冲击力、情绪性、直观性都是视频抓人眼球的重要手段。

第一帧的封面图对播放量的帮助是很大的，一定要在封面图上下功夫才能让用户停下来看你的视频，最好不要随意截图或由机选截图。

一张好的封面图能吸引用户的注意力，用户可以快速判断视频内容，甚至眨眼间流量就蹿升了。千万别忽略封面图的制作，我们可以采用以下几种手段抓住用户的眼球。

1. 抓取进行时，凸显现场感

短视频最大的特色就是现场感，尤其是各种突发新闻事件、民生新闻事件的现场视频。

尽管封面图是静态的，但我们可以通过一些技巧来表现出动态感，一个正在发生的行为动作，有冲击力的凝固瞬间，或者醒目的、对比度高的、有明显色彩对撞的画面，都能体现视频的属性，起到抓人眼球的效果。

比如，图 4－6 截取新冠疫苗接种现场有蜂群，消防员赶到用火喷的瞬间；广昆高速两货车追尾起火，路面烧出一个洞的浓烟火光画面。

图 5－16，红铁色的坝陵河大桥，一个正在 370 米高、世界最高蹦极桥上往下跳的身影。

封面图要最大限度地呈现出现场的震撼场景，以便最快传递出新闻事件本身的信息量。

2. 人物情绪化带入

首先，封面图应尽量包含新闻人像，因为包含人像的封面图点击率会高出平均值 35%左右。

其次，应该有亮点，当封面图出现人物时，他的神态和情绪十分重要，搞笑、喜悦、愤怒、悲伤、疯狂等情绪和肢体动作可以让用户更有代入感。

比如，图 4－10 中，寒门女孩考研成功，患病父亲弯腰小心翼翼对录取通知书拍照的样子，女孩笑得一脸灿烂的样子；又比如，图 5－18 中，刚完成太空旅行的美国企业家坠机身亡前留下的笑容。

---

① 刘镇杰，王靖远．《中国 24 小时》里，总有一帧戳中你：浅谈《中国 24 小时》系列微视频的创作传播策略［J］．传媒评论，2020（12）：9－11．

《13 岁男生离家出走，武汉“95 后”民警两局王者荣耀劝回》

《30 天前才完成太空旅行，美国 49 岁企业家坠机身亡》

图 5－18　澎湃新闻的视频封面截图

3. 截取监控图或标记处理

尽管监控图片不太清晰，但有时可通过截取监控画面作封面图给人制造第一场景的真实感。比如，图 5－18 中的《13 岁男生离家出走，武汉“95 后”民警两局王者荣耀劝回》所用的监控画面。

如果封面图中元素较多，可用方框、圆圈、箭头、文字等在封面图上做出醒目标注，方便用户快速读图，比如图 5－19 中的标注等。

图 5－19　澎湃新闻封面图标记截图

4. 画面要正，把控封面图尺度

无论是用人像还是动物，一定要尽可能保持垂直于水平面。也就是说，画面要正，如果是倾斜的就会让人视觉上感觉很不舒服。

避免血腥、暴力、重口味、恶心等易引起用户不适或未成年人不宜浏览的图片出现，避免大尺度的与性相关的图片出现。媒体不能为了吸引流量而做封面党，应坚持新闻的伦理道德、价值底线、社会责任感和职业操守。

5. 与标题匹配

视频的封面图是与标题同时出现的，起到互相映衬、补充的作用，因此二者之间要匹配。比如，广昆高速两货车追尾起火，封面图应截取燃烧瞬间的一帧画面。

（二）短视频的标题制作

标题是新闻的“大眼睛”，短视频新闻也不例外。视频标题与文字报道标题的制作有相似之处，应尽量使用精练短小的文字，不能直接把长标题写进封面图，文字过多反而累赘，不能突出重点。

但它们也有一个区别，视频与文字报道相比最大的特色是直观。因此，制作视频标题时要突出时间点，要能够强调现场感，要能够突出多种感官感受的要素。

1. 突出双新闻点，信息最好量化

这是短视频现场新闻标题的第一必杀技，几乎条条如此。比如图 5－18 中的《13 岁男生离家出走，武汉“95 后”民警两局王者荣耀劝回》，标题中的“13 岁”“95 后”“两局”等，清清楚楚地告知了用户事件的结果。

2. 强化时间点，突出现场感

比如，《30 天前才完成太空旅行，美国 49 岁企业家坠机身亡》，突出“才完成”这一时间要点，引发用户好奇心进而观看。

又如，《车祸现场，被困司机“淡定”吃着早餐接受救援》、《夫妻离婚开庭现场，法官抱起孩子边安抚边调解》（见图 5－20）。“车祸现场”“开庭现场”这些关键词强调了事件的现场感和状态。

再看 2021 年第三十一届中国新闻奖短视频现场新闻部分获奖作品的标题：

独家航拍！直击水龙与火龙艰苦拉锯

记者直击黄河岸边凌晨抓捕盗猎者 护鸟志愿者足迹遍布长垣等地

其中强调“独家”“航拍”“直击”等热词，增强了现场震撼感。

3. 突出多种感官元素

比如，《泪目！寒门女孩成功考研，患病父亲小心翼翼对录取通知书拍照》，“泪目”所凸显的视觉感官元素。

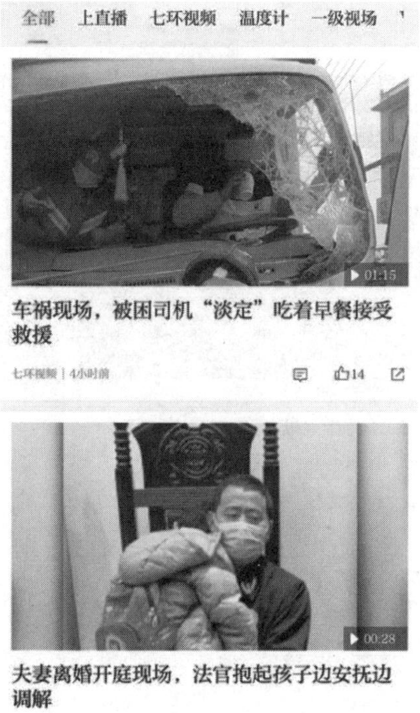

《夫妻离婚开庭现场，法官抱起孩子边安抚边调解》

图 5-20 澎湃新闻的标题截图

又如，《“活过来了!”19 天，456 个小时，我们终于救活了他》，“活过来了”所凸显的听觉感官元素。

以上谈及的主要是短视频现场新闻的标题制作。

对于短视频专题报道来说，通常不这样直白，更讲究标题的艺术性与人文情怀，凸显主题的思想和意义，通常是提炼出的一句接地气、精彩的话。

比如，2021 年第三十一届中国新闻奖短视频专题报道获奖作品《生死金银潭》《无胆英雄张伯礼》《老外看小康中国》《一个人的生产线》等。

（三）导语段字幕配合事件场景画面

1. 片头与片尾出现媒体机构的标识性 logo

比如，新华社、《人民日报》、澎湃视频、梨视频等，都会在片头或片尾有自己的专属 logo，在基本结构、视觉包装上保持整体风格的一致，加强视频产品的可辨识度，凸显权威性、媒介印象与媒介影响力。图 5-21 为澎湃新闻的 logo。

2. 视频导语段字幕比文字报道的导语段更简短

短视频现场新闻，要用简要直白的语言概括新闻内容，即出现 4W 新闻元素——时间、地点、人物以及相关行动（即发生了什么事以及结果），与画面同步。

同时出相关的时间条、地名条、人名条、导语字幕条，通常按照视线扫字习惯，靠左压底。

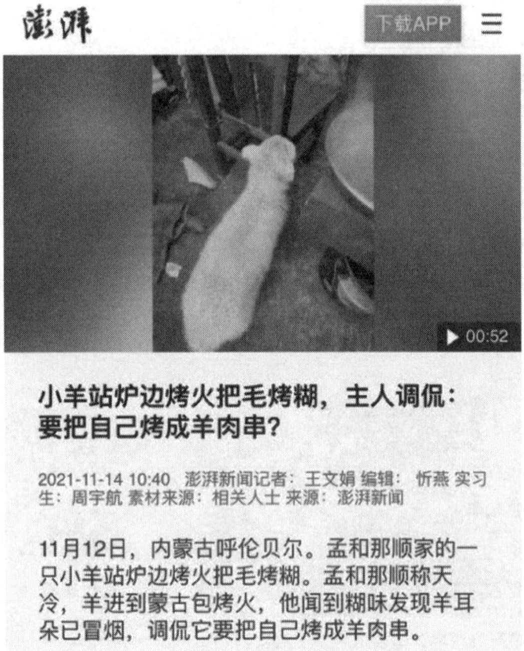

图 5－21 澎湃新闻媒体 logo 截图

如果导语段是以口播词（解说词）出现的，要将口播词降噪，字幕条居中压底为好。

短视频专题报道，通常有导视部分，即抓取出两三句主人公出彩的话放在导语前面作为导视，或选择几帧片花或提示性重点画面放在导语前面。

由于相对来说专题报道的时长要长一些，只有剪出精彩的画面放在开场，将信息点、兴趣点前置，制造悬念，才可以吸引用户继续往下看。

不管是哪种短视频，在前 30 秒内必须有一个爆点（或悬念）吸引住用户，把观看者的注意力吸引到即将播出的新闻内容上来。如果把视频亮点放在最后，大多数人是没有耐心看完的。完播率不高，效果就不好，视频也就白剪辑了。

注意将短视频现场新闻的字幕做一个底色，以让文字在动态的画面中更加醒目，便于观众一目了然快速识读。比如澎湃新闻的蓝底白字，梨视频的黄底黑字等，成了一家媒体的标识色。

短视频专题报道的字幕更讲究美感，不做底色为好，像出电影的字幕一样，以不影响画面的整体美感为准则。

字幕的字体大小适中，不用手写体或艺术字，宋体、黑体、俪金黑便于新闻信息的准确呈现。

字幕可放在画面的中部，也可靠左对齐，在画面的下部压底，距边线 2～3mm 的距离，像摄影摄像强调的构图一样，讲究视觉审美。

最后，出字幕时，从左到右横排的居多；如果是竖排的，按照中国人的阅读习惯，一定是从右到左。字幕切忌用黑底白字，那是讣闻用的。

图 5－22、图 5－23 是澎湃新闻客户端视频的字幕条案例。

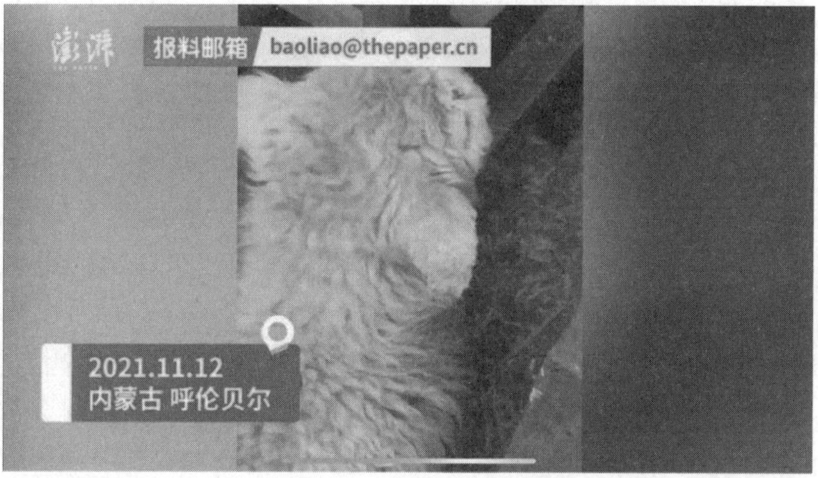

图 5－22　导语段出时间条、地名条

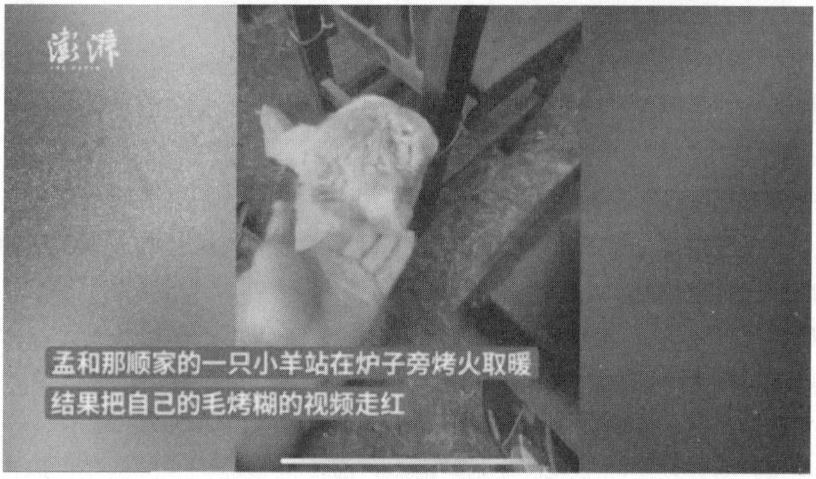

《小羊站炉边烤火把毛烤糊，主人调侃：要把自己烤成羊肉串?》

图 5－23　导语段出导语字幕（蓝底白字，靠左压底）

(四) 视频正文段的布局与画面重心

1. 关于布局

(1) 火箭发射模式。

一个短视频现场新闻的布局基本可以这样设定：导语段前 20 秒就出一个大爆点，把结果告知观看者；而在主体段，只需要简单叙述事件的过程，叙述中再挖出一两个细节中的小爆点，起到丰富、补充的作用。

在一个现场细节到下一个现场细节之间，用简短的字幕条或口播词串联，起到提示、过渡作用。

你可以把它想象为火箭发射模式，点火后，必须以第二宇宙速度逃脱地球引力，直接飞上太空。

（2）过山车式布局。

一个短视频专题报道的布局则比较复杂一点，你把它想象成在游乐场坐过山车，采用过山车式布局，其结构就很容易安排。

在导语段，就像坐过山车刚开始慢速爬升到第一个高点时，我们可以把它看成短视频的铺垫或悬念设置部分，在前 30 秒有一个小爆点，即精彩的小片花或导视部分。

紧接着，是过山车极速下降再急速上升到第二高点、第三高点的过程。这其实是一个令人情绪特别紧张的短视频主体段部分，1～2 分钟之内得有一两个故事的起伏，即情节的小高潮或爆点。

最后，过山车会再次起伏，直至升上最高点，我们可以把它看成故事情节的最高潮部分，或称为情绪、情感升华部分，是最后的那个大爆点，是故事的结尾，然后再缓缓淡出。

2. 关于画面重心

（1）口播词与画面信息。

写视频剪辑脚本（或称文稿）与写文字报道最大的区别，是所有内容都要按照视听语言的标准，得对用于文字报道的稿件进行提炼。

一般来说，视频剪辑脚本包括两部分内容，即口播词与画面信息。

这两部分内容有机地相互配合起来，才能完整传达一条视频的信息。如把所有文字报道内容一个不落地全部读出来，或者把想要通过画面来表达的场景和情形再念出来都是大忌。

口播词（或称解说词）要与画面核心信息结合在一起，构成完整的信息点，口播要符合口语化的表达。

如需加入提示性解说词，起到串联情节画面、过渡、转场的作用，应根据短视频新闻内容发展的实际情况调整语态，减少播音腔配音的使用，以口头语言为主，并能将所要表达的信息用最短的时间进行表达。

（2）充分运用画面信息与画外音。

画面信息的实景、实况，需要根据拍摄内容、表达主题对远景、全景、中景、近景、特写等画面的运用做出相应选择。

视频制作的分镜也有自己的标准，平均每分钟 8～12 个镜头，尽量做到切换步调一致，最短不少于 3 秒，最长不超过 12 秒。

画外音指视频中声音的画外运用，即不是由画面中的人或物体直接发出的声音，而是来自画面外的声音。旁白、独白、解说词是画外音的主要形式。

如果我们在短视频新闻尤其是专题报道中能添加一些画外音元素，则可以打破镜头和画面景框的界限，打破采访对象同期声过长的沉闷。切入的画外音往往与主题相关，以便于人们对事实能更详细、明确地理解，同时又能丰富画面的内容和表现力，增强视频的趣味与美感。

(3) 声音方面，人物同期声最优。

拍摄时摄录的同期声是最有用的新闻素材，对其进行有效利用可以缩短制作周期，是构成短视频新闻的重点部分。

同期声的核心是声，可同时展现画面，证明声音来源。同期声的关键是人物采访同期声。由于当事人的发音习惯和使用口头语言，在插入现场同期声的实况时，关键同期声要配字幕文字，以清楚传达采访对象的观点、看法等，便于观看者理解。

同时，如果人物采访同期声的音量较弱，要适当调高；如果环境声太过嘈杂而影响人声，要适当对环境声进行降噪。

出同期声时，也需要垫乐，音量适当减弱。

(4) 文字方面，做出提示或者重点表达。

如果画面配有字幕做出提示或者重点表达，字体需要适中，停留时间要足够长，以让人能够读完。

同时，提示文字需要标题化、词组化，人物身份要出现简短的人名条，以搭配相应画面。出字幕文字时，不用标点符号，用空格呈现为好，这样可使画面显得干净、简洁。

图 5－24 是澎湃新闻客户端视频的字幕条案例。

图 5－24　视频新闻的字幕条

正文段出人名条、同期声字幕条，不用标点符号，用空格。

(五) 剪辑时重视节奏的把控

世间万物都有节奏，一年有 24 个不同的节气，音乐有序曲、主歌与副歌，人生有跌宕起伏，短视频的制作亦如此。

不同类型的短视频新闻有着不同的剪辑节奏。对节奏的把控，拍摄时记者心中要有数，剪辑时心中也要有数。

1. 紧凑平稳与灵活有趣

有节奏感的剪辑师能让新闻事件与新闻故事的叙事结构严密、生动有趣，环环相扣。在剪辑过程中，要更多地考虑画面组合的逻辑顺序、采访对象行为的连贯性以及情节发展的完整性等，不要出现让人摸不着方向的松散与混乱。

短视频现场新闻，通常时长在3分钟之内，要求节奏紧凑、平稳，表述新闻事实的逻辑清晰，画面展示以平铺直叙为主，简短为好，多余的画面一律剪掉，更多考虑的是用户对画面核心信息的快捷接受。

而短视频专题报道，它的创意性与艺术性更强，则可以更多采用灵活有趣的节奏风格，可以是节奏紧凑的事件报道型，也可以是节奏悠扬的抒情故事表达。剪辑时要将拍摄下来的镜头，按照事件发生的过程、时间顺序、当事人的观点倾向以及生活逻辑等进行流畅的连接。时长控制在3～5分钟为最佳，太长的画面要一律精简。

要能判断哪些时刻可以剪辑提速，哪些地方又可以延长几秒，什么时候打破垫乐节奏，什么时候穿插音响效果，适当带有技巧性的节奏变化可以让画面、同期声、画外音等有效地组合排列，营造出一种共情共感的氛围。

2. 垫乐选择要谨慎

短视频新闻不是文艺片或MTV，在挑选音乐的风格、节奏上，还要嵌入巧思，用于表现节奏的垫乐的选择要符合新闻的主题，那些耳熟能详的音乐往往更能引起人们的共鸣。但同时，营造氛围的垫乐音量也不能太大而抢了主题，要不影响用户对新闻的理解和内容的传达。

尤其是出同期声时，要降低垫乐的音量，使用户能听清采访人声。在专题报道的转场时，可适当添加一点过渡的音效，比如鸟鸣声、水滴声、车轮声等，搭起短视频由场景入情绪的桥梁，给人一种循序渐进的美感。

3. 剪辑节奏 tips

下面是剪辑时需要注意的一些关键点，分享在此。

媒体 logo 展示时长：2s

短视频现场新闻在导语前，可出重点提示画面：5～10s
现场新闻时长：3min 以内

短视频专题报道出导视或片花时长：10～30s
专题报道时长：3～8min

片名展示时长：3～5s

人名条、地名条展示时长：2～3s

字幕条字体：宋体、俪金黑或其他规范字体
字幕条位置：距底边 2～3mm
字幕条文字：不用标点符号，用空格
字幕条在画面上停留时间：让观看者能够读完

人物同期声：切忌一镜到底，隔 10～15s 可适当切入其他画面

画外音、空镜：串联情节，丰富画面

常用的转场效果：叠化、黑场

转场前后：多留 1～2s

BGM：随情节有起伏，但不影响同期声

cast：淡出，3s

口播词（可有也可无）：简短、口语化，起到高度概述、承上启下、串联情节、自然过渡、升华情感作用

口播词降噪：记得哦，让声音干净

四、视频编辑软件的上手与使用

（一）三种视频编辑软件任你挑

Adobe Premiere Pro，简称 Pr，是由 Adobe 公司推出的一款适用于电影、电视和 Web 的视频编辑软件，受到视频爱好者和专业人士的喜爱。它强大的剪辑、调色、美化音频、添加效果、字幕处理等功能可助你将拍摄素材打造成精美的影片和视频，能更好地讲述一个个引人入胜的新闻故事。

除了 Pr，由苹果公司推出的 Final Cut Pro 专业视频非线性编辑软件也非常好用，它包含了进行视频后期制作所需的一切功能，可以说是 Pr 的便捷版与简洁版。该软件先是横扫了欧美的独立制片界，接着也获得许多电影导演的青睐，用其来完成他们的作品。

目前大型媒体机构比如梨视频等主要采用 Final Cut Pro 来完成短视频的制作，它更易学更简单，包括现成的片头片尾动效模板等。它唯一的局限是只能用于苹果的 iOS 系统，不能适用于其他电脑系统。

最后，还有一款视频编辑软件剪映，它支持在手机移动端、Pad 端、Mac 电脑、Windows 电脑全终端使用。剪映“轻而易剪”，特别适合视频剪辑新手，尤其是它的竖屏、动画贴纸等，特别适合做 vlog、抖音、视频号等。它比上面两款软件有一个大的优势就是可以自动识别画面中的字幕，不用再手动输入。

要知道，打字幕是一件多么耗时又痛苦的事情。

（二）手把手玩转剪剪剪

《手把手带你入门 Pr》（视频制作邓丽彬）

在“全民剪辑”的抖音号、视频号浪潮中，易于操作的剪辑软件越来越多，剪辑门槛看似变得越来越低，但事实上短视频新闻的剪辑还是有一定难度的，尤其是软新闻类的专题片等，它需要在忠于新闻事实的基础上进行谋划布局和深度创作。

不管使用哪一种剪辑软件，剪辑经验都是靠一次次摸索出来的，熟能生

《小女生带你极速剪映》（视频制作 邓丽彬）

巧，由经验总结出来的方法非常重要。

接下来，我们将针对具体的一个案例《射洪秘境里的军工厂》，教你如何使用 Pr 这款最专业的视频编辑软件，一步一步剪辑出一条短视频专题报道。

同时，我们也将针对具体的一个案例《“万物互融” 展 红小土带你嗨翻全场》，手把手教你使用剪映软件制作出一个轻松活泼的 vlog 风格短视频（见上页与本页的两个二维码，扫码看小视频）。

边做边思考

每个小组集体采访，共享所有素材，但创作时按照要求，每个成员单独完成每一种类型的报道；每个小组准备好创作的融合新闻报道作品，老师进行现场审阅、修改、完善。具体要求如下：

硬新闻类

一、文字报道部分

1. 字数在 1 200 字左右，以现场目击记为主。

2. 按照倒金字塔结构写作，有导语段、新闻主体段、结尾段。

3. 5W1H 新闻要素齐备；有一定的新闻价值；注重事实传播。

4. 大标题具有双新闻点，报道有摘要、小标题、消息源、核心句、现场描写、采访对象、引语、新闻背景等。

二、新闻图片部分

1. 拍摄 4～6 张与文字报道相关的新闻图片。

2. 新闻图片要有现场感、视觉冲击力，包括新闻现场环境、氛围、主体人物、细节、特写等。

3. 为每张图片写下简短的图片文字说明；图说包括时间、地点、人物身份与行动、署名栏。

三、音频新闻部分

1. 根据文字报道的主要内容，撰写播出稿，制作一条音频新闻。

2. 音频新闻的时长为 6 分钟以内；具有新闻点，播音清晰，剪辑流畅，节奏感强。

3. 可用直接录播文字报道的方式，加上版头版尾语与垫乐。

4. 也可用原创性音频新闻制作的方式，加上版头版尾语与垫乐、音效。

四、短视频现场新闻部分

1. 根据文字报道的核心内容，精简、口语化，撰写视频脚本，制作一条短视频现场新闻。

2. 短视频现场新闻的时长为 3 分钟以内。

3. 5W1H 要素齐备。

4. 具有新闻点、口播词（可有也可无）、同期声、画外音、识别条、字幕，有现场画面、采访对象。

5. 具有硬新闻的叙事逻辑，剪辑流畅、画面精短，垫乐能烘托氛围。

6. 在片头或片尾有媒体 logo。

软新闻类

一、文字报道部分

1. 字数在 2 500 字以内；体裁以新闻故事、人物访谈、专题报道为主。

2. 按照正金字塔结构写作，有导语段、新闻主体段、结尾段；结构层次清晰，新闻逻辑表达能力强。

3. 具有较强的新闻价值，主题突出人文性，新闻要素齐全，视角独特，语言简洁、生动、流畅，可读性强，故事性强，人情味浓，情感性强。

4. 能熟练运用大标题、摘要、导语、核心句或核心段、小标题、引语、消息源、新闻背景、视觉化语言、场景描写、细节描写、对话、过渡、结尾升华等技巧。

二、新闻图片部分

1. 拍摄 6～8 张与文字报道相关的连续性新闻图片。

2. 新闻图片要有现场感、视觉冲击力，包括新闻现场环境、氛围、主体人物、细节、特写等。

3. 为每张图片写下简短的图片文字说明；图说包括时间、地点、人物身份与行动、署名栏。

三、音频新闻部分

1. 根据文字报道的主要内容，撰写播出稿，制作一条音频新闻。

2. 音频新闻的时长为 12 分钟以内；具有新闻点，播音清晰，剪辑流畅，节奏感强。

3. 可用直接录播文字报道的方式，加上版头版尾语与垫乐。

4. 也可用原创性音频新闻制作的方式，或者采访后记的方式，加上版头版尾语与垫乐、音效。

四、短视频专题报道部分

1. 根据文字报道的核心内容，精简、口语化，撰写视频脚本。

2. 短视频专题报道的时长为 3～8 分钟，3～5 分钟为最佳。

3. 以微故事片、微纪录片的形式呈现。

4. 具有新闻点、口播词（可有也可无）、同期声、画外音、识别条、字幕，具有采访人物叙述、现场生活场景。

5. 具有故事类新闻片的叙事技巧，画面剪辑流畅，垫乐、音效烘托氛围。

6. 有片名，有导视或片花，片尾有媒体 logo，有制作人员表。

《山景最美的大学用“小蛮驴”拉货，两只驴成送货劳模》

7. 注重情感传播与价值传播。

附：为了有助于你学习，下面是已经完成的一个现场目击记作品

文字报道稿

标题：山景最美的大学用“小蛮驴”拉货，两只驴成送货劳模

摘要：新生代校园“快递侠”等你取包裹啦（含音视频）

原创：刘延 郑雨 吴若溪

从驿站出发，绕过碧波荡漾的翠湖，打马而过教学楼、图书馆，以 20 码的速度，不疾不徐，避过人潮和障碍物，在树影婆娑的校园里穿梭……

“叮咚！”一辆黑白相间的无人快递小车稳稳停在了北区的宿舍楼下。

它叫“小蛮驴”，每天的工作就是接受校内师生网上的送货预约并及时送达快递。工作中，它萌态可掬又认真负责的样子常常惹得路过的师生驻足，它也因此成了重庆工商大学的“网红劳模”。**（导语段，场景描写＋核心句，揭示报道的主题和新闻要点）**

全重庆仅四只，一半在工商

“小蛮驴”身长 2 米，宽和高近 1 米，它头顶一个高清摄像头，外形就像一头小毛驴，颇具科技感与萌态。

这只“小蛮驴”，其实是阿里公司研发的自动驾驶快递车，目的是面向物流末端，打通驿站到家的最后一公里。现在呢，它奔忙于物流体量相对较大和集中的高校校园，早在去年双十一，就有 350 多辆阿里无人车开进了全国高校。

年轻能干的张孟尧是重庆工商大学校内菜鸟驿站的负责人，他说“小蛮驴”一次能送 50 个包裹，载重 200 斤，每天最多可送 500 多个快递。目前全重庆仅有 4 台菜鸟无人车，其中两台就在这里。这两台“小蛮驴”自去年底入职以来，已给师生们送了数万件快递。

“手机提前下单预约，小蛮驴准时就到楼下等我，简直是懒人的福利。”宿舍楼在半山腰的何同学说道。

重庆工商大学主校区，背靠重庆的肺叶龙脊山，校园面积广，道路坡度大，学生宿舍相对分散，某些楼栋距离快递驿站路途遥远，从快递驿站到寝室的爬坡路成了困扰不少同学的难题。

过去，“送快递到楼下”的业务被专业的组织和跑腿挣外快的学生承包，同学们通过他们代取快递还需支付一定的费用。如今，有了“小蛮驴”，不仅预约和取件更方便智能，在价格上，“小蛮驴”对淘宝和天猫的包裹实行免费送货，给同学们带去了福利，真正成了新生代校园“快递侠”。

“请核实信息，不要取错快递哦。”装满货物的“小蛮驴”在快递送达前会与学生打电话确认，而在同学们凭取件码领取快递时，它还会来句温馨的提示。

人工智能，厉害在这里

“驴拉货”本是一种古老的运输方式，在人工智能发展的今天，再次用到“驴拉货”展现的则是科技的进步。

“小蛮驴可以和我们对话吗?”有同学好奇地问。菜鸟驿站负责人告诉我们：“小蛮驴本来可以进行智能对话，但为了让它专心工作，后台关掉了这部分功能。”

校园里，“两耳不闻身边事，一心只为送快递”的“小蛮驴”常常被好奇的同学“拦路打劫”，上演拍照、聊天、凑热闹三部曲。当它被同学“调戏”时，它会站定了跟大家商量：“同学，我正在工作，请让一让。”

为了保障送货速度不被干扰，“小蛮驴”用了“三蛮法”轻松解决难题。

一是蛮能干。它的工作时间是上午 9 点到晚上 9 点，一台小车配备两块电池，每天最多能送 500 个快递，雷暴闪电、高温雨雪的极端天气均不影响其干活。

二是蛮聪明。它的反应速度是人脑的七倍，穿梭于密集的人流和车流，遇到障碍物，它会主动避让；拐弯之前，它会自动打转向灯。

三是蛮安全。两台“小蛮驴”上岗前，均在后台搭载了全校地图，并跑过了学校每一个角落，对学校的道路环境轻车熟路。

在大学的上课、下课高峰时段，人流量大，加上校车、私家车同行，路况复杂，“小蛮驴”也能自动识别物体方向，灵活规划路线。**（新闻主体段，两个小标题提亮两个信息段的要点，“小蛮驴”是怎样干活的以及无人快递车的智趣味，穿插小逸事、细节、引语、新闻背景等）**

如今，人工智能是大势所趋，无人车进入校园已不再是稀奇事。或许，我们还可以再畅想一下，未来，有个方头方脑的小家伙会敲开我们的宿舍门，让我们足不出户收包裹呢！**（结尾段，简单升华这篇报道的意义）**

视频剪辑脚本

片名：你知道吗？ 工商来了两只“小蛮驴”

脚本：吴若溪

时长：2 **分** 34 **秒**

【导语】段

【重点提示画面】

【同期】

0003 小蛮驴是什么 就是不太了解 那是干啥的 它需要花钱吗（一名取件学生，出人名条）

0008 这个怎么预约哟 好像也不是很了解这个（一名取件学生，出人名条）

【导语】

0012 这两只在校园里忙碌着送快递的无人车就是小蛮驴（出地名条）

0016 它们是工商大学新来的小伙伴 看起来个子不大 憨态可掬 可它很聪明 身手也很敏 能准确无误地将快递送到同学们的手里（空镜）

【正文】段

【分页屏】小蛮驴怎样干活?

【同期】

张孟尧，菜鸟驿站负责人（出人名条）

0034 无人车在运行的时候 它会在到的时候提前 5 分钟给他（取件人）打电话 然后它是机器人（会）自己给他（取件人）打电话

0044 到了之后 它会再给他打一个电话 再过 4 分钟后 再会给他打一个电话 如果第 5 分钟不来 它就会自动走（人物出镜，切入一些其他画面）

【画外音】

0053 取件人凭借取件码领取快递的时候它还会温馨提醒

【同期】

0058 里面还有他人的包裹 千万别拿错噢

【画外音】

0102 小蛮驴穿梭在人流和车流里 遇到障碍物 它会立即停车或者绕行 拐弯之前 它会自己打转向灯 路上遇到同学的调戏 它会站定了跟大家商量

【同期】

0116 麻烦借过一下，谢啦

【画外音】

0119 为了安全着想 小蛮驴行驶的最高时速不会超过 20 公里 在它脑袋四周也装上了摄像头 能将小蛮驴的情况随时反馈给驿站的工作人员

【分页屏】你会考虑使用它吗?

【同期】

0135 低成本的话就考虑可以用它（一名取件学生，出人名条）

0138 如果收费太贵的话就不那啥了 就不来弄了（一名取件学生，出人名条）

0145 用了但没完全用 因为用的时候它告诉我们尺寸不合格 然后就没用了（一名取件学生，出人名条）

【画外音】

0149 小蛮驴靠它萌萌的外表和便捷的送货功能 在工商收获了一大批迷弟迷妹 但也有同学为它提了一点小建议

【同期】

0200 小蛮驴它老是要等 因为它不同时间段 有时候你这个包裹来了有空的时间 但是你下一个包裹它又没有空的时间 所以它就不能一次取到 效率比较低一点吧 很多时候你去预约的话 它的时段就已经满了（一名取件学生，出人名条）

【结束语】

0216 高科技进校园已屡见不鲜 但专门给师生送快递的小蛮驴正在努力干活 它减轻了校园的通勤压力 也解决了师生高峰期排队取快递的困扰（空镜）

【cast】

摄像　谭畅 刘延 郑雨 代佳佳

脚本　吴若溪

剪辑　吴若溪

指导　红尘

第六章　融合新闻报道的包装与发布

插图：王晶

精彩早知道

★ 基于平台的包装与发布就是指融合新闻作品的最终效果呈现。

★ 移动端的流阅读是我们在进行界面设计时首先需要考量的一个重要指标。

★ 学习在读屏时代怎样做好封面与标题，增强算法识别，提高阅读量和点击量。

边做边思考

★ 掌握公众号编排的规范原则。

★ 谙熟各平台发布与推送的技巧。

我们在前面了解了全媒报道平台的整体布局，了解了融合新闻生产与发布的具体流程，学习了融合新闻报道的选题判断、采访与拍摄、创作与制作三个环节，接下来就是融合新闻的最后一个环节——包装与发布。

基于互联网平台的包装与发布就是指融合新闻作品的最终效果呈现，是用户接收与消费多媒介新闻信息的最后一环。同时，用户的参与和互动也将更好地延续新闻的生命力，从而使融合新闻的生产与发布成为一个循环往复的过程。

有了文字报道，有了图片新闻，有了音频新闻与视频新闻，那么我们怎样把具有不同媒介元素的融合新闻作品组合、包装在一起，通过各种平台进行适应性发布呢？

第一节　流阅读与用户界面设计法则

或许我们都知道，纸媒包括图书、报纸、杂志等是块阅读，PC 端的网页设计也是块阅读，而移动端则是流阅读，刷屏如流水一样快得很。

那么在这里，我们首先需要了解什么是移动端的流阅读，什么是 UI（用户界面）设计，其基本规则又有哪些，具体到移动端又是如何运用的。

一、移动端的流阅读与流式布局

（一）移动阅读是流阅读

移动阅读指利用手机、平板电脑、电子阅读器等移动终端进行的所有阅读行为，包括通过浏览器浏览网页以及新闻客户端、资讯客户端、书刊客户端、微博、微信公众号、视频号等阅读途径，浏览各种信息内容的阅读行为。

当我们在移动端阅读任何媒介形式的信息时，用户即进入“流”状态，不仅需要有简洁便利的界面交互设计，还需要有高效高质的阅读效果，让用户从中获得愉悦感与舒服的阅读体验。

由此，流阅读是我们在进行数字化阅读产品的包装与设计时首先需要考量的一个重要指标。

（二）移动端的流式布局

我们都知道，制作 PC 端的前端页面需要考虑各种浏览器的兼容性，同样，制作移动端也不例外。移动端主要是在手机上去访问我们的前端页面，因此我们需要更多考虑的是兼容手机屏幕的大小，这是影响外观和阅读的一个重要因素。

通常，流式布局方式是移动 Web 开发使用的比较常见的布局方式，界面设计师会采用常见的流式布局来制作移动端的页面。

流式布局（FlowLayout）其实就是百分比布局，也称非固定像素布局。它是通过盒子的宽度设置成百分比，根据屏幕的宽度来进行伸缩的，不受固定像素的限制，内容向两侧填充。

故在流式布局中，宽的值是非常重要的。无论是超小屏幕的手机，还是小屏幕的平板、电子阅读器等，尽量不要固定宽度值，当手指触碰屏幕时，或在屏幕上滑动连续滚屏时，才能匹配各种屏幕大小而不影响我们的阅读。

二、UI（用户界面）设计的关键词

当我们在顶层设计上有了移动 Web 的流式布局，在移动端的 UI（用户界面）设计上，我们还需要考虑流阅读中的用户界面体系的空间布局及整体使用上的舒适感。

（一）UI 设计的三个层面

UI（user interface），指用户界面，由用户（user）与界面（interface）两个部分组成，它实际上是指用户与界面之间的交互关系，分为用户研究、交互设计、界面设计三个方向。[①]

我们可从三个层面来理解 UI 设计。

1. *UI 作为人机交互的基础层面*

它强调的是视觉元素的组织与展示，每一种交互形式都是以这种形态呈现

---

① 张剑，李曼丹. UI 设计与制作［M］. 重庆：西南师范大学出版社，2015：6.

的，包括图形、图标（icon）、色彩、文字设计等，用户通过它们使用界面系统。

2. UI作为用户交互的行为习惯

它指的是信息的采集、输入与输出，信息的互动与反馈，是基于人机交互界面而产生的人与产品间的交互行为。在这个层面上，UI不单要有美观的视觉呈现，还要有符合用户认知和行为习惯的快捷简便操作方式。

3. UI作为自由无形的终极形态

对于用户而言，UI的最终呈现形态是无形的，是不可见的，用户沉浸在喜爱的内容和操作中，会忘记界面的存在，用户体验到的交互是潜意识乃至无意识的，因而交互会变得更加自由且无处不在。

(二) UI设计的六大关键词

UI坚持以用户体验为中心的设计原则，是从用户的角度来进行界面结构、行为、视觉等层面的运维设计的，主要针对的是软件图形设计师、交互设计师、用户研究工程师等。

具体到媒体机构的新闻客户端与公众号的界面设计来说，我们还可进一步将UI具象化，根据上面的三个层面梳理出六大关键词，便于我们随后进行切实可行的编辑与排版。

1. 简洁，一致，清楚

界面要直观、简洁，操作方便快捷，用户对界面上对应的功能一目了然，同时界面的结构必须清晰且一致。这是每个优质界面的特征，在视觉效果上便于用户清楚认知、理解和使用。

2. 用户习惯，灵活性，人性化

一个有序排列的界面能让用户轻松使用，要从用户使用习惯出发，具有灵活的互动多重性，让用户方便使用。同时，还要有高效率与用户满意的人性化体现，用户能自由选择，而在有误操作选择时有提示，用户整体的体验感好。

图6-1、图6-2分别为新华社客户端与公众号界面。

(三) UI设计的评选标准

我们从新华社的界面设计，可以体会到媒体在重视融合新闻内容生产的同时，也在充分抓住UI设计的主要特征并凸显这些外在的版面效果。

在中国新闻奖的评奖类型里，已把融媒体报道的“页（界）面设计”列为单独的一个奖项，其要求是：“能体现新闻性与艺术性的统一，运用图片、漫画、音视频等手段表达新闻主题、展现新闻内容，版面语言丰富，界面设计主题鲜明、风格独特、布局合理、互动性强、色彩协调，便于阅读。”

图 6-1 新华社客户端界面截图

图 6-2 新华社微信公众号界面截图

我们以2021年“页（界）面设计”获奖作品《燃燃燃燃燃！一张长图带你攀登“地球之巅”》为例。

2020年5月27日，中国珠峰高程测量登山队成功登顶珠穆朗玛峰。央视新闻微信公众号的主创人员李浙、蒋安琪、李婷婷策划了一张以攀登珠峰为主题的实景化长图（见图6－3、图6－4、图6－5）。他们将快讯和长图融为一体，创造性地使用了手机屏幕倒置的阅读方式，灵活采用了界面设计的交互特点，让用户体验到真实“爬山”的感受。

整个作品设计简明精美，在传播样态和图片形式上都进行了大胆探索，创意性、参与性、趣味性十足，一经推出阅读量就迅速突破10万，收获了极佳的传播效果。

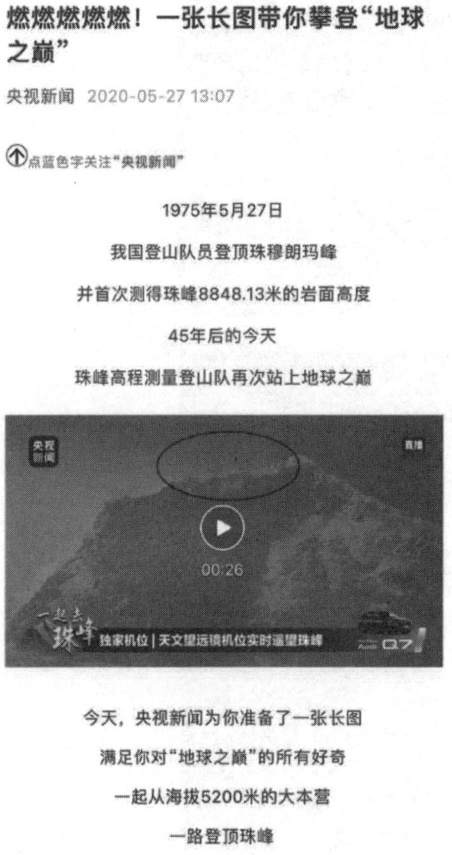

《燃燃燃燃燃！一张长图带你攀登“地球之巅”》

图6－3 央视新闻微信公众号界面设计获奖作品截图

随着融媒体技术的深入发展，媒体机构的界面设计呈现出了多元化、交互性、专业性、艺术性与人性化的特色。流阅读的结构布局彰显出全屏一体化、操作自适应的便捷性，视觉元素的运用与表达方式也越来越有新意，而基于富媒体技术的社交性、娱乐性、舒适性也让用户的阅读体验感越来越好。

图 6-4 《燃燃燃燃燃！一张长图带你攀登“地球之巅”》倒屏界面截图

图 6-5 《燃燃燃燃燃！一张长图带你攀登“地球之巅”》长图界面截图

第二节　微信公众号排版的规则与风格

我们粗略知晓了移动端的流阅读与 UI 设计规则，以及中国新闻奖“页（界）面设计”的参评标准，进而需要掌握在新闻客户端或微信公众号上怎样完成一个个融合新闻作品的包装与设计。

美学大师朱光潜先生曾用古松来谈论对待人生的三种态度：实用的、科学的、美感的。同样，我们也可以用这三种态度来理解 UI 设计。

我们把做界面设计的人称为“美编”或“美工”，一个友好美观的界面无疑会给用户带来舒适的视觉享受，拉近人与机、人与内容的距离。

相对一个庞大工程的新闻客户端而言，“小而美”的微信公众号编排与设计是最便于初学者操作实施的，每个人都可以在微信平台注册一个公众号来学习编排与发布。事实上，它更要求精益求精。

下面我们将具体针对微信公众号来学习编排设计，很容易就能举一反三，将学到的知识熟练应用到新闻客户端或其他平台的融合新闻作品的包装与设计上。

微信公众号的界面设计可以采用第三方编辑器，比如秀米、135 等，编辑完整个图文消息内容后，再将其一次性复制粘贴到微信公众号自带的编辑器内。由于有的编排内容会出现不兼容的情况，还需要在微信公众号自带的编辑器里进行一次精细调整。

我们也可以直接在微信公众号自带的编辑器内进行编排设计，对于新闻类的图文消息内容编排来说，它的功能已经非常强大了，完全可供使用，只是涉及一些特别的图形、图标、字体的使用时，需要到第三方编辑器上寻找，并复制粘贴到微信公众号自带的编辑器里。

当然，要设计一个风格简洁、排版优美的微信公众号，除了需要了解编辑器的各种功能，还需要了解界面设计的规则与设计规范，具体包括文字排版、色彩运用、图片选择、视频与音频插入、留白处理、点与线的运用、严格校对图文与版式等七个方面，以及由此构成的整个空间的合理布局。这些核心元素组成了用户界面体系，进而形成一种整体编排上的舒适感与美感，从而吸引并留住更多用户。

接下来我们就打开编辑器，去寻找更多界面设计的灵感吧。只要一动手，你也可以很厉害！

一、文字排版的基本规则

（一）字体

字如其人，美在形体，美在风骨，优美的字体可以给移动用户留下好的第一印象。不同的字体可以呈现出不同的气韵，我们要根据新闻内容及平台特色来选择字体，贴切地传达内容信息。

宋体端庄典雅、清正秀丽，在大众传媒时代是运用最为广泛的字体，在融媒体的两微两端也是最为常见的字体，通常排版时正文会采用宋体。

黑体方正粗犷、朴素简洁，在小标题或重点段落上常采用，以此显得突出与醒目。

在众多自媒体的微信公众号上，喜欢采用苹方-简体。该字体字形纤细优美，骨架细腻，在小屏幕上的清晰度很高，易读性很强，文艺范十足，但只能在 iPhone/iPad、Mac 电脑设备上呈现出字体效果。

（二）字号

定了字体的样式，还要选择字号的大小。

对于文字内容较多的文章，一开始就要选定正文使用的字号，毕竟正文在阅读中的占比最大。可以先将正文刷一个标准字号出来，比如统一为 15px，这是最快捷的排版方法。

由于界面是小屏，所有段落的排版都以两端对齐为准则，这样界面显示才会匀称、整齐。

通常每个段落不用退格两字的形式排版，直接顶格排。

在一篇融合新闻报道中，通常会有大标题、题记（或导读）、署名栏、小标题、正文、图说、摘要等元素。这就需要我们排版时通过不同的字级加以区别，以便于用户阅读时知道重点和精彩之处，版面也不会显得太呆板。具体可以按下列标准进行操作。

1. 大标题

在微信公众号中，大标题的字体、字号、颜色有固定的格式，不能修改，可排 64 个字。但在发布时，大标题能够显示出来的只有 27 个字，因此做大标题是最考量人的，也是最花时间的，要精练、有卖点，最好能一眼就吸引用户点击。

不能字数太多，否则看起来太显累赘，且标题显示不完全，会影响意义的传达，影响用户的理解。

2. 题记（或导读）

文章开头的题记或导读文字，可选择文章中最精彩的一两句话。字号可加粗或加大，跟正文字号要有所区别，比正文大一字级的 16px 为好。颜色也要有所区别，可用深灰色或其他颜色，也可根据正文文字的色调来决定。

3. 署名栏

署名栏也是版权页，包括媒体名称、logo、记者/编辑/摄影师名字等，可放在文章开头或结尾处，通常字号为最小级的 12px，颜色以深灰色为好。

4. 小标题

小标题的字体通常要加粗，字号比正文大一级为好，即 16～17px，颜色可用深灰色或换用另一种颜色，能起到醒目、快速识读的作用。

可将小标题居中或左对齐排版。

为了把界面做得更精细，更有设计感，可在第三方编辑器中把小标题加上题花做成图片放进公众号里，这样可以设计的空间大，更有美感。

注意小标题与正文文字之间要空一行的距离，这样才显得疏密得当。

5. 正文

正文字体一般用宋体或仿宋体，或苹方-简体，这几种字体简洁、清爽，颜色以常态的黑色或深灰色为宜。

通常让人阅读起来感觉最舒服的字级是15px，大小适中，便于长时间阅读。

由于手机是小屏界面，正文字级如果是16px，会在界面上显得粗大，文字内容占版太多，滑屏时间也会变长。

如果字级是14px，小字号对年长的人来说阅读起来会很吃力，易导致用户流失。

6. 图说

图说字级通常为最小级的12px，颜色最好用深灰色以区别于正文，放在图片左下方或右下方，与图片的行间距设置为1，小行距以靠近图片，看起来会有海报的感觉，可以让图片与图说在视觉上形成一个整体，显得更有节奏感。

由于有了正文的文字报道，因此图说要尽量简短，前面可加一个三角形符号（▲），文字与符号之间可空一格。

记得图说与正文之间要空一行的距离。这样与正文有所区别，也不致干扰整体内容的阅读。

7. 摘要

界面末端的摘要，字号是固定的，可排120字，但发布时只能显示出36字。

因此，既然叫摘要，一定是最精彩的一句话，字数的长短也需要仔细斟酌，要简洁，最好是有意思的金句。

做摘要也是很讲究的，它是与大标题同时显示在推文的封面上的。因此，要考虑与大标题的配合，可用一虚（题）一实（题）、一长一短的方式来处理。这样疏密得当，好看，也突出了重点。

切忌满打满实，在小屏的摘要上写密密麻麻一堆文字，这样用户看起来会很累，从而适得其反。

(三) 字距

排版时，选好字体、定好字号，还需要考虑字距。字距是指文字之间的距离，在微信公众号编辑器里，字距一般都是默认的，有特殊需求可手动拉开距离。

排版时，用两端对齐的方式，可让界面上的字间排列均衡，显得美观。

(四) 行距

行距是指一行文字的底部到另一行文字顶部的间距。在编辑器的工具条上，有1、1.5、1.75、2、3、4、5七个倍值。在小屏界面上，通过多次实验，正文14～15px大小的字行距一般用1.75倍为宜。

如果行距过大，比如 2 倍，文字块会显得松散。行距过小，比如 1.5 倍或 1 倍，会让文字看起来过于密集，用户阅读起来会很费力。

1.75 倍行距可以让版面紧凑，条理清晰，用户阅读速度适中，阅读感觉舒服。

此外，标题与图片的距离、图片与图说的距离、图说与正文的距离，以及小标题与正文上段和下段的距离，都是有讲究的，最好以间隔一行为标准，这样会让阅读有节奏感。

（五）页边距

页边距是指页面的边线到文字的距离。在编辑器的工具条上，有取消、8、16、32、48 五个阈值的设置。融合新闻的文字量大，页边距可小一些，通常选用 8 或 16，在界面呈现上是最合适的位置，不太靠边也不太居中，用户阅读的舒适感也会更强。

如果选用“取消”，文字在界面上会显得太满；选用 32 或 48，则文字太靠中间，能够承载的文字量会少。

（六）分段

分段是为了让文字内容得以清楚地传达。由于界面的宽度有限，美编会用插入空行、插入符号或题花，或用不同颜色、字号的字体穿插段落间等方式来进行分段。

通常运用插入空行分段法最多，可将整段同主题的内容分成数个短小的、容易读的段落。有美感的美工，有时会排 2～3 行文字就插入一个空行来间隔一次。这样用户就会有长一点的时间间隔来思考文章中所包含的信息。

（七）“话题”“头部关注”“阅读原文”“在看”

许多媒体机构的微信公众号都会做“话题”设置，这是将同类型的文章以栏目和热点形式归类，便于用户点击阅读相关的文章。编辑器支持创建图文、视频和音频类型话题。

微信公众号功能强大，可设置 10 个类型的话题，每个话题最多可容纳 1 000 篇文章。话题标签＃会显示在推文界面的顶部，同时在文末可以链接到同一话题下的上一篇文章和下一篇文章，方便用户连续浏览，具有引流和延伸阅读的作用。

正文头部制作 logo，以强调媒介印象，引导用户关注。

微信公众号的 logo 设计，要花点心思下点功夫，要能体现媒介机构的风格，其包括一句画龙点睛的标语，再配以插画作为引导，可以让用户产生强烈的下拉欲望。

微信公众号的结尾处设计要简洁精致，可将一句有趣的话设计成醒目的图标，或用微信公众号惯用的视觉符号强化媒介品牌的烙印。

设计一个箭头或几个有趣的字指向左下侧的“阅读原文”，这是互动链接与延伸阅读的关键。

右下侧的“点赞”与“在看”也很重要，特别是“在看”，只要用户点击，则可将文章推送到微信公共平台的“看一看”里，这是增加阅读流量的最有效方法。

【敲一下黑板注意啦】 文字排版方面，为了版面整齐、简洁，在界面上的字体类型越少越好，建议最多使用两种字体。用同一种字体，可通过字级、加粗、颜色来区分阅读的重要性，同时也让整个界面显得精致、干净。切忌在巴掌大的界面上搞得花里胡哨。

对于公众号里一些相对不重要的元素，比如图说、署名栏、作者简介、微信公众号简介等不需要太引人注意的内容，字级可选择 12px，整个界面最小的字级不应小于 12px。

把这些相对不重要的信息元素处理得当，会给界面设计增色，同时又不干扰用户的注意力，让界面更具整体上的协调感和美感。

案例6-1　《南方人物周刊》微信公众号界面版头（见图6-6）与正文（见图6-7）

肖央 返璞归真

原创 孟依依 南方人物周刊 2021-12-18 12:32

人物周刊

“反正总归有一条你适合的路，慢慢去走就是了。”

本文首发于南方人物周刊

文 / 南方人物周刊记者 孟依依 发自北京

封面图 / 南方人物周刊记者 姜晓明

编辑 / 杨静茹 rwzkyjr@163.com

图 6-6 《南方人物周刊》微信公众号界面版头截图

大标题：固定字体字号，精短，实标

logo：红方框，媒体名

导读：宋体，16px，加粗，深灰色

署名栏：宋体，12px，深灰色

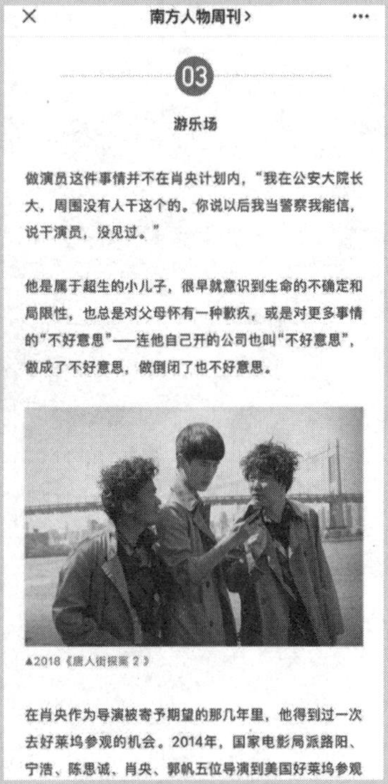

南方人物周刊 >

03

游乐场

做演员这件事情并不在肖央计划内，“我在公安大院长大，周围没有人干这个的。你说以后我当警察我能信，说干演员，没见过。”

他是属于超生的小儿子，很早就意识到生命的不确定和局限性，也总是对父母怀有一种歉疚，或是对更多事情的“不好意思”——连他自己开的公司也叫“不好意思”，做成了不好意思，做倒闭了也不好意思。

▲2018《唐人街探案 2》

在肖央作为导演被寄予期望的那几年里，他得到过一次去好莱坞参观的机会。2014年，国家电影局派路阳、宁浩、陈思诚、肖央、郭帆五位导演到美国好莱坞参观

图 6-7 《南方人物周刊》微信公众号界面正文截图

小标题：宋体，16px，加粗，黑色

正文：宋体，15px，黑色，页边距 8，行间距 1.75

图说：宋体，12px，深灰色，▲，行间距 1

分段：行间距 1.75，短段落，空一行

案例6-2 《南方人物周刊》微信公众号界面版尾（见图6-8）

图6-8 《南方人物周刊》微信公众号界面版尾截图

尾部设计：红框加强媒体烙印

作者简介：仿宋体，不同字级，深灰色

推荐阅读：图片+超链接

《南方人物周刊》
微信公众号排版示例
《肖央 返璞归真》

案例6-3　自媒体号界面版头（见图6-9）与正文（见图6-10）

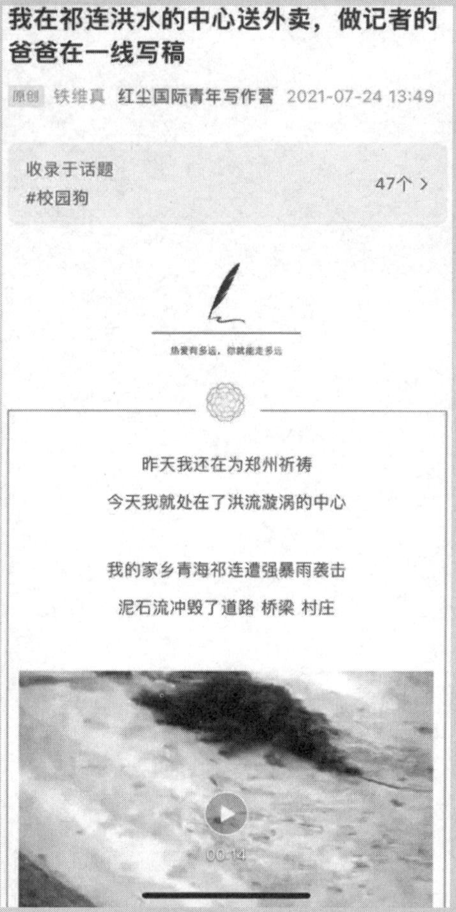

我在祁连洪水的中心送外卖，做记者的爸爸在一线写稿

原创　铁维真　红尘国际青年写作营　2021-07-24 13:49

收录于话题
#校园狗　47个 >

热爱有多远，你就能走多远

昨天我还在为郑州祈祷
今天我就处在了洪流漩涡的中心

我的家乡青海祁连遭强暴雨袭击
泥石流冲毁了道路 桥梁 村庄

00:14

图6-9　自媒体号界面版头截图

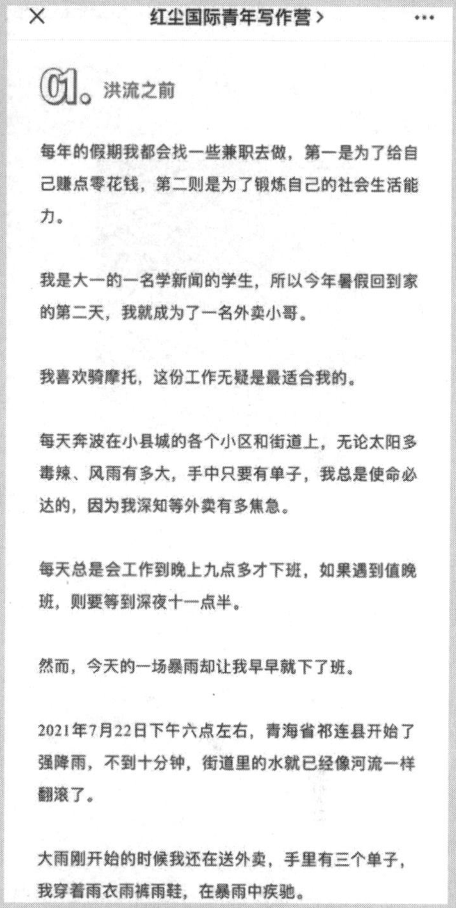

红尘国际青年写作营 >

01。洪流之前

每年的假期我都会找一些兼职去做，第一是为了给自己赚点零花钱，第二则是为了锻炼自己的社会生活能力。

我是大一的一名学新闻的学生，所以今年暑假回到家的第二天，我就成为了一名外卖小哥。

我喜欢骑摩托，这份工作无疑是最适合我的。

每天奔波在小县城的各个小区和街道上，无论太阳多毒辣、风雨有多大，手中只要有单子，我总是使命必达的，因为我深知等外卖有多焦急。

每天总是会工作到晚上九点多才下班，如果遇到值晚班，则要等到深夜十一点半。

然而，今天的一场暴雨却让我早早就下了班。

2021年7月22日下午六点左右，青海省祁连县开始了强降雨，不到十分钟，街道里的水就已经像河流一样翻滚了。

大雨刚开始的时候我还在送外卖，手里有三个单子，我穿着雨衣雨裤雨鞋，在暴雨中疾驰。

图6-10　自媒体号界面正文截图

大标题：固定字体字号，实标，双新闻点
logo：黑羽毛笔，自媒体标语
话题：#校园狗，文章数量显示
导语段：苹方-简，14px，加卡片框，居中
视频：前置，代入感强
图说：苹方-简，12px，深灰色，▲，行间距1

小标题：宋体，17px，加粗，深灰色，段落编号
正文：宋体，15px，黑色，页边距16，行间距1.75
分段：行间距1.75，短段落，空一行

案例6-4 自媒体号界面版尾（见图 6－11）

图 6－11　自媒体号界面版尾截图

尾部设计：加小图标分隔
视频号：版尾植入，多媒介观看
话题：版尾重现，延伸同类阅读
阅读原文：超链接到第三方平台
在看：推送到微信“看一看”流量池

自媒体号排版示例《我在祁连洪水的中心送外卖，做记者的爸爸在一线写稿》

二、色彩运用有方

小屏界面排版，需要一种高级别的审美，对颜色运用的好坏直接影响到用户在页面的停留时间。初学设计的人，会忍不住增加多种颜色来突出重点信息，就像幼儿园小朋友画的彩画一样。真正雅致的设计，会考虑整体信息传达的准确性以及简洁带来的愉悦感。

正如苹果之父乔布斯保持简单的“一键”设计，极简主义大师路德维希·密斯·凡德罗（Ludwig Mies van der Rohe）提出的“少即是多”（less is more）的美学理念，现代信息消费生活以简约精练代替繁复奢华。

（一）定主色调

通常界面设计都采用黑与灰作为主色调，可使用少许亮色为辅助色。可在小标题上使用辅助色，起到既醒目又对上下文字做间隔的导读作用，增强阅读的舒适度与节奏感。

有时辅助色还可运用在部分精彩的文字上，来强调部分金句的重要性。

在微信公众号编辑器里，辅助色以饱和度低的颜色为好，比如淡蓝、淡绿、浅黄、红褐色，不建议选用宝蓝、翠绿、亮黄、大红等，颜色饱和度太高、过亮在屏幕上会刺眼。

（二）同类色的运用

一个好看、优雅的界面，颜色越简单越好，最好不要超过两种。小屏幕上色彩过多，会显得花俏、凌乱，从而干扰用户阅读。

为了能拉开阅读层级，建议采用同一色系不同明度的技巧，这样识别性强，用户在视觉上也舒服。

比如，正文文字界面，使用黑色和深灰色引导阅读，变化的是字级，给人一种干净、简约、自然递进的感觉。要学会把文字变成界面设计的一种灵活有用的元素。

三、图片选择有道

要让界面有冲击力，视觉效果好，新闻图片的选择也是关键的一环。

美编首先要根据文字报道内容来选择图片。在小屏界面上，主要以横图呈现为主，竖图会占用太多版面，让滑屏太长，可适当减少竖图，只作辅助之用。

要处理好图片与文字的关系，一篇报道配以 4～6 张图为宜。注意新闻场景、新闻人物与特写图片的使用，以使报道既有现场感、空间感，又有细节感、情绪感，能让用户产生强烈的阅读欲望。

各种编辑器能让图文排版变得轻而易举。由于新闻图片要体现真实现场感，因此在图片色彩方面不能像自媒体号或文旅号那样把色彩 Ps 得失真，以至失去了本身的感染力。

新闻图片一律不做 Ps 处理。在微信公众号文章里插入图片时，每张大小不能超过 5M。插入后，可在编辑器里对图片的宽窄、大小、高度等进行裁剪，以符合界面的审美。

【敲一下黑板注意啦】关于封面图的选择是一定要注意的，头图是脸面，是亮点，选择时一定要多下功夫，可适度调色，要考虑图片的视觉冲击力与感染力，这也是吸引用户点开看报道的打门锤。

此外，微信公众号图片的编排比平面媒体上有更多的优势，可以放 gif 动图、叠图、交互图等，故图片的周围更需要简洁的环境以减少视觉干扰。

四、视频与音频可插入十条

微信公众号编辑器的功能十分强大，交互性非常强，这和我们前面谈到的 UI 设计的三个层面的规则是一脉相承的。

在进行图文排版时，微信公众号中可以分别插入十条视频与音频，多媒介的承载量大到你看得、听得头昏眼花。但每条上传视频的时长不能超过一个小时，上传的音频文件大小不超过 200M，音频时长不超过两个小时，音频格式支持 mp3、wma、wav、amr、m4a 格式。

由于上传后，视频、音频将进行转码和审核，平台审核的时间会比上传的时间更长，故排版时，可先将视频、音频上传审核，再排版，以节约时间。

同时要给视频、音频取一个简洁的标题，以吸引用户点开。

视频、音频也可在微信公众号里单独排版、发布。这时要给它们取精彩的标题，同时还要写一段不超过 300 字的短文，便于用户简单了解音视频的精彩内容。

案例6-5 《南方人物周刊》封面图（见图 6-12）

图 6-12 《南方人物周刊》封面图截图

封面图：现场感，人物特写，视觉冲击力

大标题：双新闻点，实标或虚标相搭

字数：22 字之内，精短，意义完整

案例6-6 自媒体号封面图（见图 6－13）

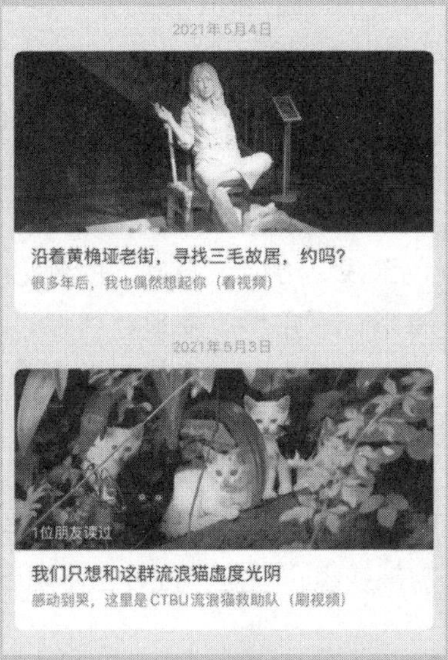

图 6－13　自媒体号封面图截图

封面图：现场感，特写，视觉感染力

大标题与摘要：上，实标；下，虚标；长短相宜

大标题与摘要：上，虚标；下，实标；长短相宜

五、留白处理会呼吸

国画最讲究留白，同样一个好的界面，一定要有足够的空间给人以想象的余地，让界面上的各种元素能够自由呼吸，相互映衬产生独特的意境。

留白还可以有效地帮助用户了解你的故事思路，凸显出文字本身气韵灵动的空灵美。如果把每一寸空间用尽，读者读起来会感觉紧张、疲累。

在微信公众号编辑器里，页边距有取消、8、16、32、48 五个阈值的设置，这是解决文字留白最好的方式。选择不动脑筋的“取消”阈值就是满屏文字，没有透气感，是观感最差的版面。在成年人每天超过 4 小时的流阅读中，密密麻麻的一堆字，你愿意看吗？

在导读段，文字居中排列，可以让文字像诗一样排列下来，能产生一种节奏感，引发用户下拉的欲望。

图说的文字简短，可以几个字一行，再几个字一行，旁边大量留白可把图文巧妙串联起来，知黑守白，实布与虚布的构图，让整个界面灵动起来，充满诗意和美感。

文字左对齐的方式排列，短行、短句子用于小标题、金句的排列，文字旁边的参差与留白，也能有长歌短行的味道。

有的美工会用非常大的留白，比如将媒体机构 logo 的标语词或小标题、金句等在画面中以竖排的形式营造出一个巨大的空间，文字和标点就像一条竖线在留白的空间划过，起到了引导用户快速往下滑动阅览丰富内容的作用。

六、点与线运用有形式感

点与线作为视觉元素，在界面中有区分、间隔和指引作用，我们要学会适当使用。

线通常有实线、虚线、波浪线、文武线等，美编的情感因素潜藏在对线的长短、粗细、颜色深浅、方向、角度等的变化与使用之中。

点有圆形、方形、三角形、菱形、梯形、不规则形等，可使视线凝固、集中，静中有动，能给人带来视觉引导与形式感。

小屏幕上大量的文字阅读需要有休息的空间，有透气感和节奏感，因此，在进行界面设计时可将与图文同宽的细灰色点或线巧妙地穿插在文中，不仅能产生心理连线或运动的感觉，还能将媒体微信公众号的情感特性和理念融入其中。

在文末，点与细线组合固定出现，也体现出微信公众号的现代感与仪式感。

案例6-7 《南方人物周刊》界面设计中点与线的运用（见图 6-14）

图 6-14 《南方人物周刊》点与线截图

正文：宋体，15px，黑色，页边距 8，行间距 1.75

图说：宋体，12px，深灰色，▲，行间距 1

留白：图片与小标题之间空两行，行间距 1.75

小标题：宋体，16px，加粗，黑色

点与线：虚线，圆点；数字，不同级灰，居中

《南方人物周刊》
点与线排版示例
《肖央 返璞归真》

案例6-8 自媒体号界面设计中点与线的运用（见图6-15）

图6-15　自媒体号点与线截图

正文：苹方-简，15px，黑色，页边距16，行间距1.75

小插画：文末书名，居中

留白：上下各空一行，行间距1.75

logo文字与署名：苹方-简，12px，不同级灰，居中

点与线：实线，圆点，不同级灰，居中

自媒体号点与线示例《在珠穆朗玛峰的荒野里，做个幸福的西西弗斯吧》

七、严格校对图文和版式

5G时代，智能手机功能十分强大，运用非常便捷，任何一个错误都能以转发、截图等方式在两微两端疯传或在朋友圈刷屏，形成负面舆论、负面影响，乃至造成封号、媒体人设崩塌、媒体公信力降低等等严重后果。

因此，在快捷的互联网时代，从对用户负责、对媒体负责、对言论负责的角度出发，媒体人要坚持高质高效的编校原则。那么，我们如何把控读屏时代的“快”与“对”呢？

（一）三审发稿流程，一个都不能少

在大众传媒时代，媒体机构的新闻信息生产是一个严格的系统工程，采、编、校、审任何一个环节都不能出错。在这个维度上，融合新闻时代的信息生产也不能例外，送审送校的文、图、视频、音频等依然要坚持“齐、清、定”这一基本的三字原则。

齐：要求文、图、音频、视频包括导读、大小标题、图说、署名栏、链接等都齐全无缺。

清：要求所有报道内容的撰写、描绘清晰，符合界面排版的需要。

定：要求有责编、主编及值班发稿主编的三审内容确定，哪怕是网签审稿、审版，一个程序也不能少。

（二）校对技术上留心常见错误

一是发现时间错误，地名误用，报道对象姓名、身份信息的错误或不当使用，以及外文名称的错误译法、专业语汇的不当说法等。

二是检查文本的事实、常识、禁用语、逻辑错误等，包括新闻事实的错误，常见语法、标点错误，英文拼写错误，以使陈述客观真实、语句通顺流畅，还要注意新闻出版的规范用语、禁用语，并能结合文本进行常识判断、逻辑关系判断等。

三是精耕细作版面，能发现版式制作上的错误，包括跳行、不合理空格，以及相应层级内字体、字号、字色不统一等。

（三）预览多遍也不厌倦

不再需要纸和笔，编辑器强大的校对功能还体现在预览上。每发现一个错漏，都可以在编辑器的界面上直接修改、保存、刷新，再在手机上预览。通常一篇推文，不断刷新、不断检查，右手鼠标，左手手机，预览几十篇是家常便饭。

对此不要厌烦，传播新闻信息的媒体就是受高标准要求的约束，即使自媒体时代新闻领域进入门槛大大降低，媒体也要严格要求自己，力求完美。

（四）发布后也要应改尽改

微信公众号编辑器的智能还体现在文末有对疑似错别字的提示与筛查，我们对文本的校对要跟进要到位，即使推文已经发布，一旦发现错误，仍然要尽快改正，其编辑器的修改功能可允许有 20 个字的修改。但是，只能修改一次，且大标题无法修改。

图 6－16 为《燃燃燃燃燃！一张长图带你攀登“地球之巅”》文末的评论区。

图 6－16 央视新闻微信公众号界面设计获奖作品的评论区

【小结一下】平面媒体的版面设计，主要以图书、杂志的 32 开、16 开，或报纸的 4 开、对开为主。从 15 世纪德国的谷登堡发明金属活字印刷术开始，经过数百年的实践，纸质媒体的版式设计艺术已精益求精、臻至完美。而在移动互联网的读屏时代，每个媒体机构的两端——PC 端或移动端，两微——微博或微信公众号，都在改良、创新、进步、发展，力求让优质的融合新闻内容生产通过优质的包装与设计，最后实现传播效果影响的最大化，从而创设出有自己传媒风格与理念的媒介形象。

通过以上界面设计的规则、技法与风格解析，我们可以看到，不管媒介技术发生怎样的改变，对于每天花费数小时在流阅读的界面上畅游的我国超 10 亿移动用户来说，最优先考虑的是能为用户设计一个干净简洁、舒服好用的人性化界面。我们是在为用户的阅读而设计，其最基本的准则都应该是遵循设计规范。

比如，以文字居多包含图片、音频、视频、超链接、互动设置的媒体微信公众号的内容编排来说，其最基本的规范就是通过字体、字号、字距、页边距与行距的设定，保持好界面各元素的平衡，通过大小和间距拉开在小屏界面上的阅读层级，这是让刷屏式流阅读舒适的基石。

《公众号排版学起来!》(视频制作钞越)

两微两端的界面设计都是靠不断摸索、不断上手实践而积累下来的设计经验，每个美编或美工都可从自己的切身体验中发现版式设计之道。编排是一种长期的创意，一种日积月累的审美，再多的真经和干货都得靠你自己去操练多次才会熟能生巧，才会有所习得和开悟。

这就打开编辑器吧，当你看见自己设计出来的融媒体作品有好多人在阅读、在点赞、在转发时，一种成就感会从心底升腾而起。

第三节　点击率高的标题制作技巧

标题是新闻的精华，是眼睛和卖点，既是对新闻内容的形象化概括，又是版面语言的主要构件之一，是视觉的重点。在读屏时代信息超载、信息海量的情形下，我们怎样才能制作好互联网移动端的标题，增强算法识别，增强新闻的价值与吸引力，提高阅读量和点击量，同时又杜绝“标题党”呢?

一、新闻标题制作的基本原则

标题，意即新闻的题目，我们有多种制作标题的方式，但核心只有一个，就是能把融合新闻报道中最重要的意思表达出来。

通常在制作标题时，至少要突出一至两个新闻点。实标是新闻标题中叙述事实的部分，虚标是新闻标题中发表议论、呈现感受的部分，应力求虚实结合、贴切传神。

新闻初学者一定要牢记、思考下面这四个关键词。

(一) 真实

不靠“标题党”吸引眼球，不断章取义，标题尽量做成实题，新闻点要尽量靠前，信息量化、准确，有消息来源。

(二) 简洁

能用一个字表达清楚就不用两个字，高度浓缩，删掉不必要的表述、重复的词以及不重要的信息。

(三) 惊艳

用各种表现手段，提炼出真正的新闻点。可使用名人效应、热敏词汇，鲜明生动，让标题更有看点，让读者过目不忘。

(四) 独到

哪怕是同一内容的融合新闻报道，当在两微两端发布时，媒体都会做不同程度的标题修改，更通俗、更口语化，实标与虚标相搭配，以情动人或以趣动人，避免不同端口新闻标题的同质化。

案例6-9　澎湃新闻微信公众号新闻标题（见图 6－17）

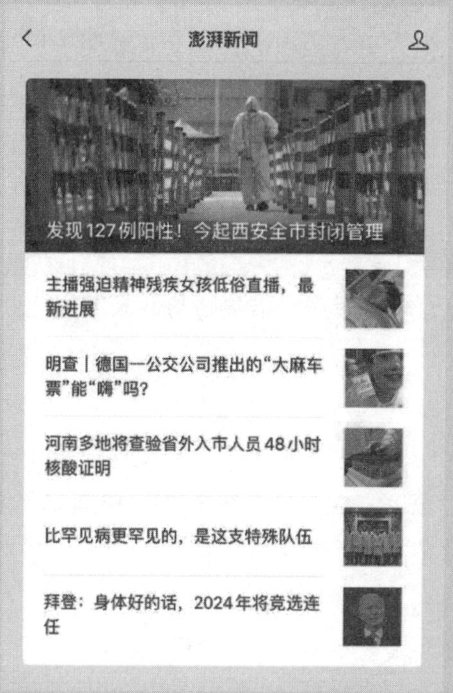

图 6－17　澎湃新闻微信公众号新闻标题截图

例 1　发现 127 例阳性！今起西安全市封闭管理

解析：新闻点前置，数字量化，有消息源，实题，两个新闻点，17 字，精简。

例 2　主播强迫精神残疾女孩低俗直播，最新进展

解析：热敏词，两个新闻点，实题，19 字，简洁。

例 3　明查｜德国一公交公司推出的“大麻车票”能“嗨”吗？

解析：热敏词，有消息源，口语化，提问式，有实有虚，25 字，精练。

例 4　河南多地将查验省外入市人员 48 小时核酸证明

解析：有消息源，信息量化，热点，实题，20 字，清晰。

例 5　比罕见病更罕见的，是这支特殊队伍

解析：热敏词，对比式，虚标，贴切，16 字，简短。

例 6　拜登：身体好的话，2024 年将竞选连任

解析：名人效应，口语化，虚实结合，以趣动人，16 字，精简。

二、10 万＋标题制作手法

对于“速读”“秒读”的互联网新闻而言，标题直接决定了点击量的多少。

随着新闻传播渠道的快速更迭，新闻客户端在很大程度上替代了传统的 PC 端，新晋为新闻的第一落点。由此，媒体机构都在着力打造“两微一端一平台”，根据移动客户端、微信公众号、微博等融媒体端口的发稿规律、频次、特点进行波次传播，网站、报纸深度挖掘，同时形成融媒体发布矩阵、全媒体平台覆盖的运作模式。

因此，“两微一端”稿件的标题制作会比传统 PC 端新闻的标题更为重要，90%的人打开微信公众号文章也是因为微信标题。一个好标题具备的核心要素是提供信息、吸引用户兴趣、用户定位与具有趣味性。

那些10万+标题一般所具备的元素为：热点、名气效应、抓住用户的痛点/需求、主标题与摘要、反问、带数字、开放式悬念、情感共鸣、实用信息（价值）等。最后，还要考虑算法能否识别。

我们拟定标题的基本步骤为：学会用一句话把新闻事件的主要内容讲清楚；学会对基本信息加以文采修饰，使之更有吸引力；学会互联网+思维，适应算法流行的当下。

以下将主要列举新华社、澎湃新闻、《南方周末》、《三联生活周刊》、中国日报双语新闻、视觉志等媒体的一些10万+标题。

（一）“蹭”热点（4个著名）

“蹭”热点指借助热点事件效应、名人效应，借势造势，来获得用户的关注度。

1. 著名事件（时下热点）

例： 薇娅全网被封，“直播不是法外之地”（澎湃新闻）

薇娅被罚13.41亿元背后，电商主播是怎样纳税的？（《南方周末》）

用鲁迅的方式，打开王力宏的婚姻（视觉志）

2. 著名人物

例： 张文宏近日凌晨发文：今冬将是“最后一个寒冬”（澎湃新闻）

全红婵“跳海”也能玩“水花消失术”（澎湃新闻）

李佳琦被浙江消保委点名（澎湃新闻）

3. 著名热词

例： 爷青回！这场“梦幻联动”让网友感动：初听是高三，再听已三高（澎湃新闻）

登上热搜的王安石，为何能影响千年？（《三联生活周刊》）

微信、支付宝还能用吗？终于说清楚了！（新华社）

4. 著名机构

例： 央行、证监会、银保监会、住建部回应恒大问题！（新华社）

中央网信办重拳出击！（新华社）

外交部发言人一键三连，国外网友集体刷屏！（新华社）

全网抵制，央视发声，它烂透了！（视觉志）

（二）贴用户贴群体（4个抓）

1. 抓个人

（典型即代表性）

例： 一位北大学者的家庭教育：我接受女儿是个平庸的孩子了（《南方周末》）

这个时代最酷的一群人，都在他的相机里（视觉志）
看完这部电影，我爱上了这群“黄轩”（视觉志）
三十岁，我能自己“独活”吗？（《三联生活周刊》）

2. 抓群体

（注意目标群体不要过于狭窄）

例： 为港为己投一票：新选制下的香港心情（《南方周末》）
“一人洗澡百人围观”，这个群体分布各地（澎湃新闻）
那些喜欢独居的人，都在屋里干什么（视觉志）
哪吒教给我们的那些事：善待“孤独的熊孩子”（新华社）

3. 抓痛点

（有时负面信息会比正面信息给用户的冲击力更大，从为用户解决负面问题出发，人们会更想要了解内容）

例： 一夜暴跌30%，比特币最近咋了？（新华社）
“千余名毕业生被农行开户”事件，这些问题需要回答！（新华社）
每天睡不到6小时，多少天出事？（视觉志）
跟有些人聊天，真是需要分分钟原谅他800次！（新华社）

4. 抓共鸣

（站在用户的角度思考，说到他们心坎里，与之感同身受）

例： 从大城市搬到小城，我才感到房子对我的意义（《三联生活周刊》）
我爱你，爱到可以租房结婚（《三联生活周刊》）
距离你上一次出发，过去多久了？（《三联生活周刊》）
代沟是什么??? 看完我都笑精神了（新华社）

（三）给福利给价值（7个类）

1. 福利彩蛋类

（免费）

例： 这波福利月底截止！全国7～18岁中小学生可领（新华社）
错过70年一遇的故宫敦煌特展，一定不能再错过这份新年礼（《南方周末》）

2. 通知类

（政策）

例： 这些人请抓紧补税！多地税务部门喊话了（新华社）
2022年全国两会召开时间，定了（新华社）

3. 实用类

（干货）

例： 干货！手机输入三个数字，Wi-Fi速度瞬间倍增！（新华社）
这七种香气能让人更专注，你最爱哪款？（中国日报双语新闻）

干货！“双减”用英语怎么说？（中国日报双语新闻）

4. 提醒类

（小心）

例：用这种筷子吃饭，小心慢性中毒！很多人天天用（新华社）

关灯玩手机，对眼睛危害有多大？网友：吓得我马上开灯（中国日报双语新闻）

全球2.8亿人被抑郁症困扰，有这些症状需警惕！（中国日报双语新闻）

5. 建议类

（促进行动）

例：考研政治干货！英国专家解读历史决议，转发收藏！（中国日报双语新闻）

今夜，为这457万人加油！（澎湃新闻）

暴雨来袭该怎么办？这份避险自救攻略，请收藏！（新华社）

6. 信号类

（事关你我）

例：官宣！第一批国家公园公布，看看有没有你的家乡（中国日报双语新闻）

中美元首视频会晤，向世界释放了哪些积极信号？（新华社）

校招｜加入我们，一起过记者节！（新华社）

7. 简化类

（化繁为简，给一个速成目标）

例：太形象了！16张漫画总结了美国这一年（中国日报双语新闻）

超实用的3个Tips，让你快速进入英语学习状态！（中国日报双语新闻）

3年中国特色时政热词，一次性get！（中国日报双语新闻）

（四）设悬念造反差（4个类）

1. 疑问类

（用提问式吸引用户点进，找答案）

例：“元宇宙”“破防”“加强针”……哪个是你的年度热词？（新华社）

那些喜欢看查酒驾、消防和反诈直播的人，到底是在看什么？（《三联生活周刊》）

流量明星们到底多有钱？（视觉志）

2. 省略类

（营造开放式悬念）

例：痛心！她才1岁，却为3个人带去希望……（新华社）

玉兔二号在月球发现“神秘小屋”？全球网友沸腾了……（中国日报双语新闻）

上班时间别看，你会忍不住……（视觉志）

3. 反常类

（可用“竟”“居然”“结局”作为修饰词）

例： 5岁男孩被“骗”上出租车，结局很暖（澎湃新闻）

近15亿资产拟卖1元，上交所都看不懂了（澎湃新闻）

为了等澳门公交的普通话报站，我竟坐过了N个站！（中国日报双语新闻）

4. 对比类

（增强冲突感）

例： 中国小伙撞脸马斯克火到国外，马斯克本人回应（中国日报双语新闻）

“浙大学霸作息表”疯传，网友：这就是世界的参差吗……（中国日报双语新闻）

学校老师没有校外辅导班老师好？这么说为什么错！错！错！（新华社）

住太空的烦恼：腰、腿变细了，脸却胖了（视觉志）

（五）亮数字亮爆点

（用数量归纳内容要点，亮点、爆点数目说明）

例： 将为母校捐1 000万报恩！只因自己“淋过雨”（新华社）

5亿英镑！迪拜酋长与“逃跑王妃”离婚赡养费定了（澎湃新闻）

峥嵘岁月有传奇！这所只存在8年的大学，却出了172位院士（澎湃新闻）

“猪界毕加索”5年作画数百幅，买家出价17万收藏……（中国日报双语新闻）

40多年前，这里的4分钱惊动了中央（新华社）

（六）描场景有代入感

（让用户身临其境，有代入感）

例： 你的段子手老师已上线，请查收！（新华社）

2021年度最常用的表情符号，第一个又是它！（中国日报双语新闻）

B站年度弹幕出炉：“破防了”！这个词用英语怎么说？（中国日报双语新闻）

清华贫困生“树洞”全网刷屏，看哭了……（中国日报双语新闻）

2021年度热词引百万人围观：最火的竟然不是干饭人，永远滴神？（视觉志）

（七）惊叹加缀式

（增加惊叹词、前后缀，瞄准群体、强调亮点）

例：@所有人：别眨眼！这里有一份会“动”的报告（新华社）

硬核！72岁退休教授当博主本色出镜，账号名相当霸气……（中国日报双语新闻）

太爽了！21岁少女成为女保镖，防身只需要一支笔……（中国日报双语新闻）

云南这只可怜的猴子得了国际大奖……啊！（中国日报双语新闻）

爆笑！当外国小孩看到中国同学的午餐……（中国日报双语新闻）

（八）算法识别引流

这一点放在最后，无疑是顶流，要是能做出算法可识别的优秀标题，事半功倍。

1. 时效性用词

（机器通过识别时效性词汇，如今天、刚刚、明天、今年等，让文章分发即时到位）

例：今天，央行谈了恒大集团问题！（新华社）

刚刚，央行辟谣！（新华社）

二次出舱，就在明天（新华社）

今年最后一轮寒潮，来袭！（新华社）

2. 热门关键词

（关键词能帮助算法区分出目标用户，如华为、苹果、抖音、微信、任正非、张小龙等热词，能找到更契合的用户投放）

例：“鸿蒙”已来！华为：可随时替换安卓（新华社）

微信更新！这个功能终于来了！（新华社）

张小龙要的短内容来了：微信内测视频号，能挑战抖音快手吗（澎湃新闻）

任正非生日当天，“孟晚舟上班”登顶热搜（澎湃新闻）

苹果新机预购开启，“远峰蓝”10分钟卖光（澎湃新闻）

3. 敏感数字词

（机器终究对数字更敏感，数字造成悬殊、对比，分发逻辑也会以一些数字为界限）

例：刚刚宣布，1 200 000 000+（新华社）

超27亿！（新华社）

连刷100张，你被“幸福”砸中了（新华社）

孟晚舟被非法拘押1 000天，外交部强硬表态（澎湃新闻）

【小结一下】花半个多小时拟一个标题是常事。我们得脑洞大开，选择多种技巧，反复比较、细细琢磨之后选择最恰当的；还可参考其他媒体的各种标题，受到启发，点燃灵感；也要能利用逆向思维、算法思维，综合运用多种手法，让所拟标题为算法、机器所欢迎，为用户所喜爱。比如下列标题的拟定就灵活运用了多种技巧：

气场拉满！75岁爷爷穿汉服游故宫，原来曾做这项工作（中国日报双语新闻）

真香！英国姑娘20年吃遍中国，写了5本中国食谱，中西读者都叫好（中国日报双语新闻）

学什么最有用？复旦老师教你点“没用”的知识（澎湃新闻）

震惊！每28秒，就有一位中国人死于这种病！（新华社）

实锤！西兰花的确能抗癌，但前提是……（新华社）

（价值、前缀、数字、反差、负面）

现在每个超记团队可在新华社的PC端新华网以及两微一端上找同一条报道，看看在标题制作及内容发布上有何不同？试着在两微一端上制作不同风格的标题。

第四节　两微两端平台发布与推送

在内容发布过程中，融合新闻是以多平台、多渠道、多终端的发布模式发布的。

在主流媒体自身构建的两微两端平台上，在其他的社交媒体平台、综合新闻资讯平台上，主流媒体会根据不同媒介平台的特点、优势和功能，对不同呈现形式的融合新闻进行适应性、波次性的分渠道发布，从而构成强大的多媒体传播矩阵，最终以全媒体姿态为用户提供新闻信息，实现融合新闻传播的传播力、引导力、影响力与公信力。

下面我们将具体针对新华社、《人民日报》、澎湃新闻等媒体机构的融合新闻发布特色与方法予以解析。

一、PC端是信息输出的主要平台之一

由各媒体机构主办的新闻网站，即PC端，是最具影响力的传统网络媒体。主流媒体机构所出品的新闻产品具有相当高的权威性，新闻品质与专业水准能

得到充分的保障。PC 端作为媒介融合战略中极为重要的一环，是融合新闻信息产品主要的输出平台之一。

（一）门户网站更具广度与纵深度

我们以新华社的新华网为例。它是新华社主办的中国乃至世界上最有影响力的网络媒体之一。作为门户网站，其具有的四大特点——网页平台版面更大、数据信息储存量更大、每篇新闻信息内容承载量更大、可发挥超链接参考文献作用，让其融合新闻的生产与发布更具广度与纵深度。

尤其是超链接与可视化数据新闻是该平台的两大亮点。超链接到其他网页或推送相似的新闻内容，让用户能进行信息的佐证与延伸，全方位了解相关新闻报道，拓宽相关话题的信息和视野，这是 PC 端使用频繁而其他三种媒介平台使用较少的媒介元素；而综合利用文字、图片、音频、视频、直播等媒介元素，通过数据可视化处理呈现融合新闻，更是能让新闻报道内容直观、有说服力。

（二）可一键分享发布内容

同时，网页布局视口（layout viewport）的界面设计，解决了 PC 端页面在手机上显示的问题。一般移动设备的浏览器都默认设置了一个布局视口，这样我们就可以把 PC 端发布的每一篇融合新闻报道一键分享到微信、微博及其他平台。

图 6－18 为新华网“数视频”的融合新闻。

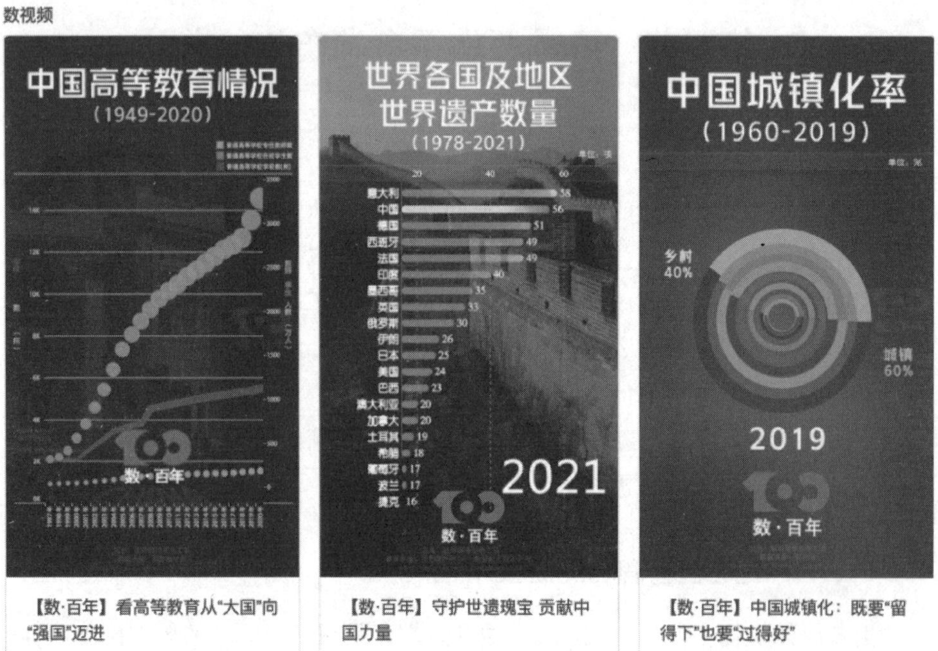

图 6－18　新华网“数视频”的“文字＋图片＋视频＋超链接＋互动设置”形式融合新闻截图

二、新闻客户端成为新闻发布的第一落点

媒体融合发展早已成为世界传媒行业不可逆的趋势。在新媒体技术冲击下，人们的信息阅读习惯随之改变。碎片化、场景化的阅读与互动式的新闻传递方式，让越来越多的用户从传统 PC 端迁移到移动客户端。如今我国超 10 亿的手机网民中，约 99.8%的人都在使用移动端上网。

(一) 标配与轻量化、全息化、分众化、立体化特质

随着新闻接收终端传播渠道的快速更迭，在“万物皆屏”的读屏时代，移动端在很大程度上已取代传统 PC 终端，成为新闻发布的第一落点。各媒体坚持移动优先原则，新闻客户端已成为各大媒体机构的标配。

新闻客户端在互联网、5G 传输、人工智能、大数据处理等先进技术下，实现了线上生产具有轻量化、全息化、分众化、立体化特质的融合新闻产品，在文字、图片、音频、视频等多媒介元素呈现的融合新闻报道基础上，进一步实现了高清直播、VR、H5、航拍等融合新闻的内容承载。

以新华社客户端为例，它是最早上线的主流媒体客户端，截至 2021 年，其累积总下载量已突破 2 亿次。

澎湃新闻客户端在 2014 年 7 月上线，从一开始就设立移动优先、以新闻客户端为主要媒体阵地的策略，PC 端只作为次一级平台发展。经过数年的努力，2022 年 6 月其客户端下载量已突破 2 亿次，被视为国内媒体融合成功的标杆。

可以说，轻量化、全息化、分众化、立体化是新闻客户端的最大特色。

(二) 移动优先，音频、视频与直播为三大亮点

在新华社客户端、《人民日报》客户端、澎湃新闻客户端中，以“文字＋图片＋音频＋互动设置”形式发布的融合新闻报道最多，其原因是在客户端中，每篇融合新闻报道都可以用音频进行收听，这是客户端的第一大亮点。

再者，新闻客户端更注重平台对新闻场景的视觉营造。其广泛采用了“文字＋视频＋互动设置”与“直播＋互动设置”两种主要形式发布融合新闻，并适当采用了 H5、VR 等媒介元素。与其他三种媒介平台 PC 端、两微相比，这几类媒介元素在客户端中使用最多。

在移动互联网时代，场景是媒体的新要素，移动传播的本质是基于场景的服务，场景成为移动媒体的新入口。①

我们可以看到，融合新闻发布中所营造的视觉场景，包括三维场景、动

---

① 彭兰. 场景：移动时代媒体的新要素 [J]. 新闻记者，2015 (3)：20－27.

漫、互动报道游戏、虚拟主播等新形式，让融合新闻的呈现更加具象化、立体化，让用户能最大限度地认知新闻、感知新闻，触发用户对新闻内容产生情感上与精神上的共鸣。

图 6－19、图 6－20 分别为新华社客户端、《人民日报》客户端的音频、视频与直播的截图。

图 6－19 新华社客户端音频、视频与直播截图

三、微博热搜接地气引导社会舆论

作为一种新兴的社交媒体，微博已成为当下人们最喜爱的传播媒介之一。各主流媒体纷纷入驻微博开设账号，微博已成为融媒体的主战场之一，成为传播信息、引领热点话题、引导社会舆论的新兴传播平台。

在平台媒体强势蜂拥的浪潮下，可供用户选择的消费信息方式越来越多，这就意味着融合新闻信息的生产加工与包装发布必须满足用户的习惯和口味。以新浪微博为例，从 2009 年诞生之日起，作为一种草根媒介平台，微博的开放程度是最高的，接地气与制造热点话题是微博平台区别于 PC 端、客户端与

图 6-20 《人民日报》客户端音频、视频与直播截图

微信公众号三种媒介平台最为显著的特征。

(一) 热点话题引领社会舆论场

微博具有亲民、清新、平易近人、多用网络语言、网感好等风格和特色，当各主流媒体在其上发布新闻时，以碎片化、精准化、通俗化为传播准则，竭力把严肃性、专业性软化，既不侵蚀主流媒体的权威性，又拉近了媒体与用户之间的距离，新闻议题设置主动，引导主流价值，实现了互联网舆论场与民间舆论场的高度融合，极大地提升了主流媒体在网络舆论场中的公信力与影响力。

以两大国家级媒体新华社和《人民日报》为例。截至 2022 年 1 月，新华社法人微博账号粉丝数已达到 1.07 亿（见图 6-21），《人民日报》法人微博账号粉丝数已达到 1.41 亿（见图 6-22），两者的日阅读数均为 100 万+。这两大媒体擅于用网民喜欢的接地气、网感好的语言与之交流，在新闻话题选择上，能充分、巧妙挖掘社会热点事件，换个角度换个姿势引领热点话题，在满足用户信息需求的同时也让自己更加有人情味，成为网络舆论场的领头军。

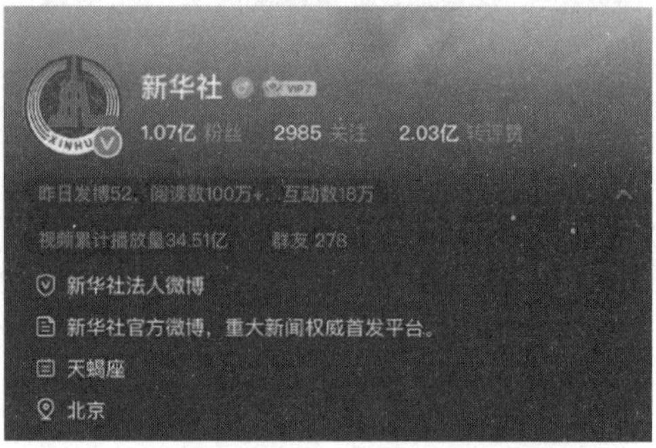

图 6-21 新华社法人微博主页截图

图 6-22 《人民日报》法人微博主页截图

（二）140 字简洁发布核心内容

微博允许用户随时随地分享自己的发现，没有时间频次的限制。但每条博文的展示页面限定为 140 字，界面排列最多为六行，真正做到了微博的“微”，言简意赅。

人脑有认知局限，每次只能处理一定量的信息。德国的一位数学家计算出能够处理的这个数字是 160 个英文字符，20 个给 ID 长度，剩余的 140 个留给用户发挥。

有了限制就会使发布者专注于表达核心内容。这就需要综合利用文字、图片、音频、视频、直播、动画、超链接、互动设置等媒介元素，通过“文字＋图片＋互动设置”或“文字＋视频＋互动设置”等形式，合理布局与巧妙组合，将用于其他媒介平台具有完整发布形式的新闻内容，在微博上改为篇幅短小化、碎片化、简洁化的发布格式，通过提取报道中的一两句核心内容，以添加@或＃话题与＃超话，图文深度交互，波次推进延伸，用算法抓取关键词的方式，登上热搜榜，实现新闻传播的力度与广度。

在微博转发长篇文章时，可在每条博文的末尾添加文章超链接，点击即可全文展示在客户端或微信公众号上发布过的图文等，以满足用户对深度文章及细节的需求，从而实现融合新闻的全息化、立体化传播。

图 6-23 为《人民日报》官方微博文章核心内容示例。

图 6－23 《人民日报》官方微博文章核心内容示例

博文标题用话题【2022 开门红！＃谷爱凌 3 天内两夺冠＃】

博文核心内容为报道中的简短导语段

文末@青蛙公主爱凌，引流到谷爱凌的个人微博

添加＃谷爱凌大风中稳稳夺冠，引流到微博总话题

添加＃咪咕体育的微博视频，引流到 CCTV 的视频

（三）C 位话题设置强力上热搜

微博的最大特点为话题设置。以《人民日报》的微博为例，它是主流媒体中粉丝量最大的微博账号，开启了有信息（活鱼）、有观点（火力）、有情感（调料）的新传播模式。

当下的网络空间热点事件频出，微博平台的话语权下放使得话题度高的热点事件极易滋生虚假信息及各种负面情绪。由此，《人民日报》微博在热点事件和话题（见图 6－24、图 6－25）的参与和讨论上做到了主流媒体不失位，第一时间快速反应，拨开网络舆论场中的重重迷雾，掷地有声占据 C 位道出问题实质，着力把控舆论引导，及时疏导社会负面情绪，其建立的有理性、有温度、有力量的各种话题屡屡冲上热搜榜，引起其他媒体及网民的再度讨论，二次、多次传播，实现了融合新闻与微博自身特点的高度契合，成为互联网舆论场上的压阵龙头军。

四、微信公众号成“掌上通讯社”

微信是国内最受欢迎的社交媒体。2021 年微信迎来上线十周年，其日活跃用户达 10.9 亿，有 7.8 亿人每天翻看着朋友圈，有 1.2 亿人在发朋友圈，有 3.6 亿人每天浏览微信公众号文章来获取对外界的认知。

微信公众号其实更像一个“小而美”的媒体，有独自的理念、创意、审美和灵魂，它的媒体属性高于一切。海量的用户聚集与流量池，让主流媒体大力在微信公众平台上打造自己的微信公众号。微信公众号作为迷你的“掌上通讯社”，契合了当下融媒体的发展趋势和用户便捷、精准消费信息的需求。

图 6-24 话题【#人民日报评薇娅偷逃税被处罚#】

博文核心内容为信息、观点、情感

文末为评论区

图 6-25 话题#人民日报评薇娅被罚#上热搜

其他媒体转发，阅读量1.4亿，参与讨论者2万人次

《每日经济新闻》微博再度讨论，用全文链接到母题

与 PC 端、新闻客户端、微博相比，微信公众号最大的特色是以精选内容为主，发布形式简洁、精美，注重新闻视角多元化、灵活化，以走心的表达方式与精到的界面呈现来制作融合新闻内容，信息发布实时到达，每一条推文都会送到用户手中，到达率 100%，成为用户黏性最高、点赞率与转发率均高的社群型媒介平台。

（一）精选内容波次推送

微信公众号的账号分为两类：服务号与订阅号。

服务号是给企业和组织提供更强大的业务服务与用户管理能力的，而订阅号则是为媒体和个人提供一种全新的信息传播方式，构建的是与读者之间更好的沟通与管理模式。

微信公众号已成为愈发重要的一个融媒体平台，一如它的口号：再小的个体，也有自己的品牌。只要是使用微信的用户，都可以快速注册一个微信公众号，因此，很多企业、组织和个人都有了一个属于自己的微信公众号。

微信官方规定：服务号每个月可以群发四次消息，多图文信息每次最多可以发送八条；而订阅号可以每天发一次群发消息，多图文信息每次最多可以发送八条。因此，大多数媒体机构与自媒体人的公众号，都是以创建订阅号形式为主的。

每天可以推送一次，每次可发八篇文章，一般是主推一篇，副推七篇。

也有只主推一篇（见图 6-26）的。其优点为单篇文章重点突出，篇幅少，可以保证感兴趣的用户得到想看的文章，实现精准推送，同时也让用户看着不累。如果每次推送的文章过多，信息量太大，用户是没有时间和精力看完的。

对于大型的主流媒体机构，微信官方放宽了限制，每天可以多次推送，最多 24 条。

新华社微信公众号是每天推送 8～9 次，每次 1～2 篇文章。澎湃新闻微信公众号则为每天推送 4 次，每次 6～7 篇文章。

图 6-26 《南方周末》微信公众号每天单次单篇推送界面截图

由于平台推送限制，不能像客户端或PC端那样海量发布，因此各微信公众号推送的内容都是以精选内容为主，一般为重磅、深度文章与有趣的文章，信息含量高，在主推与副推的文章之间分层次、分角度，整体界面呈现形式普遍简洁、精致。

通常，主推的文章称为头条，会有很好的曝光率与阅读量。而其他副推的文章称为次条，曝光率与阅读量相对会小一些，这就需要媒体编辑很好地把控主推与次推。

图6-27为澎湃新闻公众号多篇推送界面截图。

图6-27 澎湃新闻微信公众号每天多次多篇推送界面截图

(二) 精选时段滚动发布

在新闻推送时间的选择上，普通微信公众号通常为早上8点或晚上8点推送，早读与夜读是用户浏览信息的高峰时段。

主流媒体微信公众号则每天都在相对固定时间段内进行新闻的波次推送。在每天的上午8点、中午12点、下午4点、晚上8点的4个时间段里，每个时间段会推出多篇文章，这样新闻信息覆盖时间广泛，能满足用户各个时间段的信息需求。

以新华社微信公众号为例。其固定在早上6点（早知天下事）开始启动单篇文章推送，其间上午、下午与晚上（见图6-28）大约每隔2个小时有一次单篇推送，最后晚上10点（夜读）收工，每次1～2篇文章。

澎湃新闻微信公众号则相对固定在上午10点、中午12点、下午4点、晚上9点做4次推送，每次推送6～7篇文章。

整体上推文的呈现形式以“文字＋图片＋互动设置”与“文字＋视频＋互动设置”为主，并以超链接的方式加入#话题设置，或嵌入H5、VR、直播等链接，报道方式轻松好看、灵活多元。

图6-28 新华社微信公众号晚间3个时点推送界面截图

五、直播打造现场云新闻

除了微信公众号之外，在PC端、新闻客户端、微博及微信视频号，都可以做新闻直播。

直播作为一种重要的融媒体报道方式，能在现场同步报道新闻事件的发生、发展进程，不管相距多远，用户都可以通过直播观看现场活动，真正做到了第一时间将新闻影像传递给用户，具有压缩时空、超越时空的强大功能。

与传统电视媒体的现场直播不同，移动网络直播除了保证即时性与连续性外，还融合了多种媒介元素与富媒体技术，对文字、图片、音频、视频、VR技术、无人机技术、MR（混合现实）技术等进行整合运用，将新闻现场以全景、全息、全方位的方式呈现给用户。同时它还具有最直接便利的互动性，在直播过程中，用户可通过发表评论、发送弹幕等与活动现场进行互动，也可进行跨平台、跨终端的转发等。当直播结束后，图文影像还可保存在平台上进行回放，供用户随时查看、分享等。

大型媒介机构如新华社、新华网、人民日报社等，除了视频新闻的生产之外，直播也成为它们融合新闻生产的一大亮点。“直播＋互动设置”让融合新闻报道在即时性的基础上更具有创新性、多元性、兼容性与交互性，推动了融合新闻发布往纵深方向发展。

我们将以新华网客户端全国联动的“2022 春运全媒体接力直播”（见图 6－29、图 6－30）报道为例，看看媒体是如何完成一场云直播的，又有哪些必要准备与发布技巧。

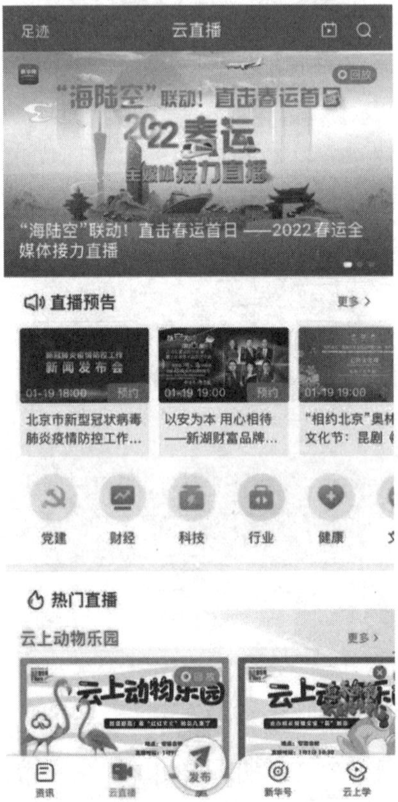

图 6－29　新华网客户端“2022 春运全媒体接力直播”界面截图

（一）做好一场联动直播的必要准备[①]

1. 器材准备

器材是使一个直播联动起来的基础，本次直播准备了一个信号接收器、两台“小蜜蜂”、一个三脚架、两台智云稳定器、两台单反相机以及手机若干部。

① 关于联动直播的必要准备、技巧，由在新华网重庆频道视频部实习的新闻学研究生李林飞撰写。

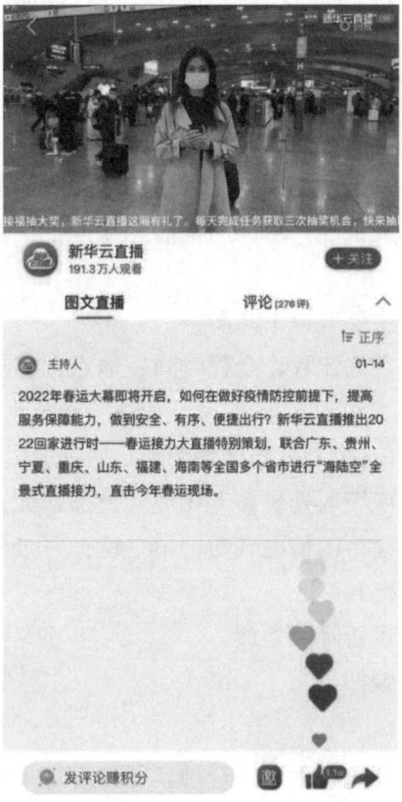

图 6-30　新华云直播主题＋互动界面截图

三脚架配合单反相机可以实现固定机位拍摄，可以把春运的宏观环境尽收眼底；稳定器配合手机，可以实现实时直播与镜头跟随，将春运的细节、亮点以及交流互动都完美展现出来；信号接收器和“小蜜蜂”主要是为了能让主持人和采访对象的声音在嘈杂的环境中凸显出来。

2. 人员分工

有了器材的支持，第二步需要明确团队分工。本次春运联动直播的配置是编导一名、主持人一名、直播摄像师一名、新闻片摄影师一名、网站监控员一名以及场外协调员一名。

编导主要是对整场春运直播的内容进行策划，到现场规划细节，联系客运相关人员以及与总网进行实时沟通，确保时间和直播环节快慢的把控。

主持人是串联整个直播的中心人物，从开场白到串场再到人物采访，都需要主持人和编导准确、合理地配合。

直播摄像师主要是手持稳定器，全程拍摄主持人及其直播内容中所有的关键部分。

新闻片摄影师主要执行车站定点摄像、拍摄新闻图片等任务。

网站监控员主要执行远程实时监控网站画质、收音情况以及将网址发布到客户端首页等任务。

场外协调员主要是对器材进行前期检查、在直播前和相关节点负责人提前沟通、维持旅客的秩序以保障直播的顺利进行。

3. 备播片准备

凡重大的直播活动都需要做备播片的准备。本次云直播因为受关注程度较高，所以为了防止意外情况发生，采取了备播片兜底的方式，即如果在正式直播中出现信号中断等突发情况，可以用备播片保证整个直播仍然可以有条不紊地进行。

备播片的制作环节主要有以下几步：

第一，预录好整个直播流程，全程时间、地点、方式、拍摄手法等与正式直播高度相似。

第二，运用 Pr 软件，将素材整体顺畅地拉通一遍。

第三，在视频节点或转场处要插入环境空镜头，配合主持人的声音，防止在视频转场过程中出现穿帮的情况（切记，空镜头一定要有合适的环境音或同期声，不可出现静音状态）。

第四，对整体音效进行降噪处理。

第五，导出备播视频即可。

4. 流程准备

为了保证直播时整个流程的顺畅合理，要提前对车站的站台位置、服务台位置等重要位置进行踩点，并在各处安排合适的工作人员，既要保证春运当天直播的顺利完成，也要保证旅客和地勤人员的正常出行与工作。

对每一个步骤进行卡点，调整与编排，以及进行必要的彩排，是成功举办一场直播活动的关键所在。

（二）做好一场联动直播的技巧

1. 注意观察

在直播过程中，一定会存在或大或小、或多或少的意外突发情况，除了上述所说的提前彩排和预案准备以外，全程注意观察是最为重要的。

在直播开始后，摄像机与编排的直播内容很容易吸引旅客的注意。这时候要注意引导旅客远离话筒和声源，以免造成直播收声不佳的问题。

作为场外协调员，还要及时在人群中快速锁定编导的手势并做出反应；要仔细地辨认出采访对象，并在采访前做好仪器的交接工作；要注意随时观察镜头并躲避，不要让镜头中出现除直播以外的其他媒体工作人员。

2. 善于沟通

春运的时候人流量巨大，时间紧、任务重，旅客也会产生急迫感与厌烦感，特别是要避开镜头的时候，有的旅客会产生极端情绪甚至动作。作为场外协调员需要冷静、态度友好地进行劝导以及配合其他地勤工作人员进行引导，切不可出现争吵、肢体冲突等情况。

3. 灵活大胆

全国联动直播是一个让人激动却也紧张的任务。除了前期准备外，还需要树立强大的自信心，做事不能畏首畏尾，而应大胆交流、勇于实践。

灵活主要是指应对不同的情况要采取不同的方式。比如本次春运联动中，我们既要保证旅客不会抢镜、扰乱直播进度，也要注意展示有时让旅客加入直播寻求帮助的镜头，不仅可以体现直播的真实性，还可以起到控制直播的时长及良好宣传地勤服务的作用。

总的来说，此次“2022 春运全媒体接力直播”活动取得了有效的传播效果，有 191.3 万人观看，热度达 1.1 万，不仅展现了各地地勤人员在疫情常态化情况下的专业水平，也展现了热闹的春运景象。虽然全国联动直播会存在各地协调难的困难，但是运用好上面的技巧一定能做好现场的直播。

图 6-31 为新华网云直播重庆直播现场。

新华网云直播回放

图 6-31 新华网云直播重庆直播现场截图

【小结一下】主流媒体着力打造的“两微两端”这四种具有传播力、影响力和用户数量高的媒介平台，将优质资源向重点融媒体产品倾斜，根据 PC 端、新闻客户端、微博、微信公众号等平台的优势、功能、发稿规律等进行适应性发布，拓展壮大了融媒体传播渠道，形成了多端口多平台发布的立体化融媒体传播矩阵，更有利于不同呈现形式的融合新闻在平台传播中发挥出更好的效用。

第五节　视频号 VS 抖音号

媒介技术与5G技术的飞速发展，让抖音、快手等短视频头部平台飞速壮大。中国互联网络信息中心（CNNIC）发布的报告显示，截至2022年12月，我国短视频用户规模达10.12亿。

抖音自2016年9月上线以来，到2021年6月，据彭博社的相关报道，其日活跃用户数达到6.8亿，日均视频播放量过亿。而快手在2021年8月公布的数据显示，其当年上半年平均日活跃用户数为2.943亿。

在互联网人口红利、流量意味着一切的格局下，微信于2020年1月推出视频号。2021年8月，腾讯半年报显示，其视频号日活跃用户数已达4.5亿。2022年上半年，视频号日活跃用户数已突破6亿大关。

视频号直追抖音号或夺头把交椅，短视频赛道由抖音与快手的“两强争雄”迅速裂变为“三足鼎立”。

在风头正劲、用户数一骑绝尘、业务四处开花的短视频时代，各大主流媒体机构从2017年开始蜂拥入驻抖音、快手等商业社交新媒体平台，从2020年开始又大举进军微信视频号，通过“三强”平台流量端的优势，快速进化短视频的短内容生态，大力寻求与新兴媒体融合的增长之道。

短视频将成为未来新闻发布的主要方式。[①] 随着时间的推移，视频化表达越来越成为普通人的习惯，视频化表达应该是下一个十年的内容领域的一个主题。从个人表达以及消费程度来说，时代正在往视频化表达方向发展。

媒体机构已有了强势的“两微两端”，其短视频新闻的生产与创作已日趋专业化、成熟化与规模化，但抖音号与视频号毕竟是两大不同形态的短视频短内容端口，对于媒体机构来说，怎样才能将现有的短视频新闻内容重新包装、制作与分发，适配抖音号与视频号的娱乐性与社交性风格，做出有流量、有用户、有媒介影响力的大V号呢?

一、视频号与抖音号区别何在

人们都刷过视频号与抖音号，“两霸”看似相同，实则区别很大。在做过下面的对比之后，更便于我们解决短视频新闻内容的二次创作与分发的实际问题（见表6-1）。

---

① 李良荣．短视频将成为未来新闻发布的主要方式［J］．青年记者，2018（30）：4.

表 6-1　视频号与抖音号的对比

对比名称	视频号	抖音号
口号	人人都可记录和创作的短内容平台，每个机构的官网	记录美好生活，让每个人看见并连接更大世界
平台属性	社交+媒体短视频平台	娱乐性短视频平台
展现形式	瀑布流形式的滑动视频	全屏式滑动视频
视频时长	60 秒视频/9 张图片，或完整视频 1～30 分钟，有长短视频分发	15 秒/60 秒/5 分钟，10～20 秒作品获赞最多
视频尺寸	全屏展示	全屏展示
标题长度	超 3 行折叠	55 字以内
#热点话题	有	有
功能组件	没有任何组件和音效，用真实方式记录生活	有素材编辑插件，带滤镜、特效、音乐模板库
微信支持	可加微信号、公众号与文章链接	不能加微信号
微信转播支持	微信全生态转播	微信生态内传播受限
内容运营	内容未干预，系统和规则会比运营的效率高	重人工运营
分发机制	1. 全量的用户，流量分布更加去中心化，社交推荐+算法推荐+同城推荐 2. 社交关系权重高，用户第一眼看到的不单基于视频内容，还有好友看过、点赞、标题、地理位置、标签等信息，社交属性更强 3. 运营干预小 4. 点赞率>评论率>转发率>完播率	1. 流量分布相对中心化，内容质量权重高，头部 2%～3%的内容占据平台 80%以上的流量，有利于头部优质内容生产者 2. 社交关系权重低，社交属性较弱，偏向于某一群体的“娱乐消遣平台”，有本地发现 3. 运营干预相对大，重人工运营 4. 完播率>点赞率>留言率>分享量
创作者生态	社交推荐分发机制以私域为主，个人 IP 从私域流量走向公域流量，粉丝分布相对均衡，放在朋友圈下方，相当于给大家一个出圈机会	流量分发以公域为主，对优质内容生产者友好，粉丝头部集中率高
创作者体验	产品更简洁，没有多余的剪辑、滤镜、美颜、特效等功能，高效便捷记录个人真实生活，强调分享的重要性；调性更小、更慢、更稳，普通人也有机会	不管是滤镜、选曲、特效、镜头还是拍摄，都有比较强的专业属性；调性更大、更快、更爽，有花里胡哨的爽快感

续前表

对比名称	视频号	抖音号
用户生态	1. 朋友圈用户，地域分布均衡，被动接受内容推送 2. 粉丝互动性适中，看到具备社交关系内容的概率高，朋友圈用户点赞评论数据越好，就越会被推荐给更多用户，有利于长尾内容分发，长尾效应也会更明显	1. 一二线用户比例高，用户增速快，被动接受内容推送 2. 粉丝互动性弱，看到优质内容的概率高，但不利于长尾内容分发
商业化变现	1. 适合私域流量变现，包括广告、直播带货等 2. 作为短内容工具，和微信公众号图文长内容形成内容闭环，视频号与公众号双向联动，给微信公众号从业者提供了商业变现的空间 3. 结合直播、小程序、微信支付、微信公众号、社群、微信号等产品矩阵，会快速实现商业闭环	1. 适合平台主导的变现方式，比如信息流广告、直播带货 2. 兴趣电商，在流量、内容和推荐算法上加强电商属性 3. 本地发现，基于兴趣推荐和地理位置推荐的地推拓展业务，布局本地生活

二、抖音号创作与发布：不惧娱乐至死

移动互联网圈有一条创业黄金法则“所有的行业都值得重做一遍”，同样的逻辑，媒体生产的一切短视频新闻都值得在抖音上重做一遍。

抖音自定义为“专注年轻人的 15 秒音乐短视频社区”，是娱乐性、社交性超强的短视频平台，倡导分享你的生活与感受，了解更多奇闻趣事。美国媒介环境学创始人尼尔·波兹曼（Neil Postman）在《娱乐至死》一书中曾指出，“如今的现实社会的一切公众话语都日渐以娱乐的方式出现，并成为一种文化精神……人们都心甘情愿地成为娱乐的附庸，最终成了一个娱乐至死的物种”①。他认为我们的媒介即隐喻，我们的隐喻创造了我们的文化和内容。

在这里我们可以把抖音的娱乐方式划为两种：一种是我（平台）为你们提供娱乐，另一种是你们自己动手、自娱自乐、表达自我、展示自我。在抖音号中，获赞作品最多的是时长为 10～20 秒的短视频。碎片化的短内容降低了表达成本，增加了多样化、个性化的内容趣味，让低成本内容变得极易扩散，大

① 波兹曼．娱乐至死［M］．章艳，译．北京：中信出版社，2015：4.

家每天关心的是自己活得开不开心。

我们无须对当今社会的泛娱乐化过度紧张，应理性而客观地看待，娱乐不会致死，娱乐也可以寓教于乐，创造出新型的文化内容。那么作为主流媒体，怎样才能增加新闻内容的用户群，提高用户的喜爱度，以正能量、高影响、大流量使得短视频新闻实现跨圈层传播呢？《人民日报》抖音号无疑可以作为一个很好的借鉴样本。

（一）暖新闻重场景造冲突

《人民日报》抖音号坐拥1.6亿粉丝，累计获赞113.5亿，成为抖音平台真正的头部创作者。其作品具有正能量、暖新闻、重情感、求共鸣、去文本化、碎片化、口语化、年轻化、趣味性等特征，1分钟内的短内容视频居多，这些“有格有品，有情有趣”的特点自不必多说。

1. 碎片化场景

抖音日活跃用户数近7亿，这意味着每天有一多半的中国网民都在使用这个平台进行娱乐。抖音从本质上为刷屏者提供的是基于场景的碎片化、快闪性娱乐休闲服务，不单面向年轻人，还面向少年儿童、中老年人，用户在吃饭时、睡觉前、上厕所时、通勤路上、工作学习间隙，到处都是刷刷刷。

秒传的内容，能瞬间抓住人们那稀缺、分散的注意力，非常符合当下的碎片式阅读场景，任何人都可以看，也乐于去看，使人不自觉地一条接着一条地刷，以为只过了十分钟，抬起头，发现一两个小时没了。抖音随时随地、随意随性的场景消费，早已成为巨大流量池的新入口。

2. 冲突式传播

对于处于新闻信息传播链条顶端的专业媒体来说，非常重要的是要把一条完整具备新闻六要素的短视频新闻剪短，对素材进行二次加工，对原视频大力精简。通常，在两微两端上，任何一条短视频新闻，都会对一个新闻事件进行有组织、有叙事结构的呈现，要交代清楚事件的来龙去脉，包括原因、经过、高潮、结局、意义等。

而《人民日报》在抖音号上的创作是基于反逻辑化思维、爆点思维的，在视频开头便直接切入主题，注重选择一个事件中的关键画面，一般都是在高潮部分或精彩部分选几帧，或某一感染力强、让人震动的片段，或容易引发用户共情共鸣的一个非常微观、具体和细节化的场景，通过幽默表达或软化的网感表达，加上调性垫乐来营造一种戏剧化的情绪冲突。

在电影、戏剧、广告策划领域里，冲突式传播最能有效提升传播的效率与感染力，而这样的法则同样也适用于抖音上的短平快视觉新闻传播。

（二）短内容弱化同期声重BGM

短视频剪辑注重视频、字幕、图片、BGM、音效的融合，在两微两端上主要以“视频画面＋字幕＋同期声＋BGM”的生产模式呈现的短视频，通常采访对象的同期声是新闻叙事的关键部分。但在抖音号上，《人民日报》则以弱化同期声而注重 BGM 的使用为其短内容剪辑的一大亮点。

BGM 也称垫乐、环境音乐，既可掩盖环境噪声，更可营造情绪氛围。抖音平台提供了海量的音乐模板库供创作者选用。为了契合抖音的秒传风格，《人民日报》抖音号将带有鲜明节奏感的垫乐（紧跟潮流，选择潮乐，有时是经过剪辑加工自创的原声），配上一段冲击力较强、情感鲜明的文字同步发布。

在这里同期声不再是唯一重要的声音元素，反而是音乐调性与画面上的精短文字起着补充交代视频内容、调动情绪氛围的重要作用。在字体方面，统一用白色或黄色重磅字放在画面居中位置，《人民日报》logo 放在界面右边便于用户点击关注，从而形成媒介品牌特色。

比如，图 6－32、图 6－33、图 6－34、图 6－35 展示的这条《人民日报》的暖新闻。

图 6－32 《人民日报》抖音号短视频新闻画面一

图 6－33　《人民日报》抖音号短视频新闻画面二

图 6－34　《人民日报》抖音号短视频新闻画面三

图 6－35 《人民日报》抖音号短视频新闻画面四

时间：2021 年 12 月 27 日
标题：零下 20℃的坚守，辛苦了，注意防寒！@辽宁消防
时长：15 秒
字幕条 1：零下 20℃消防员出警归来 衣服结满冰凌 下车困难
字幕条 2：身体冻僵 走成鸭子步
字幕条 3：冻衣能直立在地面
字幕条 4：辛苦了！
点赞：441.3 万
评论：10 万＋
垫乐：原创

点评：这条视频仅 15 秒，选取的是 4 个最精彩的特写镜头，下车、走路、立正、扣衣，没有消防员的同期声，配合卡点节奏的原创垫乐，加上 4 条简短、有趣、带着强烈情感的字句，仅用 42 个字，就对视频画面进行了补充与渲染，让原本天寒地冻的艰难过程变得生动、有感染力，既契合了用户轻松娱乐的心理诉求，也传达了消防员出警工作的不容易，让观看者的心也跟着热起来。

在屏幕下方使用了“有爱评论，说点好听的”“你怎么看”“表白”等互动意味较强的语句引导评论区用户参与互动，引发网友“这才是我们该追的星”

“世上并没有什么一切安好，只不过是有人在为我们负重前行罢了”等感叹。

这些采取外视角的精彩片段的截取，对辽宁消防员怎样在零下 20 摄氏度地区出警、救援情况等信息都略去，叙事并不完整，由此也与两微两端发布的短视频新闻形成差异化，很好地体现出了《人民日报》抖音号在短内容叙事上去文本化，强调碎片化、冲突感、情绪化、共鸣感的特点。

抖音平台的属性重娱乐、轻资讯，重流量、轻质量，用户原创内容多，专业生产内容少，但对于主流媒体来说，一样可以创作出优质短内容，创作出爆款高流量作品，一样可以站在创作风口上，玩转抖音做头部大 V。

三、视频号创作与发布：和朋友连在一起

微信视频号入局短视频赛道仅两年，日活跃用户数已超 6 亿。微信的最大价值是每个人都有一个微信 ID（身份），而微信的 10.9 亿用户，也真的让微信变成了日常生活品，成为一种生活方式。

但微信 ID 是用于通信和社交领域的，因此是私密的，属于私域流量。而对于公开领域，就需要一个新的身份，这个新的身份要特别方便好用，不会与其他各个场景里的身份相冲突。由此，视频号的创设，意味着微信不再局限于社交领域，而是进入公开信息领域。

（一）社交推荐与内容创作特色

视频号与其说是视频，不如说是“号”。因为有了一个公开的号，意味着每个人都有了一个公开发声的身份。而有了视频号这个 ID，每个人都可以迅速开通自己的直播。它可以承载视频内容、直播、小程序等。视频号 ID 还有一个重要的意义是针对机构的。在 PC 时代每个机构都有一个官方网站，现在，视频号将是每个机构的官网。未来视频号会承接一个机构的很多服务内容，并不局限于视频，这个才是非常有想象力的创设。

1. 社交关系与朋友推荐

视频号到底是用来做什么的？视频号有一个最大的优势，就是抖音或其他平台都很难利用的微信社交关系。一个人如果想把抖音上一段喜欢的视频分享给其他人看，就得先把视频保存下来，或用复制口令形式在微信上发给朋友进行分享。也就是说，要经过微信转一次，而视频号本身的内容则可以一键就分享给朋友、分享到群及朋友圈，秒传节约的是用户的时间成本与数据流量。

视频号第二个优势是，在视频号的内容展示界面有“关注”“朋友”“推荐”三个标签。通常视频播放量比例是 1∶2∶10，即一个人平均看 10 个关注的账号的视频、20 个朋友点赞的视频、100 个系统推荐的视频，而机器推荐的远不如朋友点赞的精彩。因为人们的思维逻辑是少看几个机器推荐的内容不会

觉得遗憾，但错过了朋友们都在看的内容会觉得遗憾。从本质上来说，人都有对他人生活的好奇心，会不自觉注意朋友浏览过的视频。

因此，系统会自动对好友创作、互动（包括点赞、评论、分享）过的视频进行推荐，以社交推荐为主，机器推荐为辅，充分利用微信已有的强大社交属性。在好友创作与互动的关系链信任下，视频号的传播认可度就会更高。

2. 长短视频两种形态

那么，视频号主要基于社交推荐加算法推荐的分发机制，让视频号的内容创作与发布也呈现出两种形态。

一种是与抖音视频相似的娱乐性短视频，多为“获赞”最多的时长为 10～20 秒的短内容，这些内容属于不需花脑力、可舒服浏览的消费类信息，仅供娱乐消遣。抖音、快手证明成功的适合碎片化时间连续消费的娱乐化操盘方式，为视频号所学习。因此，刷视频号时，这一类视频的创作手法几乎与抖音一模一样，短内容能快速取悦用户，使其获得愉悦感。

而另一种是你需要花脑力去理解的资讯性、知识性视频，时长为 60 秒以上，属于学习类的，这才是视频号的一大特色。这类长视频需要优质的内容、优质的信息、优质的思想及较高的创作技巧，正在成为创作的新风口。

相对来说，人们对千篇一律的短平快内容早已视觉厌倦、审美疲劳，反而对有沉淀、有内涵、可以从中获益良多的优质长内容会更感兴趣，哪怕要花一段时间来看。朋友赞过的虽然看起来有点累，但怎么能错过呢？毕竟时间要花在刀刃上，尤其是朋友赞过的、过滤过的视频，是朋友带着你去获取你未必感兴趣的知识性信息，或涉足未曾知晓的新奇领域，是学习与拓宽视野的有效工具。

因此，视频号逐渐积累出的越来越多的超过 60 秒的长视频内容，也日渐凸显出创作者的品牌 IP 特质，这才是获得用户喜爱与黏性的真正价值。

（二）短内容贴热点借力破圈

作为主流媒体的视频号，怎样才能像抖音号那样既做好 10～20 秒的短内容，又做好 60 秒+长内容，从而形成新闻媒体的 IP 而借力破圈呢？

事实上，由于各平台特色、分发机制、粉丝画像差异巨大，一家媒体不可能在所有短视频平台上都取得成功。以一套打法行走短视频的天下只是短期的战术，主流媒体有了擅长的两微两端短视频新闻制作的专长，那么在视频号上，只有通过定位准确、内容垂直细分的二次创作，制作出不同的长、短内容，采取有差异化、有特色的竞品战略才是取胜的王道。下面我们以中国日报双语新闻视频号为样本。

1. 精选逸闻趣事

《中国日报》微博有 6 488.9 万粉丝，抖音号有 3 713.3 万粉丝；而主要依托主平台旗下的中国日报双语新闻的抖音号有 433.2 万粉丝，其视频号上 10

万十点赞的视频也非常多。

“每周七天，为你的英语保鲜”，是中国日报双语新闻视频号的口号。作为中国用户了解世界各地社会生活的窗口，其视频号的主打内容紧跟当日热点话题，避免掉队。但在具体选择上，则更注重精选那些人情味浓、轻松活泼的逸闻趣事，哪怕是国事上的外交新闻，凸显中国故事的社会新闻，科普、vlog 小品，也赋予它们新颖、有趣的风格，让中英文新闻的感染力更强，点赞率、分享率更高。

2. 凸显标题与核心词

同时视频号底部可以放公众号链接，向微信公众号引流，可延伸阅读长图文故事；还可将视频号 ID 直接设置为公众号 ID，两者相互打通，真正实现短内容模式与长内容模式的相互补充。

视频号标题完整显示字数为 12 字，所以要注意精简。画面字幕也以核心词、关键句的双语为主，添加同期声字幕，使用重磅白色或黄色字体，起到醒目、快速识读的作用。如果原素材是横屏的，则采取添加高斯曲线虚化背景做成竖屏，符合视频号流布局，便于用户刷屏。

每条视频都以同样的格式呈现，封面一致，都带有标题和媒体 logo，内容有双语字幕，这样有利于强化用户记忆，让用户看到就能记住。

图 6－36、图 6－37 为中国日报双语新闻视频号画面。

图 6－36　中国日报双语新闻视频号画面一

时长：28 秒

标题：14 字

短内容：能流利说中文的澳大利亚籍配音演员

热点：小伙伴喜欢的王者荣耀的“五杀”是谁说的

图 6－37　中国日报双语新闻视频号画面二

字幕：中英文核心词，重磅字

点赞量：4.8 万

转发量：1.9 万

文章链接：可引流到微信公众号读长图文

（三）长视频瞄准用户打造 IP

媒介迭代更替越来越快，视频号迭代速度更快。各媒体在某一平台上的相对优势也只能保持相当短的时间，新品牌新视频号不断涌现，想要做常青大 V 号相当困难。在抖音、快手的短内容已严重同质化、严重审美疲劳的情形下，视频号的长视频内容生产可以看作媒体保持持续创新能力、用优质内容滋养用户的突破口，只有长期输出高质量有价值的内容才是视频号经久不衰的秘诀。

1. 内容垂直细分＋标签化

视频号可建 10 个类型的内容标签，便于内容垂直细分。如中国日报双语新闻立足于双语传播的创新形式，依托母体优质基因，其 1～3 分钟的长视频内容占比相当大，其定位也相当清晰，即擅长报道独家、权威的双语新闻，那么就分享这个领域里的逸闻趣事。一旦内容垂直细分了，用户就会心明眼亮关注你，知道能从你的账号中获得什么，学到什么，明确知道为什么要关注以及必须关注等这些问题。

除了动态的短内容外，中国日报双语新闻视频号还以标签形式建立了自己的特色内容属性。例如，标签化的＃跟外交部学英语、＃少年会客厅、＃大攀的外交部 vlog、#双语君等（见图 6－38），可以说是生动有趣学新闻、学英语、学生活、拓宽视野的精准化内容传播。

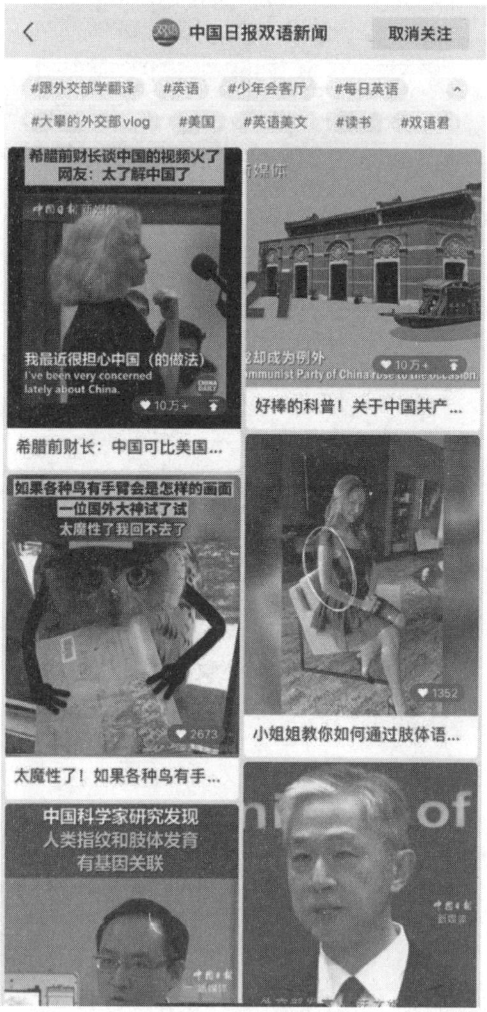

图 6－38　内容标签化

标签化：内容垂直细分

时长：1～3 分钟

制作：封面一致，有标题，有 logo

又如，#跟外交部学英语，“刷存在感”怎么翻译？蓬佩奥的“遗产”（“遗毒”）怎么说？外交部的翻译有多牛？连“呵呵”都翻译出了精髓。

再如，#双语君，“剧本杀”火了，用英语怎么说；“腊八粥”的英文是什么？直接将中外热点事件、热生活、热词、热剧，来了个精彩、好看、日新月异的追赶。

2. 名记 IP 导播

其中垂直内容下面的#大攀的外交部 vlog，可以说是主账号＋个人 IP 共同发展的模式。

B 站的 UP 主模式，更适合个人形象的展示和个人 IP 身份的打造，那么在视频号上，也有了像记者大攀带你去看外交部这样的探秘活动 vlog（见图 6－39）。

图 6-39 名记 IP

名记 IP：# 大攀的外交部 vlog

时长：1 分 28 秒

内容属性：特色揭秘

比如，发布会上记者如何提问？外交部的蓝厅长啥样？外交部的同传翻译在哪里？

3. 连接＋简单

从本质上来说，视频号是关于社交化、情趣性、创造力、知识力与连接力的。基于我国微信生态的日活跃用户数超十亿的强大用户体量，用户日均使用时长超 4 小时的超强黏性，以及微信给予视频号和朋友圈并驾齐驱的绝对突出的引流位置，精耕优质内容、打造媒体形象 IP、提升融媒智闻的品牌认知度，才是连接用户、获得用户青睐的关键。

如果非要用两个词来描述微信，则一个是“连接”，一个是“简单”。连接是很美的，因为世界的运行就是靠万事万物的连接而进行的，基于连接可以演变出来的结果是最丰富的，社交产品连接的就是人和内容、人和服务；简单也是很美的，我们可以用简单来作为美观、实用、合理、优雅的代名词。简单才会好用，特别是一个产品有超十亿人在用的时候。

【小结一下】融合新闻传播在全媒报道平台的整体布局，除了大多数媒体全力打造的两微两端，随着短视频时代的到来，各大媒体又致力于“做号”的战略抉择，在各大短视频平台开设了自己的官方账号，包括抖音号、快手号、视频号、B 站账号等，以优质的内容制作＋清新的话语方式＋硬核的主流价值，实现新闻内容在不同媒介平台的包装与推送，实现高影响、高覆盖、高营收的全媒体传播。

尽管各大媒介机构在融合新闻的生产过程中已能依据不同媒介平台特点进行二次加工，适配性发布，但还是存在一些新闻内容直接从一个媒介平台被复制搬运到另一个媒介平台的短板，造成各个媒介平台的信息冗余和给用户阅读带来信息上的压力。

媒介环境学开山祖师马歇尔·麦克卢汉认为，任何媒介的“内容”都是另一种媒介。①

他对电子时代、赛博空间和地球村的预言如今一个个都变成了现实。多平台、多渠道、多终端的融合新闻内容发布模式所形成的融媒体传播矩阵，构建起了我们身处的这个比特世界无比巨大的信息生态场域，全媒体体系正在四处开花，好比信息宇宙的一次次大爆炸，而源源不断且多样化的优质内容的创作与供给，才是全媒体矩阵破界出圈的核心武器。

边做边思考

1. 每个小组将最后定稿的融合新闻报道作品在微信公众号上排版，排版内容包含文字报道、新闻图片、音频与视频。

2. 要做到版式简洁、优美，有视觉表现力，有相契合的设计风格，有舒适的阅读感；还可有 gif 动图。

3. 和老师一起审阅，并修改、完善排版。

4. 将完整作品在微信公众号上首推，并按照各平台的风格，做适应性发布与推送。

5. 以阅读量、点击率、评论数、转发量为评分参考标准。

---

① 麦克卢汉．理解媒介：论人的延伸［M］．何道宽，译．北京：商务印书馆，2000：34.

第二部分

实战技巧

真实案例实操发布

第七章　软新闻的新闻故事

插图：王晶

精彩早知道

★ 实践是试金石，实践出能力长本事，在融合新闻报道中，怎么强调实操都不为过。

★ 小切口大情怀，找准选题、搭建好叙事框架是讲好新闻故事的第一步。

★ Au 开麦，录制有穿透力音频的六大核心步骤。

★ Pr 上手，短视频的主题构思、脚本写作与剪辑技巧。

边做边思考

★ 怎样克服实操中的难点与障碍?

传播学的四大先驱之一库尔特·卢因（Kurt Lewin）有句名言：没有什么比好的理论更实用的了。经验学派的理论大都是由一个个经典案例的实证累积、架构起来的，我们相信这种实证精神能为培养出更会思考的学生做出指引。

我们在此将通过理论联系实际的路径，活学活用，对代表性的新闻报道作品进行实验，以不断深化对第一部分融合新闻理论学习的认知和实践运用。

实践出真知，实践是试金石，实践出能力长本事，在融合新闻报道中，怎么强调实操都不为过。一旦学生尝试过创作融合新闻作品之后，他们对融合新闻生产过程中所需要付出的劳动和运用的技术就会有更清楚的认识，也会更深更好地理解创造性投入各种融合新闻报道的意义，了解到各类媒介平台流行的运作法则意味着什么。

在无数次的融媒体实操中，我们发现针对一个个真实的案例进行实战解剖，是最容易理解和上手的法宝。每一次的成功报道，都是靠不断试错积淀出来的经验。学生参与实践的有实际效果的作品越多，他们越将自己与新新闻生态系统的媒介文化缝合在一起。

在这一部分实操的学习中，我们将遵循融合新闻生产与发布的流程，从选题判断、采访与拍摄、创作与制作、包装与发布这四大关卡出发，带你一步步冲关升级，最后做出一套符合媒介机构要求的、漂亮的融合新闻作品。

由于硬新闻类的消息报道相对容易一些，下面我们选择难一点的软新闻类的新闻故事来一试身手。①

---

① 以下融合新闻作品的实操，由重庆工商大学新闻学专业的超记团队分工合作完成：文字报道钞越、音频录播制作沈思宇、视频拍摄制作邓丽彬、微信公众号排版设计钞越。

第一节　选题判断

第一步　去哪里发现新闻线索

我是超记团队里的文字记者钞越。作为一名新闻学学子，寻找新闻线索对于我们来说就像家常便饭一样。但这顿饭，可不是那么容易吃的，因为找选题实在是一件很令人头疼的事情。

在新闻学课堂上，很多专业课老师都会给我们布置作业，让我们寻找报道选题，在学校新闻中心或校外媒体机构的实习或兼职中，报一个可实施的选题也是我们要操练的第一技能。

1. 抓住热搜

对于我来说，一旦需要报选题，虽然嘴里抱怨，但还是会乖乖打开手机，进入各大社交媒体平台，在浩瀚的信息海洋中一点一点地搜寻我想要的新闻线索。

有时候，偶尔冒出一个想法，放进社交媒体平台的搜索框里进行搜索，再顺藤摸瓜，就能得到令人惊喜的收获。

比如说，在微博热搜话题里，我就看到各种各样的热门网红文旅打卡地，除了能够得到流量之外，还会吸引大批游客蜂拥而至。比如说去重庆穿楼轻轨李子坝打卡，去演员邓超吃过的包子店打卡，去明星肖战去过的军哥书屋打卡等。如果你没有去打卡过这些地方，就好像你根本不算到过这些地方一样。

那么，我就在想，我们能不能也营造一个类似的文旅打卡点，吸引很多的人去那个地方呢？

顺着这个思路，我在微博里发现了很多关于三线建设博物馆的话题，而我们身处的西南地区恰巧正是国家三线建设的重点地区，是近现代的工业遗存最丰富的地方之一。

我们不也可以做一个三线建设军工厂的选题，让它成为下一个热门文旅打卡点吗？

这不，灵感就来了。

2. 就近原则

不过虽然是这么说，但是三线建设的军工厂有上百个，我们选择哪一个呢？

于是我们开始查阅大量的资料，本着就近、从身边事情入手的原则，也方便我们进行实地调查和采访，位于四川省射洪市的3536军工厂就这样进入了我们的选择范围。

3536 军工厂作为一个荒废的军工厂，它的转变方式是很有看点的，不仅与热门文旅结合，而且它提供的一个穿军装体验式参观项目也很有创意。

除此之外，它自身蕴含的历史价值也比较深厚，可写的故事很多，素材十分丰富。

就这样，射洪军工厂这条新闻线索被我们挖掘出来了。

第二步　想想线索有哪些新闻价值

我们在找到了 3536 军工厂这个线索后，就对它进行了初步的新闻价值判断，看它是否值得我们去大做特做。

1. 新奇性

军工厂是三线建设时期的产物，具有一定的历史感，对于许多年轻人来说，很少听说或去主动关注到这些军工厂，更不知道军工厂是用来做什么的，这一下就会勾起年轻人的好奇心。

而且 3536 军工厂的体验沉浸式参观也是比较吸引我们的一点。可能我们体验过穿汉服、穿古装，但穿着军装回到过去的军工厂，还是第一次听说，新颖性、新鲜感很强，我们可以通过沉浸式的叙事手法来向大家介绍这个有时代感的地方。

2. 接近性

2021 年大热的电影《你好，李焕英》的取景地就位于湖北襄阳卫东厂，作为三线建设的小工厂之一，影片的大火使卫东厂成为新晋网红打卡地，勾起了一代人的回忆。

电影的热播，从地域上来说，使人们对三线建设的军工厂已经产生了一种接近性，我们相当于是“蹭”了这个热点。从心理上来说，对于经历过三线建设那个年代的人，军工厂是他们奉献青春的地方，肯定有着特殊的情感与记忆。

3. 影响性

军工厂是一个时代的记忆，这个题材其实是关注到了三线建设下荒废的军工厂的再改造、再开发问题，对于其他类似军工厂的历史遗址的保护具有一定的借鉴参考价值。

同时，在文旅宣传方面也具有一定的带动作用，对于青少年来说也具有很强的学习教育意义，因此，它具有很强的正能量影响性。

4. 服务性

作为文旅类的新闻故事，我们做它的目的之一就是告诉大家怎么去打卡并玩转这个军工厂博物馆，把它的特殊之处展示出来，让更多的人可以去关注去体验。

第二节 采访与拍摄

第一步 发现新闻点与切入角度

初步厘清选题思路和新闻价值后，我们明白其新闻重点就是要采写一个软新闻类的芳华故事，构建中国往事、中国记忆。

1. 挖掘两个新闻点出来

那段特殊的历史造就了这些军工厂，也造就了无数的三线人。我们要突出的是老军工人的情怀、一个时代的记忆和三线人的青春奋斗历程。

同时，也要考虑到当下年轻人的喜好度、可读性与时新性，这段记忆值得我们去珍藏，还可以通过网红打卡、文旅结合的形式去延续它的价值。

2. 对比角度能升华主题

因此，我们的切入其实就很容易了，就是用现在—过去—现在—将来四个时间段形成一个对比，采用正金字塔叙事结构娓娓道来。写作的一个焦点是3536军工厂过去的芳华岁月，另一个焦点是它现在的变化转型，即它和热门文旅的结合形式，怎样参与，怎样玩。这是从新闻的“so what”（那又怎样，对我有何用处）要素出发，从为用户服务的角度来考虑的。

而为用户着想、增强可读性与互动性、让信息增量，是做好一篇融合新闻报道所要有的思维。

我们把主题初步确定为：

大标题：射洪秘境里的军工厂，三线人从来都不会忘记

摘要题：想穿《芳华》里的军装吗？我在3536等你

第二步 拟定一个采访提纲和拍摄计划

出发前，要拟一个大致的采访提纲与拍摄计划，这个懒是不能偷的，尤其对新闻新手来说，免得到时临时抱佛脚，东拉西扯，没有头绪，以致把该问的问题、该拍的场景漏掉了。

1. 有备无患的采访提纲

我们通过在百度上搜索，在相关的历史文献上查找，在当地媒体的微信公众号、当地文旅的官网上搜索，得到了一些和军工厂相关的资料，但是并不多。我们根据要采写的重点，按照信息块归类的方法，写了一些想要问的问题，罗列如下（见表7-1）。

表 7-1 按信息块归纳问题

问题类型	内容	例子
基本信息问题	询问与 3536 军工厂有关的基本事实（除 why 之外的五个要素）	军工厂的具体位置在哪里？军工厂有多长时间的历史了？过去的军工厂是用来做什么的？改造过后的军工厂有什么特色？
深度信息问题	询问 3536 军工厂的发展与改造历程	3536 军工厂是怎么选址的？又是怎么建立的？为什么现在要改造 3536 军工厂？是如何改造的呢？
背景信息问题	探寻三线军工厂建设的大环境	3536 军工厂建设的历史原因是什么？又为何衰落？三线建设的重要意义何在？三线军工厂改造有何必要性？
意义信息问题	考量将三线军工厂改造成网红打卡地对于文旅和社会方面的意义	您觉得现在的 3536 军工厂改造得怎么样？这次回来有什么感受？过去在这里生活有什么令您印象深刻的事情？
个人信息问题	针对采访对象或报道人物的问题	您多大年纪了？您原来在这里生活工作过多少年？这次是出于什么原因回来的呢？

2. 新手掌镜更要写个小脚本

我是专门掌镜的邓丽彬，如果你也是刚入门的新手，担心自己拍不好、剪不好视频，那么你的福利来啦！下面是一份最适合新手阅读的视频攻略。

在确定主题之后，首要的是对 3536 军工厂进行资料的收集和了解。

除了射洪文旅部门为我们提供的行程安排，我们还需要主动去搜集资料。行程中有军装体验环节和浏览 3536 军工厂博物馆环节，这里一定要画上重点！这两个事件为重点拍摄对象。

通过网络上的大量查找，对 3536 军工厂的样貌和环境有了大概了解。从相关的文章、图片到视频，对 3536 军工厂进行了全面解读。知己知彼，才能攻克拍摄“难关”！

下面是我拟定的视频的拍摄思路和分镜头脚本（见表 7-2）。

《射洪秘境里的军工厂》分镜头脚本（拍摄计划）

提纲：隐藏在射洪秘境里的军工厂，有什么样的特色，吸引了哪些人去打卡？该脚本跟随行西南旅行体验官来拍摄，旨在展现红色文化和唤起人们的“三线情怀”。

拍摄时间：2021 年 4 月 3 日

片长：5 分钟左右

拍摄对象：3536 军工厂、行西南旅行体验官

表 7-2 分镜头脚本

镜号	景别	画面内容	拍摄方式	解说词/画外音/同期声	垫乐/音效	备注
S1	空镜/中景	红尘走进 3536 军工厂	固定镜头	导语	轻音乐《送别》	30 秒
S2	空镜/远景/特写	3536 军工厂空镜	摇/固定镜头	画外音	轻音乐《芳华》	20 秒
S3	中景	体验官穿军装	固定镜头	画外音	轻音乐	30 秒
S4	中景	军装芭蕾表演者	固定镜头	画外音	轻音乐	25 秒
S5	全景/特写	退役军官（训练员）	固定镜头	同期声		30 秒
S6	远景/近景/特写	3536 军工厂博物馆	摇/推/移镜头	画外音	轻音乐	60 秒
S7	全景/中景	老一辈三线人	摇镜头	画外音		40 秒
S8	全景/空镜	车子离开	固定镜头	画外音		15 秒

3. 准备好我们的“武器”

出发前，我们带上了录音笔、两台相机（佳能 RP 与佳能 70D）、两张 64G 内存卡、四块相机电池与两个充电器、一个智云稳定器、一个三脚架、一个读卡器、两台手提电脑。

在出发前一定要检查所有设备是否能正常使用，所有电池一定要充满！充满！充满！不然工作到一半设备罢工了，那着实让人头疼！

外采是个体力活。出发前要吃好休息好，良好的精神状态对拍摄工作大有帮助。

第三步 采访拍摄进行时

我们这次的外采外拍是一次 250 千米的行程，第二天才能返回。对我们来说，这算是第一次真枪实弹独立完成新闻采拍任务，出发前既兴奋又紧张。

兴奋是因为有了这么一次宝贵的操练机会，紧张是因为不知道自己会遇到什么，也不太清楚怎么去实战，大脑还是一片空白，也特别担心完成不了这个任务。

我们是清明假期的第一天早晨出发的，当时阴雨连绵，路上还碰到了堵车，结果有同伴晕车。各种状况碰在一起，让这趟行程看起来不是那么顺利。

好在我们到达当地的时候晴空万里，匆匆解决完午餐后，我们就立刻赶往了 3536 军工厂。

1. 纸笔、手机在手，随写随拍

根据以往采访的经验，文字记者随身携带了纸笔，方便记下重点，同时把手机握在手中，看到了一些比较有意思的地方时，就会立刻拍下来，方便创作时回忆。

特别是在由职工食堂改造成的博物馆里，里面有很多的老物件和完整的军工厂资料介绍，这些东西都是在网上搜不到的，所以文字记者把它们拍下来，作为后备素材。

在参观军工厂的路上，我们碰到了一对重返故地的老夫妻，采访时了解到，他们年轻时就是 3536 军工厂的职工，现在是他们的儿女带着他们回到曾经生活工作过的地方，找回他们曾经的记忆。

在博物馆里，我们看到了一位周将军的资料。于是，我们采访了博物馆的讲解人员，更加详细地询问了有关周将军下放的故事。我们还采访到了一位芭蕾舞表演者，她是专程来这里体验那个年代的生活的，她还特意编排了一支舞蹈在军工厂内表演。

由于当时的行程安排比较仓促，只有两个小时的时间来参观，因此我们在采访上还有很多地方没有做到位，比如说采访不够深入，对有很多有故事的三线人我们没有用“媒人”技巧去补充采访。这也是我们的遗憾。

2. 手机录音很管用

在博物馆走现场时，文字记者就提前打开了手机录音，因为带领我们的解说员随时会补充我们没有搜集到的内容，而且它们的可靠性和真实性肯定会比网络搜来的资料强。

这些内容里面有些也是比较重要的，如可以用到的小细节、小故事等，它们可以用来给文章增光添彩。

这次的采访形式并没有很正式，有很多采访都是闲聊式的，随时开始，随时结束。提前打开手机录音也是为了防止错过采访对象说的话，毕竟他们自己的语言表达才是最生动、最真挚的。

3. 一拿起相机就进入状态

我是从事摄影摄像的邓丽彬，初到陌生的地方，心里难免有所顾忌。要克服心理障碍，勇敢往前冲。

拍摄时摄影人员先对环境进行了观察。经过一个大致的浏览后，脑子里形成了对 3536 军工厂的初步印象，带着一颗好奇心就可以开始探索了。

首先注意到写有“3536 军工厂……”这几个字的大标识。这是交代环境和地点的重要画面。于是我在门口拍摄了军工厂的一张大全景。

通过不断的变焦、来回走动，拍摄了各种景别的照片，有展现全面的大全景，也有针对某一事物的特写。

关于如何快速掌握构图，相机的屏幕边框是标准的长方形，可以这四条边为参考线。那么地面就要和相机屏幕的上下两条边平行，房屋建筑就要和相机屏幕的左右两条边平行。“横平竖直”是最简单的方法，屡试不爽。

一栋青砖房建在坡道旁。由于地形地势原因，拍摄人员选择了很多的角度也始终无法保证画面线条的平稳。最终跑到道路对面，爬上了与青砖房齐平的花坛边缘，才把青砖房端端正正地框进了相机画面里。

当你发现无论怎样旋转相机或手机，都无法保持正常的构图时，不妨换个位置试试。想要做一个合格的摄影师，脚步是不能停的。

除了灵活的双脚以外，你还需要灵活的身躯。要放得开，别别扭扭会影响拍摄效果。

等你放得开时，就会解锁许多“奇奇怪怪”又非常实用的拍摄姿势了。蹲马步、扭胯、劈叉……只为寻找一个合适的拍摄角度和独特视角。

4. 全程手持拍摄

在一度纠结之后拍摄人员还是没有拿稳定器。因为又要摄影又要摄像，并且由于行程安排，拍摄时间非常有限，拿上稳定器可能行动起来会很不方便，所以拍摄人员打算全程手持拍摄。

在这里提一个小建议。在进行视频拍摄时，有条件一定要使用稳定器，不能偷懒。如果运镜不平稳，画面就会抖动，给人带来的观感极差。

如果相机（手机）不防抖并且没有稳定器，就只能尽量减少运镜的使用，更多使用固定镜头以减少画面的晃动。

军工厂门前有很多“3536 厂”等标志性字样。这是必须要拍摄的，这种画面是后期剪辑一定会用到的。它们交代的是整个故事所在的地点。

红尘老师是视频的引入关键人物。眼看着她走上了台阶，一边欣赏一边迈着轻盈的步伐走进了 3536 军工厂。拍摄人员举起相机，按下录制键。这个场景将会是视频里的一个亮点。

在拍摄的过程中，拍摄人员会主动去记住一些自认为拍得好的和一定会用的镜头，比如在青砖房上飘扬的国旗、可爱的小女孩和拍摄人员打招呼、青春洋溢的女生跳舞……这对于后期素材的筛选和剪辑框架的构建都很有帮助。

拍摄的过程并不是机械地“录制”“停止”“录制”……

在军工厂博物馆看到了一个当地自制的 3536 军工厂的宣传片，主题是“芳华”。这使拍摄人员联想到了电影《芳华》，与此同时也确定好了视频所要呈现的风格，用电影化的风格记录这个隐藏在村庄深处的旧工厂。

我们要有思考地进行拍摄，有时在进行拍摄之前对视频的创作心里都还没个底。但由于拍摄过程中的不断思考，不断发现，那些亮点就会一个接一个地涌入脑海。

还要学会和拍摄对象进行互动。

在 3536 博物馆门口，站着一个可爱的小女孩，身着军装。拍摄人员马上蹲下来，对她进行拍摄。一开始她还有些不好意思，看着镜头一动不动。于是拍摄人员向她招手，跟她打招呼。她也微笑着回应了拍摄人员，向镜头打招呼。

一定要手脚不停地多拍，以保证有足够多的前期素材。

在拍摄素材时，不要对一个镜头进行长时间的记录，否则后期剪辑时过片太花时间了。如果非特殊需要（如采访镜头），每一个镜头都控制在 15 秒左右。

“丰富”与否在于拍摄镜头的多少，对素材的要求要做到“短而多”。关于 3536 军工厂，拍摄人员一共拍摄了 150 多个镜头，保证了后期剪辑时素材够用。

第三节　创作与制作

第一步　文字报道是怎样出笼的

第二天中午我们乘车回到学校后，趁着新鲜和热度，马上撸起袖子干活。

在前面我们已经学过，软新闻类的新闻故事的写作，需要借助文学或小说的手法，搭建起一个好的结构框架。

在写报道时，首先要构思好文章的叙事框架，一篇文章除了标题之外，分为软导语、主体段落和结尾。

在动笔之前就要先想好这篇报道是按照什么样的逻辑顺序发展的，可以是正金字塔结构的时间顺序法，也可以是华尔街日报型结构的从个体到普遍法。

不管用什么样的叙事结构，上下文之间一定要有逻辑，要循序渐进，能够串联起来，这样整篇报道读下来才能完整，读者才能够读懂。

1. 时空对比叙事结构

从 3536 军工厂回来之后，我们虽然拿到了很多素材，可还是感觉无从下手，大脑一片空白。这个时候，一定要动手写出来，这样才能够有思考，才会有灵感。

虽然还不知道具体该怎么写，但先把手头所有的素材整理了出来，在整理的过程中就在想要怎样用时间顺序法把这些零零碎碎的东西串联起来呢?

把有联系的素材连在一起，分类之后发现资料大部分都是过去的历史，而真正去实地现场的时候，3536 军工厂已经发生了很大的改变。所以很明显对比就出来了，从过去到现在，这是一个变化的过程。有了这个时间顺序，所有的东西就能够联系起来了。

这些景物的变化，其实只是表层的变化，而新闻故事里最重要的还是人，所以更深层次的东西也就出来了。一个是 3536 人内心的挂念，另一个则是后辈们对军工厂的感悟和理解。最后就是升华主题，把 3536 军工厂当作一份珍贵的记忆留在心中。

这篇新闻故事的写作框架就出现在脑海里了。

软导语（描写型）
第一部分　梦回 3536（过去）
第二部分　唤醒 3536（现在）
第三部分　记忆是一道光（人物情感、升华主题）

2. 怎样写出好看的软导语

导语我们都知道，那什么是软导语呢？“软”的意思就是文字足够软，一个好的软导语可以击中读者的心坎，让他迫不及待地想读下去。

所以软导语是一篇报道最重要的部分，也是需要花费心思最多的一部分，粗略写好之后要不断修改，以达到最好的效果。

软导语有很多种写法，既可以用一个小花絮、逸事型的开头，也可以用一个戏剧化有冲突的开头；既可以“抱大腿”“蹭热点”，也可以用具体的场景描写给人以代入感。

在写《射洪秘境里的军工厂》时，就花费了很多心思。先是在纸上列了密密麻麻一大堆要点，绞尽脑汁地从里面挑选，最后选择了从场景中的景色入手，用一种体验式的方式，看第一眼看到的是什么，目的是要让读者沉浸在文字里，然后跟着我们的视线读下去。

在写作过程中，先写下自己记得的景象，然后通过当时拍下的照片来找其他的细节，再不断地抠字眼，一遍一遍地读，一遍一遍地改，尽力做到还原当时真实的场景。

其实软导语不是一下子就想出来的，有时候写着写着，把自己代入到当时的场景里，灵感可能就会突然蹦出来，文字也就像流水一样慢慢地写下去。

在抓住灵感的同时，要不断地打磨，这样坚持下来，一个完整的软导语就慢慢“磨”了出来。

当你读起来感觉非常顺畅，并且能够吸引到你自己的时候，这个软导语才算基本完成了。

下面是写软导语的一些经验：

> **先从背景相似的电影《芳华》入手，用一两句高度浓缩的话“蹭”热点**
>
> 看过冯小刚的《芳华》吗？这里也有数万人的记忆。
>
> **加上具体场景描写，用真实的细节代入感受，吸引人们注意**
>
> 在四川东部的小城射洪，穿进满眼翠绿的大山，颠簸在起伏绵延的盘山路上，经过错落有致的一户户农家，一条小路向着大山深处进发……
>
> 在那不为人知的山沟沟深处，藏着的是一个被历史封存的隐秘之境——3536军工厂。
>
> 军绿色铁架的拱形大门上，挂着白底红字的“中国人民解放军第三五三六工厂”的名称。
>
> 大门内，两侧低矮的老楼守在古朴的水泥路两旁。路的两侧，一排梧桐，一排香樟，它们的落叶交叠着，安静地躺在路边。
>
> 老楼灰白的墙体渐渐发黑，但是仍旧保留着80年代的宣传画和充满干劲的大字标语。居民楼的红墙上爬满了青苔，破旧的墙体泛着白灰。
>
> 阳光透过树叶将光影打在斑驳的墙上，整齐插在每栋楼前的小红旗随

着微风晃动着身体。

目及这一切，满满的历史气息扑面而来。

3536 到底是什么呢？

以体验官视角给读者以代入感，再用一句生动活泼的比喻引出下文

别急，行西南的旅游体验官们已经换上军装，扎好腰带，戴好军帽，跟着“一二一”的号子，踏着香樟树的落叶，向军工厂内进发，去重温过去那段青春岁月。

“嘎吱嘎吱——”

你听，时间的齿轮在悄悄转动啦。

3. 主体段有对比就会有震撼

在确定好叙事框架后，主体段落其实就是一个按照信息块不断填充的过程。先在草稿纸上写下每个部分要写的素材，然后根据其中的时间逻辑，一段一段地向下写。

这其实是一个比较痛苦的过程，必须要有一定的耐心，一个部分一个部分地坚持下来，这样一篇完整的报道才能够创作出来。

＞第一部分 梦回 3536

首先划分出不同的角度，按照时间线索提出一系列的问题，然后把它们串联起来。比如说为什么要建设 3536 军工厂，这其实就是要讲三线建设的历史背景。

然后就是为什么要选在射洪这个地方建设军工厂，三线人是怎么把它建出来的，它主要生产些什么，隐藏在大山里的人是如何生产生活的，它又为什么要搬迁等，都是这一部分的内容。

这一部分的重点就是，把大段冗长枯燥的资料整理成自己的语言叙述出来。我们不可能把所有的资料复制粘贴下来，重点就是如何用生动简洁的语言把这段历史表现出来。比如说，插入落难的周将军的故事，描写军工厂里的人工作的场景细节，这些都是把文字变得生动的方法。

＞第二部分 唤醒 3536

第二部分主要就是讲述军工厂现状的内容了。从过去转到现在，首先要加一个过渡，要不然会显得很突兀。

在这一部分，我选择了用自己的行走顺序，从体验者的角度，眼睛看到了什么，自己感受到了什么，用一种类似游记的方式来描述现在的 3536 军工厂。

重点还是突出细节，在真实的前提下，让文字优美起来。写细节的时候要注意，细节一定是要为主题服务的。

＞第三部分 记忆是一道光

第三部分的重点是人物。这就是人物采访的部分了，主要选择能够突出人物形象、照应主题的素材，一个是穿上军装跳芭蕾舞的女大学生，一个是带着

图文十音频十视频报道《射洪秘境里的军工厂，三线人从来都不会忘记》

80 岁老父亲重游军工厂的一家人。依旧是用细节刻画、场景还原的手法来表现，重点突出人物的情绪和态度。

真实前提下的优美表达是文字的基本要求。想要打动和感染读者，不仅要靠事实本身的力量，也要靠充满弹性、色彩的文字。但是文辞也不能过于追求华丽，简单、朴实的表达才能够让读者乐于去阅读。

画面感、镜头感、冲突、结构、情节的安排、叙述的方法，这些其实都可以借鉴文学的手法，但一定要记住，新闻事实本身是不能够被安排的。

4. 结尾自然而然升华情绪

结尾部分被称为“永恒的印象”，和开头的导语一样重要，也比较难写。它有很多种写法，但一般都是要升华情感，让人回味。

这篇报道也不例外，我是把忘记和记忆当作结尾的关键词，然后从多个角度把过去和现在联系起来，把人物联系起来，最后提炼出比较优美的句子，再形成一个开放式的未来行动式的结尾。

我觉得重点就是要紧扣主题，把思想升华上去，最好再形成自己的金句。

> 即使没有经历过那个时代的人，现在也可以来到军工厂，像我们一样去亲自体会一下过去那个年代的人和事。
>
> 当越来越多的人走进 3536 厂，越来越多的人知晓 3536 厂，3536 厂才不会被人忘记。
>
> 当 3536 厂成为我们共同的珍贵记忆时，它才不会被人们遗忘在大山深处。
>
> 三线人在山沟沟里工作生活了 30 年，这里已然成为他们的第二故乡。
>
> 即使他们后来离开了大山，老厂里依然有着他们的牵挂和念想。
>
> 每年都会有好多的 3536 厂老人们带着他们的二代，甚至三代跨越大山、重回故地，去怀念往日那青涩单纯的时光。
>
> 3536 厂对他们来说，从来都不需要想起，因为他们从来都不会忘记。

第二步　怎样制作有穿透力的音频

以下是这篇报道的音频录播制作者沈思宇分享的一些工作经验。

1. 确定情感故事的播音风格

在录制这则音频时音频录播制作者没能亲临现场，甚至说在这之前，其对射洪 3536 军工厂并不了解。音频录播制作者是用间接经验的方法来思考的，就像每个认识新鲜事物的过程一样，想要了解绝大部分的软新闻类稿件，无非也就是两方面：一是作者本身的主观情绪，二是稿件描述的客观存在。

＞通读稿件找到情绪感觉

通读完这篇以场景描写、人物描写为主的稿件，其整体语言风格通俗质朴，注重细节刻画。这样一来，就对报道内容有了一个大概的印象，即“我要用什么样的情感来录播”和“用户能在这条音频中听到什么样的情感”这两个非常重要的感受。这个印象将会奠定音频录播制作者播音时的风格。

因为之前没有接触过射洪 3536 军工厂这部分的内容，所以音频录播制作者当时在网站上收集了很多补充资料，帮助自己进行场景的建立，大到历史环境，小到军工厂建筑风格，这些内容不仅能够让其在录音的过程中更有画面感，也能够让听众听完之后更具身临其境之感。

除此之外，音频录播制作者还考虑到了音频播放的平台。比如该报道是放在微信公众号平台的，其本身的用户群体是以热爱文字的读者为主，那就要求音频录播制作者在录播中更要注重文字本身带来的美感，这样才能更好地让用户通过音频感受作品的内容和魅力。

>抠细节作为彩蛋

实际上做完以上功课就可以进行录制了，但如你对自己的音频作品有更精良的要求，就可以继续往下抠细节。

在掌握方向之后，要对稿件进行精细的琢磨和研究。对主播而言，这个过程就是创作灵感激发的过程，找到最感动自己的几个小细节，将其作为“彩蛋”隐含在录音中。

音频录播制作者当时在处理这篇稿件时，最受打动的部分就是，大环境下小人物的悲欢离合，时间车轮下传承中的聚散喜乐，在情感处理中，虽以讲述感为主，但却更多了一份记忆的忧愁。

尤其是作者开篇设置的用齿轮转动表示年代的交替变更，十分有意思，所以在音频呈现上音频录播制作者着重突出齿轮转动这个音效，同时在过去和现在这两条时间线变换的时候，都有意地通过调整重音和短句来增设伏笔。

而为了让不同年代的描写更具有时代特色和质感，分别在音色和语气上模仿当时人们说话的方式，使之更贴近文中描写的时间线上的语言环境和风格。

2. Au 上手全在这里

下面将会还原《射洪秘境里的军工厂》的音频部分在 Au 这一软件中的制作过程，用最短的时间让你了解从干音降噪、选择 BGM 到推出成品的全流程，干货满满且上手简单。

Step 1：打开 Au，录制干音

Au 自带录音功能，如果没有其他录音设备的话也没有关系，我们可以直接在 Au 的界面中进行录音。

首先在操作界面中新建一个音频文件（见图 7－1），设置好参数后，点击频谱显示下方红点开始录制音频，录制完成后点击方块即可结束录音（见图 7－2）。结束录音后的音频会存入文件中，可以保存至本地文件，也可以直接拖拽至多轨编辑器中进行操作。

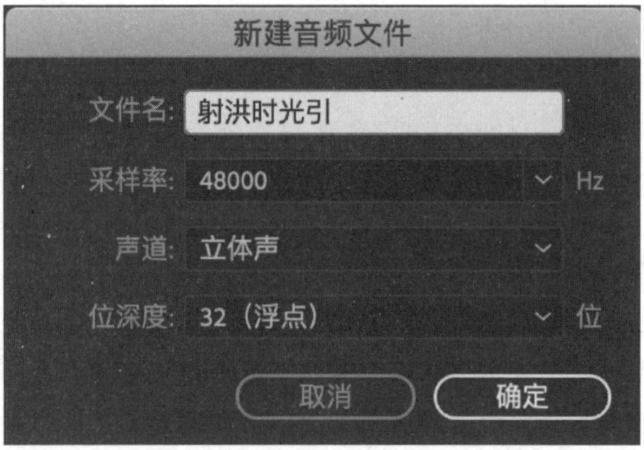

图 7-1 新建音频文件

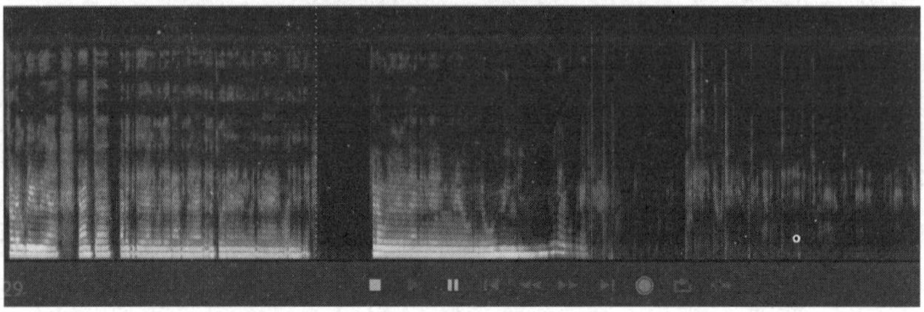

图 7-2 音频录制

Step 2：建立项目文件，新建一个多轨道会话

人声干音和 BGM 都是每个音频所必备的要素，除此之外，可能还会涉及音效。所以为了使每个轨道上的音频文件清晰明了，一般会在正式剪辑开始前对所有涉及的音频文件进行整理。

>建立项目文件

打开 Au，建立项目文件（见图 7-3），正式开始剪辑。

图 7-3 整理文件夹并建目

>新建一个多轨道会话

由于我们制作的音频文件是多轨道的混合音频，所以首先要新建一个多轨道会话（见图 7-4），这样可以方便保存和实时修改，名称就直接命名为“射洪时光”，既方便又清楚。

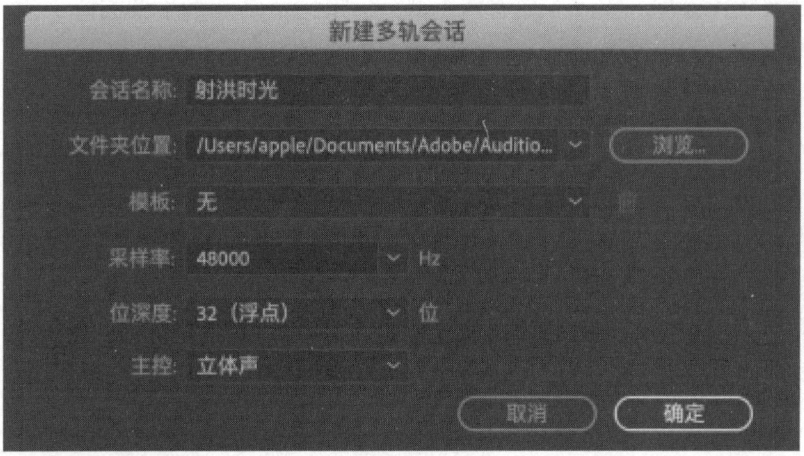

图 7－4　建目并新建多轨会话

项目文件建成后，操作台就会出现六条轨道，这里常用的只有五条轨道，按照轨道内的音频文件对其进行分别命名（见图 7－5）。从上到下依次是：版头＋版尾、BGM、正文、BGM、音效。

＞需要两条 BGM 轨道

这里为什么会需要两条 BGM 轨道呢？因为在切换 BGM 的时候需要为两个不同的音乐准备充足的时间进行淡入淡出。如果只有一条 BGM 轨道，两个 BGM 音频文件就会“打架”，无法保证最后获得优秀的配乐效果。

所以为了平缓且舒适的音乐过渡，准备好两条 BGM 轨道是最明智的举措。

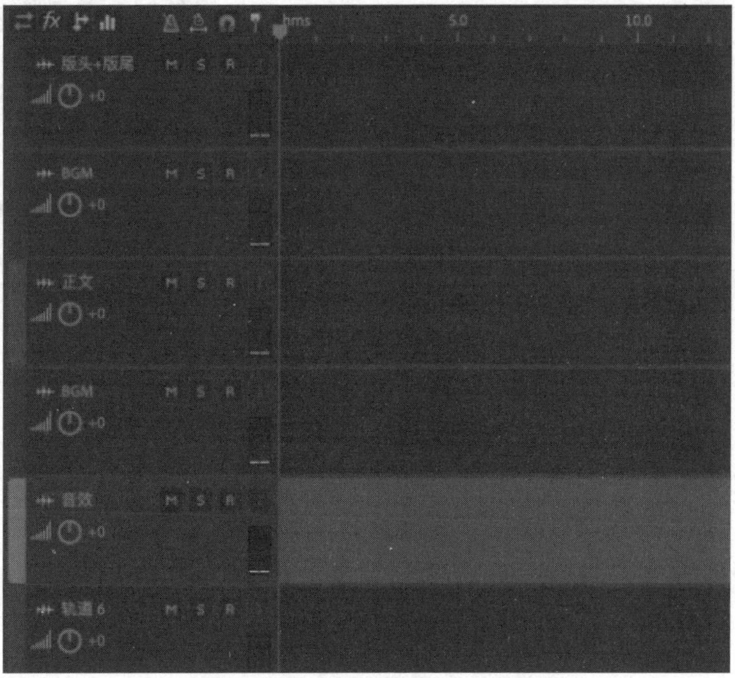

图 7－5　命名轨道

Step 3：音频预处理

对音频预处理的重点主要有两个部分：第一个是针对干音的降噪效果，第二个是视情况对每个音频进行增幅调整和删除剪辑。

>针对干音降噪

首先是干音的降噪效果，还记得之前我们在录音过程中预留出来的5秒钟环境噪声吗？这就是为了降噪做的准备，将环境噪声的音频区间选中，再选择菜单栏中的“效果”下的“降噪/恢复”里面的“捕捉噪声样本”，对这段环境噪声进行收集（见图7-6）。

收集完成后选中全部音频区间，按照同样的路线选择“降噪（处理）”，完成设置后应用效果，即可完成对整个音频的降噪了（见分解图7-7、图7-8、图7-9）。

>进行增幅调整和删除剪辑

每个音频的音量都有不同，例如干音的音量往往较小，而BGM由于下载地址的不同也会出现音量不同的现象，所以为了提高后期整合的效率，最好在音频预处理阶段就对每个音频修改增幅效果。

将操作台上可以移动的增幅效果器按照实际情况进行调整，是较为快捷的方式，同时也可以在菜单栏中选中“效果”选项下拉进行修改。

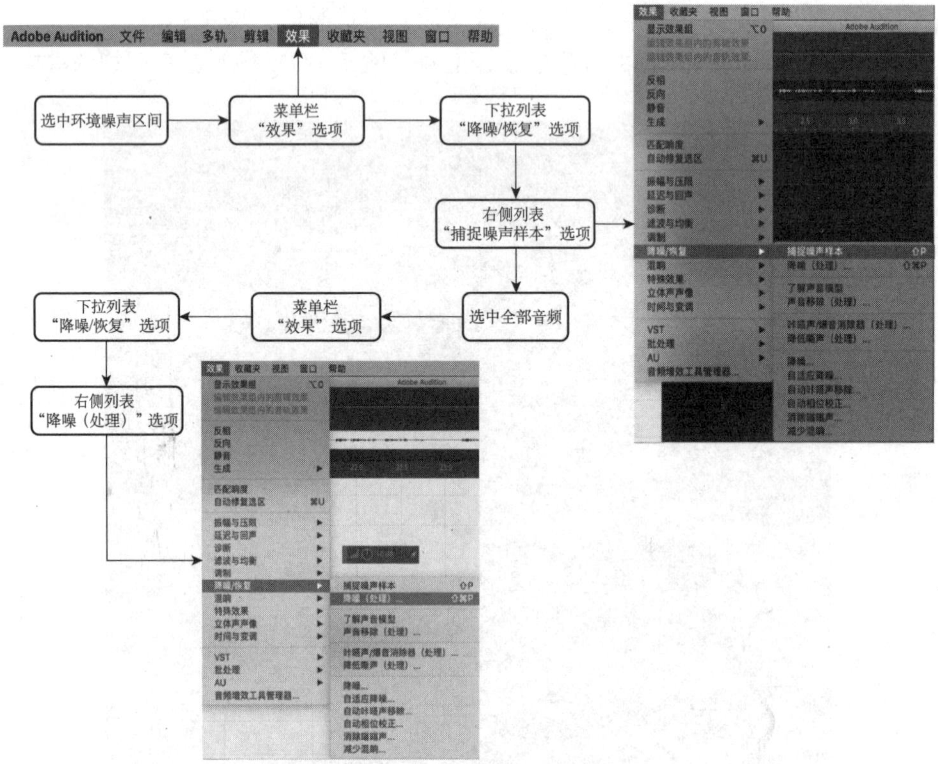

图7-6 收集噪声样本流程图

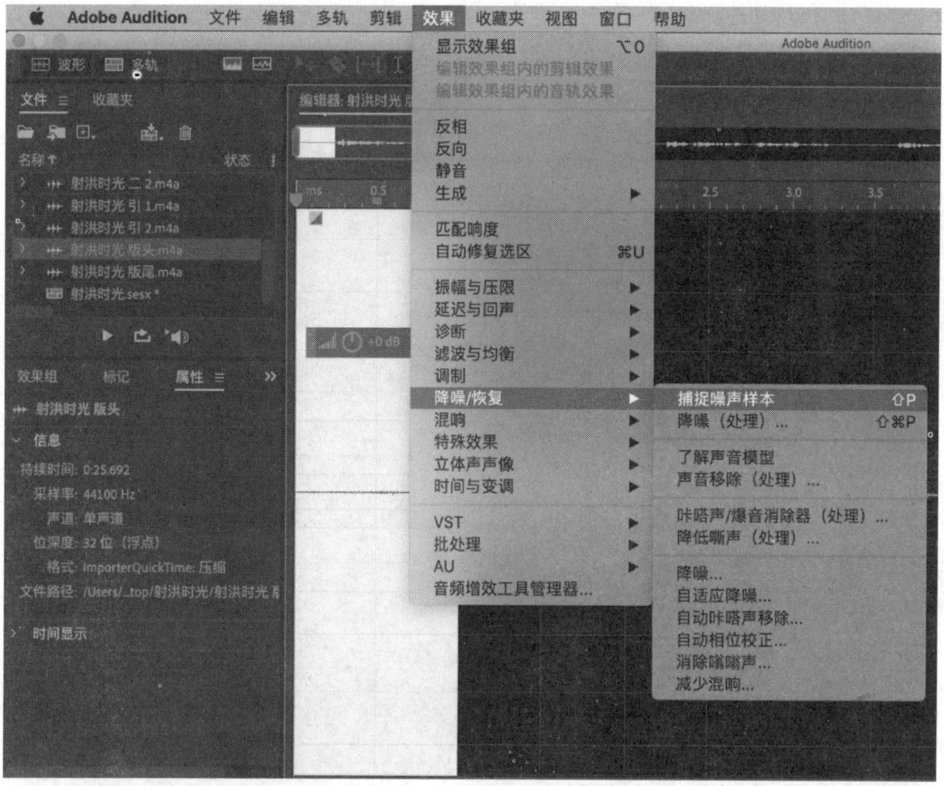

图 7－7　收集噪声样本

图 7－8　降噪

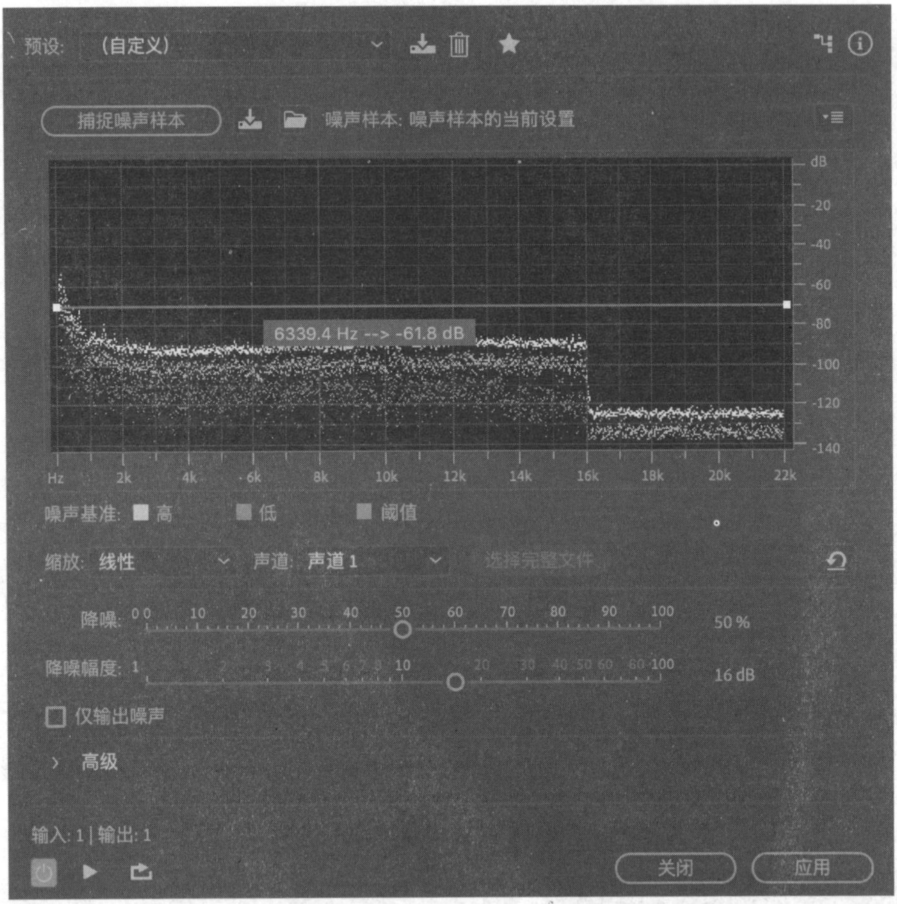

图 7-9 降噪设置

当然，在多轨道面板中依然可以对不同轨道的音频进行修改，所以一旦出现了声音大小不合适的问题，无论是在哪个阶段都能及时做出调整（见图 7-10）。

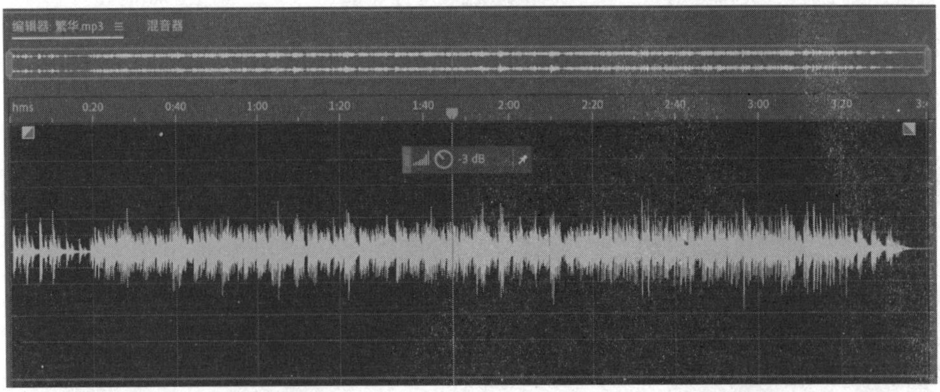

图 7-10 调整增幅

无论你对音频进行怎样的预处理，都应该谨记所有的效果叠加只会对你所选中的音频区域生效，所以叠加任何效果之前一定要选中对应音频。不然的话，要出大问题。

之后，我们可以再回放一遍已经叠加完效果的音频，如果有想删除的部分，就可以直接选中该区域并按下“Delete”键，即可完成对片段的删除。

Step 4：多轨道组合

处理好每个音频后把这些音频组合到之前建立的多轨道项目文件中，虽然说组合的顺序可以因人而异，但是为了方便后续添加效果，最好按照先“BGM”后“干音”，最后“音效”的次序进行排列。也就是按版头 BGM＋版头干音，正文 BGM＋正文干音，版尾 BGM＋版尾干音，最后音效的顺序进行添加。其中，因为有版头、正文和版尾三组，对每一组的 BGM 和干音的间隔空隙都需要做调整。

＞每组衔接时长控制在 5～10 秒

每组 BGM 与干音之间的衔接时长一般控制在 5～10 秒，也就是从 BGM 过渡到人声干音的过程。BGM 的存在实际上是在为整体音频营造一种特定的情绪氛围，同时，也能够更好地让听众沉浸其中，但是时间也不宜过长，否则会影响用户的整体听觉体验。

我们在实践过程中往往会遇到不同的 BGM 之间交叠的现象，虽然 Au 本身自带同一轨道的音频自动淡入淡出功能，但是这个效果的交换速度过快，衔接十分生硬，并不是最适合播读体验的。

＞音轨交叠处理

那么我们最好在不同的轨道上放置不同的 BGM，让两个 BGM 之间交叠 2～3 秒，再分别对它们进行淡入淡出的效果处理，如图 7－11 中轨道 2（声像）与轨道 4（旁白叙述）在 35 秒处的交叠一样。

时间间隔太短，两个 BGM 的交换会非常突兀，难以取得场景转换的效果，同时也会影响听众的听觉体验。时间间隔太长，则整个音频的节奏就会被拖得过慢。所以，2～3 秒的间隔时间是最为合适的选择。

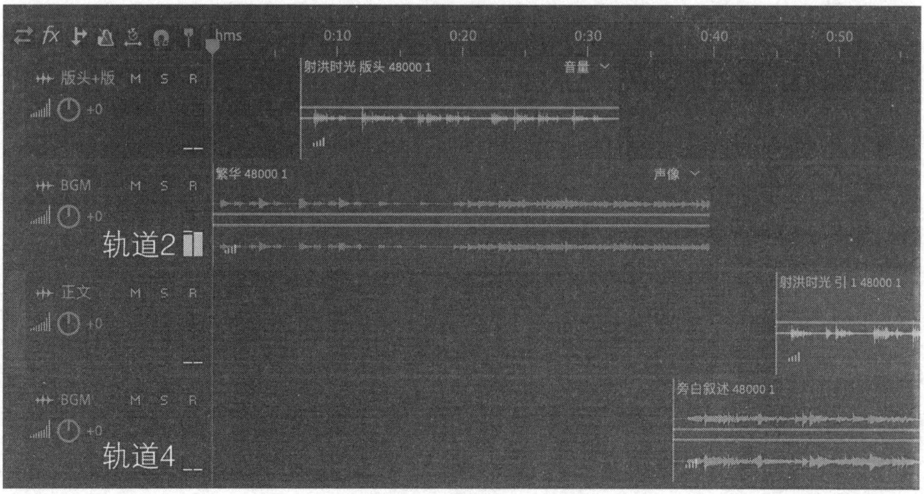

图 7－11　音轨交叠处理

>**调节音频长度**

在位置调整的过程中，除了关注音频之间衔接的时间，还要考虑音频自身的长度调节。如果音频长度过长，选中多余的部分进行删除剪辑；如果音频长度过短，则通过“复制”“粘贴”对该段音频进行循环处理。特别需要注意的是，在“粘贴”这个指令下，插入点所在的位置就是粘贴的起点，所以一定要把插入点拖到上段音频结束的末尾。

>**音效位置的确定**

最后，是音效部分位置的确定（见图 7－12）。《射洪秘境里的军工厂》的开头部分按照文章原文的描述插入了齿轮的音效，在实操中也可以根据自己的需求在对应的位置插入特定音效，以增强听觉效果。

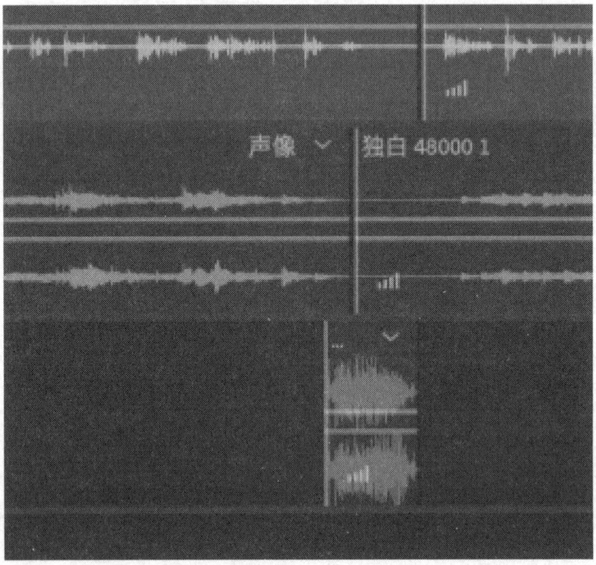

图 7－12 音效位置的确定

>**整合音频顺序**

在音频剪辑这个环节中，整合音频顺序（见图 7－13）是最为重要的一个步骤，因为其决定了最终音频的时长和次序，后面所有的效果加工都是在进行细节上的微调。

所以在进行这一步骤时，一定要反复确认每段音频之间的衔接是否流畅顺滑，检查无误后方可进行下面的操作。

>**淡入淡出效果**

在确认完每个音频的具体位置之后，就要对 BGM 进行增幅调节，最重要的是淡入淡出效果的叠加。我们选中轨道中对应的音频，在菜单栏中的“剪辑”选择“淡入”或“淡出”进行应用（见图 7－14）。

接下来在音频中通过左右滑动小方格确认淡入淡出效果的起止点和持续时长（见图 7－15）。

>自动化调整音量大小

自动化是调整音频在不同的时长下的音量大小，一般在淡入效果进来后，BGM 的音量是处于正常值的范围之内的，但是考虑到后面人声干音的加入，BGM 的音量应该随之降低。由于这部分变化是在音频内部发生的，并不是在音频的开头或结尾，因此无法通过淡入淡出效果进行调节，只能运用自动化来实现音量的自动变化（见图 7－16）。

直接在音频的音量轨道上单击左键添加第一个关键帧，与淡入效果的终点对齐，在人声起始点的相同位置上添加第二个关键帧，并将第二个关键帧的音量往下调整 10dB（一般显示为“－10dB”），之后在人声结束处添加第三个关键帧，与淡出效果的起点对齐添加第四个关键帧，并把音量调整到正常值大小（一般显示为“0dB”）。

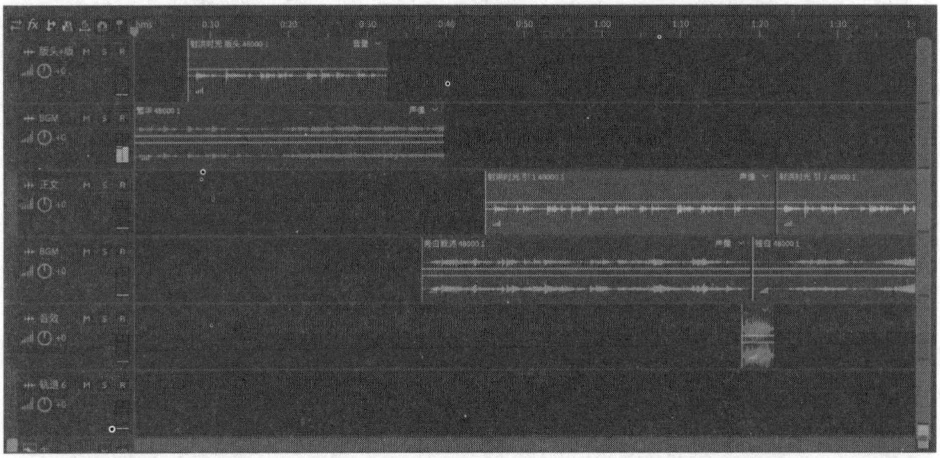

图 7－13 整合音频顺序

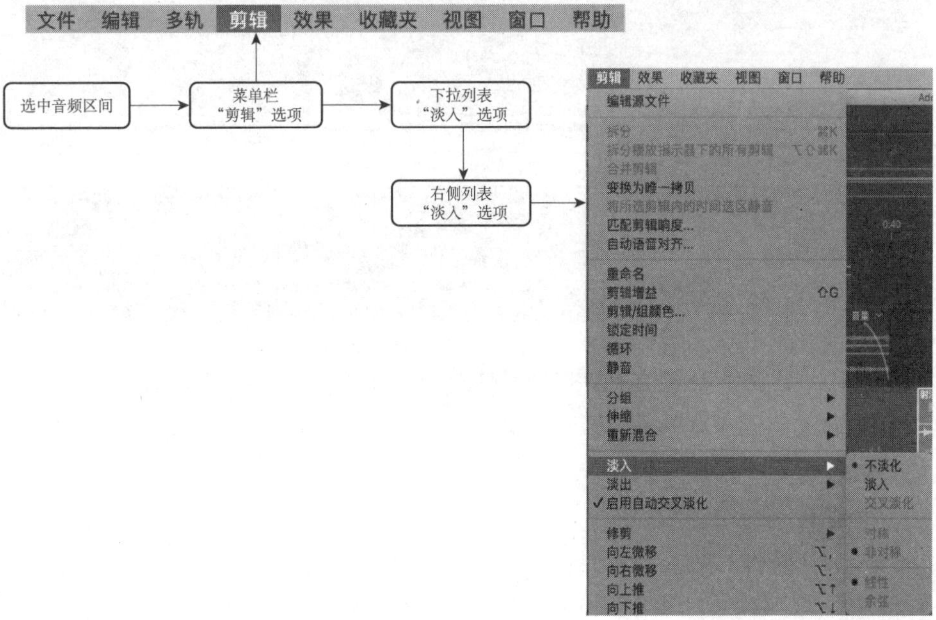

图 7－14 淡入淡出效果设置流程图

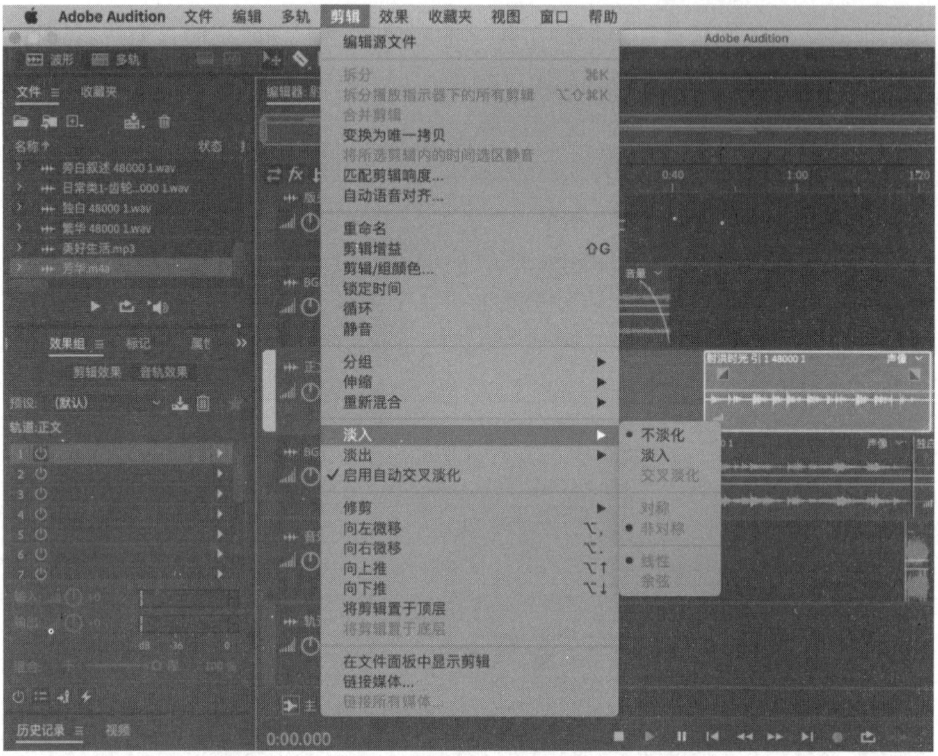

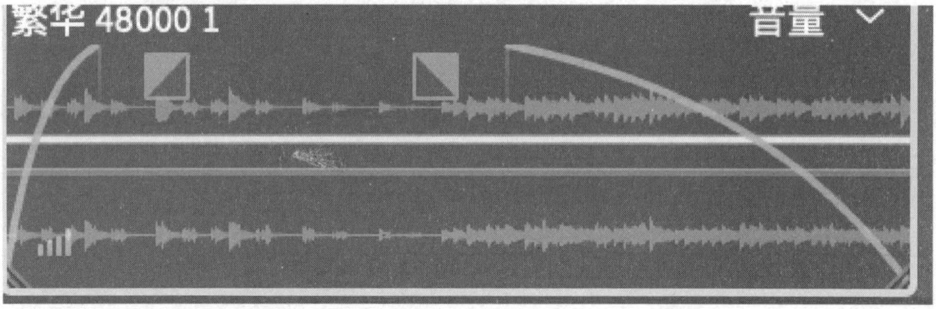

图 7-15　淡入与淡出效果设置分解图

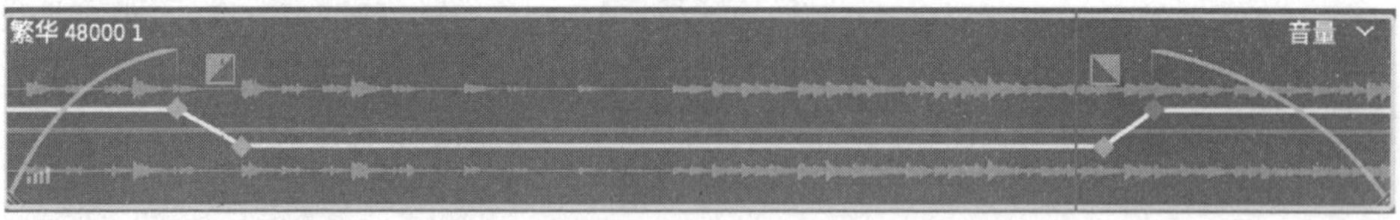

图 7-16　自动化调整音量大小

自动化的调整音量值需要根据具体情况而定，一般设置为－10dB，这个分贝值是最适合人声播放的 BGM 音量大小，既能够保证 BGM 播放的清晰度，也不会过分压制人声效果。

Step 5：检查音频

与干音录制的检查阶段同理，我们也可以从听觉和视觉两个方面对音频进行检查，其中因为人声干音和 BGM 的中间都已经在之前的环节中检查过，所以这一阶段检查的重点就是不同音频之间的衔接变化，包括衔接时间是否合理，音量大小是否符合情景需要，音效的加入效果如何等。

一般将插入点放在这些衔接的重点部分进行播放筛查，同时，在保证音频波形图正常的情况下对音频进行导出。

Step 6：导出文件

在菜单栏中选定“文件”后单击“导出”，因为我们制作的音频文件是多轨混音的，所以要选择多轨混音中的整个会话（见图 7 - 17）。之后会弹出设置参数的窗口，在窗口中设定一下输出文件的文件名、位置和格式，其余的参数一般情况下不需要修改。

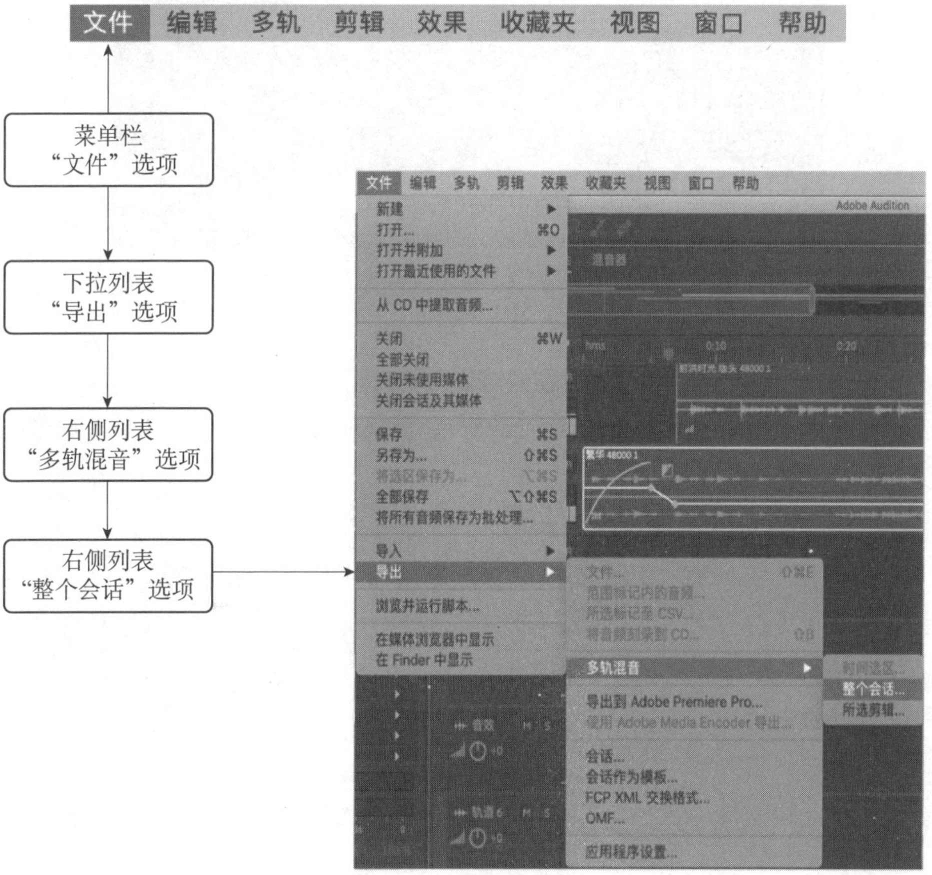

图 7 - 17　导出文件流程图

设定好参数之后进行导出（见图 7 - 18），音频文件导出完成后，就可以在之前指定的文件夹中找到了。

到这里，整个音频制作的过程就已经全部结束啦！

扫码听音频作品

图 7-18　导出文件细节图

第三步　怎样剪辑情感故事的视频

以下是视频拍摄制作者邓丽彬分享的一些工作经验。

视频是声画为主的媒介元素，因此，做出来的视频要区别于文字报道以描述为主的创作。

1. 视频主题构思与脚本写作

所有关于 3536 军工厂的视频素材加起来一共有 150 多个镜头。依照对不需要的素材进行筛除、对选好的素材进行分类的原则，经过初次筛选后还剩一百多个镜头。

在筛选素材时，就要开始构思主题和脚本。

>关于视频主题

怎样用视频讲述好这个军工厂的故事呢？首先确定视频的时长和风格。一部软新闻类的微纪录片，时间控制在 4～6 分钟。

一系列关键词涌现，怀旧、重温、旧时光、老一辈……记忆是一个美好的存在，3536 军工厂里承载着数万人的记忆。那么让用户通过我们的视频，以一种旅行的方式，想起以往的青葱岁月；故地重游，唤醒老一辈的三线建设时期的旧时光。

由此，叙事主线就出来了：进入 3536—军装体验—3536 博物馆。

关于视频风格，则是人与景的镜头相互配合，辅之以轻柔怀旧的配音配

《3 分钟带你玩转 Au》（视频制作沈思宇）

乐，用偏暖黄复古的色调营造一种怀旧之感。

>**关于配乐的选择**

带着创作的激动心情，想为自己的视频作品挑选一首合适的音乐也并非易事。我们最终选择了一首名叫《芳华》的钢琴串烧曲，其中有一段《送别》，是20世纪八九十年代的音乐风格，与视频的风格十分契合。由此完成了剪辑脚本创作。

视频脚本

标题：射洪秘境里的军工厂，三线人从来都不会忘记

脚本：邓丽彬

时长：5分28秒

——**导视**——

【导语】

0001 射洪秘境里的军工厂 一场跨越半个世纪的对话（音乐《送别》，3536军工厂空镜头，红尘进入3536军工厂，出人名条）

【画外音】

0031 字幕：有一个地方 翻过大山 跨过河沟 你我终将抵达

——**正片**——

0039 空镜：吉普车，乡村风景

【画外音】

0044 一路走来 伴随着温和的阳光

走进藏在村庄深处的3536军工厂旧址（地标：第三五三六厂，出地名条）

【画外音】

0108 曾经繁华的小城 如今已人去楼空

岁月流逝 只剩下青瓦红砖

【画外音】

0121 坚挺的哨楼 铺满尘埃的灶台

从一砖一瓦到一座座厂房 一草一木唤起了一代人的记忆（从空镜头转向人物）

【画外音】

0136 偶遇路旁的黄桷树 盘根错杂 野蛮生长

恶劣的环境 艰苦的条件 树干沿着陡峭的墙壁屹立不倒

正如军工人在三线建设中的奋斗精神（墙上的照片）

【画外音】

0204 墙上的涂鸦是这个工厂的日记本

一路翻看着 沿着历史的痕迹走走停停（从空镜头转向人）

【画外音】

0219 戴上红星解放帽 换上 65 式军装

重温三线建设的芳华岁月（后跟跳芭蕾舞的女生，空镜头转场）

0232 军装芭蕾表演（出人名条）

【同期】

退役军官：头要正 嘴要闭 这是标准的军姿练习 是否明白（出人名条）

旅行体验官：明白

退役军官：手扶着这头 前头就是正的（军官教授枪的正确拿法）

0301 旅行体验官合照（出人名条）

【画外音】

0310 走进 3536 博物馆

这些颇具时代感的老物件 诉说着工厂的“前世今生”

墙上张贴的老照片 仿佛将我们带回到 50 年前

【画外音】

0333 泛黄的书本 锈迹斑斑的台灯 老式电话 磨破的自行车座

【画外音】

0345 我们在这里 实现了历史与现实的交汇 展开了一场跨越半个世纪的“对话”

【画外音】

0416 送君千里 朝朝暮暮（旅行体验官们换上军装）

在这个时空的节点上 有这样一群人

为国防 为军队建设 白手起家 用自己的血汗撑起西南地区的三线建设（墙上张贴的历史照片）

【结束语】

0437 记忆是一道光 穿进每一个三线人的心房（老一辈三线人的镜头）

【画外音】

0444 他们离开了大山 却留下了念想（老人们拍照留念）

目之所及 心之所念 3536 工厂对他们来说 从来不需要想起 因为从来都不会忘记（离开 3536 军工厂的场景）

2. 剪辑经验

根据先粗剪、再精剪的原则，总共新建了三个文件夹：军装体验、空镜头、3536 博物馆。导入 Pr 时，直接导入三个文件夹，方便根据分类进行素材的选用。

>处理手抖画面问题

画面平稳是营造画面美感的第一步。由于第一次的拍摄还不是很有经验，有的画面抖动得“不忍直视”。

所以提醒大家在进行摄像时一定不要偷懒，记得使用稳定器！

这里补充一个“人肉”三脚架的使用方法：双手端起相机，手臂上端紧贴身体，可减少固定镜头的晃动。再以身体为轴，原地转动身体，即可拍摄出一个较好的“摇镜头”（此方法适用于没有三脚架的时候）。

不过，拍摄固定镜头还是尽量使用三脚架，除非你能练就双手不抖且稳如泰山的好本事。

怎么处理画面抖动呢？我们的视频的风格是抒情、唯美的。那么可以将大部分镜头通过变速的方式调整为慢动作的升格镜头。这样不仅可以减轻画面的抖动程度，还有带动观众情绪的效果，一举两得。

＞先亮标题

标题其实就是对视频主题的高度浓缩，标题一出来，用户就知道整个视频主要在讲述什么，精彩之处是什么。

大标题要简短响亮——“射洪秘境里的军工厂”。一个标题要明确叙事主体（军工厂）和主体里的一个亮点（秘境）。

副标题起到补充、说明作用——“一场跨越半个世纪的对话”，点明故事的时间跨度与气质。

都说剪辑使人“秃头”，文字搞定了，接下来就要考虑字体和效果的设计了。要选择一种与文字主题相匹配的样式，让画面和文字达到高度统一。

最终我们选择了银白色、带点金属感和立体感的字体，再加些小光斑、发光条作为装饰，效果简直完美。

＞改片头节奏

画面和音乐是相互成就、相互服务的关系。只有二者完美配合才能把握好视频的节奏。

我们为了符合音乐本身的节奏而忽略了画面切换的节奏，导致粗剪时片头闪现得很快。后来红尘老师提出，片头的节奏太快了，让人来不及欣赏，简直浪费了这美好的画面。

最终我们改用一段大家耳熟能详的《送别》作为开头。这样的经典曲目，不仅符合我们的视频的风格，也能调动观众的情绪，瞬间拉近距离。

＞BGM 的衔接

不同音乐的选择。为了使音乐和画面以及画面切换的节奏完美契合，我们有时不得不采用多首歌曲，因此要尽量选择风格、节奏相似的音乐。比如在军工厂这个片子中，片头的《送别》与正片的《芳华》都是钢琴弹奏且节奏舒缓的音乐，便于衔接。

片头与正片音乐的衔接。片头选好了，但是问题来了！该如何使片头的《送别》与正片的《芳华》衔接自然呢？于是经过反复裁剪、调整、效果添加（淡入淡出）再加上一小段降调音乐的衔接配合，最终把这个小问题搞定了。

视频剪辑就是这样，要一点点调整、细细修剪，才能打磨出你想要的效果！

>人物带领进入正片

以“人物”为核心，展开叙事，引领观众视线。

片头过后，就要进入正片了。我们寻找了关键人物，由这一人物带领，将观众的视线也一并拉了过来。这样前期拍摄到的红尘老师进入3536军工厂的画面在这里就可以用上了。

片头与正片的衔接采用的是由旁白引入的形式，先出声音后有画面，给人一种“未见其人，先闻其声”之感。这样就可以将片头通过简约的黑底白字进行转场，从而自然流畅地过渡到正片画面。

>转场时长的把控

对整体视频节奏的把握也体现在对转场时长的把控上。转场时对于有些片段的过渡我们会添加一些“黑场”效果。开始时由于节奏把握的欠缺，转场时间过快，不过经过后期调整，多留两秒就完美了。

在剪辑时，一定要记得将两个原始素材的转场衔接处多留几秒，否则添加效果可能会出现卡顿现象。

>空镜头衔接地点转换

空镜头的衔接其实是地点的改变。我们的剪辑框架是以浏览的行程（地点的转移）为基础的。旅行体验官们从一个地方到另一个地方的场景转换，我们会使用空镜头进行衔接。这样过渡看起来就会自然、不显得突兀。

空镜头的作用还不止于此。它除了可以直白地展示地点、景象外，还可以用来进行意象的传递，也可以赋予画面元素一些象征性意义，以实现创意的表达。

>暖色调的风格

为了契合整个视频的风格，视频色调选用的是偏黄的暖色调，可以营造一种复古、怀旧的氛围。

同时在上下添加了黑边，让整个画面看起来更加有电影的质感。

色调的调节十分考验人的眼力。对于偏暗、偏淡的画面不要忘记用亮度、饱和度、对比度进行调节。这也要求我们时刻注意镜头切换前后画面色调的比对。

剪辑是个漫长的过程，其间要时不时地按一下“Ctrl+S”对工程文件进行保存，否则辛辛苦苦的剪辑可能会因为电脑断电或卡顿死机而功亏一篑。

>人名条和地名条是必要的

地点、人物都是构成故事情节的要素。在初片完成时，我们忽略了人名条和地名条这两个重要的东西。大家在剪辑时，尤其是专题片创作一定要记得加上合适的人名条、地名条。

在这个作品中我们选用的是最普通也最不容易翻车的款式——蓝色半透明条。

在自己的作品中可以根据视频的风格和主题来选择与之相呼应的人名条、地名条。

有一个画面是在3536博物馆门前，旅行体验官们进行合影，后面紧跟着就是博物馆里面的场景。这时红尘老师提出，我们并没有交代这个地方是哪里，会让观众觉得一头雾水。最终我们补充了含有“3536 博物馆”这几个大字的镜头。

>当地人物采访的缺乏

叙事六元素里的核心元素就是人物。当地人作为次要人物出场，可增加整个视频的丰富度和辨识度。

对于视频中人物的同期声，在成片中没有加上字幕，这是我们视频中存在的一个小问题。

但在其他视频中，如果有人说的是方言，那么观众有可能听不懂，这时字幕就起着很大的作用了。

我们这个视频最大的缺陷就在于缺少了对当地人物的采访，整个片子都在用旁白将画面进行串联，略显单薄，且容易使用户产生听觉疲劳。

有些前期的欠缺，后期是怎么也补不回来的。所以拍摄时一定要思虑周全，对人物的采访素材要加强。

剪到最后，由于长时间看自己的视频，容易形成一种视觉习惯，可能会对视频产生一种“麻木”的感觉，这时就需要一个局外人来点拨你。

让自己的小伙伴或老师对视频提一些建议，跳出自己的舒适圈，对视频进行细节上的调整。

3. Pr 软件入门操作

下面以《射洪秘境里的军工厂》为样本，具体讲讲视频剪辑在 Pr 里是怎样玩转的。

Pr 的操作主要分为三大板块：新建工程、剪辑流程、输出设置。

Step 1：新建工程

>新建项目

打开 Pr，点击“新建项目”，输入项目名称，选择保存的位置，点击“确定”，就完成项目的创建了（见图 7－19）。

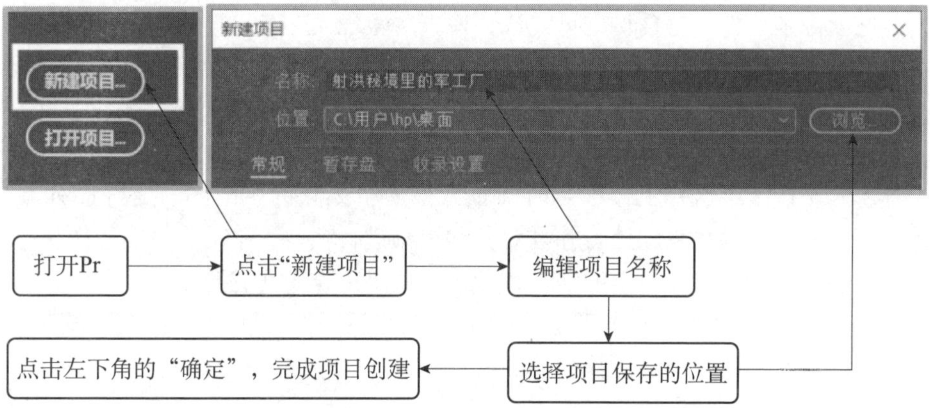

图 7－19 新建项目名称流程图

>认识工作区

点击“编辑”，形成工作页面（见图 7－20）。

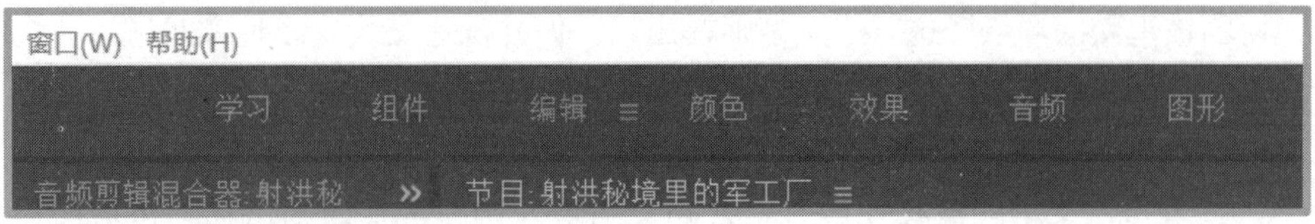

图 7-20 点编辑菜单见工作页面

剪辑就像是做菜。我们把以下工作区（见图 7-21）分别比作食材库、菜板、厨具、锅和菜碗。

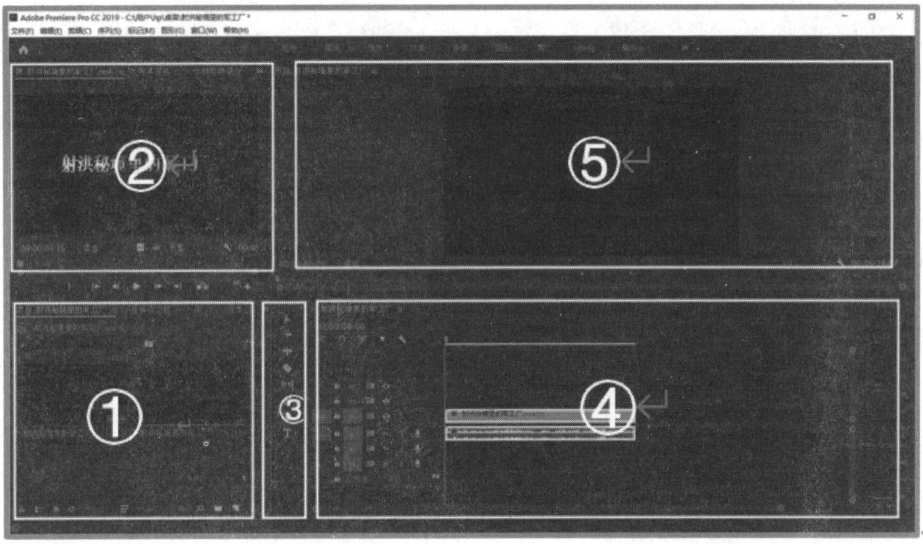

图 7-21 工作区界面

①号工作区：主要作为素材库和效果选区。将视频、音频和图片等剪辑素材导入、存放此处，也可从此处添加效果。

这个工作区正如做菜时存放材料的食材库。素材就像食材，效果就像调味料。

②号工作区：这一工作区用于看素材，对素材在画面中的大小、位置、速度等进行调整。

这就像是菜板，对食材进行挑选、检查、整理。

③号工作区：工具栏。这里主要工具有移动、裁剪、添加字幕等（后面会有详细介绍）。

这些工具可以比作厨具。

④号工作区：这一工作区是时间轴，是剪辑视频的主战场。建好序列后，将选好的所有视频放在此处，并且对各种视频进行裁剪、移动、拼贴等操作。

我们可以将它看作炒菜的锅，各种操作效果都作用在它身上。

⑤号工作区：这一工作区呈现的是加工完后最终的视频。它就像菜碗一样，盛着炒好的菜，并且能检查成品的色香味。

Step 2：剪辑流程

＞导入素材

选择素材导入，见图 7-22 导入素材流程图。

> (快速) 创建序列

素材导入工作区—选中选好的素材—沿图中箭头方向拖动到时间轴上，这样它自己根据视频的属性创建与之匹配的序列（见图 7 - 23）。

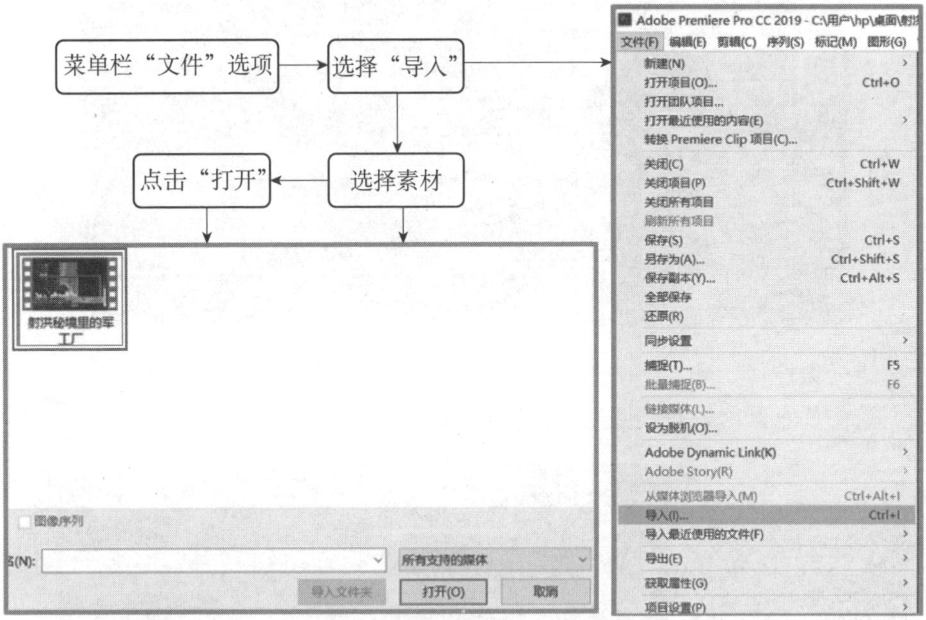

图 7 - 22　导入素材流程图

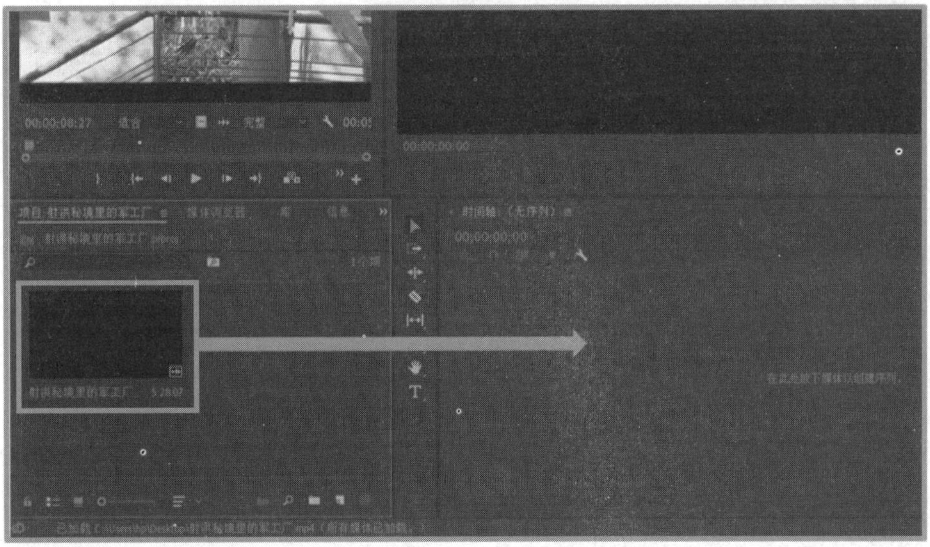

图 7 - 23　创建序列指示图

>时间轴界面介绍

接下来我们进入时间轴界面（见图 7 - 24）。

选区①用于选中或者拖动素材，改变视频的位置，调整视频的顺序。

选区②用于对素材进行裁剪，可将一个完整的视频分割成多个片段。

选区③用于添加字幕，选中。

选区④为视频多轨道，拖入的视频在该区域。

选区⑤为音频多轨道，拖入的音频在该区域。

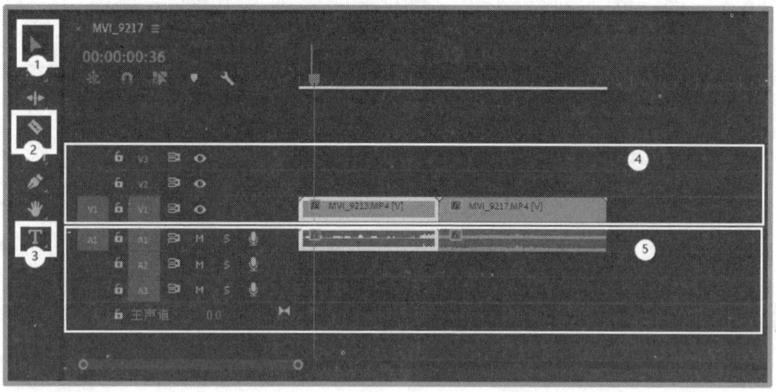

图 7-24 时间轴界面

>效果控件

选中任意素材，找到图 7-25 所示的工作区。

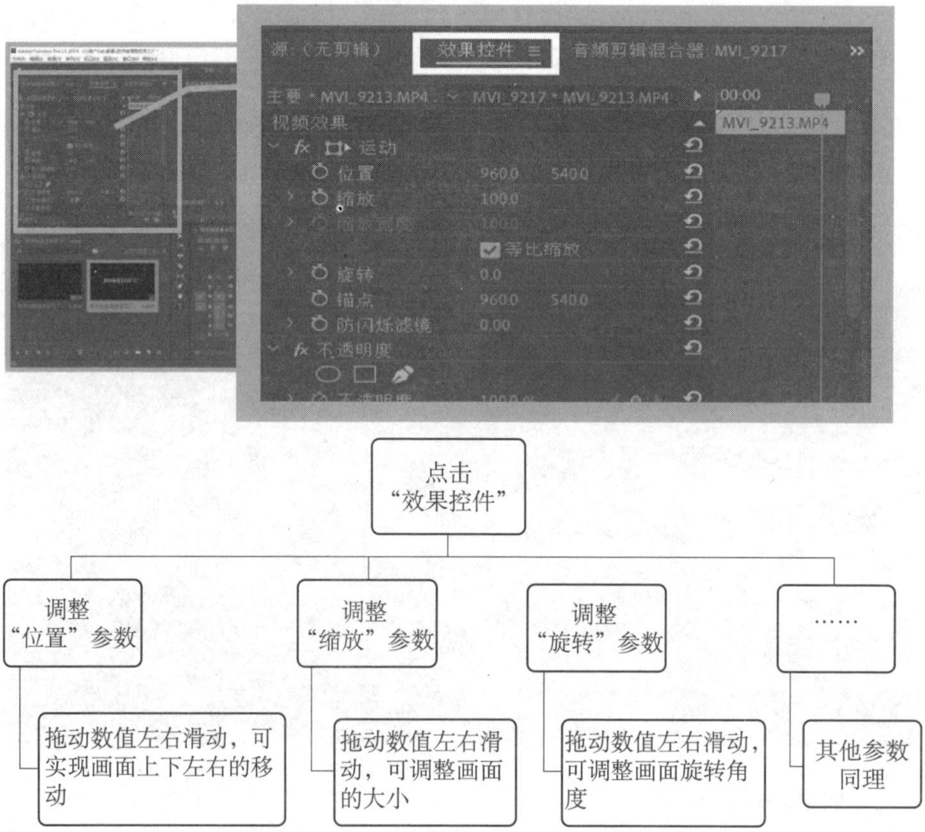

图 7-25 效果控件操作指南

每一个视频直接拖上时间轴后都会有音频和视频，它们相互链接。你如果想分离视频和音频，可取消视频与音频的链接，这样就可对音频或视频进行单独的处理，操作如图 7-26 所示。

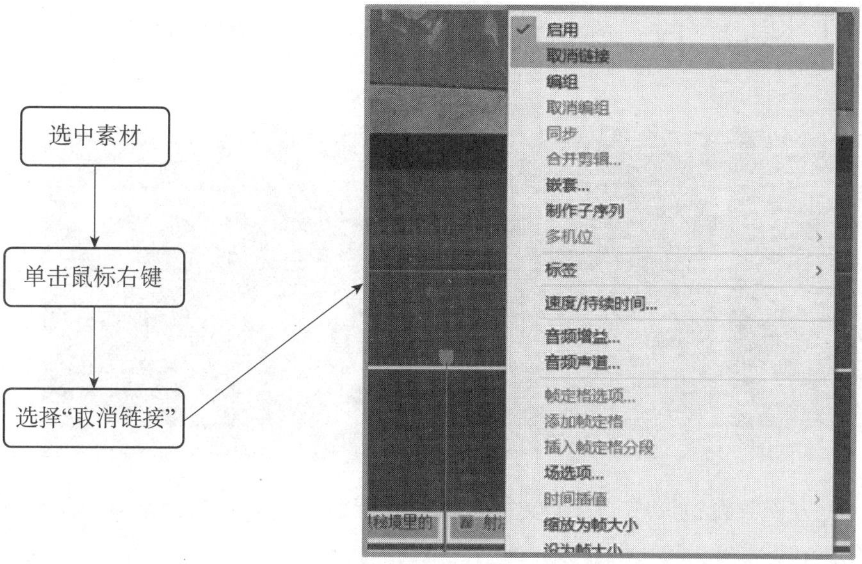

图 7－26 “取消链接”流程图

>**添加效果**

点击“视频过渡”，添加各种转场效果（见图 7－27）。

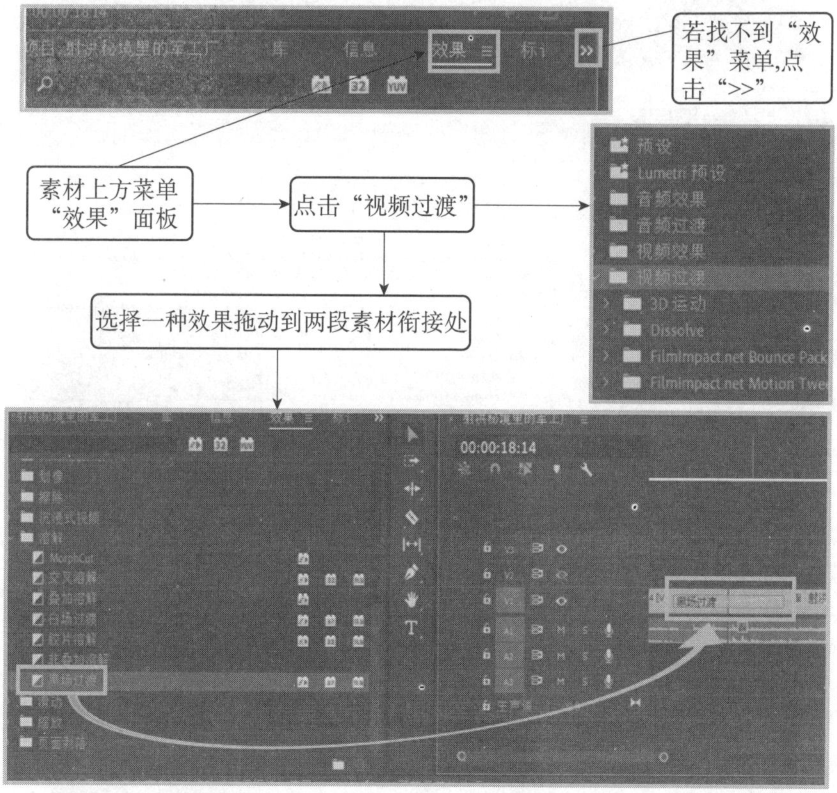

图 7－27 添加效果流程图

>**添加文字**

选中“T”工具，添加文字（见图 7－28）。

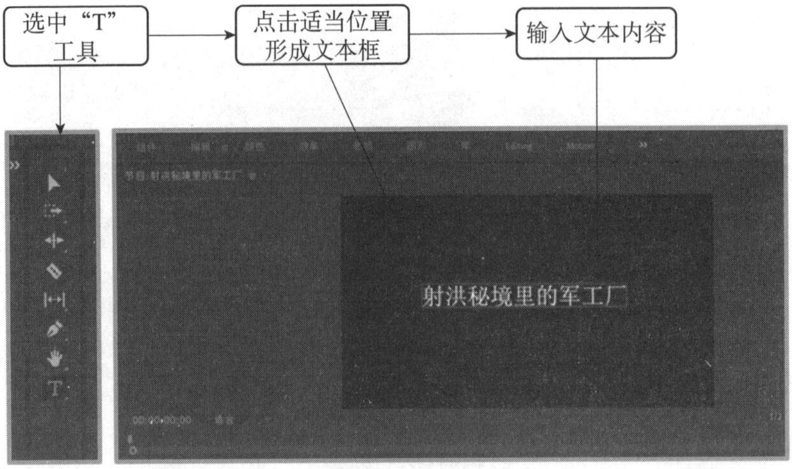

图 7-28　添加文字流程图

上方视频轨道形成了一个文字素材，沿着箭头方向左右拖动素材边缘可调整时长（见图 7-29）。

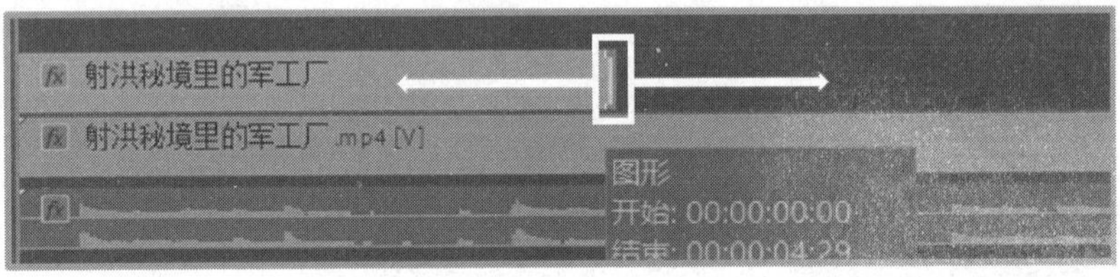

图 7-29　素材裁剪指示图

Step 3：输出设置

>导出媒体

到这里就快大功告成了，导出也有方法（见图 7-30）。

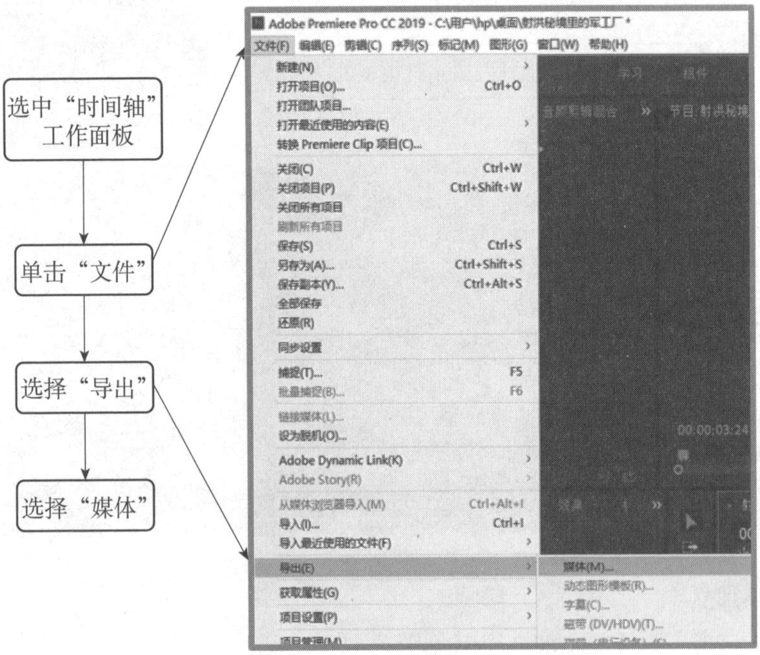

图 7-30　导出媒体流程图

>导出设置

一般情况下，导出的视频格式选择 H.264，预设选择“匹配源-高比特率”，这样导出的视频大小是刚好合适的。修改好名称和位置就可以导出了（见图 7-31）。

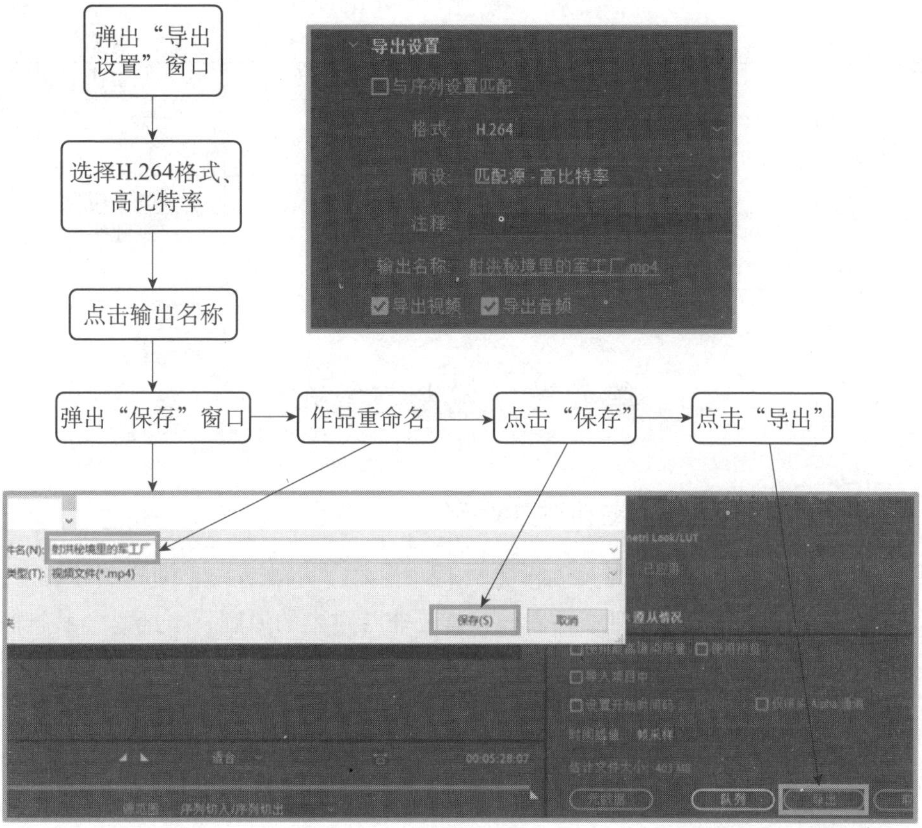

图 7-31　导出设置流程图

按键盘上的 Ctrl+S 进行保存。导出视频后，可以在原先选择的保存位置找到视频。

第一个是软件自动保存的工程文件，第二个为视频文件，第三个为自己保存的工程文件（见图 7-32）。

只要工程文件和素材在，就可以对视频再次进行修改、编辑和输出。

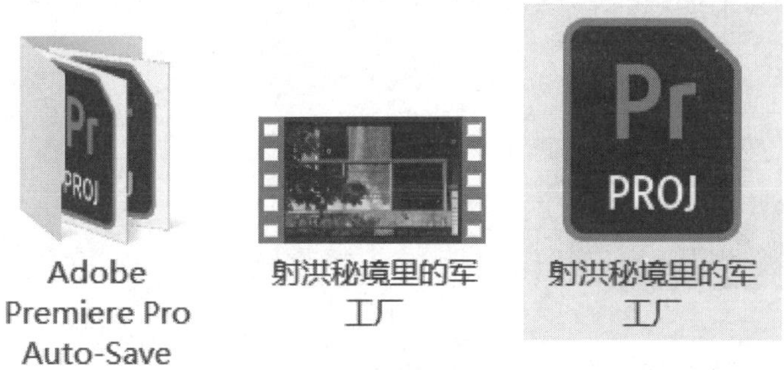

图 7-32　保存工程文件夹

扫码看视频作品

《手把手带你入门Pr》（视频制作邓丽彬）

>记住 **Pr** 快捷键，“入股”不亏

记住一些简单常用的 Pr 快捷键（见表 7-3），会大大提高工作效率。

表 7-3　Pr 常用快捷键

Pr 快捷键	操作指令	Pr 快捷键	操作指令
Ctrl+S	保存	Ctrl+V	粘贴
Ctrl+I	导入	Delete	清除
Ctrl+M	导出媒体	Ctrl+A	全选
Ctrl+Z	撤销	Ctrl+L	链接/取消链接
Ctrl+Shift+Z	重做	I	标记入点
Ctrl+X	剪切	O	标记出点
Ctrl+C	复制	Ctrl+T	新建字幕
Space（空格键）	播放-停止		

第四节　包装与发布

第一步　微信公众号排版学起来

当文字报道、音频、视频创作完成后，就要进行激动人心的排版步骤了。增强用户阅读时的美感，吸引住粉丝，这是非常重要的原则。下面是一些排版的小技巧。①

1. 标题·摘要·封面图

>标题

标题完整显示的字数是 27 字，标题的拟定要贴群体、抓共鸣，以真实、简洁、虚实相搭（见图 7-33）为好。

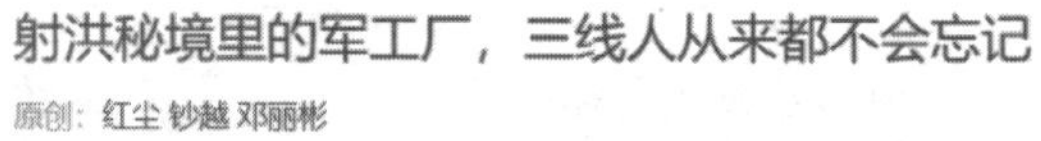

图 7-33　标题虚实相搭

>摘要

摘要（见图 7-34）能完整显示 36 字。写作摘要时用精辟的金句，贴《芳华》热点，设问造悬念，与大标题配合，以一虚一实、一长一短的方式呈现。

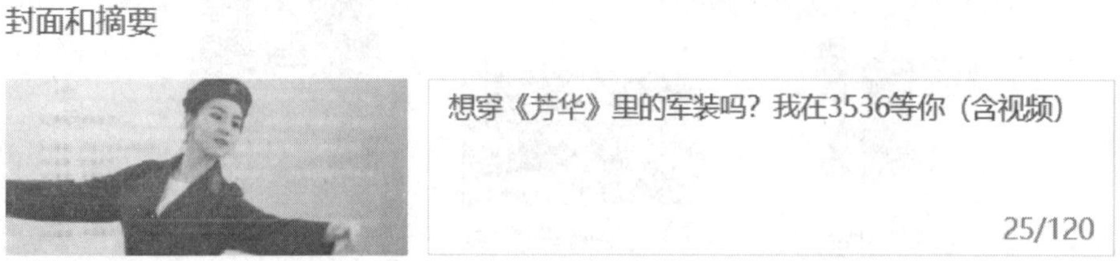

图 7-34　封面图与摘要

① 本部分内容由钞越撰文并展示微信公众号排版。

>**封面图**

封面图即头图（见图 7-34）是脸面，要醒目，以能突出故事主题或反映故事人物情绪的图为好。人们总会先对人产生好奇，可适当对人物画面进行调色、裁剪。

2. 话题设置 · logo · 导语卡片

>**话题设置**

设置的话题标签（见图 7-35）为＃红尘在路上，＃人人都爱融媒体，便于归类、引流、延伸阅读相关类型的推文。

图 7-35　话题设置

排版完成后，在推文编辑页面下方的文章设置处勾选你要添加的话题（见图 7-36）。

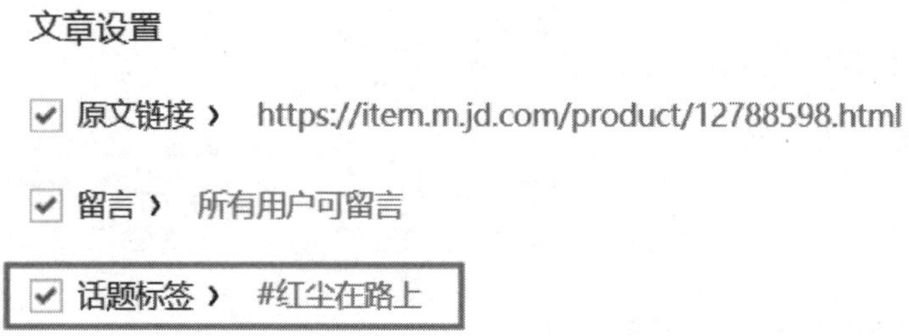

图 7-36　勾选话题标签

>**Logo**

每个微信公众号都有自己的 logo（见图 7-37），其可加深用户对此微信公众号的记忆，一般放在推文开头。

>**导语卡片**

用来放软导语的卡片（见图 7-37）或者框线，可以起到醒目导读、美观的作用。可从秀米、135 等编辑器上复制后粘贴到微信公众号的编辑器页面上。

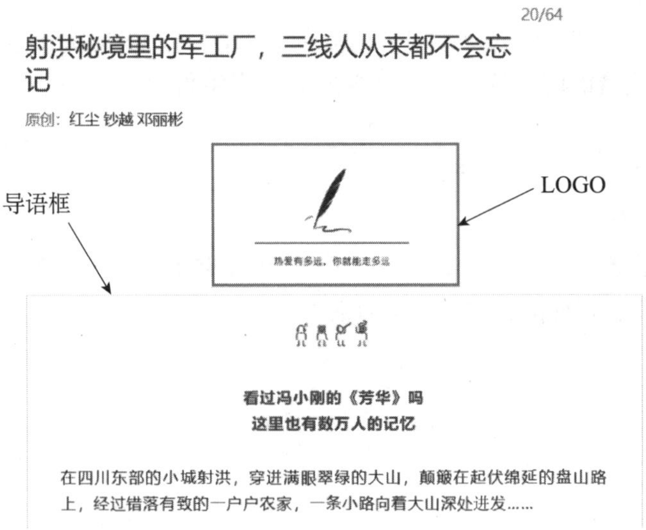

图 7-37 页面顶部的 logo 与导语卡片

3. 视频・音频插入

＞**视频插入**

剪好的视频，先要上传到素材库里，设置话题标签，开启原创或者赞赏，选择封面图，设置标题、类型，待微信公众平台审核通过后才能插入页面的推文里。

为了节约排版时间，建议边上传视频边排版。

＞**音频插入**

和视频一样，剪好的音频也要上传到素材库里，设置标题、类型，待微信公众平台审核通过后才能插入页面的推文里（见图 7-38）。

图 7-38 在素材库上传音频、视频

4. 正文编排・图片节奏

＞**正文编排**

正文是排版的主要部分，也是影响用户阅读体验的最重要部分，一定要看起来简洁、清晰、美观、统一（见图 7-39）。

＞**图片节奏**

图片和文字之间不能过紧，要有节奏，可以呼吸，起到阅读分级的作用。最好是四五段文字配一张插图，或一部分配一张图，要有一定的规律和节奏。不能一大段文字没有图片，或者一句话配很多张图片，这样的图文看起来很零乱。具体页面排版工具栏，如图 7-40 所示。

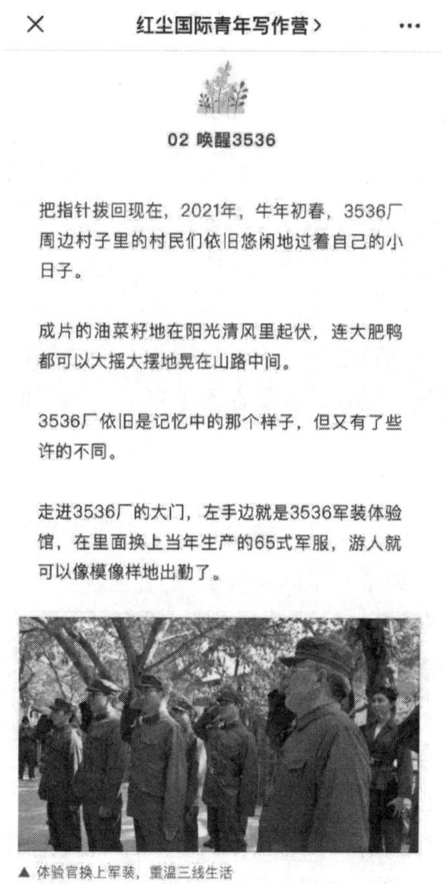

图 7－39　正文排版

正文：苹方－简，15px，黑色，页边距16，行间距1.75

小标题：宋体，16px，加粗，军绿色，加小题花

图说：宋体，12px，深灰色，▲，行间距1

留白：正文与小标题、与图片之间空1行，行间距1.75

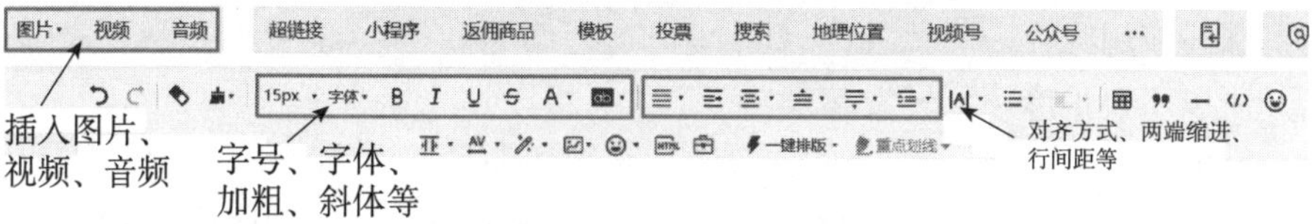

图 7－40　页面排版工具栏

5. 视频号·公众号·超链接插入

＞视频号插入

点击工具栏上方的“视频号”（见图 7－41），输入视频号 ID，即可在任一位置插入，起到引流作用。

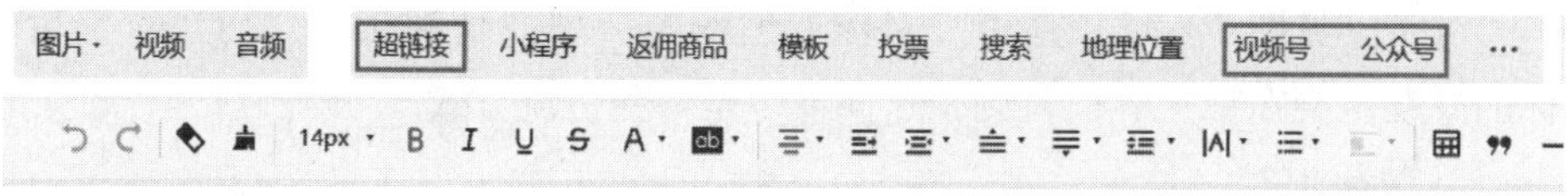

图 7－41　插入工具栏

＞公众号插入

点击工具栏上方的“公众号”（见图 7－41），输入微信公众号名称，即可在任一位置插入，起到让用户了解微信公众号特色的作用。

＞超链接插入

点击工具栏上方的“超链接”（见图 7－41），选文字或图片，即可链接自己或其他公众号已推送过的文章。

第二步 微信公众号推送有技巧

排版完成后，再经过多次预览、检查、保存，就可以推送了。推送不是简简单单群发就了事，这里面也大有名堂。

1. 时间段·朋友圈·微信群·微博

>时间段

一般选择早上 8 点或晚上 8 点推送，因为人们通勤时或是晚饭后，有时间刷手机阅读文章。再就是周末，人们在不上班的空闲时间往往也会阅读喜欢的微信公众号文章。

>朋友圈

当群发推送完后，可以在晚上转发推文到自己的朋友圈里，这是你的读者的第一个圈子，也是增加曝光量的一种手段。

有时微信公众号在推送文章时会限流，用户可能收不到你推送的文章。你把推文转发到朋友圈里，其实也是一种变相提醒——这篇文章好精彩，快来看一下吧！

>微信群

现在的人总会有很多有几百个群友的微信群，里面的大多数人你可能都不认识，但这些人就是你的潜在读者。当你把文章转发到群里后，说不定就有人顺手点开了这篇文章，读后感觉写得很不错，也顺手关注了你的微信公众号，起到涨粉作用呢。

所以不要怕麻烦，转发起来！

>微博

每一篇推文都可以复制链接，直接转发到微博里推送。记得发微博时，写几句精彩内容的摘要，添加微博里的话题标签，推文就能进入流量池，让更多人看见。

2. 点赞·在看·留言·阅读原文

>点赞

点赞（见图 7-42）是用户对作者创作的一种鼓励和认可，而且点赞后，你的好友也会在推送界面看到，这同样也是一种引流方式。

>在看

在文末点击“在看”后，这篇文章就会推荐到微信的“看一看”上，你的好友就知道你在看什么文章。同时，这也是为微信公众号文章增加一个入口，可以为微信公众号引流和吸粉。

>留言

推文下的评论区也很精彩，是用户表达看法和意见的地方。你可以置顶用户留言，把好的留言放在最前面，这样后面的用户也能看到，且可以评论。记得尽可能回复每条留言，这样就实现了作者和用户间的交流和互动。通常用户的神评还可以做第二波新闻的素材呢。

＞阅读原文

点击“阅读原文”，可以链接到第三方页面，做各种类型的产品推广等，也可以购物。

《公众号排版学起来！》（视频制作钞越）

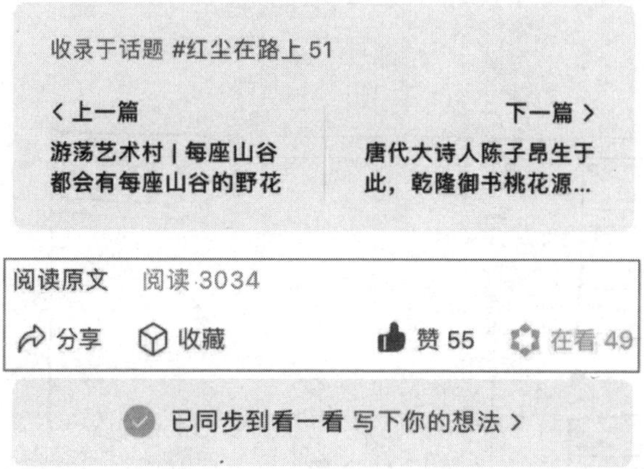

图 7－42 点赞·在看·留言·阅读原文

边做边思考

一、选题判断部分

1. 你是如何发现新闻线索的？初步判断这一选题有何新闻价值。

2. 你是如何联系采访对象的？做了哪些准备工作？

3. 初步写出你的采访提纲与新闻点，以及短视频新闻的拍摄计划（简要的分镜头脚本）。

二、采访与拍摄部分

1. 你用了哪些方法与技巧实施采访？举例说明。

2. 你在视频拍摄中运用了哪些手法？举例说明。

3. 你在外采外拍中遇到的困难或障碍是什么？如何克服？

三、创作与制作部分

1. 采访结束后，你是从哪些方面对外采外拍素材进行整理与核实的？

2. 在创作与制作中，你的思路与思考是怎样的？

3. 在创作与制作中，你遇到的难点及自己的处理方式是什么？

四、包装与发布部分

1. 在微信公众号排版中，你采用了哪些设计元素？

2. 在微信及微博平台发布与推送的体验是怎样的？

3. 分享你在融合新闻报道中的经验、教训或收获等。

第八章　文艺范公众号推文写作①

插图：王晶

① 本章由刘延撰文。

精彩早知道

★ 相信千千万万的新闻学学生和我一样在思考，怎样让别人看到我。

★“我手写我心”的超级记者出道记。

★ 爆款推文的四大写作秘籍，请收下我的经验帖。

边做边思考

★ 找准方向，把握写出优质推文的技艺。

我是新闻学专业的刘延，让我们这样来解释文艺范：wenyi＋fans＝文艺范，意思是文学与艺术的粉丝。

作为一名文艺的死忠粉，我痴迷于活色生香的文字、电影、音乐和生活。相信千千万万的文艺青年和我一样在思考，怎么让别人看到我呢?

为此，我搜肠刮肚地找素材、写作，翻来覆去地看影片，一遍又一遍地改稿子……终于从初来乍到变成轻车熟路。

如果你也热爱文艺范写作，那就请收下我的经验帖，同我一起在写作之路上过关斩将吧!

第一节　爆款选题

第一步　追着文艺圈热点想选题

如果把读者比作吃粽子的食客，那么选题就是不同口味的粽子。有人爱咸的，有人爱甜的，有人爱就着芥末吃也不足为怪。

总之，读者的喜好多种多样，所以为了获取更多的阅读量，我们必然要选择受众面更广的选题，去吸引更多的读者。

文艺范的选题可以往这些方面想：写影评看获奖作品、写书评看畅销书榜单、写乐评看播放量，哪里人多往哪里钻。

同时，我们也可以追着文艺圈的热点想选题。

比如，好莱坞著名导演诺兰的新片《信条》即将上映，备受瞩目，诺兰粉丝们撕着日历等上映。看不了新片，可以看诺兰的经典电影啊。你看，《每一部都可封神，天才导演诺兰把叙事魔法玩得贼溜》，不就贴上热点了?

又如阿富汗政权更迭，表面上看这是社会热点，与文艺圈没有关系。其实不然，无论是经典畅销书《追风筝的人》、著名摄影作品《阿富汗少女》，还是欧洲动画片榜上有名的《养家之人》，都与阿富汗有着千丝万缕的关系。你看，《为什么阿富汗不适合女性生存？最贴近阿富汗的作品告诉你》，不就又贴上热点了吗？

《每一部都可封神，天才导演诺兰把叙事魔法玩得贼溜》

《〈多哥〉，没想到有天我会被一条二哈感动到哭》

第二步 “我手写我心”选题

另一个选题思路是常规选题，它往往能引出爆款推文。

这类选题基于作者自我情感的判断，是我们读书、观影后被触动的灵感，也可以是我们喜爱和擅长的领域。因为是“我手写我心”的作品，所以最容易调动读者的情绪。

例如，孩子来到世上本该被温柔对待，黎巴嫩电影《何以为家》却披露了难民区生而不养的现实，它轻易就戳中了我的泪点，我也能通过写它戳中社会的痛点；又如美国电影《多哥》，记录一条高龄哈士奇，用生命运送血清的真实故事，我佩服这条勇敢的狗。看来二哈不是只会拆家嘛，我要写篇推文为它正名……

用爱发电，写这类选题，不怕你写不下去。

第二节 写作秘籍

第一步 用幕布搭建叙事框架

只要搭好叙事框架，就会事半功倍。

作为一个愣头青，我一直把写提纲当作一件多余的事，往往是搜集完了材料就开始写稿。

慢慢地遇到很多问题：素材太多太杂，不知如何取舍；文章基本方向没定，常常中途易辙；写完上句没下句，一卡文就卡很久……

1. 先理清脉络

为了解决这些问题，我在写稿的过程中，花去的时间远远多于写提纲的时间。于是我意识到，动笔之前一定要先理清脉络。

比如我写《心灵奇旅》的影评，理清的脉络就是：简单介绍剧情，接着分析剧情（也就是提炼与升华），然后由于本片是由著名动画公司皮克斯制作的，我打算延伸讲一下皮克斯。

就这样，该文的基础大纲就出来了，接着我就在此框架的基础上填充各部分的细节，如介绍剧情的部分中哪些是可写的，哪些是可略的，最后再修改完善，文章就出来了。

有了脉络清晰的叙事框架，写作效率提高了不少。

短一点的文章我会草草写个大概，长篇我则会做思维导图，但无论长短，思考方向大体如下：

一级标题：定死文稿的主要框架。

二级标题：粗略地安排内容、列出关键点。

三级标题：填充细节。

2. 用“幕布”制作提纲

在制作大纲时，我用到了“幕布”这个软件，它是个非常容易上手的思维导图软件，支持手机和电脑端，备受写手喜爱。

图 8-1 是以“幕布”制作的推文《请以你的名字呼唤我，我亦将如此》的大纲。

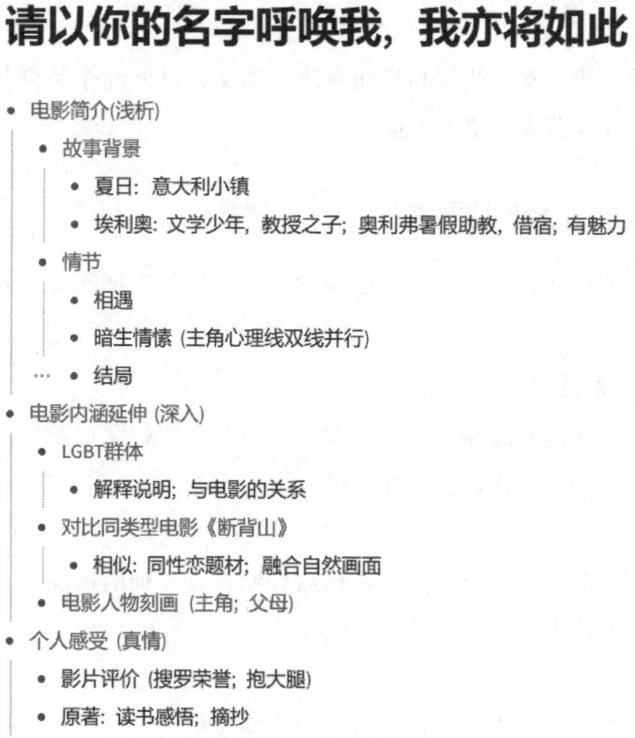

《“请以你的名字呼唤我，我亦将如此”》

图 8-1　用“幕布”搭建叙事提纲

第二步　导语写得好，读者跑不了

在万物皆媒的时代，永远不缺少内容，而缺少注意力。既然如此，读者点开文章一眼看到的导语（或称引言）就更得写好。

1. 重要的话写在前面

倒金字塔结构是新闻写作中的一个经典结构。它是按内容的重要程度将最重要的放在第一段，次重要的放在第二段，以此类推。那么在文艺范写作中，我们也可以借鉴这样的写法，将最重要的内容如吸引眼球的亮点、故事的重点等写入最前面的导语。

例如，在电影《何以为家》中，“一个男孩起诉父母生下了他，全片演员由难民充当，这是一则真人真事”是本片的亮点，那么，作者可用两三句话在导语中交代这个事实，将亮点一一为读者挑出。

《我要起诉我的父母，因为他们生下了我|〈何以为家〉》

2. 设置悬念，勾起阅读兴趣

例如，《心灵奇旅》，一部没有华丽宣传、排片很少的动画片，却好评如潮，究竟是什么让它如此成功呢？你不妨在导语中抛出这个悬念，让读者自己去文中寻找原因。

《最佳动画〈心灵奇旅〉来了！想问问你找到生命的火花了吗?》

3. 巧设背景，引人入胜

直接为推文内容做一个背景介绍，让读者明确阅读内容、辅助读者更好地理解下文。

例如，阿富汗大变天，属于女性的权利悬而未决，推文将以五部作品科普阿富汗女人的真实生活，问问读者你要不要读下去？

《为什么阿富汗不适合女性生存？最贴近阿富汗的作品告诉你》

第三步　正文越走心，读者越爱看

导语将读者引向下面的正文，读者是下滑还是溜走，一切都看你的文字如何留住读者。

1. “打感情牌”是一条捷径

注入情感的文字总会令人越陷越深。不信你看，下面是介绍好莱坞配乐大师汉斯·季默作品的推文，如果是你，会选择看哪一篇？

推文一

介绍季默的人物生平，筛选几首经典配乐，然后介绍该配乐何时出品、为何片所作、获得何奖等，并附上一些网上的专业乐评。

推文二

几句话渲染季默的传奇人生，接着，在每首配乐中穿插他的创作理念与相关的人生经历，以作品串联起他的童年、青年和老年时期。如介绍《狮子王》的主题曲时，引出童年时那位始终支持他的父亲。

怎么样？推文二是否一骑绝尘？

为什么呢？因为推文一的描述空洞乏味让人看不下去，而推文二着笔处更深入，更打动人。

2. 用文字调动五官六感

再来一个比较：

推文一

只听得先是一段古老的非洲民谣，然后是激动人心的摇滚乐，接着是自由自在的爵士乐……

推文二

音乐声中，广袤无垠的星空、舒卷的云朵、飘零的雨、生机勃勃的角马群、巨大的猴面包树还有那只永远奔跑的狮子，缓缓在脑海浮现。

同样是调动感官来描述一首歌，走马观花和真情实感写出的句子，高下立见。

读者在阅读一篇文章时，阅读的是作者思考的维度、对作品的感悟，而不是快餐文字。你用心写，他们才会用心看。

第四步　提升含金量，读者主动帮你转

不知道你有没有注意过你的朋友圈——每每有人分享推文，总是会附带一句推文里的金句。

如果读者能在文中找到戳中他心坎的金句，他会印象深刻，觉得文章有价值，会摘抄，会愿意转发和分享文章。

1. 挖掘自己的金句

新手可以先在文章里引用名家名句来提升“含金量”。这一阶段，要靠读书和摘录来扩充自己的金句库。

接着你要发掘自己输出金句的能力。

首先，利用好你的“小金库”，照着那些金句进行仿写。可以从句子的韵律、节奏感、修辞手法、感官调度等方面入手。

其次，要常动笔练习写作。这是个熟能生巧的过程，没有捷径可走。

最后，一定要善于修改句子。拿出“语不惊人死不休”的态度来斟酌同义词，比较哪个更合适，多读几遍句子找最佳语感。

2. 润色金句

让我们来动脑实操一下，试着修改句子：“热爱，往往创造经典。”

在这篇关于配乐大师的推文结尾，我想表达“热爱，往往创造经典”的主旨，但原句太过粗糙，并不打动人。于是在不影响句子原意的基础上，搬上读者更熟悉的“语文课堂”与“诗人”的关系，来照应前文“这位配乐大师没有上过正规的音乐学院，凭借热爱创作出经典”的内容，并把“创造经典”改为夸张的成语“登峰造极”，更令人印象深刻。

最终句子润色为：“就像语文课堂教不出一位好诗人，艺术是没有标准的，而唯有真正的热爱，方有机会登峰造极。”

第三节 素材采集

《沦陷！王炸电影配乐大师汉斯·季默》

第一步 文字素材

文字的积累来源无非是阅读和生活。

1. 摘录好词佳句

图书里的好词佳句、电影里的台词，是最原始的素材。我在读书、观影时会经常摘抄，并且随笔写下自己的心得。无所谓记在哪里，我喜欢纸的质感，也喜欢手机的便捷。

除了摘录好词佳句，我也爱记下作品中的细节。其一，细节让文章更打动人；其二，文思枯竭时可以为我提供独特思路。

2. 逛新闻逛评论

如果你觉得坚持阅读长篇很难，那么坚持浏览每日新闻也是个不错的习惯。这不仅有利于你熟悉时事热点，更能让你学到写作方法。尤其是借鉴官媒的新闻评论，学习作者行文的逻辑、观点的深度，对你的写作大有裨益。

除此之外，豆瓣、知乎、微博、微信公众号、视频网站的弹幕和评论区、音乐评论区等都是素材的来源，可为写作提供灵感。

卡文的时候，去这些平台逛逛，既是一种放松，也是一种隐形的文学积累。

第二步 多媒体素材

靠文字打天下的纸媒时代已经远去，在读屏时代，图像、声音以及由视频衍生出的 gif 动图，能在感观上带给读者更大的刺激，获得比文字更加生动形象的效果，也是素材库的重要组成部分。

1. 图片

版权意识，是自媒体人该有的自觉。在不断探索中，我慢慢总结出了无侵权风险图片素材的来源：

- 自己拍摄图片。
- 在观影时截图做影评配图。
- 微博、书城、影片等官方平台放出的物料。
- 与电影、图书相关的配图可在豆瓣作品详情页内找到。
- 在 Upslash、Pexels、Pixabay 等免费网站上寻找配图素材。

2. 音乐

为推文配上合适的音乐，能够丰富读者的听觉感受。

点击微信公众号编辑器里的音乐功能，搜索并输入贴合推文主题的音乐。

注意最好不要选择节奏过快或嘈杂的音乐，避免分散读者的注意力。最好选择舒缓的纯音乐。在平常听歌时可以建立自己的配乐歌单，下次再缺音乐素材，就不会像只无头苍蝇了。

3. gif 动图

动图放在推文里比静止的图片更能营造氛围。

利用“图贴士”网站自己制作 gif 动图（见图 8－2），避免侵权的同时又丰富了推文的观感。

方法如下：

- 用手机或电脑视频录屏。
- 进入图贴士网（https://www.tutieshi.com），选择“视频转 gif”。
- 调整界面裁剪动图的开始时间和结束时间。
- 点击生成 gif 并下载。

注意：如果有些 gif 动图制作完成后带有黑色边框或水印，可以在 gif 裁剪界面裁剪动图的高度与宽度来完善动图。

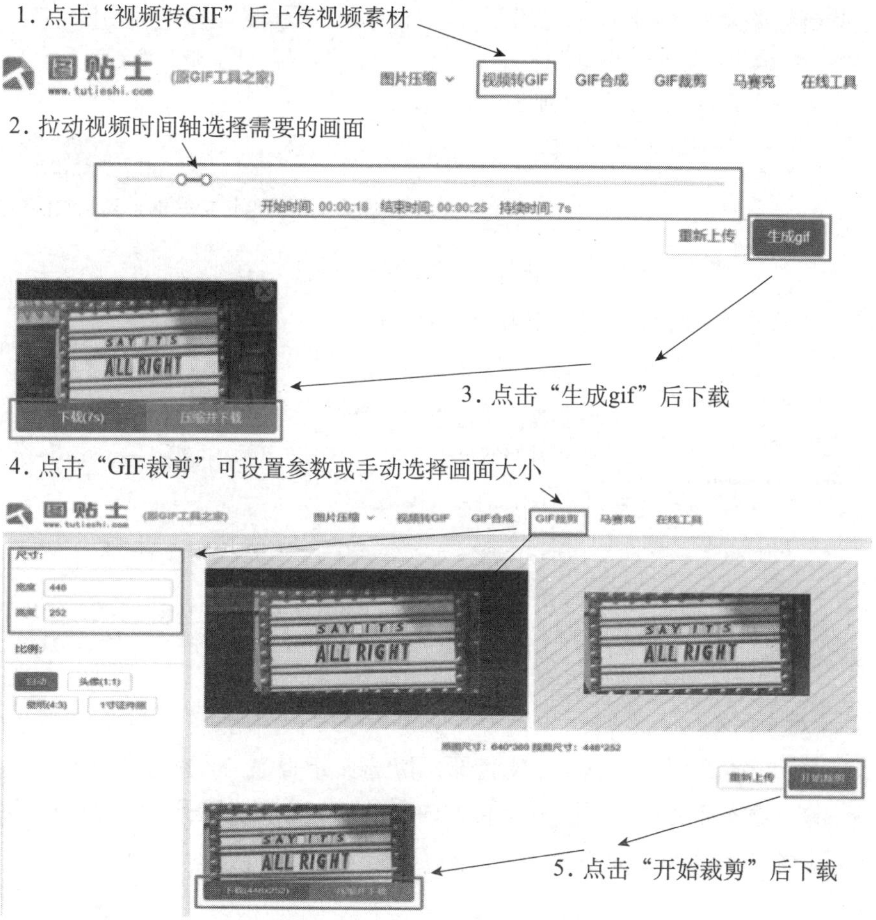

图 8－2 gif 制作流程

4. 视频

与推文内容相关的小视频可以自己混剪制作，再上传。如果是内存较大的影片资源，可以小程序的形式（见图 8－3）引导读者点击进入观看。

方法如下：

● 在微信公众号编辑器界面选择“小程序”功能，输入要跳转的小程序，如腾讯、爱奇艺、B 站等。

● 在“小程序路径”框下选择“获取更多页面路径”，输入你的微信号，开启入口。这样，在你的手机端打开该小程序内你想要分享的资源，并点击手机右上方的三点图标，就可复制该页面路径。

● 将复制的页面路径重新输入到“小程序路径”框中，注意删去框中原来的链接。

● 在“展示方式”中选择“小程序卡片”，并输入资源的标题，再插入一张吸睛的电影海报。

● 小程序直达影片就完成了。

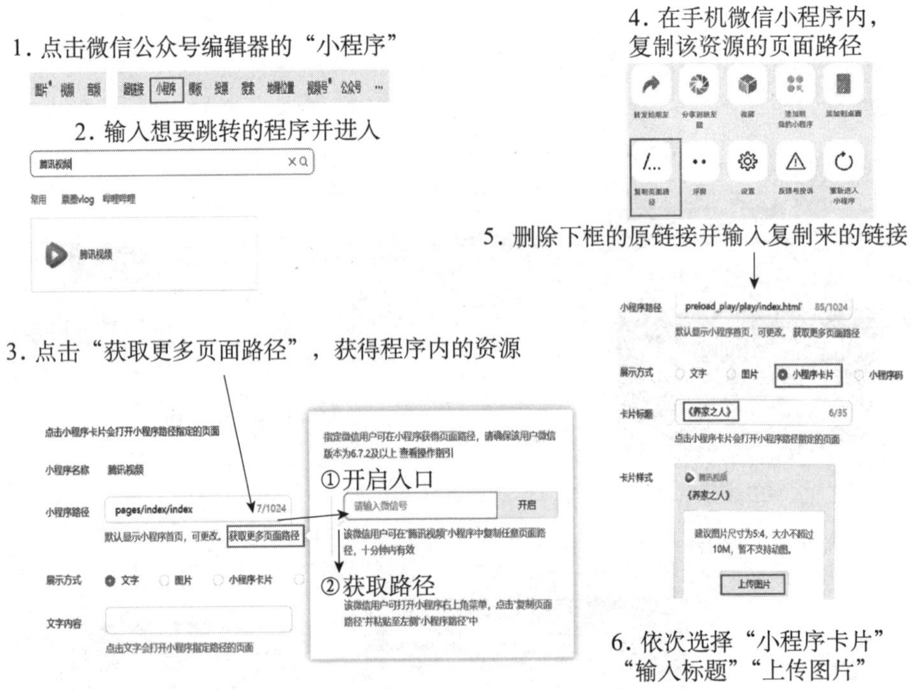

图 8－3　添加影片资源流程

5. 原文链接

下滑到微信公众号编辑器最底部，勾选文章设置下的“原文链接”（见图 8－4），输入任意你想要读者跳转的内容的链接，无论是图书、音视频资源还是广告都可轻松直达。

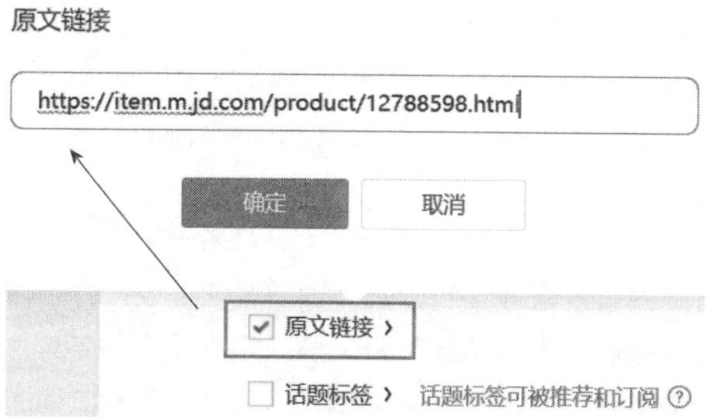

图 8－4　添加原文链接

第四节　推文编排

第一步　全是干货，记笔记呗

先来说说你用什么来编排推文？

相信你脑海中一定闪现出了酷炫的秀米、135、i 排版等编辑器。但我要提醒的是，常有编辑器内容与微信公众号编辑器不兼容、格式混乱等问题发生，并且我们的文艺范推文是以文字为主，微信公众号编辑器可以满足 90％的排版需求，所以那些酷炫的编辑器只起辅助作用，建议排版尽量在微信公众号编辑器内完成。

排版涉及文字、色彩、间距、图片、图说，以及整个空间的布局等，这些元素构成了 UI 体系。

下面是我总结的一些排版经验。

1. 排版 tips

由于每个人的写稿习惯不同，导致底稿格式不同。为了统一标准，当我们把 word 文档复制到微信公众号编辑器中时，首先全选文章，将格式清除后，接下来再进行规范操作。

字号：标题 16px，加粗；正文 15px，导语 14px

对齐方式：正文两端对齐，标题可居中也可左对齐

两端缩进：正文 8～16，图片 8～16

行间距：1.75

色彩：以清新的颜色为版面主题色，用于突出标题和金句

配图：没有图片的文章，沉闷，而图片多了又会喧宾夺主。在正文中，每隔一定距离添加一张图片，可使内容生动形象

图说：12px，灰色，引导符号“▲”，图与图说的行间距设置为 1，使之尽量贴近

2. 用 135 编辑器画龙点睛

到这里，就是微信公众号编辑器能为一篇推文做的 90%的排版，剩下的 10%，我们还是需要借助具有更多功能的编辑器来画龙点睛。

我最常用 135 编辑器。

它的优点在于选中内容，按下 Ctrl＋C、Ctrl＋V 即可将该界面的精致图标、模板等复制到微信公众号编辑器里，简单易上手。

微信公众号编辑器自带的字体又粗又黑，实在不精致。

复制一部分文字到 135 编辑器中，更改其字体为苹方-简细体，再复制该段文字，返回微信公众号粘贴，使用格式刷将该部分文字的字体应用到全文其他字上，你就轻松应用了这款清新秀气、极具文艺范的字体。

第二步　选择样式，多遍刷新

1. 贴切的样式

文章开头的导语部分，使用精美的卡片框样式更能抓住读者眼球；面对长篇的文字，读者难免会视觉疲倦，我们也可以复制一些生动、精美的标题样式穿插到文章的小标题中。

使用方法很简单，在 135 编辑器内找到你想要的样式，复制到微信公众号编辑器中，替换掉原来的文字即可。

注意选择贴合推文的样式。比如我在排纪录片《我的章鱼老师》的影评时，在 135 编辑器中搜索的关键词是海洋，然后在显示的样式中选择了带有海草与海豚元素的标题和导语边框的样式，排版呈现出的氛围感就会让读者沉浸其中。

文字部分的内容排完，我们还可以利用媒体的多功能来优化用户体验。

可以往里面加入音乐、视频、小程序、gif 动图、原文链接等素材，这些操作，熟练之后就是一气呵成的事。

2. 刷新预览效果

最后，发表推文前一定要在手机端预览效果，发现排版错误及时修改。

我当时还是排版新手的时候，为了检查排版是否规范，几乎每排一篇稿子都在手机里预览、刷新几十次。

不过这些小心谨慎是值得的，不站在读者的角度设计有美感和舒适度的版面，他们凭什么为我的阅读量刷数据呢?

总之，千呼万唤，一篇文艺范推文便出来了。

边做边思考

1. 找准自己喜爱的方向，尝试多写几篇推文来训练自己的写作技艺。
2. 思考怎样做好编排与推送，怎样总结经验再次动笔，越写越好。

第三部分

融媒体作品展示

实力呈现与效果

第九章　融媒体作品设计与布展

插图：王晶

精彩早知道

★ 举办一个融媒体作品展至关重要，是对创作者整体实力的呈现，也是进入媒体机构最好的一块敲门砖。

★ 做好一场融媒体作品展的实战过程，从海报制作、H5 设计到媒体报道、视频号直播、vlog 拍摄，全套玩一遍。

★ 想想怎样让媒体大咖参展、点评，向你我抛出橄榄枝。

边做边思考

★ 为什么主题与细节是一场作品展成功的关键?

在海报上轻轻一扫二维码，融媒体作品就跃然眼前。

当新闻传播学子们完成作品创作后，举办一个作品展至关重要。它是展示学习成果的最佳途径，也是获得媒体机构关注、进入未来职场的最好方式。媒体并非隔我们十几条街远，它就在我们身边。在作品展上，学子们既能面对面和媒体大咖们交流经验，获得高水准的专业点评与指导，同时也能让作品曝光，让更多的媒体机构眼见为实，知晓学生们的融媒体实操能力与实力，从而发现超记人才，招募生力军。

下面就是我们如何做好一场融媒体作品展的实战过程，从海报设计、宣传册子制作、活动流程和媒体报道、视频号直播到 Ps 操作、H5 设计、vlog 拍摄与制作，全套玩一遍，干货很多。[①]

第一节　海报设计

第一步　主海报 · 参展者海报

一个作品展的海报设计分为主海报和参展者海报两个部分。

主海报作为一个作品展最重要的海报，主要展示活动的主题、名称、承办方、活动时间、logo（我们是校徽和院徽）等。主海报要放在活动场地最显眼、最重要的位置。

---

① 这部分由钞越撰文。

参展者海报是每个超记团队单独的海报，除了要展示主海报所包含的内容外，还要展示超记团队自己的照片、作品名称、观看二维码等。放在活动场地的观展讨论区。

其实一个作品展海报的设计并不需要很复杂，在有限的时间和精力内，我们把海报做得简洁、大方、清晰、美观就可以了。

红尘教授作为作品展的总策划，制定好主题“万物互融 · 首届融媒体新闻作品展”之后，接下来的执行工作由超记团队来承担。

第二步　如何用 Ps 设计海报

我设计海报时使用的工具是 Photoshop，下面我就简单捋一捋怎么用它设计活动的主海报和参展者海报。

首先是海报的尺寸问题。现在最常用的海报展示形式就是易拉宝展架。

易拉宝的尺寸有很多种，具体选择哪种取决于你的实际需求，这个尺寸同时也决定着你设计海报时的画布尺寸。

我们在设计时，选择了最常用的 80cm＊180cm 易拉宝尺寸。宽 80cm、高 180cm 的易拉宝的像素是 9 449 像素＊21 260 像素，分辨率为 300 像素/英寸。

打开 Ps，点击“新建”，在“新建”设置中找到右边预设详细信息中的设置宽度和高度，单位改为厘米，同时设置分辨率（见图 9－1）。

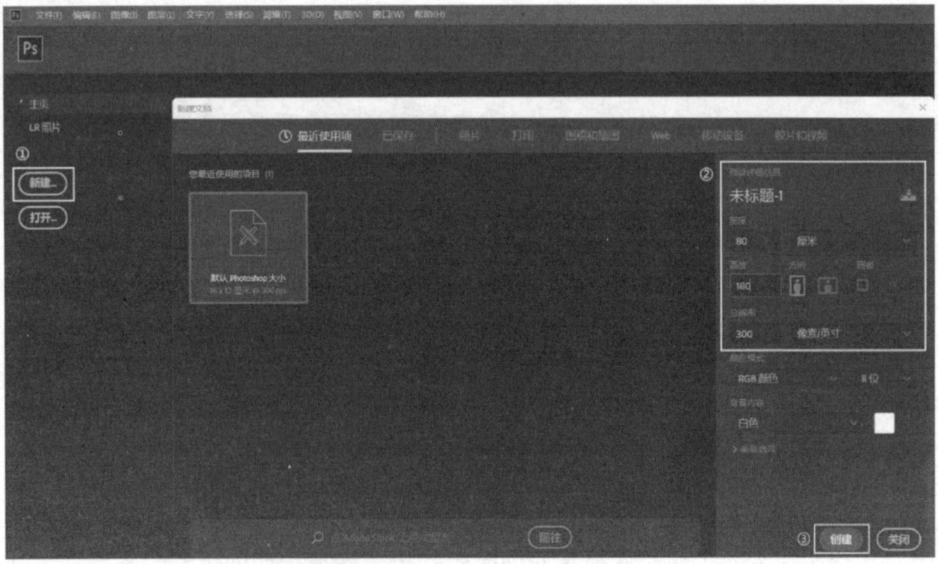

图 9－1　创建海报尺寸 80cm＊180cm

在设计时，我把一张海报分成背景、文字字体、图片素材三个部分，同时还要考虑创意、艺术性。

1. 确定背景

为了契合“万物互融”的简洁性、包容性，我在包图网上找了一张米白色的带底纹的背景图片，然后把它下载下来插入已经设置好的 Ps 文件里（见图 9 - 2）。

图 9 - 2　米白色带底纹背景图片

2. 选用字体

打开一个免费字体网站，在上面找到一个你喜欢的字体包，把字体包拖入电脑系统的 Fonts 文件夹里，它就会安装，然后重新打开 Ps 后，在文字工具的字体栏里就可以显示出来。

我在网站上下载了很多自己喜欢的字体，接着就是点击文字工具，新建文本，输入我们的活动名称、主题、承办方、时间等，一个一个地试用不同的字体，选择视觉上效果最好的那一个。

最后，再不断地调整它们的位置、大小、颜色和样式（见图 9 - 3），直到满意为止。

图 9 - 3　调整位置、大小、颜色和样式

3. 寻找素材

关于图片素材，有能力的话可以自己设计，也可以到素材网站上下载免费素材。我就在包图网上下载了一个中国风小云朵的图案作为装饰，这也代表了云时代万物互融的含义。

下载后，插入 Ps 文件中，放到背景图层的上面，这样才能够显示出来（见图 9－4）。

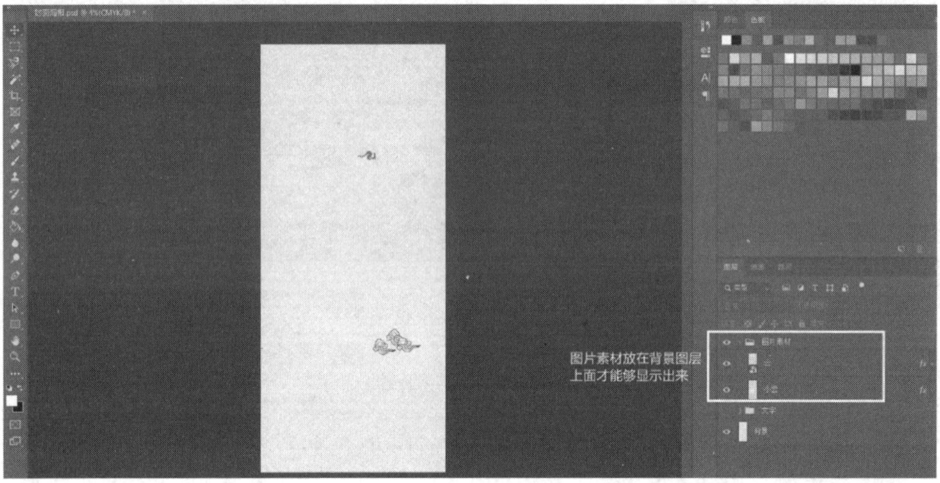

图 9－4　云朵装饰图案

4. 海报的艺术性

设计海报是一个艺术活，你可以尽情按照自己的喜好排版，但要遵照以下几点基本要求：

- 主题明确，内容精练。
- 重点文字突出（该加粗的加粗，该飘红的飘红）。
- 符合人们的阅读习惯。
- 充分的视觉冲击力，以最短的时间激起点击欲望。
- 整体色彩效果应该是和谐的。“总体协调，局部对比”，也就是主页面的整体色彩效果是和谐的，只有局部的、小范围的地方可以有一些强烈的色彩对比。
- 信息数量要平衡、简洁明了，要有留白（留白可以使图片和文字有呼吸空间）。

5. 参展者海报

每一个超记团队的参展者海报比主海报多了一个创作者的照片项目，这一步则用到了抠图。

Ps 抠图可以使用魔棒与快速选项工具（见图 9－5），使用线条勾勒好自己需要的部分，即可完成抠图，这是最为简单的一种抠图方式。

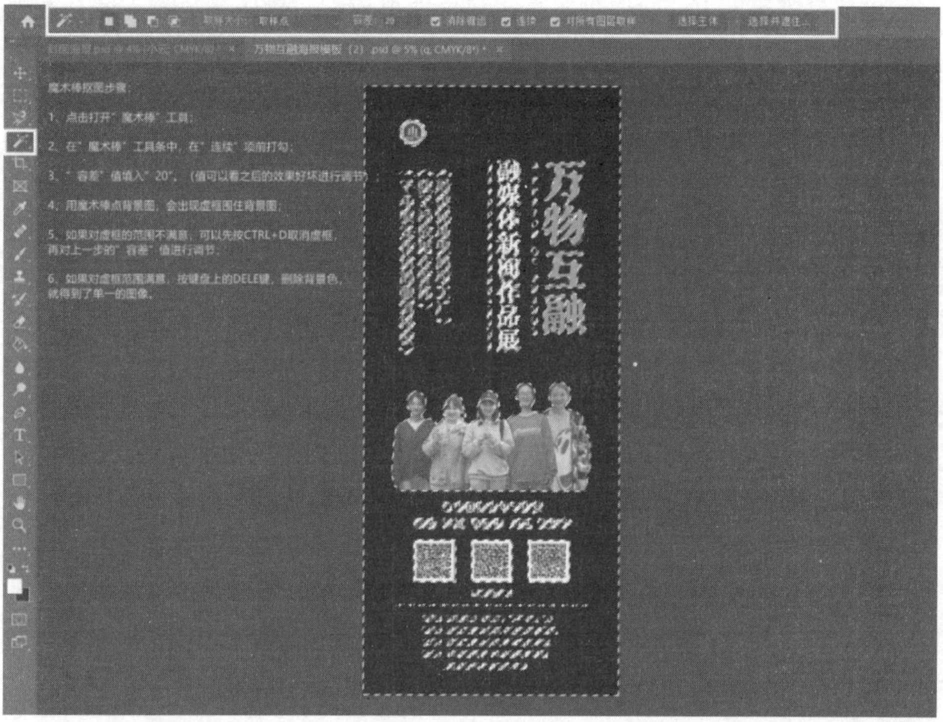

图 9-5　参展者海报抠图

6. 生成作品二维码

除此之外，每张海报里都包含各个超记团队作品的二维码（见图 9-6），方便观展者扫码观看作品。在作品展上，观展者只要拿出手机轻轻一扫，就能够直接看到我们的融媒体作品。

图 9-6　插入作品二维码

生成二维码的方式很简单，直接在百度里搜索二维码生成器，就有大把的免费二维码生成网站。但要考虑二维码的长久性，我们选的是“草料”生成器（https://cli.im/）。

然后复制你的微信公众号推文的链接，粘贴到二维码生成网站就可以直接生成一个二维码。下载二维码图片后，把它插入 Ps 文件中，调整位置和大小就可以了。

7. 海报设计常用网站

常用网站：Fotor 懒设计、包图网、千图网、花瓣网、Canva、图怪兽、凡科快图。

字体网站：求字体网、优品 PPT、站长字体、找字网、自由字体、51Font。

8. 海报模板

如果想更简单的话，可以在素材网站上下载一个符合你条件的 psd 格式海报模板，然后用 Ps 打开，将里面原有的文字内容更改为你的文字内容，在此基础上就可以添加你喜欢的素材，也可以删掉它自带的你不喜欢的素材。

最后将 Ps 文件导出为 jpg 格式就可以了。考虑到海报要放大印刷，应以最优画质存储（见图 9-7）。

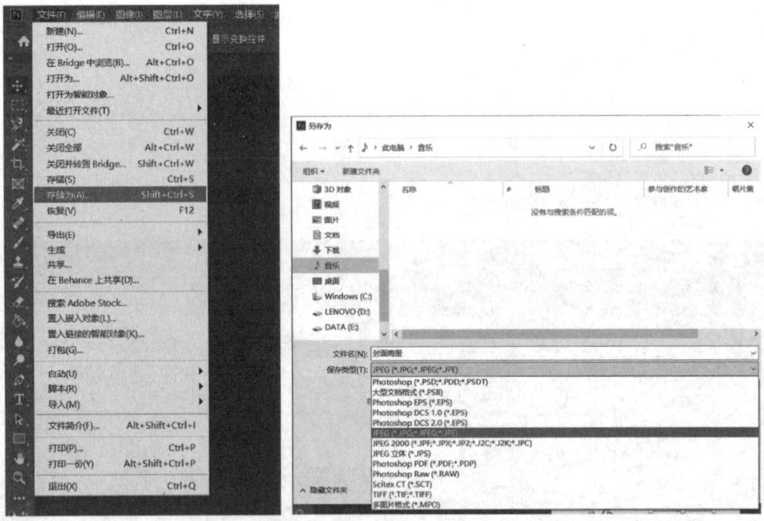

图 9-7 原大尺寸保存海报

我们一共有 15 个超记团队，所以我们制作了 15 套海报，每套海报的模板是相同的，只是底色、文字颜色、参展者图片有所不同，总体上风格是统一的。

要注意的是，在使用网络上的素材时，一定要注意版权问题，避免陷入版权纠纷。

《搞定 Ps 海报制作不用愁》（视频制作李沿蒙）

第二节　宣传册子制作

第一步　口袋册子

我们制作口袋册子（见图 9－8）的目的是方便观展人直接拿着册子扫码观看作品，所以小巧便携就是它最大的特点。

1. 口袋册子尺寸

在制作口袋册子时，广告设计公司告诉我们，宣传画册的宽至少要做到 115mm。为了方便设计，我们的海报尺寸是宽 80cm＊高 180cm。所以我们选择册子的成品尺寸是宽 115mm ＊高 180mm，刚好是一本口袋书的大小。

因为印刷时每边需要多留 3mm 的边距，目的是方便裁切掉边缘粗糙的部分，所以我们在设计时建立的文件尺寸就是 121mm＊186mm（制作方法同海报）。

2. 口袋册子印制

我们的口袋册子很简单，一共 20 页，由四封、扉页、参展者海报组成。

具体呈现为：

- 封面就是主海报。
- 封二是白底＋校徽＋院徽。
- 扉页是白底＋开场语。
- 内页是 15 张参展者海报。
- 封三是白底＋观展媒体机构 logo。
- 封底用的是主海报的背景底色，添加 logo＋宣传语（人人都爱融媒体），底部为学校＋学院二维码，以及活动策划者署名栏。

Ps 的操作方法和海报的设计方法相同，主要就是排版问题。

还是那句话，版面要简洁、大方、清晰、美观。设计完付印时，还要提前建一个完整文件夹，按照页码编排顺序给每张图片命名。

图 9－8　口袋册子册页

第二步　PPT 背板

PPT 背板（见图 9－9）是在活动时展映在 LED 大屏幕上的，显示活动主题和名称。

当主持人开讲时，投影屏上就可放映这张 PPT，凸显氛围，也便于摄影摄像时有背景、出效果。

在设计时，为了方便识读，我把已设计好的主海报的字体竖排调整为横排，然后裁剪出一张 PPT 大小的尺寸，即 18cm＊27cm，把它作为放映 PPT 的首页。

但有一点我们没有想到。活动开展时，现场的灯光非常亮，把 PPT 背板的米白色“吃掉了”，不醒目，用于新闻稿的图片、视频背景等都惨白一片。看来经验都是不断从实践中总结出来的。

图 9－9　PPT 背板

第三步　H5 设计

既然是一场融媒体作品展，我们就要请业界的媒体大咖来观展、点评，以及做新闻报道，那么做一份正式而又不失活泼的邀请函的想法就蹦出来了。

身处 5G 时代，我们肯定要用当下最流行的媒介方式，于是想到了 H5。

1. 邀请函创意

有人会问，什么是 H5 呢？

知乎上有一条高赞回答说得很好：通俗来讲，H5 是一个网页，就像一个很大的容器，里面可以放文本、图片、音频、视频等基本的流媒体格式文件，可以在微信等移动端上被广泛转发分享。

H5 制作比较知名的有下面几个网站：

● 易企秀（http://www.eqxiu.com），做简单的翻页类动画页面，操作简单，容易上手。

● 人人秀（ http://rrxiu.cn），除了能实现简单翻页，在此基础上还可插入各种活动插件，比如投票、抽奖、红包、VR 等，操作也较简单。

● iH5（http://www.ih5.cn），是更高级、更复杂的 H5 制作工具，学习

成本较高，支持写代码。

● 秀米（http://www. xiumi. us/#/)，有丰富的页面模板和组件，有独有的长图文页面，易上手。

2. H5 制作

我使用的是简单易上手的秀米。就个人体会来说，如果是做一个简单的、要求没那么高的 H5，其实就和做一个普普通通的 PPT 没有什么差别。

基于最基本的需求，我们设计出一个 5 页的 H5 邀请函。

第一页还是主海报页。

第二页是扉页，即活动介绍页。

第三页是邀请函的内页，包括活动主题、名称、时间、地点、导航图。

第四页是一张参展者海报。

第五页是尾页，包括 logo 以及作品观看二维码、感谢语。

如何制作：

● 打开秀米网页，新建一个 H5 页面（见图 9－10)。

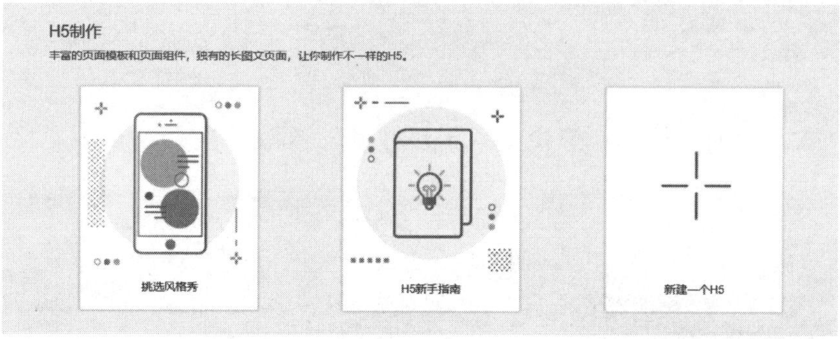

图 9－10　新建一个 H5 页面

● 在左侧工具栏里的图库中导入图片（见图 9－11)，点击右侧的工作区，添加图片。

图 9－11　在图库中导入图片

● 添加下一页，在素材库中挑选背景，再选择一个你喜欢的模板，添加文字，并添加动画特效（见图 9－12）。

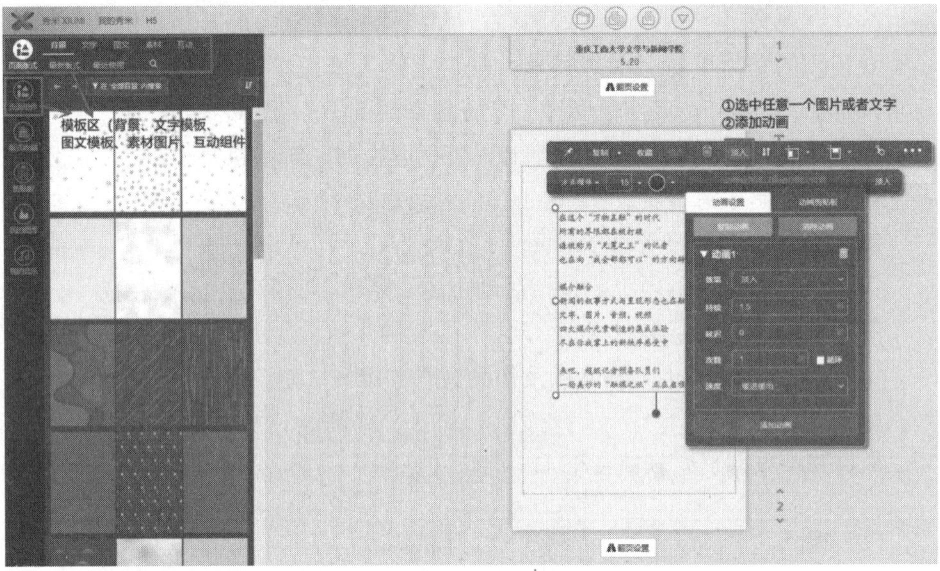

图 9－12 添加文字、动画特效

● 添加封面、标题、摘要、音乐，并且发送到手机上进行预览（见图 9－13）。

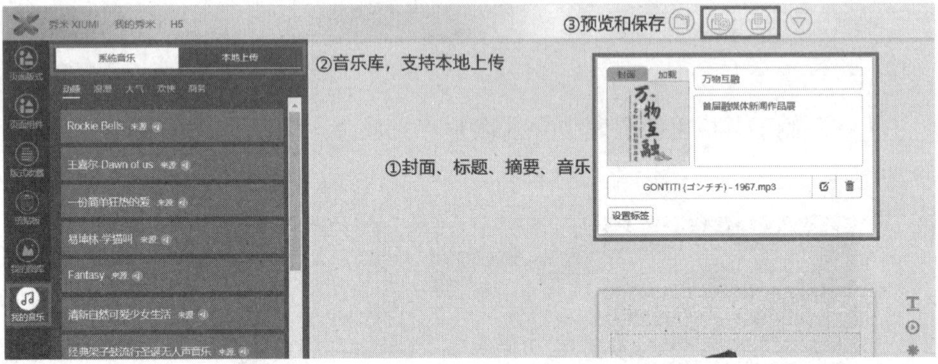

图 9－13 预览保存

《融媒新秀 H5，刷！》（视频制作刘延）

● 设计完后，点击预览中的分享，生成二维码和网址链接。把二维码图片保存下来后，在微信扫一扫里识别就可以打开（见图 9－14）。

● 最后一步就是转发了，把这个邀请函的链接发给你想要邀请的人吧！

你也可以把它放在你的微信公众号的推文里，比如放上二维码图片，或者在原文链接处输入邀请函的分享链接等。

图 9－14　生成二维码和链接，扫码观看 H5

第三节　融媒体现场展

第一步　活动流程与媒体报道

当完成前面三步的准备工作后，就向媒体机构发观展邀请函吧。

1. 布置展场

在活动前一天就要着手布置会场和调试设备，具体包括布置海报，摆放口袋册子，准备座牌和矿泉水，安排入口签到，试用投影仪、音响、灯光，试播展播片，等等。

每一个细节和流程我们都做好了充分的准备，不打无准备之仗，尽力保证各个环节万无一失。

因为是在学校图书馆的视听阅览室举办的，所以在活动开始前，我们就安排了同学在校门口迎接、带路，在视听阅览室门口设置了签到处。

在活动开始前的一个小时，我们开始调试摄像和直播设备，以便能够完整记录和直播这场活动。

2. 活动环节

这次活动我们大致分为六个环节（见图 9 - 15）：

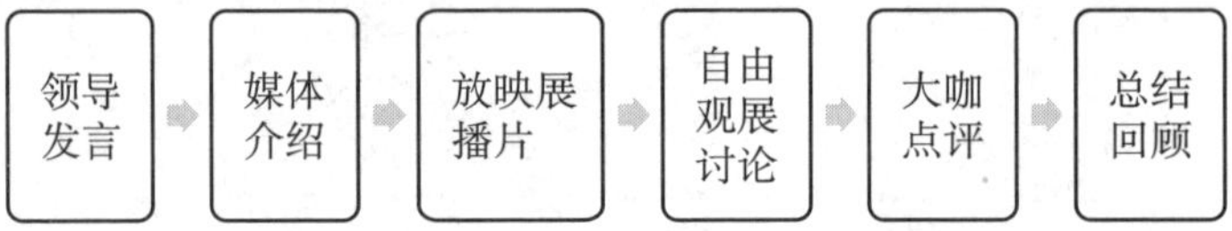

图 9 - 15　活动环节图

领导发言这一环节肯定是必不可少的，接下来就是介绍来参展的业界专业人士和媒体大咖。

在放映展播片的环节中，我们播放了两个片子：一个是对我们融媒体课程的介绍短片，另一个就是我们创作的《射洪秘境里的军工厂》。这能让大家对我们这个作品展有一个初步的了解。

自由观展讨论是我们最具创意也最重要的环节。大咖们自由选择到会场内的任意一张海报前扫码观看，每张海报代表的超记团队成员则站在自己的海报旁为大咖们讲述自己的创作历程，并且交流创作心得、请教创作技巧等。

在激烈的讨论中，媒体大咖和学生之间打破了身份界限，一次次思想火花的碰撞就以这样的方式完成了。

当观展结束后，我们就邀请这些业界大咖为我们点评作品。在得到肯定的同时，大咖们也指出了我们的不足，说出了我们还没有想到、还没有做到的地方，提出了很多有用、可行的建议，这也是我们举办这次作品展的目的之一。

3. 视频号直播

整个活动，我们还用了视频号进行直播。直播不仅是融合新闻报道中重要的媒介形式，也是我们现场进行融合新闻报道的一次实际操练，同时还可以让更多的人看到、听到作品展的真实状况，一睹超记小伙伴和媒体大咖们的风采，最大化地提升作品展的传播效果和影响力。

在开展前两天，我们在微信视频号里发布了直播通告，做了预约直播的二维码海报。并且在开展前 30 分钟到达现场，连接 Wi-Fi，调试、校准手机云台设备，以防直播过程中卡顿。

要提前 5 分钟发起直播，视频号系统会对直播主题进行过滤，凡带敏感词汇的都不能发起直播，这时就需要快速更换为合适的主题，才能通过直播请求。

主播现场播报、采访每一个细节。现场的小伙伴们还能在自己的手机上马上看到各种表现，气氛真是热烈极了。当时的展览直播共有 4 000 余人观看，热度达 3 万，看来有趣的事情总是扩散得很快。

4. 媒体的橄榄枝

前来观展的主流媒体，如新华网重庆频道、人民网重庆发布、《重庆日报》、上游新闻等均做了相关的新闻报道。身在象牙塔中的我们，通过这次融媒体课程学习和作品展举办，终于脚踏实地，见识到了真正的实战是什么样子。

《重庆日报》客户端报道

上游新闻客户端报道

我们不再是小打小闹地完成学校的作业，而是朝着更加专业的水平坚定地迈出了步伐，让我们可以更充分地整装参与到快速变换的媒体图景中去。

通过大咖的点评，我们也知道了自己的不足在哪里，知道以后该往哪个方向努力，知道了作为新闻传播专业的学子，将来要做的到底是什么。

举办这样一场融媒体作品展是非常有意义的，但近一个月的准备过程也确实很累。

大大小小、方方面面、事无巨细，你都要考虑到，各种各样的琐碎小事真的可以把人搞得焦头烂额、心力交瘁。

但当你真正做成了，当一切尘埃落定，除了成就感之外，你首先感受到的是激动，最后再全部归于平静和满足，而你最终所获得的经验、你的经历永远都将是新闻路上一笔宝贵的财富。

此次作品展还给我们一个意外之喜，我们收到了这些媒体大咖向我们抛出的橄榄枝：欢迎随时来实习。

第二步 vlog 拍摄与制作①

对一次新颖盛大的融媒体作品展，怎样才能做出别具一格的短视频新闻呢？我想到了用 vlog 的方式来拍摄和记录。

我们主要有三个小伙伴对整个作品展的流程进行记录，并且按照流程进行剪辑即可，不需要太多深刻的内涵，让观众能直观、轻松感受到一场作品展的魅力。

1. 拍摄过程

我采用的是横屏拍摄，在 vlog 创作中也可采用竖屏拍摄。vlog 的制作相对较灵活，节奏较快，通过各种零碎的镜头拼合，将事件按照时间逻辑叙述清楚就行了。时间不宜过长，一般控制在 1～5 分钟。

从同学们准备海报、布置现场、调音试音等环节就开始进行记录。对作品展的流程进行大致的了解后，明白什么时间该做哪些事，扛起稳定器、举起相机进行记录就行了。

① 这部分由邓丽彬撰文。

主流媒体报道及vlog

《小女生带你极速剪映》（视频制作 邓丽彬）

由于许多媒体大咖都会亲临现场进行评价和指导，他们的发言十分重要，因此我也着重拍摄了他们的点评过程，以便在后期剪辑中截取一些重要的、讲得精彩的人物发言。

在创作过程中借用可爱灵动的小贴纸会让 vlog 更有趣，最好选用与主题有关联的小贴纸。

我制作的《“万物互融”展 红小土带你嗨翻全场》这条 vlog 发布后，点赞量为 485，转发量为 1 027，完播量为 14 000，太赞了！

下面我将还原这条 vlog 的制作过程。

2. 剪映制作

Step 1：导入素材

打开剪映，可以看到三个分区：①创作区；②项目草稿；③菜单。

导入素材的具体流程可见图 9－16。

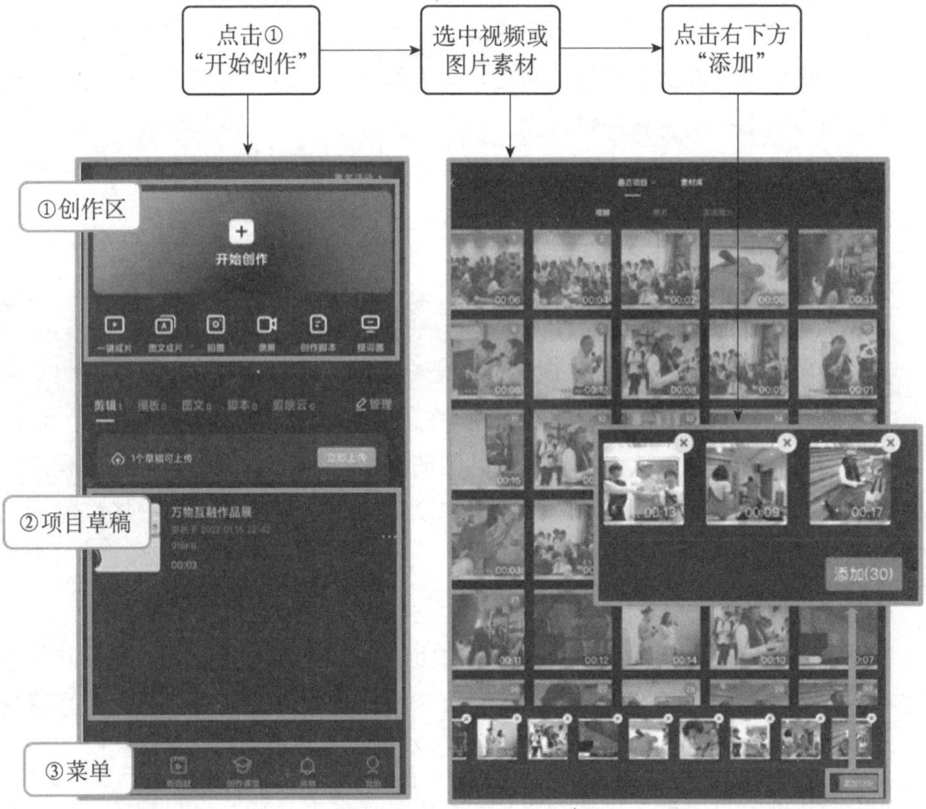

图 9－16 导入素材流程图

Step 2：功能菜单

导入素材后进入工作区，最下方是功能菜单（见图 9－17）。

菜单	功能
剪辑	对视频进行基础的裁剪、删除、速度调整以及其他个性化设计。
音频	给视频加背景音乐、音效等。
文本	给视频添加字幕。
贴纸	软件自带各种各样的贴纸用以装饰。
特效	添加一些效果装饰，使得视频更加具有创意。
滤镜	对视频的画面色彩进行个性化处理。
调节	对画面的色彩进行饱和度、对比度、亮度等参数的调节。

图 9－17　功能菜单

＞“剪辑”功能

选中任意素材，进入剪辑菜单（见图 9－18），即可对该素材进行各种剪辑处理。

最左上边的“＜”是返回键。

菜单	功能
分割	将时间轴移动到你需要进行分割的地方，点击"分割"即可。
变速	拖动倍速刻度尺上的小圆点到你所需的要倍速的位置。
音量	对导入视频自带的声音进行音量调节，左右拖动即可。
动画	对视频的出现和消失可选择一种你所想要的动画。
删除	不需要的素材。
音频分离	将视频的画面与声音进行分离。
编辑	可以对画面进行放大、缩小、裁剪。
调节	针对选中的素材进行色彩参数的调节，如亮度、饱和度、对比度……
防抖	拍摄的素材如果有轻微的抖动，可以进行稳定画面的处理。

图 9－18　“剪辑”功能

＞“音频”功能

点击“音频”，进入音频菜单（见图 9－19）。

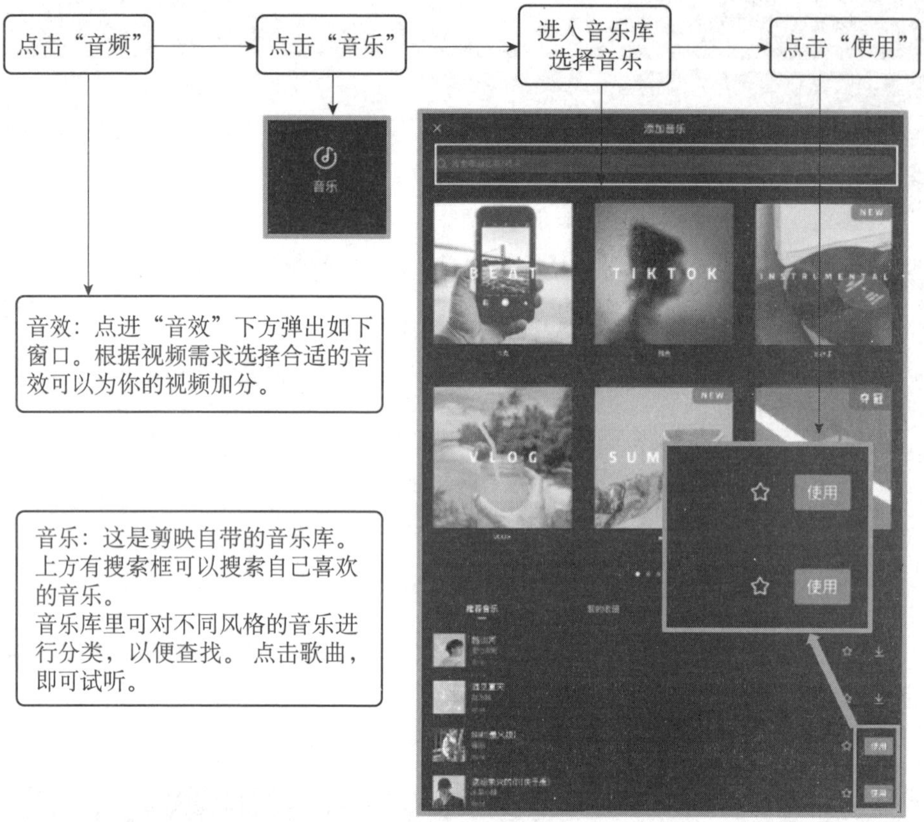

图 9－19 “音频”功能

＞“文本”或“贴纸”功能

点击“文本”或“贴纸”，可以进行分割、复制、添加动画、镜像（水平翻转）、删除处理等（见图 9－20）。

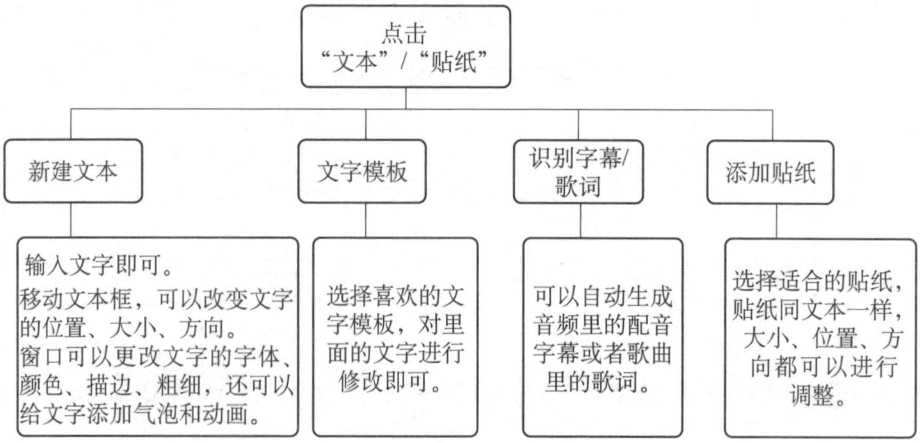

图 9-20　添加文本

>特效

点击“特效”也可进行替换、复制、删除（见图 9-21）。

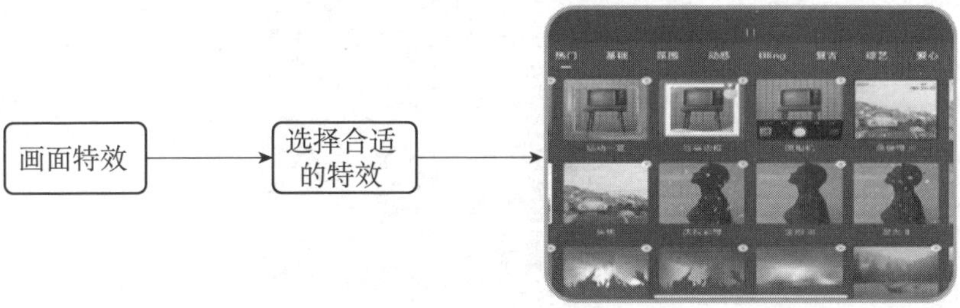

图 9-21　添加特效

>滤镜

想对画面进行色彩的个性化处理，添加滤镜自然是一种“偷懒”的方法（见图 9-22）。

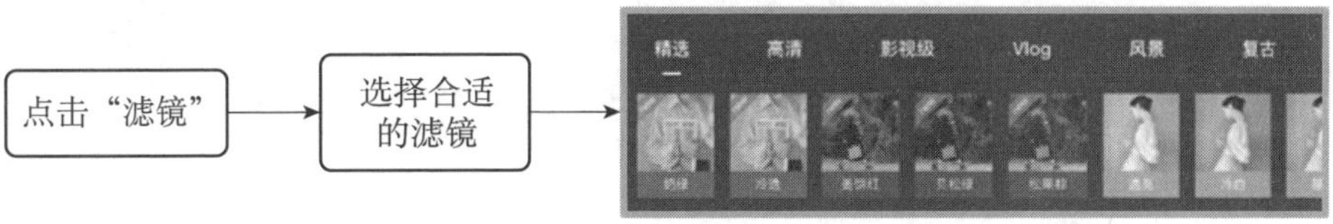

图 9-22　添加滤镜

>调节

我们还可以细致地对视频的色彩参数进行调节（见图 9-23），如亮度、饱和度、对比度等。

Step 3：导出设置

默认“分辨率 1080p、帧率 30”，点击导出（见图 9-24），就可以等待成片了。

导出过程中不能让软件退出或者手机息屏，否则会导出失败。

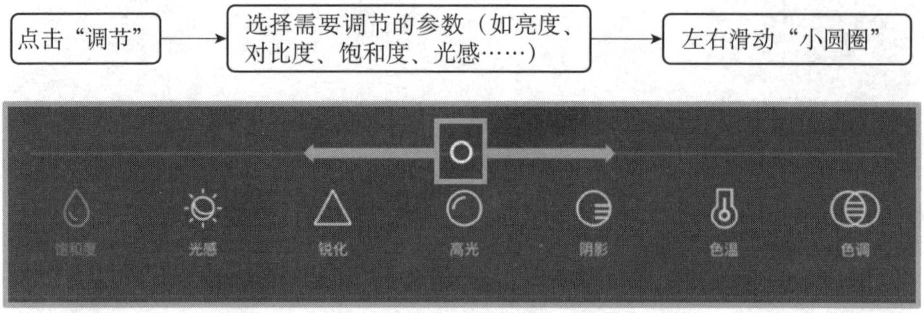

图 9-23 调节画面色彩

大功告成，一段时长为 4 分 26 秒的 vlog 搞定。

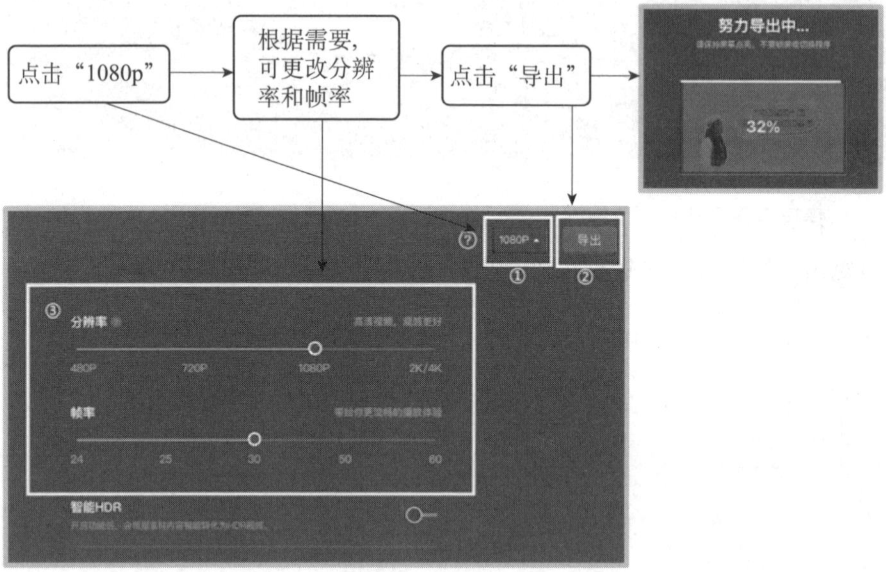

图 9-24 导出设置指示图

边做边思考

1. 为班级的课程作品展设计一个响亮的主题。
2. 创作一个 vlog，为自己的融媒体之旅画上一个圆满的句号。

致　　谢

主流媒体两微两端发布的融合新闻报道，是最值得新闻传播学子参考学习的教学案例。本书引用了以下媒体机构发布的新闻作品，在此对主要的媒体机构及记者深表诚挚的谢意。

引用媒体机构的报道案例

1. 新华社客户端“张扬两会日记”系列《“开箱”喽！看看我都带了什么上两会》《跟我去大会堂报道人大开幕会》

2. 新华社《“十四五”之青年宝藏》

3. 澎湃新闻微信公众号《飒！女副县长策马做代言》《策马女副县长喊丁真来追风》

4. 中国日报双语新闻微信公众号《网友看了几天比赛，惊呼“奥运会狠狠修正了我的审美!”》

5. 中国新闻网微信公众号《找到了！火遍全网的“揽客大白”，是她!》

6. 新华社微信公众号《最强“扫地僧”！北大保安又火了～》

7. 《长江日报》微信公众号《“活过来了!”19天，456个小时，我们终于救活了他》

8. 深蓝财经网易号《温州动车事故十周年，我回到了现场》

9. 澎湃新闻微信公众号《南京是如何“失守”的?》《莫言成为第一个开设公号的诺奖得主，“想和年轻人聊聊天”》《五号线生死4小时｜不知道这是不是我最后一条微信》

10. 《新京报》微信公众号《博士论文致谢意外走红，黄国平是这样一步步走出来的》

11. 澎湃新闻微信公众号《美炸！故宫初雪图，每一张都是壁纸》

12. 澎湃新闻客户端《动画还原郑州地铁5号线事件始末》

13. 《人民日报》客户端《17只“鸟中大熊猫”黑鹳现身宁夏湖》《抱怨是本能，解决问题却是本事》

14. 澎湃新闻客户端《6 620名布病感染者：有人浑身剧痛，看上去一度瘫痪》

15. 新华社客户端《塔吉克斯坦小伙的汉字情缘》

16. 澎湃新闻客户端《新冠疫苗接种现场有蜂群险蜇人，消防赶到用“火攻”》

17. 澎湃新闻客户端《人象共生｜遭遇：野象来到家门口》

18. 甬派客户端《短视频｜小裤脚教授》

19. 梨视频客户端《2只昆明犬通过选拔进入警犬学校，训练3个月考试合格才给编制》

20. 人民网+客户端《郑州地铁5号线“7·20事件”中14人不幸遇难（附名单）》

21. 澎湃新闻客户端《城事｜“欢迎5号线归来!”时隔57天，郑州地铁恢复运营》《复工后如何防护？张文宏发来提示：防火防盗“防同事”》

22. 新华社客户端《中国野象“旅行团”游荡数月后重返适宜栖息地》

23. 澎湃新闻微信公众号《“东方之星”最后的旅程：那些天、那个风雨之夜、那些人》

24. 《南方周末》微信公众号《“看不见”的百万女卡车司机》

25. 上游新闻客户端《最酷大学女教授！11年5赴喜马拉雅写成〈珠峰鼓手〉》

26. 《南方周末》微信公众号《假靳东的中老年女粉丝：“家里连个说心里话的人都没

有”》《当专家学者闯入流量新世界》

27. 新华社客户端《爱与美之歌 我们的文明之城》《夜读｜心中有爱，生活就值得热爱》

28. 澎湃新闻客户端《荆州一彩民中 859 万元大奖，彩票店主：中奖者很淡定》

29. 《人民日报》客户端《每一帧都有力量！中国 24 小时·天道酬勤》

30. 澎湃新闻客户端《坝陵河大桥：370 米，世界最高蹦极》

31. 重庆广电第 1 眼客户端《故事人生｜“红尘”滚滚》

32. 澎湃新闻客户端《30 天前才完成太空旅行，美国 49 岁企业家坠机身亡》《13 岁男生离家出走，武汉“95 后”民警两局王者荣耀劝回》《夫妻离婚开庭现场，法官抱起孩子边安抚边调解》《小羊站炉边烤火把毛烤糊，主人调侃：要把自己烤成羊肉串？》

33. 央视新闻微信公众号《燃燃燃燃燃！一张长图带你攀登“地球之巅”》

34. 《南方人物周刊》微信公众号《肖央 返璞归真》

35. 新华网“数视频”《看高等教育从“大国”向“强国”迈进》

36. 新华云直播《直击 2022 春运首日·重庆站》

37. 《重庆日报》客户端《万物互融，来重庆工商大学看首届融媒体新闻作品展》

38. 上游新闻客户端《师生“互怼”出一场媒体大展！最酷女教授红尘又“磨”出了一门烟火气十足的新课》

参考书目

1. 尼葛洛庞帝．数字化生存［M］．胡泳，译．北京：电子工业出版社，2021.

2. 詹金斯．融合文化：新媒体和旧媒体的冲突地带［M］．杜永明，译．北京：商务印书馆，2012.

3. 梅宁华，支庭荣．中国媒体融合发展报告：2017—2018［M］．北京：社会科学文献出版社，2017.

4. 施瓦茨．如何成为顶级记者：美联社新闻报道手册［M］．曹俊，王蕊，译．北京：中央编译出版社，2003.

5. 李希光，孙静惟，王晶．新闻采访写作教程［M］．北京：清华大学出版社，2013.

6. 曼切尔．新闻报道与写作［M］．艾丰，张争，明安香，等编译．北京：中国广播电视出版社，1981.

7. 杨瑞春，张捷．南方周末特稿手册［M］．广州：南方日报出版社，2012.

8. 莱特尔，哈里斯，约翰逊．全能记者必备：新闻采集、写作和编辑的基本技能：第7版［M］．宋铁军，译．北京：中国人民大学出版社，2005.

9. 郭庆光．传播学教程［M］．北京：中国人民大学出版社，1999.

10. 里奇．新闻写作与报道训练教程：第3版［M］．钟新，主译．北京：中国人民大学出版社，2004.

11. 李希光，孙静惟．下一代媒体：来自清华园的思想交锋［M］．广州：南方日报出版社，2002.

12. 阿里科．女人与神话：奥丽亚娜·法拉奇传［M］．李青藜，译．北京：新华出版社，2000.

13. 法拉奇．风云人物采访记［M］．嵇书佩，乐华，杨顺祥，译．南京：译林出版社，2012.

14. 李梓新．灾难如何报道［M］．广州：南方日报出版社，2009.

15. 张剑，李曼丹．UI设计与制作［M］．重庆：西南师范大学出版社，2015.

16. 波兹曼．娱乐至死［M］．章艳，译．北京：中信出版社，2015.

17. 麦克卢汉．理解媒介：论人的延伸［M］．何道宽，译．北京：商务印书馆，2000.

18. 奎恩．融合新闻报道［M］．张龙，侯娟，曾嵘，译．北京：北京大学出版社，2015.

19. 李兰．融合新闻写作［M］．杭州：浙江大学出版社，2016.

20. 刘冰．融合新闻［M］．北京：清华大学出版社，2017.

21. 吴晨光．自媒体之道［M］．北京：中国人民大学出版社，2018.

附录

美好的启程，这就去参加“大学新闻奖”!

教授和学习融媒体课程的师生，可去参加每年一度的“大学新闻奖”，真正做到学以致用，以赛促教、以赛促学、以赛促训、以赛促建。

由《中国日报》主办的“大学新闻奖”，已连续举办12届，凡在中国大陆及港澳台之大学或大学新闻/传播学院的学生已在校园各个平台发布的新闻作品均可参赛，每一学年评选一次，每年6～7月提交参赛作品。

“大学新闻奖”报名网址：https://campus.chinadailyasia.com/en/home/13

参赛奖项类别（赛道）如下，中、英文均可：

1. 最佳新闻报道
2. 最佳新闻写作
3. 最佳新闻特写
4. 最佳标题
5. 最佳经济新闻报道
6. 最佳文化艺术新闻报道
7. 最佳科技新闻报道
8. 最佳新闻视频
9. 最佳专题视频
10. 最佳版面设计
11. 最佳数据新闻
12. 最佳新媒体报道
13. 最佳短视频
14. 最佳新闻摄影图片
15. 最佳专题摄影图片
16. 最佳纪录片

附：2023年“大学新闻奖”之“最佳文化艺术新闻报道”冠军与季军作品样例。

新华网报道及获奖作品样例

图书在版编目（CIP）数据

融媒体新闻报道实务：选题、采拍、创作和发布的核心技能 / 红尘著．-- 北京：中国人民大学出版社，2023.8（2025.7 重印）
21 世纪新媒体专业系列教材
ISBN 978-7-300-32054-0

Ⅰ.①融… Ⅱ.①红… Ⅲ.①新闻报道-高等学校-教材 Ⅳ.①G212

中国国家版本馆 CIP 数据核字（2023）第 148073 号

21 世纪新媒体专业系列教材
融媒体新闻报道实务
选题、采拍、创作和发布的核心技能
红尘 著
Rongmeiti Xinwen Baodao Shiwu

出版发行	中国人民大学出版社		
社　　址	北京中关村大街 31 号	**邮政编码**	100080
电　　话	010－62511242（总编室）		010－62511770（质管部）
	010－82501766（邮购部）		010－62514148（门市部）
	010－62511173（发行公司）		010－62515275（盗版举报）
网　　址	http://www.crup.com.cn		
经　　销	新华书店		
印　　刷	北京宏伟双华印刷有限公司		
开　　本	787 mm×1092 mm　1/16	**版　　次**	2023 年 8 月第 1 版
印　　张	21.5 插页 1	**印　　次**	2025 年 7 月第 4 次印刷
字　　数	418 000	**定　　价**	59.80 元

关联课程教材推荐

书号	书名	作者	定价（元）	出版时间
978-7-300-27214-6	新媒体概论（第三版）	匡文波	49.8	2019 年 8 月
978-7-300-24588-1	网络传播概论（第四版）	彭兰	59.8	2017 年 7 月
978-7-300-30449-6	网络与新媒体概论	詹新惠	39.9	2022 年 4 月
978-7-300-26519-3	数据新闻概论（第二版）	方洁	49.8	2019 年 2 月
978-7-300-29739-2	融合新闻学概论	李沁	49.8	2021 年 8 月
978-7-300-30933-0	融合新闻创作（数字教材版）	韩姝　严亚	39.8	2022 年 9 月
978-7-300-29900-6	媒介融合案例教程	本书编写组	45.0	2021 年 9 月

配套教学资源支持

尊敬的老师：

衷心感谢您选择使用人大版教材！

相关的配套教学资源，请到人大社网站（www.crup.com.cn）下载，或是随时与我们联系，我们将向您免费提供。

欢迎您随时反馈教材使用过程中的疑问、修订建议并提供您个人制作的课件。您的课件一经采用，我们将署名并付费。让我们与教材共成长！

联系人信息：

地址：北京海淀区中关村大街 31 号　龚洪训 收　邮编：100080

电子邮件：gonghx@crup.com.cn　电话：010－62515637　QQ：6130616

如有相关教材的选题计划，也欢迎您与我们联系，我们将竭诚为您服务！

选题联系人：	电子邮件：	电话：
翟江虹	zhaijh@crup.com.cn	010－62515636
周　莹	383902102@qq.com.cn	010－62511612

俯仰天地　心系人文

人大社网站　www.crup.com.cn

专业教师 QQ 群：

723715191（全国新闻教师群 2 群）

欢迎您登录人大社网站浏览，了解图书信息，共享教学资源

期待您加入专业教师 QQ 群，开展学术讨论，交流教学心得